주의가 산만한 게
아니라,

세상이 너무
느린 거야

Taking Charge of Adult ADHD, Second Edition
: Proven Strategies to Succeed at Work, at Home, and in Relationship
by Russell A. Barkley, PhD, ABPP, ABCN

주의가 산만한 게 아니라,

세상이 너무 느린 거야

Taking Charge of Adult ADHD

러셀 A. 바클리 지음
한국성인ADHD 임상연구회 옮김

圖書出版 하나醫學社

이 책에 쏟아진 찬사

"강력하고 꼭 읽어야 할 책이다! 당신의 건강과 행복, 그리고 미래는 오랫동안 바클리 박사가 가장 깊이 관심을 기울여온 주제였다. 이 책에서 그는 당신이 원하는 목표를 달성하기 위해 필요한 단계별 지침을 명확히 제시한다. 바클리 박사의 명료하고 따뜻한 목소리는 마치 그와 직접 대화하는 듯한 친밀함을 전해줄 것이다. 이번 개정 2판은 실질적으로 매우 유용하다."

– 지나 페라(Gina Pera)

『Is It You, Me, or Adult A.D.D.?』 저자

"이 책의 초판도 훌륭했지만, 개정 2판은 그보다 더 뛰어나다! 바클리 박사는 장애를 이해하고 대처하도록 돕는 동시에, 개인의 강점을 발전시킬 수 있게 해주는 최고의 연구자이다. 그는 치료에 대한 실질적 지침뿐 아니라 교육, 직장, 인간관계, 돈 관리, 건강 문제에 이르기까지 폭넓은 영역에서 적용 가능한 전략을 제시한다. 바클리 박사는 ADHD로 인해 겪는 어려움에 대한 진정한 공감과 개인적인 통찰을 전한다. 이 책은 ADHD를 가진 성인뿐 아니라 그들을 사랑하고 돌보는 모든 이들에게 귀중한 안내서가 될 것이다."

– 토마스 E. 브라운(Thomas E. Brown)

『Smart but Stuck: Emotions in Teens and Adults with ADHD』 저자

"이 훌륭한 책의 개정판은 ADHD를 정확히 진단하고 적절한 도움을 찾는 방법에 대해 통찰력 있고 사실에 근거한 설명을 제시한다. 치료 과정을 이해하고 따라가는 데 필요한 정보가 명료하고 체계적으로 정리되어 있다. 이 책은 성인 ADHD 분야의 주요 참고서로 자리매김할 것이다."

- 레너드 A. 애들러(Lenard A. Adler)

『Scattered Minds』 저자

"주목할 만한 섹션으로 나뉘어 있고 '어디서나 멈춤' 형식으로 되어있는 이 책은 복잡한 주제를 쉽게 읽을 수 있도록 만들어졌다… 이 책은 성인 ADHD로 성공적으로 살아가기 위한 전략과 함께 최신 지견들을 제시한다… 이 책은 일반인과 전문가 모두에게 유용한 도구다. 책의 레이아웃이 훌륭하여 읽기 쉽고, 그런 것이야 말로 ADHD로 어려움을 겪는 사람에게 꼭 필요한 것이다. 여기에는 복습을 위해 챕터를 다시 보거나 방금 읽은 내용을 상기시키는 리마인더를 제공하는 것도 포함된다. 그는 재치 있는 방식으로 자신이 ADHD를 얼마나 잘 알고 있는지 보여준다! 모두가 한 번씩 읽어보시길 권한다. 행동 전반에 대한 지식을 향상시켜줄 것이다."

–「Doody's Review Service」

"이 책은 성인 ADHD를 이해하고 관리하기 위한 과학적 근거에 기반한 포괄적이면서도 이해하기 쉬운 안내서이다. 이 책을 통해 성인 ADHD 당사자와 그 가족, 가까운 이들은 활용 가능한 치료 방법과 행동 전략, 그리고 추가적인 지원 자원에 관한 정보를 얻을 수 있을 것이다."

–「Library Journal」

"바클리는 무엇이 효과가 있는지 알고 있다."

–「ADDitude」

내 삶의 빛과 사랑인 나의 손주인

윌, 클레어, 크레이그, 리암에게 바친다.

- R. A. B.

목차

역자 서문

ADHD는 이미 일반인들에게 널리 알려진 질환이다. 과거에는 ADHD가 집중력이 떨어지고 산만한 행동을 보이는 아동이나 청소년에게 주로 내려지는 진단이었지만, 현재 전문가들은 ADHD 환자의 약 3/4이 성인기까지 증상을 이어가며, 이는 그들의 인생 전반에 걸쳐 영향을 미치는 지속적인 문제라고 보고 있다. 특히, 정신건강전문가들이 성인기 ADHD에 대한 질병 개념을 인식하게 되면서, 과거 전통적인 정신과적 진단의 범주에서 불안장애와 기분장애, 또는 성격장애로 진단되던 환자들 중 상당수가 실제로는 과거부터 이어져 온 ADHD가 그 원인이었음을 확인하고 있다. 이러한 인식 변화는 대한민국에서도 마찬가지다. 성인 ADHD에 대한 다양한 정보가 대중매체를 통해 소개되고, ADHD를 진단받은 유명인들이 자신의 이야기를 솔직하게 공개하면서, 자신도 ADHD를 앓고 있는 것이 아닌가 의심하는 많은 사람들이 정신건강의학과 진료실을 방문하고 있다. 하지만 ADHD 진단이 대중적으로 널리 알려진 것에 비해, 여전히 명확하게 진단되거나 치료받지 못하는 경우가 많다. 아직도 자신이 ADHD를 앓고 있다는 사실을 모르고 살아가는 성인들이 적지 않으며, 성인이 된 이후에도 자신의 문제를 성격이나 기질로 오해하고, 인생에서의 실패와 혼란을 단순히 불운으로 치부하며 고통스러워하는 사람들도 여전히 존재한다.

이 책의 저자인 러셀 A. 바클리Russell A. Barkley 박사는 이미 성인 ADHD를 연구하거나 진료하는 전문가들 사이에서 독보적인 존재로, 많은 연구, 임상 활동과 대중적 강연 활동을 통해 성인 ADHD의 임상적 접근과 대중화에 기여한 인물이다. 바클리 박사의 실행 기능 장애 척도(Barkley Deficits in Executive Functioning Scale, BDEFS)를 사용해 본 경험이 있는 임상가라면, 그의 이름을 한 번쯤 들어봤을 것이다. 이 책은 2022년에 개정된 『Taking Charge of Adult ADHD』의 제2판을 번역한 것으로, 최신의 연구와 임상적 통찰을 바탕으로 성인 ADHD 환자들에게 실질적인 도움을 제공한다. 특히 이 책은 성인 ADHD 환자들이 일상생활에서 직면하는 다양한 문제를 해결할 수 있는 실질적이고 구체적인 조언을 제시한다. ADHD를 앓는 사람들은 집중력 문제뿐 아니라, 실행 기능의 문제, 충동성, 감정 조절의 문제 등으로 인해 인생을 살아가면서 많은 어려움을 경험하게 된다. 저자의 표현대로 '기울어진 운동장'에서 살아왔던 이들에게, 이 책은 자신의 삶을 개선할 수 있는 효과적인 자기 변화의 기술을 제공한다. 나아가 성인 ADHD 환자뿐만 아니라 자신의 마음가짐이나 상황을 변화시키고자 하는 모든 독자에게도 실제적인 조언을 제시하며, 정신건강전문가들이 임상 현장에서 환자들에게 교육할 수 있는 임상 지침을 제공한다는 점에서도 이 책의 활용도는 높을 것으로 기대된다.

사실 이 책은 2010년에 제1판이 출간된 이후 이미 미국 내에서 많은 독자를 확보한 책으로, 한국에서는 이제서야 번역되어 소개되는 것이 다소 늦은 감이 있다. 그러나 "늦었다고 생각할 때가 가장 빠를 때"라는 말처럼, 지금이라도 이 저서가 한국의 많은 사람들에게 소개되어 그들의 삶을 바꾸는 데 큰 도움이 되기를 기원한다. 번역 과정에서 미국의 문화적, 행정적 조언 중 일부는 한국 독자들에게 불필요하거나 이해하기 어려운 부분이라 판단하여 과감히 생략한 부분도 있으며, 문화적 뉘앙스 차이로 인해 이해하기 어려운 부분도 있을 수 있다. 그러나 이 책의 핵심 주제인 '스스로의 삶에 책임지는 방법'을 전달하는 데는 큰 무리가 없을 것이다.

이 책은 한국성인ADHD 임상연구회의 회원들이 공동번역하여 소개하는 책이다. 공동번역자 전원이 임상 현장에서 많은 ADHD 환자들과 함께 고민하며 진료하는 정신건강의학과 의사들이기에, 이 책이 ADHD 인지행동치료 분야에서 실질적인 도움을 제공할 것으로 기대한다. 특히 1차 번역이 끝나고 2차, 3차 번역의 감수 및 수정을 같이 고민하고 다듬어 주신 안경진, 안현웅, 이선혜, 임미정 원장님께 깊은 감사를 드린다. 아울러 바쁜 일정 속에서도 번역에 시간을 헌신해 주신 한국성인ADHD 임상연구회 회원들 모두에게 깊은 감사를 드린다.

한국성인ADHD 임상연구회 회장 **허윤석**

저자의 말

이 책에서는 한 개인을 지칭할 때 남성 대명사와 여성 대명사를 번갈아 사용한다. 다른 인칭 대명사를 사용하는 독자들을 무시하는 것이 아니라, 우리 언어는 계속 발전하므로 더 읽기 쉽도록 이런 선택을 하였다. 나는 진심으로 모두가 여기에 포함되어 있다고 느끼기를 바란다.

모든 증례는 실존 인물을 조합하거나 사생활 보호를 위해 철저하게 변형된 것이다.

머리말

이 책은 다음과 같은 사람들을 위한 것이다.

✓ 성인기에 주의력결핍 과잉행동장애[ADHD]로 진단을 받은 사람
✓ 아동기에 ADHD 진단을 받고 여전히 증상을 가지고 있는 사람
✓ 다음과 같은 부분에 어려움이 있어서 ADHD를 가지고 있다고 생각되는 사람

- 집중하기
- 주의를 기울이기
- 구조화하기
- 시간 관리하기
- 계획과 문제 해결하기
- 감정 조절하기

이 책은 다음과 같은 상황에서 도움이 될 것이다.

✓ 무엇이 잘못되었는지에 대해 과학적인 사실을 알기 원한다면
✓ 가장 좋은 치료법을 찾고 있다면
✓ 증상을 극복하는 전략과 기술을 배우고 싶다면
✓ 자신의 강점을 끌어내는 방법을 알고 싶다면

ADHD는 실재로 존재하는 질환이며 아동기에만 영향을 미치는 질환도 아니다. 저자는 40여 년 이상, ADHD를 치료하고, 연구하고, 교육하는 데 보내왔다. 이렇게 긴 시간 동안, 성인들도 ADHD를 겪을 수 있다고 믿는 사람들은 거의 없었다. 그러나 최근 연구를 통해, 아동기에 ADHD를 겪은 사람들의 2/3가 성인기에도 여전히 그 질환을 겪고 있음을 알게 되었다. 이는 성인의 4~5%가 ADHD를 가지고 있다는 의미로, 2020년 기준 미국 내에서만 1,300만 명 이상의 성인이 ADHD를 가지고 있다.

당신이 그들 중 하나이거나 혹은 그렇다고 생각이 든다면, 이 책은 당신을 위한 것이다. 이 책은 성인 ADHD 환자가 수십여 년간의 연구를 통해 축적된 모든 혜택을 누릴 수 있게 하기 위한 것이다. 아동기의 ADHD는 모든 정신 혹은 정서 장애에 관한 연구 중에서 가장 광범위하게 연구된 질환 중 하나이다. 사실 이 책의 정보와 조언은 지난 한 세기에 걸쳐 발표된 40만 개 이상의 ADHD 관련 연구 논문과 저서에 바탕을 두고 있고, 이 책의 마지막 판 이후로도 20만 개 이상의 연구가 새롭게 발표되었다.

우리는 ADHD가 무엇인가에 대해 잘 이해하게 되었다. ADHD가 뇌에 어떤 영향을 미치는지 알게 되었다. 특히, 이 증상이 긴 오르막을 오르는 것처럼 일상을 힘들게 만드는 이유와 정체에 대해서 좀 더 명확

하게 알게 되었다.

무엇보다도 좋은 점은 매우 효과적인 치료법들이 개발되어 많은 성인들이 처음으로 인생의 핸디캡이 사라진 것처럼 느끼게 되었다는 점이다. 당신은 여기에서 그런 방법을 배우게 될 것이다. 그리고 이 책은 ADHD의 경과에 대한 이론에 근거하여, 직장, 가정, 학교에서 당신의 가족과 친구들과 함께, 당신의 삶을 전환시킬 수 있는 전략들을 제공할 것이다. 이러한 전략은 ADHD 증상 이면의 과학적인 이해에 근거하며, 당신에게 중요한 모든 영역에서 도움을 줄 것이다. 이는 당신이 당연히 누려야할 권리이다.

1단계

시작하려면 평가를 받으라

"시간은 나를 비껴가는 듯하고, 나는 다른 성인들처럼 효율적으로 시간을 관리할 수가 없어요."

"내 마음과 삶은 엉망진창이에요. 다른 성인들처럼 일이나 활동들을 체계적으로 잘 처리하는 것이 어려워요."

"저는 이것저것 건드리면서, 결국 일을 끝내지 못해요. 함께 일하는 사람들이 저 때문에 정말 힘들어한다는 것을 알고 있어요. 하지만 생각나는 순간 바로 하지 않으면 금방 잊어버리기 때문에 바로 해야 해요. 그렇지 않으면 그 일은 결국 하지 못하게 되기 때문이에요."

"어렸을 때 저는 항상 가만히 앉아 있기 힘들고 에너지가 넘쳐서 어떻게 해야 할지 전혀 몰랐어요. 그래서 항상 겉도는 느낌이었고, 그것이 너무 싫었어요. 약을 먹으러 매일 보건실에 가야 했던 것도 최악이었어요! 아무도 나와 친구가 되고 싶어하지 않았는데, 제가 그 무리에 어울리지 않았기 때문이에요. 나는 무리 속에서 결코 조용하고 침착한 내성적인 소녀는 아니었어요. 저는 외향적이고 때로는 시끄럽고(맞아요, 내가 인정하고 싶은 것보다 더 자주), 강렬하고 다소 괴상하고 냉소적이었죠. 그러다 어느 순간부터 모든 사람들이 저의 곁에 있기를 좋아하게 되었어요."

"지난 주말에 일어난 일 때문에 제 아내가 저에게 매우 화가 난 일이 있었어요. 토요일 아침, 잔디 손질을 위해 잔디 깎이를 꺼냈는데, 연료통이 비어 있었죠. 그래서 저는 기계를 제 차에 싣고 휘발유를 사러 퀴키 마트 Quickie Mart로 갔습니다. 휘발유를 채우는 동안 저의 절친이 연료를 채우기 위해 들어 오더군요. 그 친구도 나만큼이나 송어 낚시에 중독된 사람이죠. 그 친구는 여분의 낚시대와 방수포가 있다며 낚시하러 가자고 하더군요. 그래서 저도 '그래'라고 하고 제 차는 주요소에 놔둔채 그의 차를 타고 떠났습니다. 한 시간 정도 낚시를 한 후, 목이 말라서 남자들이 자주 갈법한 작은 술집에 들러 맥주 한 잔을 했어요. 그때가 오후 세 시쯤이었고, 그제야 차를 찾으러 주유소로 돌아왔더니, 주 경찰이 거기에 와 있더군요. 제가 휘발유를 사러 간 뒤 몇 시간이 지나도 집에 돌아오지 않자, 제 아내는 저에게 무슨 나쁜 일이 일어난 줄 알고 경찰에 신고를 했던 겁니다. 아내는 제가 저지른 일을 알고 나서 며칠 동안 말도 안 할 정도로 화가 났습니다! 하지만 그게 제 모습이에요. 주변에서 일어나는 일의 흐름에 따라 즉흥적으로 움직이다 보니 내가 해야할 일을 잊어버리거나, 그 일보다 더 흥미로운 일이 생기면 그냥 그 일을 무시하거나 미뤄버리곤 하죠."

1장
당신이 ADHD일 가능성은?

조금 전에 읽은 경험들이 익숙하게 들리는가? 이 경험들은 ADHD인 성인들의 목소리이다. 첫 번째 언급된 내용은 ADHD의 핵심을 찌른다. 성인 ADHD의 일상에서 야기되는 심각한 시간 관리 문제들에 대한 간결한 설명이다. 이는 성인 ADHD 들이 시간에 무감각 하거나 혹은 미래에 대해 근시안적이기 때문이다. 그들은 "지금now"에 살고 있으며, 인생에서 다가올 "다음next" 일들에 대처하는 것을 어려워한다.

당신은 종종 시간, 일정 또는 계획에 맞추지 못한다는 느낌이 드는가? 항상 늦거나, 일정하지 않거나, 하루라는 제한된 시간 내에서 무엇을 해야 할지 모르겠는가? 만약 그렇다면 마감일을 놓치거나 데이트에서 약속 상대를 바람 맞혀서, 자신과 타인을 끊임없이 실망시키게 될 것이다. 주변 사람들이, 당신이 일을 완수하지 못하거나 심지어 제때 나타날 것이라는 기대조차 하지 않는다면, 성인으로서의 성취감과 역량을 유지하는 것은 어려울 것이다. 이제 이 모든 것을 바꿀 시간이다.

지금 겪는 문제를 어떻게 설명할 수 있을까?

물론, 시간 관리 문제가 ADHD로 인해서만 발생하는 것은 아니다. 하지만 위에서 설명한 것과 비슷한 문제를 가지고 있다면, ADHD가 원인일 수 있다. 그리고 만약 그렇다면, 당신의 삶을 더 나아지게 할 수 있는 많은 방법이 있다.

다음 리스트를 보고 "예"로 대답할 수 있는 질문에 체크해 보라.

* 우리가 7년 이상 진행한 연구에서 축적된 91개의 부가적인 ADHD 증상이 부록에 기재되어 있음(448~453페이지 참조).

□ 집중에 어려움이 있는가?

□ 쉽게 산만해지는가?

□ 자신을 매우 충동적인 사람으로 생각하는가?

□ 일을 체계적으로 하거나 유지하는 게 어려운가? 자신이 명료하게 생각을 할 수 없다고 느끼는가?

□ 여러 가지 일을 하느라 바쁘다는 느낌이 들지만, 대부분 마무리하지 못하는가?

□ 사람들이 당신이 말이 많다고 생각하는가?

□ 다른 사람들이 말하는 것을 집중해서 듣기가 어려운가?

□ 다른 사람들이 이야기하거나 무언가를 하고 있을 때 갑자기 끼어들고, 나중에 후회하는가?

□ 당신은 다른 사람들보다 떠들썩하게 이야기하는가?

□ 말하려는 것의 핵심을 잘 전달하기가 어려운가?

□ 안절부절못하거나 자꾸 움직이는 느낌이 드는가?

□ 긴급하지는 않지만 해야 할 일들을 잊어버리는가?

□ 감정이 쉽게 고조되어 표출되고 특히, 성급하고, 쉽게 좌절하고 흥분하고 화를 내는 경우가 많은가?

ADHD 여부는 전문가 평가로만 알 수 있다. 하지만 많은 질문에 "예"로 대답한 경우, ADHD일 가능성이 더 높을 수 있다. 확실한 것은, 수많은 과학적 데이터가 이러한 불편감이나 유사한 문제들과 성인 ADHD 사이의 관련성을 보여준다는 것이다.

데이터는 또한 결과가 얼마나 심각할 수 있는지 보여준다. ADHD는 돈을 충동적으로 쓰게 만든다. 지금 당장의 즐거움을 위해 돈을 쓰게 만들어, 매월 또는 연간 고지서나, 집, 차, 휴가를 위한 저축을 하지 못하게 만든다. 또한 약간의 인내심과 조사가 필요했던 투자를 무리하게 하도록 하는 일도 발생하며, ADHD 환자는 나중에 후회할 만한 말과 행동을 하게 된다. 그리고 매일매일 당신의 삶에서 충동적 섭식, 영양부족, 알코올과 담배 사용, 수면습관이 좋지 않은 생활습관, 위험한 섹스, 운전 및 부석설한 운동 등 건강에 해로운 선택으로 이어지도록 만들 수 있다. 이런 증상들은 친숙한 이야기인가?

> 성인 ADHD 환자는 과잉 행동이 없을 수도 있다.

성인 ADHD에 대한 지식은 다음의 과학적 사실에 기반한다.

- 1990년, 미국 최초의 성인 ADHD 클리닉 중 하나를 설립한 매사추세츠 의과대학에서 1991년 이후 수집한 데이터
- ADHD를 가진 158명의 어린이와 그렇지 않은 81명의 어린이를 대상으로, 성인기까지의 추적조사 결과를 포함한, 2010년 이전에 수행된 대규모 연구 중 하나에서 도출된 근거

- 저자의 클리닉과 비슷한 시기인 1990년에 설립된 매사추세츠 종합 병원에서 수행된 수많은 연구에서 축적된 데이터
- 이 책의 마지막 판(2010년) 이후 성인 ADHD에 대한 100,000건 이상의 과학 논문과 책에서 확인할 수 있는 근거들

하지만 당신은 이렇게 생각할 수도 있다. '나는 ADHD일 리가 없어. 나는 과잉행동이 없잖아! 내 형제(혹은 자매, 조카, 어린 시절 친구, 동급생)는 어릴 적 ADHD였는데, 항상 안절부절못하고 불안해하며, '과잉행동'이 있어서 마치 모터가 달린 듯 당황스럽게 행동했지. 나는 그런 사람이 아니야.'

우리가 성인 ADHD에 대해 잘 아는 것 중 하나는, 과잉행동이 ADHD 아이들에서 더 많이 나타나지만, 대개 청소년기와 성인기에는 크게 감소한다는 점이다. 성인 ADHD 환자들에게 남아있는 유일한 과잉행동 증상은 주로 안절부절못하는 것과 계속해서 바쁘게 움직이려는 욕구이다.

만약 ADHD가 의심된다면, 평가를 받아야 하는 타당한 이유들이 있다.

✓ 우리는 도움이 될 많은 해답을 찾아내고 있다. 비록 성인 ADHD는 인정받기 시작한지 얼마 안 된 장애이긴 하지만, 현재 이에 대한 과학적 이해는 높아지고 있다.

✓ 언제 어디서든 ADHD는 다른 심리적 문제들보다 환자들에게 더 큰 어려움을 줄 수 있다. ADHD는 외래 치료를 요하는 대부분의 다른 장애들보다 성인 생활의 더 많은 영역에서 어려움을

겪게 한다. 치료를 받지 않으면, 중년기까지 사망 위험이 높아지고, 전반적인 기대수명이 단축될 가능성도 높아진다.

✓ ADHD는 성인기의 다른 장애들에 비해 효과적인 치료 방법과 대처 전략이 많다. ADHD는 가장 치료가 잘되는 정신 질환 중 하나이다.

얼마나 오랫동안 이런 문제들을 겪어왔는가?

시간 관리, 집중 그리고 충동을 조절하기 위해 애를 써온 기간을 생각해 보라. 몇 주나 몇 달, 혹은 수년 이상인가? 어린 시절 자신을 떠올려 보라. 그때도 같은 문제를 가지고 있었는가? 학교에서 제자리에 앉아 있기 힘들거나 숙제를 끝내기가 어려웠는가? 취미 활동을 마무리하고, 경기장에서 규칙을 따르고, 이웃 친구를 사귀고 관계를 유지할 수 있었는가? 좌절하거나 분노를 느낄 때 감정을 조절하는 데 문제가 있었는가?

저자가 연구하고 진단하고 치료한 성인 ADHD 환자들은, 앞에서 언급했던 문제에 대해 다양한 기억들을 가지고 있다. 많은 사람들이 어린 시절에 ADHD 진단을 받지 못했다. 1980년대 이전에는 이 장애에 대해 임상가들이 주목하지 않았다. 때로는 소아과 의사들이 ADHD가 실제로 존재하는 것이 아니라고 생각하기도 하거나, ADHD 환아의 부모들은 '과잉행동이나 집중력 부족이 아이를 의사에게 데려가야 하는 이유가 아니다'라고 생각했기 때문이다. 그래서 누군가는 20대 중반이 되어서야 진단을 받았다. 이러한 사람들(그리고 그 부모들)은 그저 의지만 있으면 해결되지 않을 문제가 없다는 신화를 믿었을지도 모른다. 가

> 갑작스럽거나 단기간의 증상은 일반적으로 ADHD가 아니다.

끔 사람들은 ADHD와 비ADHD 사이의 회색 지대에 있거나, 때로는 상황을 복잡하게 만드는 다른 문제로 인해 진단을 받지 못한 경우도 있다.

어린 시절에 ADHD로 진단을 받지 않았다고 해서, ADHD가 아님을 의미하는 것은 아니다.

어릴 때보다 시간 관리, 집중력, 충동 및 감정 조절 문제가 덜하다고 해서 ADHD가 아니라는 의미가 아니다.

어릴 때의 과잉행동이 성인이 되어 없어졌다 해도 ADHD가 아니라는 것은 아니다.

그러나 소아청소년기에 ADHD 증상이 없었다면 ADHD가 아닐 것이다. 성인이 되어서 ADHD 증상이 발생했거나 오래 지속되지 않았다면 아마도 다른 이유, 예를 들면 뇌 손상이나 다른 신체질환 때문일 것이다.

> 여러 클리닉과 연구 결과에서, ADHD의 98%는 16세 이전에 발병하였다.

만약 어릴 때 방금 언급한 문제들을 겪었는지 기억이 명확하지 않다면, 그 당시 가깝던 가족이나 친구들에게 물어보는 것이 도움이 된다. ADHD로 인해 일을 시간 내에 처리하지 못하고, 현명한 선택을 할 수 없고, 때로는 다른 사람들과 어울리기도 어렵다면, 성인 ADHD를 겪는 사람들은 자신의 과거를 정확하게 추적하기 어려울 수 있다. 그래서 보통 20대 후반에서 30대 초반쯤 되어서야 자신의 과거를 정확하게 파악할 수 있다. 관련한 자세한 설명은 2단계에서 하겠다.

궁금증) 나는 어릴 때 문제가 없었고, 뇌 손상도 없었다. 그렇다면 나의 지능 덕분에 지금까지 ADHD로 인한 어떤 문제도 겪지 않은 것은 아닐까? 초등학교 때 지능 지수가 높았다.

학교와 경우에 따라 직장을 제외하면, 지능은 일반적으로 ADHD와 관련된 장애를 경험하는 것으로부터 당신을 보호해 주지 못한다. 다만, 지능 덕분에 어린 시절 ADHD를 가지고 있었음에도 불구하고 다른 성인들보다 학교에서 더 오래 눈에 띄지 않고 지낼 수 있었을 가능성은 있다. 가족관계, 사회적 기능, 운전, 범죄와 약물 사용, 데이트와 부부관계 등 대부분의 영역에서는 지능만으로 문제를 피할 수 없다. 높은 지능을 가졌더라도 ADHD 증상이 있었다면 이들 영역에서의 어려움을 피하지 못했을 것이다. 성인이 되어서 갑작스럽게 나타나는 문제들은 대부분 ADHD가 아닌 다른 원인으로 인해 발생했을 가능성이 크다.

저자가 성인기까지 관찰한 ADHD를 가진 어린이와 청소년들은 증상의 정도를 잘 모르거나 증상이 어떻게 삶을 방해하는지 잘 알지 못하는 경우가 많다. **대체로 성인 ADHD들은 27~32세가 되어서야 자기 자신에 대한 인식이 타인에 의한 인식과 일치하게 된다.**

궁금증) 나는 어렸을 때 집중력이나 다른 문제들이 없었지만, 지금 ADHD를 가지고 있을지도 모른다고 생각한다. 나는 아마도 다른 방법으로 ADHD를 극복하려고 해왔을지도 모른다.

하지만 우리 연구에 따르면 성인 ADHD들이 자주 장애를 겪는다고 말한 주요 생활 영역의 평균 개수는 10개 중 6~7개이다. ADHD는 교육부터 직장, 가족까지 모든 분야에서 심각한 장애를 일으킨다. 따라서, 아동, 청소년기 심지어 초기 성인기까지 어떤 식으로든 '보상'하며 살아가는 것은 거의 불가능할 것이다. 전문가들은 부모나 학교가 특별한 노력을 기울였다는 강력한 증거가 없다면, ADHD 환자가 성인이 될 때까지 대부분의 삶의 영역에서 기능의 문제가 없었다는 사실을 받아들이지 않는다. ADHD는 어린 시절의 성공적인 보상이 아닌, 보상의 결핍으로 정의되는 것이다.

ADHD 진단을 고려하기 위해서는 증상이 최소 6개월 이상 지속되어야 한다.

당신의 증상은 무엇인가?

이 질문에는 전문가들만이 대답을 도와줄 수 있다. 그래도 다음 질문 중 "예"로 대답하는 항목이 있다면, 진단평가를 받을 필요가 있는지를 결정하는 데 도움이 된다. 저자의 성인 ADHD 연구에 의하면, 다음 9가지 항목이 장애를 식별하는 데 가장 정확한 기준이다.

당신은 가끔

- □ 주변 자극이나 관련 없는 생각으로 인해 쉽게 산만해지는가?
- □ 충동적으로 결정을 내리는가?
- □ 적절한 때에 활동이나 행동을 멈추는 것이 어려운가?
- □ 지시 사항을 꼼꼼히 읽거나 듣지 않고 프로젝트나 작업을 시작하는가?
- □ 다른 사람에게 한 약속을 지키지 못하는가?

□ 작업이나 활동을 적절한 순서로 수행하는 데 어려움이 있는가?
□ 다른 사람들보다 훨씬 빠르게 운전하는가? 운전을 하지 않는 경우라면, 여가 활동을 하거나 재미있는 일에 조용히 집중하기 어려운가?
□ 작업이나 여가 활동에서 집중을 유지하는 것이 어려운가?
□ 작업이나 활동을 조직하는 것이 어려운가?

만약 첫 7개 증상 중 4개 이상을 체크하거나, 전체 9개 증상 중 6개에 해당된다면, ADHD일 가능성이 매우 높다. 이 경우, 정신건강의학과 전문의에게 평가를 받는 것이 좋다. * 진단 전문가를 찾기 위한 정보는 3장을 참조하라.

2013년 미국 정신의학협회에서 발표한 『정신질환의 진단 및 통계 편람 제5판』[DSM-5]은 ADHD를 진단하기 위해 18개의 증상을 사용한다. 그중 9개는 주의력결핍 증상에 관한 것이고, 다른 9개는 과잉행동-충동성에 중점을 둔 것이다. 그러나 이 목록은 처음에는 아동만을 대상으로 개발되었다. 최근의 DSM-5에서는 성인을 대상으로 하는 몇 가지 증상에 대한 설명을 제공하고 있지만, 그 설명들의 효용성은 최근에서야 저자와 로라 나우즈(Laura Knouse)의 연구를 통해 어떻게 성인 ADHD를 식별하고 증상을 명확하게 하는지 평가했다. 그 결과, 이 설명들은 실제 증상들과 중간 정도 이하의 관련성이 있었고, 따라서 성인 ADHD에 대해서는 더 많은 연구가 필요하다는 결론을 내렸다.

저자와 동료들은 DSM-5의 증상 목록보다는, 위에 언급한 9가지 증상 목록이 더 유용하다고 판단한다. 동료 연구자인 스테판 파라오니(Stephen Faraone)는 자신의 성인 그룹들과 함께 독립적인 연구를 수행하여 9가지 증상들이 성인 ADHD를 식별하는 데 매우 효과적이었다는 것을 보여주었다.

증상들은 삶에 어떤 영향을 주는가?

ADHD는 단순하게 '있다' 혹은 '없다'의 '범주'가 아니다. 그것은 임신과 같이 명확한 상태가 아니라, 사람의 키나 지능과 비슷한 '차원'으로 해야 한다. ADHD는 하나의 차원으로 생각해야 한다. 즉 서로 다른 사람들이 차원 위에서 서로 다른 지점에 놓이게 된다.

그렇다면 '장애'와 '비장애' 사이의 경계는 어디인가? 주요한 삶의 활동에 장애가 발생하는 지점이다. 증상은 질병이 생각과 행동에서 표현되는 방식이다. 장애는 그러한 증상을 나타내는 것으로 인한 부정적인 결과이다. 다음의 표에는 ADHD가 유발하는 일반적인 손상들이 나열되어 있다. * 5단계는 표에 나와있는 ADHD 증상으로 생긴 손상을 예방하기 위한 구체적 전략이다.

아동기에 전형적으로 나타나는 손상들
• 가족 간 스트레스와 갈등 • 친구 관계가 좋지 않음 • 친한 친구가 거의 없음 • 상점, 교회, 그리고 다른 지역사회에서 방해되는 행동을 하여 나가라거나 돌아오지 말라는 요청을 받음 • 개인 안전에 대한 인식이 낮음/잦은 우발적 부상 • 자기 관리 능력 발달이 느림 • 개인 책임감 발달이 느림 • 학교 성적이 평균보다 현저히 낮음 • 평균 교육 기간이 짧음

청소년과 성인에서 전형적으로 나타나는 손상들

- 직장에서의 낮은 업무 수행능력
- 잦은 이직
- 위험한 성행위/청소년 임신 및 성병 발생 증가
- 친밀한 관계에서 분노와 좌절감을 제어하는데 어려움
- 위험한 운전(과속, 잦은 사고, 주차 위반, 운전면허 취소 가능성)
- 재정 관리의 어려움(충동적인 지출, 신용카드 남용, 빚 상환 능력 저하, 저축이 거의 없음 등)
- 연애나 결혼 관계에서의 문제(배우자의 말에 귀 기울이지 않고 감사하지 않고, 지나치게 말을 많이 하거나 방해하며, 약속을 지키지 못하는 경우 등)
- 담배, 술, 대마 등의 물질 남용
- 적절한 시간에 잠들기 어려움(불면증), 밤 동안 자주 깨며 안절부절못함, 비효율적인 수면으로 인한 피로감 등

흔하진 않지만 주목할 만한 증상:

- 경찰과의 빈번한 접촉, 체포, 심지어는 구속까지 이어지는 반사회적인 행동(거짓말, 절도, 싸움 등). 종종 불법적인 약물 사용과 관련됨
- 대체로 건강하지 않은 생활 방식(운동 부족, 비디오게임, TV, 인터넷 검색 등의 앉아서 하는 오락, 과도한 소셜미디어 사용, 비만, 폭식, 영양 결핍, 과도한 흡연과 음주). 결과적으로 심혈관 질환의 위험 상승

다음 순서는 무엇일까?

ADHD가 있는지 의심이 된다면 전문적인 평가를 받아보라.

□ 현재 9가지 증상 중 적어도 4~6가지 증상이 있는가?

□ 그 증상들이 현재 삶에서 자주 발생하는가?

□ 이런 어려움이 적어도 6개월 이상 지속되었는가?

□ 증상들이 16세 이전 아동기나 청소년기에 시작되었는가?

□ 현재 증상들로 인해 교육, 일, 사회적 관계, 데이트 또는 결혼 관계, 자산관리, 운전 등의 주요 영역에서 문제가 생기는가?

□ 아동기에 이런 증상들 때문에 힘든 일을 경험했었는가?

이 모든 질문에 "예"라고 대답을 한다면 ADHD일 가능성이 매우 높다. 그것에 대해 무엇을 해야 하는지 알기 위해 책을 계속 읽어보라.

2장
스스로 자신의 문제를 처리할 수 있는가?

당신이 ADHD일 수도 있다고 믿게 되면 큰 안도감을 느낄 것이다. 마침내 삶이 매우 힘들었던 이유에 대해 알게 된 것이다. 하지만 그렇다고 해서 바로 문제가 해결되었는가? 이제는 이 책과 비슷한 책들을 읽고 ADHD로 인한 결함들을 어떻게 다루는지를 알아야 한다.

급하게 생각하지 말라. 진단과 치료를 하기 위해 전문가의 도움을 받아야 하는 많은 이유들이 있다. 이번 장에서 한 30대 남성의 간단한 이야기를 좀 더 깊이 있게 설명하겠다.

> "저는 지난 수십 년간, 스스로 ADHD를 다루기 위해 매우 열심히 노력해 왔고, 괜찮다고 느꼈습니다. 그러나 지금은 어떤 도움이 필요하다고 생각합니다. 직업적으로 '여기저기 떠돌이'가 되는 것에 지쳤고, 정착해서 내가 할 수 있는 것을 잘하고 싶은 마음이 간절합니다."

요약하자면, 전문가의 도움을 받아야 하는 이유는 다음과 같다.

- ADHD 이외의 주의를 요하는 다른 질환으로 인해 발생한 증상인지 확인하기 위해
- ADHD와 다른 상태가 결합되어 문제가 발생한 것인지 알기 위해.
- ADHD 진단을 받았다면, 증상을 대처하는 데 도와줄 수 있는 약물치료를 받기 위해
- 다양한 자기 조절 문제를 해결할 수 있는 최신 심리 치료법에 접근하기 위해
- 강점과 약점이 무엇인지 알고, 필요한 대처에 집중하기 위해
- 미국 장애인법에 따라, 대학이나 다른 교육환경, 직장 등에서 적절한 도움을 받기 위한 근거가 될 평가를 받기 위해
- 체중 감량, 금연, 알코올 또는 마리화나 감량, 수면 개선 등 건강에 좋지 않은 생활 방식과 잘못된 건강 관리 행동 등을 바꾸는 데 도움이 될 수 있는 다른 자원들을 이용하기 위해

적합한 치료를 처방해주고, 다양한 서비스, 보호 및 권리에 접근할 수 있도록 도와줄 의사와 관계를 맺어야 하는 중요한 이유들이 제시되었다.

확신이 생겼는가? 그렇다면 3장으로 넘어가도 좋다. 그러나 이 문제를 혼자 처리하려고 하면 안 되는 이유에 대해 더 알아야 한다면, 이 장의 나머지 부분을 읽기를 권한다.

ADHD 증상은 의학적인 문제와 같이 다른 원인에 의해 생긴 것인가?

ADHD가 있다는 것을 아는 것이 안도감을 줄 수 있다는 생각으로 돌아가 보라. 우리는 많은 어려움에 대한 명칭과 신경생물학적 이유를 찾는 것 자체가 치료적이라는 것을 알았다. 무엇이 문제인지 알게 되면, 단순히 문제를 그냥 떨쳐버릴 수 없다고 자책하는 것을 멈출 수 있다. 하지만 평가 없이는 ADHD인지 확실히 알 수 없다. 오직 숙련된 정신건강 전문가만이 1장에서 배운 진단 기준을 적용할 수 있는 훈련과 판단력을 가지고 있다. 숙련되지 않은 경우, 일반 성인에서도 약하게 나타날 수 있는 증상과 ADHD의 징후를 구별할 수 없을 것이다. 또한 주의력, 집중력, 작업 기억력에 문제를 일으키는 다른 심리적, 정신적 장애를 알지 못하고, 그러한 장애와 ADHD를 구별 수도 없다.

> ADHD를 가지고 있다는 것을 아는 것이 단지 추측하는 것보다 훨씬 더 안도감이 들지 않을까?

중요한 것은 1장에서 언급했듯이, 증상이 뇌손상이나 질병의 결과가 아니라는 것을 확인하는 데 필요한 의학적 검사나 절차를 정신건강의학과 전문의가 안내할 수 있다는 점이다.

ADHD가 모든 어려움을 설명해 주는가?

1장에서 ADHD라는 확신이 들었더라도, ADHD가 모든 것을 설명해준다고 주장하기 위해서는 전문적인 평가가 필요하다. ADHD를 진단받았어도 여전히 어려움을 겪는 것은 매우 실망스러운 일인데, 이는 몇 가지 다른 문제들이 발견되지 않고 치료되지 않았기 때문이다. 만약 공존 장애(동반질환)가 있다면, 당신은 진단과 장애에 대한 정보뿐만 아니라 치료 권고 목록도 받게 될 것이다. 이는 '여기저기 떠돌이' 같은 삶에서 벗어나는 첫 단계이다.

대부분의 성인 ADHD는 최소한 두 가지의 장애를 가지고 있다. 성인 ADHD의 80~85%에서 다른 하나의 질환을 가지고 있으며, 절반 이상이 세 가지 이상의 심리적 장애를 가지고 있다.

일반인보다 ADHD 환자에게서 더 자주 동반되는 다른 질환들

- 불안장애
- 적대적 반항장애(Oppositional defiant disorder, ODD)
- 행동장애(Conduct disorder, CD; 공격성, 비행, 무단결석 등)
- 학습장애(Learning disabilities, LD; 읽기, 철자, 수학, 작문과 같은 영역의 지연)
- 의기소침, 기분부전 또는 주요 우울증
- 소아기 또는 청소년기에 발병한 양극성 장애
- 성인 반사회성 성격장애(Adult antisocial personality disorder, ASPD)
- 알코올 중독 및 기타 중독
- 틱 장애 또는 더 심각한 뚜렛 증후군(다양한 운동 틱 및 음성 틱)
- 자폐 스펙트럼 장애

가장 효과적인 치료-처방전이 필요한 약물치료

> ADHD 약물치료의 성공률은 정신의학의 다른 장애의 치료 성공률보다 월등히 높을 것이다.

당신은 ADHD의 약물치료에 대한 자세한 내용은 3단계에서 읽을 수 있다. 지금 중요한 것은 ADHD 증상에 있어서는 약물치료가 효과가 있다는 것이다. 약물은 증상을 실질적으로 개선시킨다. 성인의 대부분에서 효과적이며, ADHD에 승인된 약물에 대해 유의미한 반응을 보이지 않는 사람은 10% 미만이다. 우선 약물치료는 ADHD의 원인이 될 수 있는 기저의 신경학적 문제들을 일시적으로 교정하거나 보완하는 것처럼 보인다.

다른 치료법들과 대처법들은 ADHD 환자가 약물치료를 받지 않으면 거의 효과가 없다. 저자의 경험상, 진단 후 약물치료를 시도하지 않기로 선택한 ADHD 성인들은 일반적으로 3~6개월 이내에 다른 모든 방법들이 충분한 도움이 되지 않는다는 것을 깨닫고, 약물치료를 시도하고자 다시 찾아온다.

연구에 따르면 ADHD 약물치료는 다음과 같은 효과가 있다.

- 50~60%의 성인 ADHD의 행동을 정상화한다.
- 또 다른 20~30%의 성인 ADHD의 행동을 상당히 개선시킨다.

강점과 약점을 명확히 하기

전문적인 평가에는 몇 가지 단계가 포함된다. 이 단계들은 중요한 사실을 간과하거나 잘못 해석하지 않기 위해, 여러 각도에서 ADHD를 평가하도록 고안되었다. 이 과정이 반복적이거나 지루할 수 있지만, 평가자가 문제를 찾아낼 뿐만 아니라, 문제를 일으키지 않는 요소를 배제하기 위해 노력하고 있다는 점을 명심하라. 평가과정에 인내심을 가져야 하는 또 다른 이유는 증상의 가능한 모든 원인을 감별하면서, 개인적인 장점에 대한 귀중한 정보를 알게 될 수 있기 때문이다. 삶의 기술과 타고난 능력이 어디에서 빛을 발하는지 알면, 당신과 치료자가 가장 도움이 되는 대처 전략을 선택하는 데 도움이 될 것이다. 예를 들어, 예술적 재능과 매력적인 성격은 ADHD에서 나오는 것은 아니지만, 이러한 재능을 이용해 ADHD 증상을 보완하는 방법을 배울 수 있다. 또는 이러한 장점을 활용할 수 있는 진로를 발견할 수 있다.

예를 들어, ADHD를 가지고 있으면서도 제약회사에서 뛰어난 성과를 내는 영업 직원들이 많다. 그들은 직업 특성상 다양한 지역을 이동하며 수많은 의사들과 내근 직원들을 만나고 끊임없이 활동하게 된다. 반면, 이들에게는 오전 9시부터 오후 5시까지 사무실에 앉아 있는 정적인 일자리는 지나치게 지루하게 느껴져, 타고난 영업 능력에도 불구하고 집중하거나 성공을 향한 동기를 가지기 어려울 수 있다. 그러나 지속적인 상황 변화는 오히려 이들에게 에너지를 주고 집중력을 높여준다. 또한, 많은 영업 직원들이 다른 팀원들과 지역을 나누어 담당하는 팀 기반 업무를 수행하기 때문에, 개인으로 일할 때보다 체계적인 작업 환경 속에서 일할 수 있어 더 적합하다.

결국 평가 과정의 목적은 정확히 어떤 어려움을 가지고 있고, 어떤 강점을 지니고 있는지를 파악함으로써, 가능한 한 빠르게 건강과 성공의 길로 나아갈 수 있도록 개인에 맞춘 치료 계획을 세우는 데에 있다.

3장[1]

어디에서 도움을 받을 수 있을까?

아직 진단평가를 받지 않았다면, 자격을 갖춘 정신건강 전문가를 스스로 찾을 수 있다. 그러나 주치의와 좋은 관계를 유지하고 있다면, 이 의사에게 요청하는 것이 유용한 첫 단계가 될 수 있다. 주치의는 ADHD를 판단하기 위해 선별 설문지를 사용할 수 있다. 만약 그 의사가 증상에 대한 신체적인 원인을 배제할 수 있다면, 정신건강의학과 의사가 권유하는 별도의 건강검진을 받지 않아도 된다. 그리고 그 의사가 당신을 잘 알고 있다면 적합한 ADHD 전문가에게 의뢰해 줄 수 있을 것이다. 내 경험에 따르면, 환자가 주치의를 좋아하고 신뢰한다면, 그가 추천하는 사람에게도 같은 느낌을 가질 가능성이 크다.

---

1) 3장은 미국에서 치료자를 찾는 구체적인 방법을 제시하는 장이다. 한국의 의료 체계와는 전혀 다른 내용이므로, 독자들은 참고만 하기를 권한다(역자 주).

ADHD 경험이 있는 전문가를 찾는 방법

다음 중 하나가 좋은 추천이 될 수도 있다. 만약 잘 안맞으면, 또 다른 하나를 시도해 보라.

- 위에서 언급한 것처럼, 동네에서 성인 ADHD를 진료하는 전문가를 알아보기 위해 주치의(내과의, 가정의, 또는 일반의)에게 문의하라.
- 미국 정신의학협회 또는 미국 심리학회에 전화하라. 협회들은 보통 전문가들의 명단을 전문 분야별로 정리하여 보관한다. 성인 ADHD 전문가로 등재된 사람을 찾아보라. * psych.org 또는 apa.org에서 지역 미국 정신의학협회 또는 미국 심리학회를 찾아보라.
- ADHD 전담 주요 비영리 단체 중 하나인 CHADD(미국)와 ADDA(미국과 기타 영어권 국가)의 웹사이트를 확인하라. 지역에 지원 그룹이나 지부가 있는 경우 전화를 걸어 해당 지역의 성인 ADHD 임상 전문가를 알고 있는지 문의하라. * 주의력결핍/과잉행동장애 어린이와 성인[CHADD]을 위한 웹사이트는 chadd.org.이고, 주의력결핍 장애협회[ADDA] 홈페이지는 add.org.이다. 성인 ADHD 전문가를 찾는 데 유용한 다른 웹사이트들은 책 뒤에 있는 참고자료를 참조하라.
- 인근의 의과대학 정신건강의학과에 전화하면, 그 지역에서 성인 ADHD 평가를 하는 의사들을 안내받을 수 있다. 아니면 그 병원의 웹사이트에 방문하여 전문적 치료 분야에 ADHD가 포함되어 있는지 확인해 보라.
- 지역 병원 정신건강의학과에 문의하라. 또는 그 병원의 웹사이트에 방문하여 전문적 치료 분야에 ADHD가 포함되어 있는지 확인해 보라.

- 지역 대학 심리클리닉에 전화하라. 아니면 웹사이트에 방문하여 전문적 진료 분야에 ADHD가 포함되어 있는지 확인해 보라.
- 카운티[2)] 정신건강센터에 전화하라(일반적으로 '카운티 정부'[3)] 아래 전화번호부에 나열됨). 아니면 그들의 웹사이트에 방문하여 전문적 진료 분야에 ADHD가 포함되어 있는지 확인해 보라.
- 전화번호부에서 성인 ADHD를 전문으로 하는 정신건강의학과 전문의와 심리학자를 찾아보라. 또는 더 나아가 온라인에서 해당 지역의 ADHD 전문가를 검색해 보라. 일반의나 정신과 전문의도 ADHD 전문가를 구체적으로 찾을 수 있다. 또한 chadd.org와 additudemag.com은 모두 해당 지역에서 ADHD 전문가를 검색할 수 있는 옵션을 제공한다.
- 성인 ADHD로 치료를 받고 있는 친구나 친척이 있는가? 만약 그렇다면, 그 사람의 담당 의사를 소개받아라. 또는 만약 ADHD로 치료를 받고 있는 아이를 알고 있다면, 아이의 의사 이름을 물어보고 그가 성인을 치료하는지, 혹은 성인을 치료하는 전문가를 아는지 문의할 수도 있다.

예약하기 전에 물어볼 질문

해당 지역에서 선택할 수 있는 전문가가 여러 명 있다면, 평가 문의 전화를 할 때 다음과 같은 질문을 할 수 있다. 실제로 가까운 곳에 한 명

2) 주로 미국이나 영국에서 사용되며, 특정 지역 내의 여러 도시나 마을을 포함하는 지방 자치 단위를 의미한다. '주(State)'보다 하위이며, '도시(City)'보다 상위 개념이다(역자 주).

3) 특정 카운티(County)의 행정과 공공 서비스를 담당하는 지방 자치 정부이다(역자 주).

의 전문가만 있더라도 다음과 같은 질문을 할 수 있다.

- 정신건강의학과 의사가 진료하는 사람 중 ADHD를 가진 사람의 비율이 어느 정도인가?
- 만약 정신건강의학과 의사가 성인과 아동 모두를 진료한다면, 그 중 성인의 비율은 몇 %인가?
- 정신건강의학과 의사가 성인 ADHD를 얼마나 오랫동안 치료해 왔는가?
- 정신건강의학과 의사의 전문 분야는 무엇인가? ADHD 및 관련 정신 질환을 다루는 분야에는 정신 의학, 임상 심리학, 신경심리학 및 신경학(특히 행동학)이 포함된다.
- 이 전문 분야에서 실무자 위원회의 인증을 받았는가? 이러한 인증은 의학이나 심리 치료를 위한 주 면허보다 더 높은 수준의 인증이다.
- 예약에 걸리는 시간은 얼마나 되는가? (선택할 수 있는 전문가가 여러 명 있고 가능한 한 빨리 진료를 받고 싶다면 중요한 점이다.)
- 의사는 진단평가 후에 치료도 하는가? 그렇지 않은 경우, 환자는 어디에서 치료를 받아야 하는가?
- 근처에 다른 유용한 자원이 있는가? 대부분의 정신건강의학과 전문의들은 코칭, 기능훈련, 지지그룹 등을 병원에서 제공하지 않지만, 치료실을 운영하는 심리학자들은 관련 전문가들이 근무하는 사무실에 공간을 빌려 환자들을 서로 코칭하는 경우가 많다. 이들은 서로 환자를 소개해 주기도 한다.
- 의사가 어떻게 진료비를 청구하고, 어떤 보험에 포함되어 있는가?

4장
평가를 하기 위해 필요한 것은 무엇인가?

무엇을 예상해야 할지 알고 있으면, 평가과정이 더 원활하고 빠르게 진행될 가능성이 높다.

무엇을 예상하고 무엇을 가져가야 하는지를 알고 준비하기

진단평가의 일반적인 요소는 다음과 같다.

- 평가 전 또는 평가 중 평가척도와 진료 의뢰 자료들
- 면담
- 장애에 대해 기술되어 있을 가능성이 있는 과거 기록들의 검토
- 일반적인 인지 지연 또는 학습장애를 배제하기 위한 심리학적 검사
- 평가 대상자의 보고를 확인하기 위해 대상자를 잘 아는 사람들과

진행하는 면담
- 약물치료가 필요하거나 동반된 의학적 상태를 평가하기 위한 일반적인 의학적 검사(주치의가 아직 이를 수행하지 않은 경우)

이러한 단계를 수월하게 하기 위해 도움이 되는 것들도 있다.

- 학교 생활기록부, 과거의 진료기록 및 정신건강 전문가로부터 받은 기록, 운전 및 범죄 기록, ADHD 또는 기타 장애와 관련될 수 있는 문제에 대한 기타 문서
- 평가 대상자를 잘 알고 있으며, 평가자와 정직하고 객관적으로 대화할 수 있는 사람들의 명단
- 의사에게 이미 검사를 받은 경우, 검사 결과
- 정신장애를 가진 가족의 명단
- 최근의 장애와 소아청소년기의 장애에 대한 설명

열린 마음 갖기

> 몇 시간이 걸릴 수도 있는 초기 평가를 미리 준비하라.

초기 평가 예약은 답을 얻기 위한 것이다. 왜 성인으로서 해야 하는 일을 끝낼 수 없는가? '본격적으로 달려들어' 성공하기 위해 엄청난 노력을 하는데도 불구하고 왜 계속해서 어려움을 겪고 있는가? 중요한 개인적, 직업적 목표에 도달하기 위해서는 무엇이 필요한가? 이러한 질문에 대한 답을 제공하기 위해 의사는 다양한 출처에서 많은 정보를 수집해야 한다. 당신은 모든 정보가 필요한지 의문이 들

수 있다. 평가가 진행되는 도중에 안절부절못할 수도 있고, 끝내고 싶어 안달이 날 수도 있다. 하지만 목표(답과 해결책)에 대해 집중하고, 열린 마음으로 진료예약에 임하는 것이 가장 중요하다는 것을 기억하라.

학교 생활기록부와 그 외 다른 기록을 요청받으면, 비록 학교 성적을 다시 돌아보고 싶지 않더라도, 협조하는 것이 좋다. 장애에 대한 질문에 최대한 정직하게 대답하는 것이 좋다. 의미 있는 외부 관점을 위해, 평가자가 당신을 잘 아는 다른 사람과 면담할 수 있도록 개방적이어야 한다. 평가에 포함된 모든 검사, 질문지, 면담은 심리적 영역에서 가장 신뢰할만한 답변을 제공하도록 과학적 근거에 기반하여 설계됐다.

궁금증) 이 모든 검사, 평가척도, 설문지, 과거 기록, 그리고 면담을 통해 전문가는 나에 대해 알아야 할 모든 것을 알고 있다. 그런데 왜 전문가가 내 일가친지들과 면담해야 하는가?

간단히 말하면, 평가자가 만날 수 있는 사람 숫자가 많은 것은 강력한 결론을 도출하게 해준다. 평가자가 당신의 증상과 당신이 겪은 장애를 확인하기 위한 출처가 많을수록, 더 확고한 결론에 도달할 수 있다. 그래서 평가자는 내담자와의 대화뿐만 아니라, 가능한 많은 각도에서 정보를 얻기 위해 과학적 근거가 있는 평가척도와 다른 도구를 사용한다.

하지만 이러한 도구들이 있더라도, 평가자는 주로 당신으로부터 모든 정보를 얻는다. 사실 ADHD 성인(및 어린이)은 종종 특정 영역에서 외부 관찰 및 객관적 측정 결과에 비해 자신이 더 잘하고 있다고 생각하는 경우가 많다. 운전이 특히 흔한 예이다. 성인 ADHD는 자신이 다른 사람들과 마찬가지로(또는 평균보다 더 나은) 훌륭한 운전자라고 믿을 수도 있다. 성인 ADHD는 속도위반 범칙금들이 편견 때문이거나, 그

달의 할당량을 채우려고 노력하는 경찰관 때문이라며 불공평하다고 생각할지 모른다. 가벼운 접촉 사고는 다른 운전자의 부주의나 과도한 신중함 때문이라고 생각할 수도 있다. 그리고 주차 위반 딱지는 주차허용 장소를 찾을 시간이 없었기 때문이라고 여길 수 있다. 글쎄, 다들 마찬가지 아닌가? 당신을 잘 알고, 같은 편이면서 비난하지 않고 도우려 하는 사람이 있는 경우, 당신이 사실 급하게 운전하고, 때때로 주의 산만해지고, 운전 중에 여러 가지 일을 하거나 문자 메시지를 보내고, 교통이 정체될 때는 쉽게 짜증을 낸다고 지적할 수도 있다. 얼핏 간섭처럼 느껴질 수도 있지만, 부모님, 형제자매, 배우자, 가족이 어려울 경우에는 가까운 친구 등 당신을 잘 아는 사람이 당신에 대한 걱정과 중요한 사실에 대해 전문가에게 이야기하도록 하는 것이 진단에 가장 도움이 된다고 믿어 보라. 이러한 관점으로 평가하지 않으면, 주변 사람들이 제공할 수 있는 정보를 배제하게 되어, 실제로 ADHD가 있지만, ADHD가 아닌 것처럼 보일 수 있다. 중요한 것은 정확한 답을 찾기 위해 이 자리에 있다는 점을 명심하라.

궁금증) 엘렌 고모가 인생의 대부분을 우울하게 보냈다는 것이 도대체 왜 중요할까? 그게 나랑 무슨 상관인가?

유전적 요인은 다양한 정도로 대부분의 정신 질환에 기여한다. 이는 정신 질환을 가진 사람들의 친척들이 같은 질환에 걸릴 가능성이 더 높다는 것을 의미한다. 친척에게서 보이는 장애의 유형은 당신이 경험하고 있을지도 모르는 장애를 가늠하는 지침이 될 수 있다. ADHD는 대부분의 정신장애보다 유전적 관련이 높으므로, 과거에 명백한 뇌 손상을 통해 ADHD를 앓지 않은 한, 그 친척들에게서 더 흔할 가능성이 높다.

그러나 ADHD를 가진 성인들도 종종 다른 장애를 가지고 있기 때문에 (2장 참조), 가계도에 나타나고 유전적 취약성을 가지고 있을 수 있는 모든 정신 질환에 대해 아는 것은 평가에 도움이 될 수 있다. 만약 가족력에 대한 정보가 전혀 없다면, 그것은 과거에 사람들이 그러한 정보를 사적이고, 심지어 부끄러운 것으로 보는 경향이 있었기 때문일 것이다. 이러한 이유로 진료하기 전에 부모님이나 친척들에게 가족들의 정신장애에 대해 물어보는 노력은 의미가 있다.

답변을 얻는 데 집중하라

검사를 받는 것은 당신에게 좋은 기억으로 남아 있는 것이 아닐 수도 있다. 하지만 일련의 평가 동안 당신과 평가자가 답을 얻는다는 같은 목표를 공유한다는 것을 기억하도록 노력하라. 당신은 그 답들이 하나의 의견에만 고작되기 바라지 않을 것이기 때문에, 열린 마음으로 정직하게 검사에 최선을 다하라. 반면에, 그 어떠한 검사 결과라도 ADHD를 가지고 있다거나, 가지고 있지 않다는 것을 보여주는 완벽한 증거는 아니다. 임상에서 활용할 수 있는 정확한 ADHD 진단 검사는 없다. 진단은 과학일 뿐만 아니라 예술이기도 하다. 정확한 진단은 전문가의 숙련된 분석에 따라 달라진다. 다양한 출처와 검사의 다양한 부분에서 얻은 결과를 평가하기 위한 경험, 이것이 문제를 정확하게 파악하는 가장 좋은 방법이다.

평가에 사용되는 일반적인 심리검사

지능이나 일반적인 인지 능력에 대한 간단한 검사

때때로 사람들은 지적 능력이나 학습 능력의 한계 때문에 학교나 직장에서 어려움을 겪는다. 전문가들은 이러한 한계가 ADHD와 유사한 증상을 나타내거나 교육 및 직장 문제에 미치는 부정적 영향의 원인이 될 가능성을 평가해야 한다.

> ADHD 환자의 35~85%는 주의력, 억제력, 작업 기억력 검사를 통과할 수는 있지만, 여전히 장애를 가지고 있다. 연구자들은 이러한 검사 수행에서 어려움이 있으면 장애가 있을 가능성이 높다는 것을 발견했다. 그러나 다른 장애들도 이러한 검사에 부정적인 영향을 줄 수 있으므로, 수행 저하가 곧 ADHD를 의미하는 것은 아니다. 반면에, 이러한 검사에서 정상이라고 해서 ADHD를 배제할 수도 없다.

읽기, 수학, 맞춤법 검사

이것들은 특히 대학, 기술 훈련 또는 업무 관련 교육과 같은 교육 환경에 있는 경우에 시행될 가능성이 높다. ADHD 환자는 다른 사람들보다 특정 학습장애, 즉 특정 학습 능력에서 저하될 가능성이 훨씬 더 높다. ADHD에서 그런 장애가 공존하는지 아는 것은 중요하다.

주의력, 억제력, 기억력 검사

모든 평가자들에게 이러한 검사를 권하는 것은 아니다. 그 검사들이 충분히 정확한 것이 아니므로, ADHD 진단적 사용을 권장하지 않는다. 결과가 ADHD의 객관적인 척도이며 따라서 증상에 대한 구두 보고와 평가의 다른 데이터보다 더 신뢰할 수 있다고 한다면, 검사 결과의 의미가 과장될 수 있다. 검사의 비정상적인 점수는 ADHD 또는 다른 장애를 나타낼 수 있지만, 정상적인 점수만으로 ADHD가 배제되는 것은 아니다.

5장

결과 상담은 무엇을 말해 주는가?

대개는 진료 현장에서 결과 상담을 통해 답을 바로 들을 수 있다. 간혹, 검사 결과를 바로 알 수 없을 때, 결과 상담은 미뤄질 수 있다. 진료 중에 전문가는 다음과 같은 작업을 한다.

- 모든 정보 수집 과정에서 얻은 결과에 대해 토론
- ADHD 또는 다른 문제가 있는지에 대한 의견 제공
- ADHD와 공존하는 다른 문제에 대한 치료 방법 추천

성인 ADHD 진단을 위해서 전문가는 다음과 같은 내용을 반드시 확인해야 한다.

- 과잉행동과 충동성을 동반하거나 동반하지 않는 심한 부주의함
- 동년배의 다른 성인보다 훨씬 더 자주 이런 증상을 보임

- 현재까지 최소 6개월 이상 이런 증상이 있음
- 12~16세 이전에 이런 증상이 시작됨
- 증상으로 인해, 아동기부터 성인 생활에 이르기까지 다양한 영역에서 부정적인 결과를 초래함

충동성이나 과잉행동이 없는 ADHD도 있다. 주로 부주의 문제만 있는 ADHD의 '유형'도 있다. (이 유형에 대한 자세한 내용은 66~67페이지에 있다.)

저자의 동료인 케빈 머피(Kevin Murphy) 박사가 쓴 것처럼, ADHD에 대한 평가는 다음의 네 가지 근본적인 질문에 답하도록 고안되어야 한다.

1. 초기 아동기에 ADHD의 증상을 경험했으며, 적어도 중학생 때까지 다양한 환경에서 상당하고 만성적인 장애를 초래했다는 믿을만한 증거가 있는가?
2. ADHD 유형의 증상이 현재 다양한 환경에서 상당한 정도로 일관된 손상을 일으켰다는 믿을만한 증거가 있는가?
3. ADHD 보다 현재의 어려움들을 더 잘 설명하는 해석이 있는가?
4. ADHD의 기준을 충족하면서, 다른 장애도 함께 있다는 근거가 있는가?

증상이 ADHD 기준을 충족하는가?

가장 먼저, 평가자는 당신의 증상을 미국 정신의학협회의 DSM 최신판에 기술된 ADHD 진단 기준과 비교할 것이다. * ADHD 진단을 위한 전체 DSM 기준은 부록에 포함되어 있다. DSM 진단 기준에 따르면 ADHD는 두 가지 범주, 즉, 부주의 증상 범주 혹은 과잉행동-충동성 증상 범주에서

각 9개의 증상 중 적어도 5개 이상 해당되는 증상이 있어야 한다(세부 내용은 1장과 부록에 나와 있다).

1. 다수의 연구에서, 많은 사람들이 두 가지의 증상 목록 모두에서 5가지 증상이 없이도 ADHD의 모든 특징이 있을 수 있음을 보여주었다. 저자가 참여한 여러 연구에 따르면, 성인에게 적합하지 않은 정도로 이러한 문제가 있다면, 양쪽 목록 중 하나에서 단 4가지만 해당되어도 진단할 수 있다.

평가자가 당신이 ADHD가 아니라고 말하는 이유가 DSM 기준에서 5개 미만의 증상을 가지고 있기 때문이라면, 저자의 연구나 유사 연구에서도 4가지 증상만으로도 임상적으로 유의하다는 결과가 있다는 사실을 언급하라. 또는 이 책에서 제시한 9개 항목 목록(30페이지)을 사용하여 다시 평가해 달라고 요청하라.

---

2. 이 기준은 원래 성인이 아닌 아동을 진단하기 위한 것이나(저자는 진단 기준을 제정한 위원회의 일원이었기 때문에 잘 알고 있다).

이것이 바로 저자와 동료들이 DSM-5 진단 기준만큼이나 30페이지에서 제시한 9가지 기준 목록을 신뢰하는 이유이다. 이는 성인 ADHD에 대해 밝혀진 모든 연구를 기반으로 하며, 이 9가지 기준이 유용하다고 처음 확인한 이후 12년 동안 수백 명의 성인을 정확하게 진단하는 데 이미 효과를 입증해 왔다.

본질적으로 이 평가는 개인의 경험을 ADHD 유무를 구분할 수 있도록 고안된 진단 기준에 적용함으로써, 당신이 필요한 도움을 받을 수 있게 하고 불필요한 치료를 피할 수 있도록 한다.

우리는 성인 ADHD를 감별하는데 가장 중요한 증상을 식별하기 위해 다양한 통계적 방법을 사용했다. 이 과정에서 지역사회의(전형적인) 성인들뿐만 아니라, 같은 정신건강의학과에 등록된 ADHD 이외의 정신과적 장애만 있는 성인들로만 구성된 두 번째 대조군과도 비교하였다. 또한 DSM의 18개 항목을 분석에 추가하여 성인 ADHD를 식별하는 데 얼마나 효과적인지 확인했다.

놀랍게도 우리가 식별한 109가지 증상 중 1장에서 이미 소개한 바 있는 단 9가지(부록 참조)만으로 성인 ADHD를 식별할 수 있었다.

ADHD 진단이 당신에게 해당되는가?

이제 모호하게 보이는 증상에 대해 자세히 살펴보겠다. ADHD는 주로 세 가지 개별 영역에서 문제를 겪게 된다.

짧은 집중 시간 또는 과제에 대한 지속성 부족

특히 지루하고 따분하거나 길게 늘어지는 작업을 수행해야 할 때 이 증상군을 인지할 수 있다.

- 반복적인 작업에 금방 싫증이 나는가?
- 한가지 활동을 마치지 못하고 다른 활동으로 이동하는가?(예: 집 청소, 침대 정리 절반만 하기, 식기 세척기 일부만 비우기, 한 곳의 방만 청소하기)
- 장시간 작업에서 집중하기 어려워 심층 보고서를 작성하거나 많

은 일정과 양식이 포함된 세금 신고서를 작성하는 것이 거의 불가능한가?
- 상사의 '잔소리' 없이 제시간에 영업보고서나 기타 보고서를 제출하는 데 어려움이 있는가?

많은 성인 ADHD는 이 영역에서 이중고를 겪는다. 일상적인 일을 마칠 만큼 충분히 오래 집중하기 어렵고, 의식의 범위에 들어오는 거의 모든 것에 의해 쉽게 산만해진다. 누군가 주변 시야에 들어오면, 눈이 따라가고, 마음도 따라가며, 벗어나서 제자리로 돌아오지 않는다. 또한 원치 않고 생각지 않던 무관한 생각이 갑자기 머리에 떠오르고, 마음이 주제에서 벗어나 많은 시간을 낭비하며 방황한다.

충동을 제어하고 만족을 지연시키는 능력 장애

- 사람들에게 "생각 없이 행동한다"라고 비판받는가?
- 결과에 대해 충분한 고려 없이 말하거나 행동한 것 때문에 "무슨 생각으로 그랬어?"라는 질문을 일주일에 적어도 두 번 이상 듣는가?
- 다른 사람의 대화를 끊거나, 자제하고 싶은 말을 불쑥 내뱉거나, 모두가 지쳐서 떠날 때까지 대화를 주도해서 스스로 당황스러운 적이 있는가?
- 은행, 우체국 또는 슈퍼마켓 계산대에 줄이 길면 꼭 필요한 볼일을 미루는가?
- 체중 10파운드(약 4.5kg)를 꼭 감량하고 싶은데도 항상 두 번째 케이크 조각이나 다른 살찔 음식을 먹는가?
- 스키 장비나, 정말 갖고 싶거나 필요한 고가의 물건을 사기 위해

저축하는 대신 급여를 다 쓰는가?

ADHD가 있는 많은 청소년과 성인은 운전할 때 과속을 하고, 다른 운전자에게 화를 내며 난폭하게 운전하고, 적절한 주차 공간을 찾는 데 신경 쓰지 못하고 주차 위반 딱지를 많이 받고, 일반적으로 참을성이 매우 낮다. 혹시 당신도 그러한가?

과도하거나 통제할 수 없는 활동 또는 수행 중인 작업과 관련 없는 활동

대부분의 성인 ADHD는 어릴 때 안절부절못하며, 가만히 있지 못하고, '쉬지 않고 움직이던' 아이였다.

- 지루한 작업을 수행하면서 발과 다리를 꿈틀거리거나, 자리에서 움직이거나, 손이나 발을 두드리며, 물건을 자주 만지거나, 흔들거나, 자주 자세를 바꾸는 등 주어진 작업을 완료하는 데 불필요한 방식으로 움직인 것을 기억하는가?

이것이 어린 시절의 경험이었다면, 성장하면서 바뀌었음을 알 수 있다. 아마도 지금은 자신을 차분하거나 침착하지 못하며 항상 바쁜 사람이라고 설명할 것이다.

이러한 증상이 삶에 어떤 영향을 미치고 있는가?

증상만으로는 ADHD 진단을 내리기에 충분하지 않다. 이러한 증상에 의해 손상이 발생해야 한다.

> **손상**은 ADHD 증상이 있어서 생겨나는 사회적 및 기타 불리한 결과 또는 비용이다.
>
> 그러나 이 정의만큼 중요한 또 다른 요소가 있다. 손상은 일반 인구의 평균적인 사람, 즉 '정상'과 비교하여 정의된다. 이는 생활의 어떤 영역에서든 대부분의 '정상적인' 또는 전형적인 사람들이 수행하는 수준을 의미한다. 이는 매우 똑똑하거나 고등 교육을 받은 사람들과 비교하여 어떻게 기능하고 있는지를 의미하지 않는다. 손상이 있다고 보려면, 기능이 정상 또는 평균적인(전형적인) 사람보다 현저히 낮아야 한다. 왜냐하면, '장애'라는 용어 자체가 일반적으로 기능하지 않는다는 것을 의미하는 것이기 때문이다.

앞에서 저자는 손상을 행동이나 증상으로 인해 발생할 수 있는 부정적인 결과라고 설명했다. 이는 그러한 행동으로 인해 환경이 반응하는 것과 같은 결과를 포함한다. 또한 이는 삶의 거의 모든 부분에서 부정적인 영향을 미칠 수 있다. 부록에 나열된 91가지 증상을 보면 ADHD가 삶에서 얼마나 다양한 방식으로 나타날 수 있는지 알 수 있다. 이러한 증상의 부정적 결과가 무엇인지 이미 알고 있을 것이다.

ADHD 증상은 삶의 모든 영역에서 손상을 일으킬 수 있다.

가정	직장	사회생활	공동체생활	교육	연애/결혼
금전관리	운전	여가활동	성행위	자녀양육	일상적인 책임

충동 조절에 문제가 있으면 외도를 하게 되고 결과적으로 이혼할 수 있다. 지불 능력이 안되면서 당장 물건을 사게 될 수도 있다. 육아나 개인위생 같은 당연히 해야 할 일을 포기할 수도 있다. 권위 있는 사람들의 건설적인 비판을 받아들이고 조언에 따라 변화하기 어려워서 경력이 정체(또는 해고)되고 교육 기회에서 얻을 수 있는 충분한 혜택을 누리기 힘들다. 시간을 제대로 파악하지 못하면 중요한 약속과 축하 행사를 놓치게 되어 개인적 관계뿐만 아니라 직업적 관계도 위태로워진다. 기억력, 독해력, 암산에 문제가 있으면 가장 기본적인 일상 업무조차 힘든 도전이 될 수 있다. 감정적으로 과잉 반응하면 삶의 모든 영역에서 문제를 일으킬 수 있으며, 시민 또는 자원봉사 활동을 통해 지역사회에 기여할 기회도 박탈되고, 난폭운전을 하기 쉽고, 잠재적으로 직장, 친구 및 더 친밀한 관계를 잃을 수 있다. 이것들은 ADHD 증상이 끼칠 수 있는 손상의 몇 가지 예에 불과하다.

전문가의 결론을 받아들일 수 있는가?

우리는 모두 인간이고, 인간은 특정 상황에 마음을 정한 상태로 또는 적어도 건전한 회의론을 가지고 접근하기 마련이다. ADHD 여부에 대한 강한 의견을 가지고 평가에 임했다면, 전문가의 피드백에 대한 반응에 영향을 줄 수 있다. 다음은 전문가의 의견을 거부하기 전에 고려해야 할 몇 가지 사항이다.

⁚⁚ '누구나 ADHD 증상이 있다'라는 잘못된 믿음 ⁚⁚

ADHD가 실제 장애인가 하는 의문은 오랜 기간 반복적으로 제기되어 왔다. 반대론자들은 일반인에게도 ADHD에서 존재하는 유사한 증상과 손상이 있을 수 있다고 주장한다. 정상으로 간주되는 사람들에게서도 때때로 ADHD의 행동 특성 중 일부를 볼 수 있는 것은 사실이다. 보통 사람들도 어떤 날에는 특별히 주의가 산만해지거나 집중하는 데 어려움을 겪는다. 성인 ADHD는 일반 성인보다 이러한 특성이 나타나는 빈도가 훨씬 더 높다는 것이다. 주의 산만, 집중의 어려움 및 기타 문제가 같은 연령 그룹에 비해 부적절한 수준으로 나타난다.

저자와 동료들은 2008년에 성인 ADHD 146명과 일반 집단 표본에서의 성인 109명에게 18가지 DSM 증상을 자주 경험했는지 여부를 물어본 연구 결과를 포함한 책을 출판했다. 정답은 아래의 표에 나와 있다. **＊ 저자와 케빈 머피(Kevin Murphy), 마리엘렌 피셔(Mariellen Fischer)가 공동 저술한 『성인 ADHD: 과학이 말해 주는 것』(Guilford Press, 2008)에서는 ADHD가 있는 아동과 없는 아동 사이에서 증상과 손상이 나타나는 영역을 비교한 연구가 소개된다. 부록에 수록된 91가지 증상 표 또한 ADHD가 있는 성인과 없는 성인 사이의 큰 차이를 보여 준다.**

성인 ADHD 대 일반 성인

- 일반 성인의 10% 미만이 이 질문 중 두 가지를 제외한 모든 질문에 "예"라고 대답했다.
- 나머지 두 질문에 대해서는 12% 이하가 "예"라고 답했다.
- 평균적으로 일반 인구 대조군의 성인은 18개 중 1개 미만의 증상을 보고한 반면, ADHD 성인은 12개 이상(부주의 목록에 7개, 과잉행동-충동성 목록에 5개)을 보고했다.

대부분의 일반 성인은 이러한 문제를 자주 겪는다고 보고하지 않는다. 성인 ADHD와 다른 사람들의 경험 사이에는 정량화할 수 있고 통계적으로 유의하며 현저한 차이가 있다.

같은 연구에서 성인 ADHD와 지역사회 성인들에게 ADHD 증상으로 자주 영향을 받는 삶의 영역을 물었다. 그 결과는 다음 페이지의 표에 있다.

모든 주요 생활 활동에서 ADHD 성인이 일반 성인보다 더 많은 손상이 있었다. 대부분의 영역에서 상당수가 '자주' 손상되었다 보고했다.

어떤 사람들은 소위 ADHD 증상들은 모든 성인들이 가진 문제이며 이 증상들은 '전형적인' 어른들보다 '전형적인' 어린이들에게서 두드러지고 흔하다고 주장한다. 그들은 ADHD는 장애가 아니라 일반 인구, 특히 어린 시절에 널리 경험하는 일련의 문제에 불과하다고 말한다. 그러나 우리의 연구 결과에 따르면 그렇지 않다.

증상	ADHD 성인(%)	지역사회 성인(%)
부주의 증상		
세부 사항에 세심한 주의를 기울이지 못함	74	3
주의를 지속하기 어려움	97	3
직접 말을 걸어도 잘 듣지 못함	73	2
지시 사항을 따르지 않음	75	1
과제를 체계적으로 수행하기 어려움	81	5
지속적인 정신적 노력이 필요한 작업을 피함	81	2
필요한 물건을 잃어버림	75	11
외부 자극에 의해 쉽게 산만해짐	97	2

일상적 건망증	78	4
과잉행동-충동 증상		
손/발을 꼼지락대거나 의자에서 꿈틀거림	79	4
앉아 있어야 할 때 자리를 이탈함	30	2
안절부절못함	77	3
조용한 여가 활동을 하기 어려움	38	3
항상 바쁘게 움직임	62	12
말이 지나치게 많음	44	4
불쑥 대답함	57	7
차례를 기다리기 어려움	67	3
다른 사람에게 끼어들거나 방해함	57	3

삶의 영역	ADHD 성인(%)	지역사회 성인(%)
가정 생활	69	2
일 또는 직업	75	2
사회적 상호작용	56	1
지역사회 활동	44	1
교육 활동	89	1
연애나 부부생활	73	1
자금 관리	73	1
운전	38	2
여가 활동	46	1
일상적 책임	86	2

ADHD 양상과 정확히 일치하지 않을 때

전문가는 ADHD의 특정 '양상'이 있는 것 같지만 진단은 확실하지 않다고 말할 수 있다. 현재의 DSM-5 체계는 ADHD를 세 가지 유형으로 구분한다.

1. 과잉행동 우세형
2. 부주의 우세형
3. 복합형

세 유형이 겹칠 수도 있고, 세 가지가 별개의 유형이 아닌 심각성의 범위를 나타낼 수도 있으며, 시간이 지남에 따라 증상의 양상이 변할 수 있어 이러한 하위 구분이 진단에 혼란을 줄 수도 있다. 따라서 시간이 지나도 이러한 양상이 고정적이고 질적으로 다른 질병이라고 판단하지 않아야 한다.

좀 더 혼란스러운 부분은 ADHD의 부주의 우세형의 모습을 보이는 30~50%의 사람들은 실제로 ADHD 이외의 다른 문제가 있을 수 있다는 점이다. 저자를 포함한 일부 연구자들은 '느린 인지 속도sluggish cognitive tempo'[SCT]라는 별개의 부주의 유형으로 부른다.

다음과 같은 경향이 있지 않나 생각해 보라. 일부는 ADHD와는 반대되는 것처럼 보일 수 있다.

- □ 백일몽
- □ 산만해짐
- □ 자주 빤히 쳐다봄

□ 움직임이 느리고, 활동이 적고, 무기력하고, 나른함

□ 쉽게 혼란스러워하거나 정신적으로 '몽롱함'

□ 정보 처리 속도가 느리고, 따라서 실수하기 쉬움

□ 주의력 부족 혹은 신속하게 처리해야 하는 정보에서 중요한 것과 사소한 것을 구분하는 능력이 부족

□ 이전에 배운 정보를 일관되게 기억하는 것에 더 많은 문제가 있음

□ 다른 사람보다 사회적으로 더 과묵하고 수줍음이 많거나 위축됨

□ 전형적인 ADHD 복합형에 비해 충동적이기보다는 더 수동적이거나 주저함

□ ADHD에서 흔한 동반 질환과 다른 패턴이 있는 경우:

  □ 사회적 공격성을 거의 나타내지 않음(ODD)

  □ 반사회적이거나 품행장애[CD](빈번한 거짓말, 도둑질, 싸움 등)를 가질 가능성이 적음

  □ 우울하고 불안할 가능성이 더 높음

  □ 생산성 저하 또는 수업 방해 행동보다는 학습장애 또는 실수로 인한 학습 부진

이러한 증상에 부합한다면, 전문가에게 평가를 요청하라. 이 증후군은 과학적으로 알려진 부분이 적기 때문에, 이 책에서는 더 이상 다루지 않는다. 자세한 내용은 저자의 웹사이트(russellbarkley.org)의 정보 자료Fact Sheets 페이지를 참조하라.

2013년 기준 ADHD의 세 가지 유형

- 복합형은 가장 흔하고(임상 사례의 약 65% 이상) 가장 심각하며 DSM 진단 기준 18개 중 10개 이상(부주의 증상 5개 이상, 과잉행동-충동성 증상 5개 이상)을 포함한다. 또한 ADHD의 유형 중 가장 많이 연구되어, 지난 100년 동안 수천 건의 과학적 연구가 발표되었다.
- 과잉행동 우세형은 1994년에 인정되었다. 이 유형의 ADHD는 복합형으로 진단하기에는 부주의 증상이 적다. 주로 충동적이고 과잉행동의 문제를 보이고, 부주의가 명백해지기 전인 미취학 아동에서 가장 자주 나타난다. 대부분의 경우 복합형의 초기 발달 단계로 간주한다. 이들의 90% 정도는 3~5년 이내에 복합형 진단에 적합한 주의력결핍과 산만함을 겪게 된다. 나머지는 대부분 복합형의 더 가벼운 표현형으로 나타난다.
- 주로 주의력 문제가 있지만, 과잉 활동이나 충동 조절의 어려움은 나타내지 않는 ADHD는 부주의형으로 간주된다. 1980년경에 처음 인식된 이 하위 그룹은 임상적 사례의 약 30% 이상을 차지한다. 이 유형의 대부분은 복합형의 더 가벼운 형태이다.

여전히 전문가의 결론에 동의하지 않는다면?

이제 ADHD와 진단에 대한 모든 내용을 읽었다. 아마 당신도 자가 진단을 했을 수도 있다. 이 장애를 받아들일 준비가 되었는가? 그것이 적절한 치료를 받고 원하는 삶을 살아갈 수 있는 유일한 길이다.

다른 전문가의 의견은 언제 받아볼까?

첫 평가의 결과에 동의하지 않는다면, 전문가가 평가를 제대로 하지 않았거나, 당신의 행동에 대해 사실과 다르게 결론을 내렸다고 생각되는지 스스로에게 정직하게 물어보라. 만약 그렇다면 다른 전문가의 의견을 구하라.

평가가 적절히 이루어지고, 설명이 적절하게 들린 것 같더라도 진단에 동의하지 않을 수 있다. 문제는 선입견일 수도 있고, 자기 진단의 시도일 수도 있다. 때때로 사람들은 예를 들어 양극성 장애가 있다고 믿으며, 이 같은 특정 진단에 대한 전문적인 평가를 받으러 가지만, 전문가는 ADHD라고 진단할 수 있다. 전문가의 진단이 원래 생각한 것과 다르다면, 받아들이기 어려울 수 있다. 이 같은 경우에는 물론 다른 전문가의 의견을 구할 수 있다. 그러나 두 번째에도 만족스럽지 않을 수 있다. 왜냐하면 자신의 자가 진단과 또다시 일치하지 않을 가능성이 높기 때문이다. 초기 평가에 의문을 제기하고 그 결론에 동의하지 않을 만한 합리적인 근거가 있을 경우에만 두 번째 의견을 구하는 것이 합리적이다.

본인의 생각과 반대로 전문가가 ADHD가 아니라고 할 때 다른 의견을 구하고 싶다면 70~72페이지의 박스 내용을 참고하라.

최후의 현실 확인

ADHD 진단을 받았지만 아직 이 장애를 받아들일 준비가 되지 않았다면, 다음의 간단한 사실들을 살펴보라. 당신은 혼자가 아니다.

- ADHD는 아동의 약 5~8%, 성인의 4~5%에게 발생하며, 2020년 기준 1,360만 명에 달한다.
- 아동기에는 남아가 여아보다 3배 더 흔하지만, 성인이 되면 남녀의 비율이 약 1.6:1 이하로 줄어든다.
- 이 장애는 모든 국가 및 인종 그룹에서 발견된다.
- ADHD는 교외나 시골보다 도시와 인구 밀집 지역에서 더 일반적이며, 모든 사회 계층에서 발견된다.
- ADHD는 일반적인 직업군보다 군대, 무역, 공연 예술 및 영업직 같은 특정 직업에 종사하는 사람들과 프로 운동선수, 체육 교사 및 기업가에게서 더 흔하다.

이 그룹에 속한다는 것이 나쁜 소식만은 아니다. 많은 도움을 받을 수 있다. 그렇지만, 도움을 받으려면 우선 ADHD 진단을 자신의 일부로 인정하고 받아들여야 한다. 그렇지 않으면, 적절한 치료를 받거나 전문가의 조언을 수용하기 어려울 수 있다.

도움을 받아들일 준비가 되었는가?

전문가가 ADHD가 아니라고 말하지만, 당사자가 ADHD가 있다고 믿는다면?

ADHD에 대한 재미있는 사실이 있다. 이 장애가 성취에 미치는 영향이 너무 잘 알려져 있기 때문에 많은 사람들이 자신의 성취가 불만스러울 때 장애를 탓한다. 아래 나오는 사람 중 당신과 비슷한 사람이 있는가?

조(Joe)는 고등학교 때 의사가 되기로 결심했다. 그래서 그는 좋은 생물학과가 있고 의과대학 입학률이 높은 대학을 선택했다. 그는 대기자 명단에 올랐지만 결국 합격했다. 하지만 합격한 이후, 모든 과학 과목에서 어려움을 겪었다.

3학년이 되었을 때 그의 학점은 3.0 아래를 맴돌았고 유기화학을 세 번이나 수강했지만 통과하지 못했다. 조는 도대체 자신에게 무슨 문제가 있는지 궁금해하기 시작했다. 그는 열심히 공부했고, 간절히 원했고, 다른 사람만큼 똑똑했다. 조가 대학을 졸업하고 의대 입학시험에서 실망스러운 점수를 받았을 때쯤, 그는 자신에게 정말로 문제가 있다고 확신했다. 수많은 동료 학생들이 가는 길로 함께 갔지만, 조는 교착상태에 빠졌다. 그는 결코 의과대학에 들어갈 수 없을 것 같았다. 그래서 조는 ADHD에 대한 평가를 받기로 결정했다. 그는 ADHD가 그의 모든 문제를 설명한다고 생각했다. 평가자는 동의하지 않았다. 조가 두 번째 의견을 구한 전문가도 마찬가지였다. 그리고 세 번째도…

캐리(Carrie)도 비슷한 함정에 빠졌다. 어렸을 때 '영재'로 알려진 그녀는 인생의 거의 모든 일에 재능이 있어야 한다고 믿게 되었다. 캐리가 대학 졸업 후 여러 직장을 전전하게 되면서, 캐리와 가족은 그녀가 ADHD일 거라고 확신했다. 그녀의 IQ를 고려했을 때 쉬운 직업들에서 계속 실패하는 이유에 대한 유일한 이유처럼 보였기 때문이다. 그러나 결과적으로 ADHD가 문제가 아니라 불안이 문제였다. 캐리는 새로운 일을 시작할 때 두려움으로 무력해지고, 이로 인해 일에 집중하기가 어렵다는 사실을 인정하고 싶지 않았다. 다행히 그녀가 ADHD 진단을 요청했던 평가자가 진짜 문제를 발견하여 불안장애 전문 치료자에게 의뢰할 수 있었다. 이 치료자는 치료와 대처 전략을 제공했을 뿐만 아니라 캐리가 부끄러움 없이 진단을 받아들이도록 도왔다.

칼(Cal)은 별 볼 일 없는 직업을 가지고, 자주 충동적으로 이직을 하며, 친구가 거의 없고 여자 친구도 없는 것 이외에는 IQ 점수나 또래 그룹과의 비교 같은 특별한 이유 없이 자신이 ADHD라고 믿을 이유가 없었다. 그는 자신의 삶이 지금과 달라야 한다고 믿었고, 그렇지 않은 이유를 찾으려 수년 동안 이리저리 방황했다. 저자와 동료들은 칼과 같이 삶에서 원하는 것을 얻지 못한다면, 정신적인 결함이 있음이 확실하다고 느끼는 수많은 사람들을 보았다. 누구도 이 현상을 설명할 수 없다. 그것은 TV 노래 경연 쇼에서 참가자가 분명히 음정이 틀렸음에도 스스로는 보컬 스타가 될 운명이라고 굳게 믿는 경우와 반대이다. 실제로는 평균적인 수준으로 잘 살아가고 있음에도, 본인은 삶을 제대로 해내지 못한다고 믿는 것이다. 자신의 내적 기준에 못 미친다고 느끼는 것이다.

장애를 정의하기 위해 실제 표준과 비교하지 않고 다른 표준을 채택하는 것은 마치 '이상한 나라의 앨리스'처럼 모든 것이 겉보기와는 다르고, 단어는 원하는 대로 모든 의미를 가질 수 있는 상황과 같다. 평균 또는 일반 인구 이상의 기능을 할 수 있는 사람이 여전히 장애가 있는 것으로 간주될 수 있다고 주장하는 것은 장애(disorder)라는 용어를 우스꽝스럽게 만드는 것이며, 실제로 정상 이하의 기능을 하는 사람들에게 해를 끼치는 것이다.

전문가가 ADHD가 아니라고 한다면, 다음 중 하나가 ADHD 유사 증상의 원인일 수 있다.

- 55세 이상 또는 갱년기에서 정상적인 건망증, 산만함, 혼란함의 증가
- 갑상샘 기능 장애, 중이염, 수면장애, 무호흡, 인후염과 같은 최근의 의학적 문제(특별한 연관성은 적음)
- 과도한 기분 전환용 약물(마리화나, 알코올, 코카인, 메스암페타민 등) 사용으로 인해 주의력, 기억력 및 조직화 능력 저하 발생
- 비정상적인 스트레스, 일시적인 ADHD 유사 증상
- 지속적 주의력, 행동 억제, 작업 기억 및 감정 통제를 담당하는 뇌 영역 손상

평가 과정에서 이러한 원인 중 하나라도 확인되면, 치료자는 적절한 전문가에게 의뢰해야 한다.

2단계

사고 방식을 바꿔라

ADHD를 알고 인정하기

ADHD 진단을 받는 것은 더 나은 삶을 위한 열쇠를 쥐는 것과 같다. 진단을 통해 다음과 같은 것들을 누릴 수 있게 된다.

- 집중하고, 인내심을 갖고, 시간을 관리하고, 원하고 해야 할 일을 방해하는 요소에 저항하는 데 도움을 주며, 이를 통해 다양한 부정적 결과에 위험을 현저하게 줄이고, 삶의 질과 기대수명을 향상시키는 약물치료Medication
- ADHD와 관련된 어려움을 목표로 하고 약물치료와 병행함으로써 이 장애의 관리를 최적화할 수 있는 특정 유형의 심리치료Specific types of psychological therapies
- 그들의 목표 설정 및 달성, 건강 및 생활습관 개선, 기타 치료 효과 극대화를 도울 수 있는 성인 ADHD를 위한 생활 코칭 전문 상담사 및 기타 전문가에 의한 코칭Coaching
- 강점을 활용하기 위한 전략Strategies
- 약점을 보완하는 데 도움이 되는 도구Tools
- 직장에서 가정까지 특정 분야에서의 성공을 높일 수 있는 대처 기술Coping skills
- 꿈을 실현하고 목표에 도달하기를 원하는 동료 및 전문가의 지원Support
- 미국 장애인법에 따라 도움을 받을 수 있는 대학, 기타 교육 환경 또는 직장에서의 편의Accommodations

이 책의 나머지 부분에서는 어디로 가야 할지, 무엇을 해야 할지, 이용 가능한 대처를 어떻게 사용할지 등 각 유형의 도움이 되는 옵션에 대해 설명한다. 하지만 그것은 가장 적합한 치료와 지원을 제공하는 데 필요한 절반의 내용에 불과하다. 나머지 절반은 자기 자신과 ADHD에 대해 아는 것으로 이루어져 있다. 그리고 ADHD를 알기 위해서는 ADHD를 진심으로 인정해야 한다.

ADHD를 심리적 특징의 일부로 받아들이는 것은 'ADHD를 인정한다'라는 의미이다. 만약 피상적으로만 장애를 알고 진단에 대해 말로만 인정하면서 개인적으로는 받아들이기를 거부한다면 현재의 상태에 머물게 될 것이다. 저자가 본 많은 사람들은 그런 식으로 반응하여 치료를 받아들이지 않았다. 그들은 진단을 받기 위해 시간과 돈만 낭비했고, 결국 그들이 늘 겪었던 어려움을 계속 겪었다.

> 진단에 대한 정신적인 회피는 더 나은 삶을 위한 기회뿐만 아니라 시간과 에너지를 낭비하게 한다.

진단을 받아들이는 것이 오히려 스스로를 자유롭게 만들 수 있다. 그들은 더 이상 스스로나 다른 사람들과 함께 장애를 부정하고, 변명하고, 방어하고, 왜곡하고, 조작 또는 다른 방식으로 장애를 받아들이지 않는 심리적인 실랑이를 할 필요가 없다. 저자는 대머리이고, 약 60% 이상 적녹색맹이며, 행동이 부자연스럽고, 그림을 잘 못 그리고, 기계에 대한 재능이 별로 없고, 음악적으로 무능하고, 이제 안경을 써야 하고, 거의 완전한 백발(남은 것 중에서는)에, 노화로 피부가 늘어지고, 말할 때 왼쪽 안면 근육의 약화가 나타난다. 그리고 저자는 검버섯 같은 것들이 있어도 괜찮다. 그 누구도 내가 일하고, 사람을 사귀고, 제 삶에 완전히 참여하는 것을 방해하지 않는다. 왜냐하면 내가 나의 부족함을 받아들이기로 했을 때, 다음 생각은 '그래서 뭐? 아무도 완벽하지 않아. 그게 무슨 대수라고. 이제 그냥 그것을 받아들이고 삶을 살아가'라고 생각했기 때문이다.

저자는 당신도 똑같이 할 수 있기를 바란다. 배우고, 사랑하고, 살아가고, 행복하고 생산적인 삶에 수반되는 유산을 남기는 모든 일을 계속하라. 행복이나 최소한의 만족은 자신을 있는 그대로 받아들여야만 올 수 있으며, 여기에는 ADHD도 포함된다. ADHD를 가지고 있다고 해서 의기소침할 필요는 없다. 왜냐하면 ADHD를 실제로 받아들면 그 후에는 '그래서 뭐?!'라는 결론을 내릴 수 있기 때문이다. 그것을 인정하고, 진단을 받아들이고, 자아 이미지의 다른 특징들처럼 그것을 인정하면, 정말로 ADHD와 함께 일하고 숙련될 수 있다. 받아들이지도 않고 알지도 못하는 무언가와 함께 일할 수는 없다. 그러므로 ADHD를 이해하고, 그것을 받아들이고, ADHD가 인생에 미치는 부정적인 영향을 줄여 의미 있고 효과적이며 성공적인 삶을 영위할 가능성을 높이도록 노력하라.

만약 ADHD를 가지고 있다는 사실을 받아들이지 않으면 2단계 시작 부분에 소개한 진단을 받음으로써 생기는 혜택을 얻을 수 없다. ADHD를 받아들이면 다음과 같은 결과로 이어질 수 있다.

- 도움을 구할 수 있음
- 다른 사람들과 합리적으로 ADHD에 대해 논의할 수 있음
- 직장, 학교 또는 집에서 어떤 유형의 편의가 필요한지 평가할 수 있음
- 상태에 적응하기
- 필요에 따라 대처하기

수년간 성인 ADHD들을 상담하면서 자기 자신과 그 삶에 대한 관점을 재구성하는 것이 사실 ADHD를 극복하기 위해 할 수 있는 가장 중요한 변화 중 하나라고 믿게 되었다. 이것이 ADHD가 삶을 지배하

거나 망치는 것을 막는 유일한 방법이다. 불행하게도, 성인 ADHD가 자신의 문제를 다른 방식으로 설명하려고 노력하거나, 주변 사람들이 "의지력으로 고칠 수 없는 문제는 없다"라고 지속적으로 말한다면, ADHD를 자신의 일부로 받아들이는 것은 어려운 일이 될 수 있다. 다행스럽게도 ADHD에 대한 관점을 바꾸는 것은 한 번에 뛰어넘어야만 하는 큰 도약이 아니다. 그것은 과정이다. 그것을 알고, 받아들이고, 마침내 ADHD 함께 살아갈 수 있게 된다.

6장
자신의 ADHD를 알기

ADHD에 대한 지식부터 시작해 보도록 하라.

아는 것이 힘이다

이 책을 읽어라. 시간을 투자하라. 저자는 이 책을 눈에 잘 들어오는 삽화를 포함하여 읽을만한 크기로 나누었지만, 언제든지 표, 목록, 그리고 차트들을 건너뛰고 나중에 다시 봐도 된다. 매일 한 장(chapter) 혹은 여러 장을 읽는 것을 목표를 정하라. 처음에는 빠르게 훑어보는 것이라도 좋으니 그것을 꼭 끝까지 읽도록 하라. 매일 일정한 시간에 15분 동안 책을 읽으라고 알려주도록 컴퓨터, 휴대전화, 혹은 손목시계의 알람을 설정해 보라.

이 책 전체에 걸쳐 나열된 추가 정보 출처를 활용하라. 이 책의 뒤에 있는 부록에서도 전체적인 목록(comprehensive list)을 찾을 수 있다.

의심하라. 책을 충분히 읽는다면, 자신이 읽은 내용 중에 무엇이 말이 되는지 스스로 판단할 수 있을 것이다. 다른 작가의 말을 빌리자면, 진실은 조합된 것이기에 많이 읽고 다양한 출처를 이용한다면 가장 일관되고 신뢰할 수 있는 정보가 무엇인지 알 수 있을 것이다. 11장의 마지막에 있는 정보는 잘못된 정보, 과장된 주장, 그리고 명백한 허위사실 때문에 시간을 낭비하지 않도록 도울 것이다.

ADHD가 있다면, 정신의학적으로 무엇이 문제가 될까?

ADHD의 원인은 현재까지 알려진 바로는 신경학적인 부분(뇌)과 유전적인 부분(유전자)에 있다. 179~181페이지의 박스에서 설명하는 것처럼 뇌 영상학적 기술은 이미 ADHD 환자의 뇌 발달이 다르다는 것을 보여주고 있다. *** 뇌 영상학적 기술이란, 뇌를 실시간으로 스캔하여 그 구조 및 내부 활동을 이미지로 생성하는 일련의 방법이다.** 또한 우리는 ADHD가 그저 뇌 발달 문제만이 아닌 뇌 손상으로도 발생할 수 있음을 알고 있다. 또한 생물학적 가족 구성원 연구, 일란성 쌍둥이와 이란성 쌍둥이 연구와 같은 유전학적 연구를 통해 이 질병의 유전 경향 역시 밝혀졌다.

연구에 따르면 ADHD는 유전 경향이 있다.

- ADHD 아동의 직계 가족 중 10~35%는 ADHD가 있다.
- 부모가 ADHD이면 그들의 생물학적 자녀 중 40~57%에게서 ADHD가 있을 것이다. 부모가 ADHD이면, 그렇지 않은 경우보다 자녀가 ADHD가 있을 가능성이 8배 더 높다는 것을 의미한다. 즉 당신이 ADHD를 가지고 있다면, 자녀들도 ADHD를 가질 가능성이 최대 8배나 높다.

왜 ADHD를 갖게 되었는지는 잊어버려라. 그것을 바꾸기에는 너무 늦었다. 그러나 무엇 때문에 이러한 결과가 초래되었는지 아는 것은 치료와 대처 방법을 매우 구체적으로 목표를 설정하는 데 도움이 될 수 있다.

저자와 동료들이 오랫동안 수행한 연구에 따르면 ADHD는 DSM에 요약된 18가지 증상보다 훨씬 더 많은 문제를 일으킨다. 이 18가지 증상은 대부분의 임상의가 ADHD를 진단하는 데 사용하지만, 우리는 ADHD에게서 흔한 91가지 증상들을(부록 참조) 더 발견했다. 그것은 확실히 ADHD가 왜 진단되기 어려운지 설명하는 데 도움이 되었다. 그러나 이러한 방대한 양의 증상들은 무엇을 의미할까? ADHD를 더 잘 이해하기 위해 이 긴 항목을 어떻게 사용할 수 있을까?

저자와 동료들은 이러한 모든 문제를 세 가지 범주로 구분 지어 지었다. ADHD는 다음의 조합으로 나타난다.

- ✓ 억제의 문제
- ✓ 자기 조절의 문제
- ✓ 실행 기능(자신의 행동을 조절할 수 있게 해주는 정신 능력)의 문제

2단계의 나머지 부분의 내용에서 알 수 있듯이, 이 세 가지는 상호 연관되어 있다. 억제의 문제는 자기 조절의 문제로 이어지며 실행 기능의 문제는 7가지 다른 유형의 자제력 문제를 일으킬 수 있다. 결국, 나는 이제 모든 것이 자기 조절에 달려 있다고 믿는다. 하지만 만약 이 세 가지 문제 영역의 틀 안에서 살펴보는 것이 자신만의 고유한 ADHD를 이해하기 쉬울 것이다.

다음은 이러한 범주에 속하는 증상의 예시이다. 당신은 얼마나 많

이 경험하는가?

억제의 문제

- 기다리는 것을 견디기 어려움(참을성 부족)
- 충동적으로 결정
- 다른 사람에게 즉흥적으로 말함
- 멈춰야만 할 때에도 활동이나 행동을 멈추는 데 어려움이 있음

자기 조절의 문제

- 장기적인 목표를 위해 즉각적인 보상이나 만족을 기다리기 어려워함
- 행위에 따른 결과를 고려하지 않고 행동하는 경향이 있음
- 일이 지루하다고 느껴지거나 더 재미있는 무언가를 하고 싶을 때 일찍 퇴근해버림
- 지시 사항을 주의 깊게 읽거나 듣지 않고 프로젝트나 업무를 시작함

실행 기능의 문제

- 시간 감각이 떨어짐
- 해야 할 일을 잊음
- 이해할 수 있는 수준의 자료를 읽어도 이해할 수 없음, 의미를 이해하기 위해 자료를 다시 읽어야 함
- 쉽게 좌절하거나 감정적으로 화를 냄
- 삶과 물건들이 끊임없이 흐트러져 있는 것과 같이 정리가 잘 안 됨
- 스스로 설정한 목표를 계획하고 달성하기 어렵거나, 다른 사람과 협의한 작업을 수행하는 데 문제가 있음

이것은 단지 예시일 뿐이지만, 이를 통해 억제력에 문제가 있다는 것은 무엇을 하려고 할 때 충분히 생각하기 위해 멈추기 어렵다는 것을 의미한다는 걸 알 수 있다. 멈추지 못하면 충분한 자제력을 발휘할 수 없다. 자제력이란 본능대로 행동하지 않기 위해 자신과 자신의 행동에 스스로 지시하는 반응이다. 억제를 심리적 브레이크 시스템으로 생각하라. 브레이크를 밟은 후 속도를 충분히 늦추면 접근하고 있는 교차로에 장애물이 없는지, 운전하기에 안전한지, 계획하고 있는 것이 얼마나 효과적인지를 결정할 수 있다. 자제력이란 급한 마음에 위험하게 운전을 할 만한 상황에서도 완전히 멈추고 교통 상황이 정리될 때까지 기다리는 것을 의미할 수 있다.

실행 기능은 자신을 통제하기 위해 사용하는 특정한 자기 주도적 행동이다. 그것들은 우리 모두가 과거를 고찰하고 미래를 예측하며 미래를 향한 행동을 인도하기 위해 사용하는 정신적 능력이다. 실행 기능은 두뇌에서 GPS처럼 작동하여 목적지에 도달하는 데 필요한 단계별 지침을 제공한다. 과학자들마다 각기 그것들을 나누고 다르게 분류하지만, 실행 기능은 일반적으로 억제, 자기 인식, 작업 기억, 감정적 자기 조절, 자기 동기 부여, 계획하기, 그리고 우리가 목표로 가는 도중에 장애물이 나타날 때의 문제 해결과 같은 능력을 포함한다. 뭔가 하려는 충동을 억제한 후, 우리는 그 정지해 있는 시간 동안 이 능력을 사용한다. 이러한 능력을 사용하려면 의지와 노력이 필요하다는 것을 아는 것이 중요하다. 그것들은 쉽지 않고 자동적이지도 않다. 실행 기능은 우리가 자제력을 발휘할 때, 정확히 무엇을 해야 할지 결정하는 데 도움이 된다. 가속 페달(동기 부여), 브레이크(자제력 또는 억제), 그리고 운전대(정신적인 안내)와 결합하여 당신의 정신적 GPS(계획 및 자기 모니터링)가 된다.

일상 활동에서의 다섯 가지 문제 영역

다음 다섯 가지 주요 영역에서 그것들이 야기하는 문제들을 살펴보면 억제의 어려움, 자제력의 어려움, 그리고 실행 기능 문제가 얼마나 철저히 삶을 침범할 수 있는지 쉽게 알 수 있다. ADHD가 미치는 영향을 알기 위해, 다음 문제 중 경험한 것이 어느 것인지 빠르게 체크해 보라.

⁚ 문제 영역 1: 시간, 계획 및 목표와 관련된 자기 관리 부족 ⁚

□ 마지막 순간까지 할 일을 질질 끌거나 미룸
□ 시간 개념 부족
□ 시간을 낭비하거나 잘못 관리함
□ 업무나 할당된 작업에 대해 준비가 되어 있지 않음
□ 과제 마감 시한을 지키지 못함
□ 다가오는 일정에 대해 미리 계획하거나 준비하는 데 어려움이 있음
□ 자신이 해야 할 일을 하는 것을 잊음
□ 자신이 스스로 설정한 목표를 달성하지 못함
□ 업무나 예정된 약속에 늦음
□ 기억해야 할 일을 기억할 수 없음
□ 자신의 활동 목적이나 목표를 기억하는 데 어려움이 있음
□ 한 번에 여러 활동을 수행하기 어려움
□ 마감일이 임박하지 않으면 일을 끝낼 수 없음
□ 무언가를 하거나 어딘가에 도착하는 데 걸리는 시간을 판단하는

데 어려움이 있음

- ☐ 일을 시작하기 위해 스스로 동기를 부여하는 데 어려움이 있음
- ☐ 자신의 일을 계속하고 완수하도록 스스로 동기를 부여하는 데 어려움이 있음
- ☐ 자신이 해야 할 일을 미리 준비하려는 의욕이 없음
- ☐ 새로운 일을 시작하기 전에 하고 있던 활동을 마무리하는 게 어려움
- ☐ 자신이 스스로 하고자 마음먹은 일을 실행하는 데 어려움이 있음
- ☐ 자신이 다른 사람에게 한 말들이나 약속을 제대로 이행하지 못함
- ☐ 자기 훈련 부족
- ☐ 우선순위나 중요도에 따라 업무를 조정하거나 수행하는 데 어려움이 있음, '순위 정하기'를 잘 못함
- ☐ 완수해야 하는 일을 시작하거나 진행하기가 어려움

만약 해당되는 문제들이 여러 개라면, 성인 ADHD가 미래를 준비하기 위해 행동을 구조화하기 어렵다는 것을 꽤 명확하게 느낄 수 있을 것이다.

> 이러한 문제들(어쩌면 치료 팀에서 "결함"이라고 지칭할 수도 있음) 중 몇 가지가 자신에게 있다고 인식하고 있는가? 자신의 생활에서 생각나는 예가 있는가?
>
> ____
>
> ____
>
> ____
>
> ____

⁛ 문제 영역 2: 자기 조직화, 문제 해결 및 작업 기억력의 부족 ⁛

- □ 다른 사람들만큼 업무나 일에 주의를 집중할 수 없음
- □ 암산에 어려움이 있음
- □ 자신이 이전에 듣거나 읽은 내용이 기억나지 않음
- □ 자신의 생각을 정리하거나 명확하게 하는 데 어려움이 있음
- □ 다른 사람과 대화할 때 자신이 말하려고 했던 요점을 잊어버림
- □ 복잡한 작업을 보여주면 정보를 적절하게 기억하지 못해서, 따라 하지 못하거나 올바르게 수행하지 못함
- □ 평소보다 더 많이 생각해야 하는 일이나 학교 활동을 싫어함
- □ 다른 사람만큼 미래를 예상하지 못함
- □ 자신이 말하고 싶은 것을 말하는 데 어려움이 있음
- □ 다른 사람들처럼 문제에 대한 다양한 해결책을 생각해 내거나 제시할 수 없음
- □ 다른 사람에게 무언가를 설명하고 싶을 때 종종 말문이 막힘
- □ 자신의 생각을 다른 사람만큼 빨리 글로 적는 데 어려움이 있음
- □ 이해할 수 있는 수준의 자료를 읽어도 이해할 수 없음, 의미를 알기 위해 자료를 다시 읽어야 함
- □ 비슷한 인지 기능을 가진 다른 사람들만큼 창의적이거나 독창적이지 않다고 느낌
- □ 목표나 과제를 달성하려고 할 때, 다른 사람들만큼 많은 방법을 생각할 수 없음
- □ 다른 사람에 비해 새롭거나 복잡한 활동을 배우는 데 어려움이 있음
- □ 적절한 차례나 순서대로 일을 설명하는 데 어려움이 있음

- □ 설명의 요점에 다른 사람들처럼 빨리 도달할 수 없음
- □ 적절한 차례나 순서대로 일을 하는 데 어려움이 있음
- □ 예상치 못한 사건에 대해 다른 사람들처럼 효과적으로 대응하거나 '순발력 있는 생각'을 할 수 없음
- □ 무언가에 집중해야 할 때, 관련 없는 사건이나 생각에 쉽게 주의가 산만해짐
- □ 예상치 못한 일에 대한 반응 속도가 더 느림
- □ 자신이 한 일이나 가본 장소를 다른 사람만큼 기억하지 못함

> 이 목록이 모두 너무 익숙한가? 어떤 문제들에 강하게 공감하는가?
>
> ______________________________
>
> ______________________________
>
> ______________________________
>
> ______________________________

성인 ADHD는 생각과 행동을 조직하는 데 어려움을 겪을 수 있고, 빠르고 효과적으로 일을 처리하거나, 여러 가지 가능한 방법을 고려하거나, 일상에서 목표를 달성하거나, 과제를 수행하는 데 어려움이 있을 수 있다는 점을 본인의 경험을 통해 알아차릴 수도 있다.

문제 영역 3: 자제력(억제) 부족

- □ 기다리는 것을 견디기 어려움, 참을성이 없음

□ 충동적으로 결정을 내림
□ 사건이나 다른 사람에 대한 자신의 태도나 반응을 억제할 수 없음
□ 활동이나 행동을 중단해야 함에도 멈추기 어려움
□ 자신의 실수에 대한 피드백을 받았음에도 행동을 바꾸기 어려움
□ 다른 사람에게 충동적인 말을 함
□ 결과를 고려하지 않고 일을 하는 경향이 있음
□ 즉흥적이거나 갑작스러운 충동으로 마지막 순간에 계획을 변경함
□ 상황에 대응하기 전에 과거의 연관성 있는 사건이나 개인적 경험을 고려하지 못함
□ 다른 또래들이 생각하는 정도로 미래에 대해 생각하지 않음
□ 자신이 하는 말이나 행동을 잘 알아차리지 못함
□ 자신에게 영향을 미치는 것들에 대해 객관적인 태도를 취하는 게 어려움
□ 다른 사람의 관점에서 문제나 상황을 보는 것이 어려움
□ 쉽게 화를 내거나 당황함
□ 다른 사람들만큼 미래의 일에 대해 걱정하지 않음
□ 어떤 일을 하기 전에 스스로 그것을 검토하거나 생각하지 않음
□ 문제 상황이나 스트레스를 받을 때 올바른 판단을 하기 어려움
□ 처해 있는 상황에서 규칙을 준수하는 데 어려움이 있음
□ 상황에 대한 행동이나 접근 방식이 매우 유연하지 않음, 자신이 좋아하는 방식을 지나치게 고집함
□ 다른 사람들보다 위험을 감수하는 행동을 할 가능성이 높음
□ 다른 사람들보다 자동차를 훨씬 더 빠르게 운전할 가능성이 높음(과속)

이런 문제들 중 어떤 문제를 겪고 있는가? 최근에 이러한 문제를 해결해야 했던 때가 있는가?

____

____

____

____

억제와 관련된 문제들은 행동뿐만 아니라, 생각과 감정에도 적용된다. 이것이 성인 ADHD의 삶 전반에 부족한 억제와 제한된 자제력이 광범위한 영향을 미치는 이유이다. 만약 자신의 행동, 생각, 감정을 멈춰서 시간과 자기 조절 기회를 얻을 수 없다면 장기적인 행복을 위해 더 나은 결정을 내릴 수 없을 것이다.

문제 영역 4: 자발성의 문제

- □ 업무에서 지름길을 택하고, 해야 할 일을 모두 하지 못할 가능성이 높음
- □ 지루하거나 하기 힘든 일을 일찍 접어버릴 가능성이 높음
- □ 장기적인 목표를 위해 만족을 참거나 즉각적인 보상이 따라오는 일을 참지 못함
- □ 일의 세부 사항에 주의를 기울이지 않음
- □ 자신이 해야 하는 만큼 또는 다른 사람이 할 수 있는 만큼, 업무에 충분한 노력을 기울이지 않음

☐ 게으르거나 의욕이 없다는 소리를 들음

☐ 업무를 완수하기 위해 다른 사람에게 의존함

☐ 자신에게 즉각적인 보상이 없으면 일을 끝내지 않음

☐ 일해야 할 때 재미있거나 더 흥미로운 일을 하고 싶은 충동을 참는 게 어려움

☐ 업무 수행의 질이나 양이 들쭉날쭉함

☐ 감독 또는 잦은 지시 없이는 다른 사람들만큼 일을 잘할 수 없음

☐ 다른 사람들과 같은 의지력이나 결단력이 없음

☐ 즉각적인 보상이 없으면 일을 완수하기 어려움

이 목록 중 어떤 항목이 친숙한가? 어떤 상황에서 그러한가?
____
____
____
____

아마도 해야 할 일이 지루하거나, 많은 노력이 필요하거나, 길어질 때, 이를 지속하는 것이 얼마나 힘든지 알고 있을 것이다. 만약 스스로에게 동기를 부여할 수 없다면 그 일을 지속할 수 있을까? ADHD는 다른 사람들이 주는 즉각적인 보상이나 결과의 위협에 의존하게 만들 수도 있다.

문제 영역 5: 감정 조절 능력의 부족

□ 쉽게 분노하거나 화를 냄

□ 감정적으로 과잉 반응함

□ 쉽게 흥분함

□ 강한 부정적 또는 긍정적 감정의 표현을 억제할 수 없음

□ 일단 감정적으로 화가 나면 스스로를 진정시키는 데 어려움을 겪음

□ 일단 감정적이 되면 다시 감정을 통제하거나 이성적으로 생각할 수 없음

□ 진정하기 위해 화나게 하는 것으로부터 주의를 전환시킬 수 없음, 좀 더 긍정적인 마음에 초점을 맞출 수 없음

□ 목표들을 성공적으로 달성하기 위해, 혹은 다른 사람들과 잘 지내기 위해 감정을 조절하기가 어려움

□ 다른 사람보다 더 오랫동안 감정적이거나 화난 상태가 지속됨

□ 감정이 상하는 상황에서 빠져나오거나, 매우 감정적이 되었을 때 그 상황을 벗어나기가 어려움

□ 화가 났을 때 내 감정을 더 긍정적인 방법으로 전환하여 표현하지 못함

앞의 문제들 중 어떤 것이 영향을 미치는가? 특히 어떻게 영향을 미치는가?

성인 ADHD는 강력한 감정반응을 억제하고 하향 조절해서 상대방을 좀 더 잘 받아들이고, 상대방이 장기적 목표와 행복을 지지하도록 만드는 것이 어렵다.

저자의 최근 연구에서 성인 ADHD의 89~98%가 앞에서 언급한 5가지 문제 영역에서 주요 문제가 있다고 보고한 반면, 일반 인구의 전형적인 성인에서는 7~11%에 불과한 것으로 나타났다.

	ADHD 성인 (%)	지역사회 성인(%)
자가 보고		
시간 관리의 어려움	98	8
자기 조직화 부족	89	11
자제력 문제	94	7
자발성 문제	95	9
감정 조절 문제	98	7
잘 아는 타인의 보고		
시간 관리의 어려움	96	9
자기 조직화 부족	84	7
자제력 문제	94	11
자발성 문제	84	9
감정 조절 문제	99	14

ADHD의 다섯 가지 문제 영역은 성인들의 삶의 주요 활동 에서 일상적으로 해야 하는 거의 모든 것에 걸쳐 있다. 그것들이 학습과 업무에서의 기능을 심각하게 방해한다는 점은 명백하다. ADHD가 데이트, 결혼 또는 파트너와 함께 사는 것을 포함하여 사회적 관계를 어떻게 방해해왔는지도 명백하다. 만약 돈 관리, 운전, 혹은 자녀 양육에 문제가

있었다면 당신은 이제 ADHD가 그러한 능력을 어떻게 방해했는지를 알 수 있다. 이러한 문제들이 예방적 대책을 세우고 장기적인 복지를 증진시키는 삶의 방식을 택하지 못하게 만든 것도 분명하다.이러한 연관성은 피할 수 없는 결론에 도달한다.

성인 ADHD는 단순한 주의력 장애가 아니다!

보다 정확히 말하면, 미래를 준비하기 위해 시간을 두고 행동을 조직화하는 능력에 문제가 있다고 봐야한다. ADHD의 다섯 가지 문제 영역들은 자기 조절을 매우 어렵게 만들어 미래를 근시안적으로 보게 한다. 그리고 그것은 삶의 주요 활동 영역에 재앙을 초래한다.

> ADHD는 시간맹(time blindness)의 한 형태다.

이후에 소개될 3~5단계에서는 매우 도움이 될 수 있는 내용을 배울 것이며 이는 다음과 같다.

단순히 ADHD에 대해 이해하는 것이 아니라 삶을 개선할 수 있다는 자신감이 중요하다. 즉, 당신은 어리석거나 게으르거나 '단지, 주의를 기울이지 않는 것'이 아니다. 이제 무엇을 해야 할지 알게 되었다. 이제 필요할 때 알고 있는 것을 어떻게 사용할 수 있는지 알아보라.

> ADHD 때문에 생기는 문제들은 지식, 즉 우리 뇌의 뒷부분이 아니라 수행력, 즉 뇌의 앞부분과 관련이 있다. 그곳은 인간이 더 큰 효율성을 위해 일상생활에서 지식을 사용하는 곳이다. 따라서 문제는 무엇을 해야 할지 모르는 것보다 알고 있는 것을 삶의 중요한 수행 시점에서 사용하지 않는 것과 더 관련이 있다.

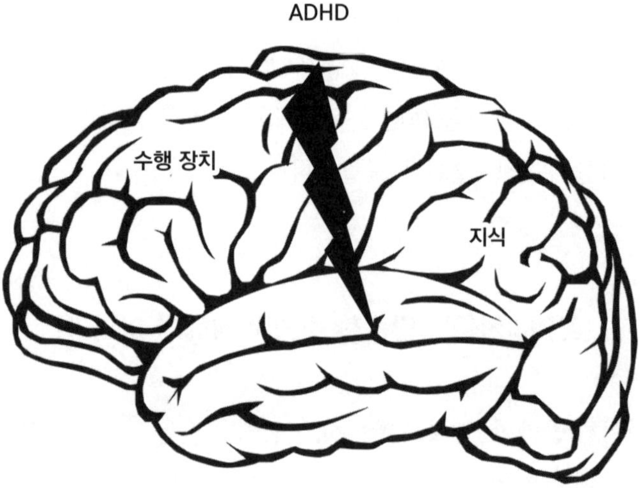

지식 저장 장치인 뇌 vs 수행 장치인 뇌

7장
충동에 저항하기: 자제력의 첫 번째 단계

"저는 집중하려고 노력하는데, 왜 이렇게 쉽게 산만해지는 걸까요?"

"저는 오늘 아침까지 그 프로젝트를 끝마쳐야 한다는 것을 알고 있었지만, 엄청난 온라인 축구 게임에서 도저히 빠져나올 수가 없었습니다. 결국 지금 직장에서 큰 곤경에 처해 있습니다. 저는 흥분되거나 재미있고 흥미로운 무언가를 발견하면, 완전히 사로잡혀 버립니다."

"생각 없이 말을 내뱉어 다른 사람에게 불쾌감을 준 적도 있었고, 정말 갖고 싶다고 생각했던 물건을 돈이 없는데도 신용카드로 사 버린 적도 있습니다. 그날 해야 할 일이 너무 지루해서 즉시 일어나 직장을 그만둬 버린 적도 몇 번이나 있었습니다. 그런 일이 얼마나 많았는지 다 말할 수조차 없습니다."

우리 모두는 행동하기 전에 멈추고 생각해야 할 필요가 있다. 여기서 '멈춤'이 핵심 단어이다. 우리가 행동하기 전에 생각함으로써 현명한 행동 방식을 선택하는 것은 기다릴 수 있는 능력에서 시작된다. 만약 우리 주변에서 일어나는 모든 일에 즉시 반응한다면, 하루 종일 마치 핀볼처럼 이리저리 튕기며 살아가게 될 것이다. 우리 주변에서 일어나는 이벤트에 반응하지 않는 것은 작업을 완수하는 데 매우 중요하다. 왜냐하면 우리 주변에 있는 대부분의 것들이 현재 우리가 추구하는 목표와 무관하기 때문이다. 억제가 전술의 기초이다. 그것은 우리가 상황에 대해 생각하고 좋은 결정을 내릴 수 있도록 우리의 자동화된 행동을 일시 중지하는 데 도움을 준다. 이렇게 함으로써 시간이 지남에 따라 더 나은 의사 결정자가 된다.

산만함에 끌려가기

다음은 30세의 댄Dan이 말한 불가능하지는 않지만 어렵다고 느낀 활동 목록이다.

- 읽기
- 서류 작업
- 대학 강의 참석
- TV 시청
- 영화 감상
- 긴 대화 나누기

댄은 한 번에 한 단락 이상을 읽는 것이 거의 불가능하다는 것을 알게 되었다. "창밖에서 지저귀는 새가 있을 때, 내 아이가 방을 지나갈 때, 또는 어떤 일을 상기시키는 문장을 읽을 때, 생각이 딴 데로 새는 일이 많아. 주위에서 일어나는 일이 무엇이든 그것은 나를 산만하게 해." 서류 작업은 훨씬 더 고통스러웠다. "나는 그렇게 지루한 일에 너무 오래 집중할 수 없을 것 같아." 강의 같은 경우에는? "최악이야. 지루해졌다고 수업을 떠날 수도 없었고, 선생님의 말씀에 오랫동안 집중할 수 없었어." 댄은 그가 정말 좋아하는 TV 쇼를 볼 수는 있었지만, 광고가 나오면 '이 프로그램 저 프로그램을 채널 서핑(채널을 바꿔가며 관심 있는 프로를 찾는 것)하는' 자신을 발견하였다. 댄의 아내는 퇴근 후 앉아서 일상에 대해 이야기하는 것을 좋아했지만 댄은 항상 육체적인 일을 하거나 움직이거나 바빠야 한다고 말했다. 당연히 그녀는 그가 자신에게 신경 쓰지 않기 때문에 자신의 필요에 관심을 기울이지 않는다고 받아들였다. 그는 설명했다. "내 안에서, 나는 실제로 많이 움직이지 않는데도 너무 안절부절못해. 나는 바쁘게 움직이거나 물건을 만지고 싶고, 내 주변의 어떤 것이든 가지고 놀고 싶은 충동이 있어. 그것이 내 아내를 미치게 만들어."

당신은 댄의 목록에 공감하는가? 추가하고 싶은 내용이 있는가?

___

___

___

___

댄은 인생의 대부분 동안 "주의를 기울이지 않는다"라는 말을 들었다. 그에게 그 말은 납득이 가지 않았다. 그는 일부러 시간을 흘려보내거나 멍하니 있지 않았다. ADHD를 이해하는 열쇠는 단순히 '주의를 기울이기 어려움'으로 분류된 많은 문제가 실제로는 충동 조절 문제라는 것이다. 단지 댄을 비롯한 ADHD를 가진 다른 성인들이 주의집중을 유지하지 못하는 것만이 문제가 아니다. 이들은 지금 집중해야 할 일보다 더 흥미로운 무언가가 시각, 청각 혹은 사고 영역 안으로 들어오면, 그것에 주의를 기울이고 싶은 충동을 억제하지 못한다. 주의를 기울여야 한다는 것을 모르는 것이 아니라, 알아도 그 순간에 실행하지 못하는 것이 문제다. 즉, 주의를 산만하게 만드는 자극에 반응하기 전에 '멈추는' 행동, 바로 그 타이밍을 놓치는 것이다.

이러한 '억제의 어려움'은 대부분 아주 어린 시기에 나타나며, ADHD를 가진 성인의 삶 전체에 걸쳐 지속되는 문제다. 아마도 당신의 부모, 친구, 동료들은 당신이 시각, 청각, 움직임 등의 자극에 계속 산만해지는 것을 오래전부터 이해하지 못했을 것이다. 그들은 현재 해야 할 일에 바로 집중할 수 있는데, 당신은 왜 하지 못하는 걸까? 당신이 주변의 소리나 시각적 자극을 다른 사람보다 더 잘 인식해서 그런 것일까? 당신이 더 민감해서 그런 걸까? 그렇지 않다. ADHD가 없는 사람들은 산만한 자극이 있더라도 그에 반응하지 않도록 스스로를 제어할 수 있으며, 그 제어 과정을 거의 무의식적으로 수행한다. 반면, 당신에게는 지금 가장 중요한 일(바로 지금 처리해야 할 일)에 주의를 집중시켜주는 '브레이크 스위치'가 부족하다.

댄의 아내가 ADHD를 가진 사람들에게서 나타나는 문제의 원인이 뇌 발달의 시기적 불균형에서 비롯된다는 사실을 안다면, 그의 과잉행동에 좀 더 관대해질 수 있을 것이다. ADHD를 가진 사람들에게서는 다양한 소근육 운동을 유발하는 뇌의 일차 운동 시스템이 너무 일찍 성숙하는 경향이 있다. 이로 인해 불필요한 움직임이 많아지거나 안절부절못하는 증상이 나타난다. 반면, 그 운동 시스템을 조절하며 미래 지향적인 행동을 조직하는 고차원 뇌 중심부(higher-level brain)는 성숙이 늦게 이루어진다. 이는 미국 국립정신건강연구소(NIMH, National Institute of Mental Health)의 연구(191페이지 참조)에서도 확인된 바 있다. 즉, ADHD 아동의 경우 계속해서 움직이고 싶어 하는 신경학적 충동은 존재하지만, 이를 멈추라고 말해주는 브레이크 기능은 아직 발달하지 않았다는 뜻이다. 시간이 지나면서 인간의 뇌라는 놀라운 학습 장치가 ADHD로 인한 운동 충동을 어느 정도 조절할 수 있게 되기 때문에, 댄은 어른이 되어서는 거실에서 뒹굴뒹굴하지 않는 것이다. 그러나 결코 ADHD가 없는 사람들의 발달 수준에는 끝내 도달하지 못하기에, 댄은 여전히 끊임없이 움직이거나 무언가를 하고 싶은 끊임없는 충동을 느끼는 것이다.

댄의 문제는 가만히 앉아 있지 못하는 것과도 밀접한 관련이 있다. 충동 조절은 성인보다 아이들에게서 더 흔히 나타나는 과잉행동과 높은 관련성이 있다. *** 두뇌 발달과 자제력에 대해서는 9장에서 더 자세히 다룬다.** 댄이 항상 안절부절못한다고 말하는 것을 주목하라. 그는 아내가 이야기하는 동안, 10살 때는 참을 수 없었던, 거실에서 공중제비하고 싶은 충동을 이제는 억제할 수 있을지 모르지만, 결국은 발을 구르고 옆에 있는 주방 도구나 잡동사니를 만지작거린다. 또는 아내의 말에 집중하려 애쓰다 보면 짜증 섞인 표정을 짓게 되곤 한다. 아내가 이런 남편의 반응을 어떻게 받아들일지는 충분히 짐작할 수 있다.

너무 빠른 방아쇠

이제 25세 셰일라Shayla의 '불가능한' 과제 목록을 살펴보라.

✓ 줄 서서 기다리기
✓ 누군가가 좀처럼 움직이지 않을 때 조용히 기다리기
✓ 정지 신호에서 우회전하기 위해 많은 차 뒤에서 대기하기
✓ 말을 시작한 뒤 멈추기

"그냥 기다릴 수 없는 것 같아." 셰일라는 긴 줄에서 기다리지 못해서 보고 싶은 영화를 보지 못하곤 했다. 신호 대기 중 우회전을 하려 할 때 앞에 여러 대의 차가 있으면, 갓길이나 인도로 차를 몰아 신호등 바로 앞까지 가서는 그냥 우회전을 하곤 한다. 차가 막힐 때는 '심지어 효과가 없다는 걸 알면서도' 차들을 움직이게 하기 위해 경적을 계속 울린다.

댄은 산만함으로 인해 자신의 일을 완성하지 못하는 것인 반면에 셰일라의 억제 문제는 정신적 브레이크를 걸 수 없기 때문에 무언가를 해 버리는 것에 더 가깝다. 그녀는 위험한 운전 습관으로 인해 이미 한 차례 면허가 정지된 적이 있다. 지루한 업무나 기다림을 요하는 일을 견디지 못해 직장을 연이어 관두곤 했는데, 입사 첫날에 직장을 그만둔 적도 있었다. 학창 시절에는 지나치게 말을 많이 한다는 이유로 늘 교장실에 불려 갔고, 성인이 된 지금도 대화 중 말을 끊지 못하고 혼자 모든 대화를 독점하려는 것처럼 보여 종종 '무례한 사람', '자기중심적인 사람'이라는 평을 듣는다. 10대 시절에는 원하던 스포츠카를 사기 위해 돈을 모으는 것을 참고 기다릴 수 없어서, 하루는 아버지 친구의 차

를 몰래 빌려 타고 고속도로를 달리다 경찰에 붙잡히기도 했다. 다행히도 고소를 당하지는 않아 별일 없이 넘어갔지만, 오늘날이라면 그렇게 쉽게 넘어가기 어려운 일이다.

셰일라는 떠오르는 생각을 참지 못하고 바로 내뱉는 바람에 낯선 사람과 고성을 주고받거나 친구들과 사이가 멀어진 적이 많다. 사람들은 그녀를 성급하고, 눈치 없고, 심지어는 '모자란', '멍청한' 사람이라고 말하기도 한다. 사실 셰일라의 부적절한 행동 선택에는 정서적 문제와 인지적 문제도 함께 작용하고 있다(9장 참조). 하지만 근본적인 문제는 셰일라가 자신이 취할 행동과 그에 따른 미래의 결과에 대해 충분히 생각하고 판단하지 않는다는 데 있으며, 그 선택이 가져올 덜 흥미롭고 벌이 따르는 미래의 결과보다, 당장의 자극과 작지만 즉각적인 보상에 더 큰 가치를 두는 경향에서 비롯된다.

> 당신은 셰일라의 목록에 공감하는가? 추가하고 싶은 내용이 있는가?
>
> ______________________________
>
> ______________________________
>
> ______________________________
>
> ______________________________

한 가지만 생각하는 마음

가만히 앉아서 집중하거나 행동하기 전에 생각하는 것이 어려운 이유는 믿기 어렵겠지만, 당신이 현재 하고 있는 일을 멈추기 어렵게 만드는 것과 같은 원인 때문이다. 학창시절 내내 사람들은 제스Jess가 단순히 학습 능력이 부족하다고 생각했다. 그는 같은 실수를 반복하는 것처럼 보였고, 주변 사람들이 보기엔 아무런 성과도 없는 일에 끈질기게 매달리곤 했다. 한 번은 여자친구의 차고 문을 열려고 열쇠를 넣었는데 문이 열리지 않자 계속해서 열쇠를 비틀어 돌리다가 결국 부러뜨려 버린 적도 있다. 성인이 된 후에는 와인 병을 열려고 코르크 마개 따개를 사용하다가, 병 위에 덮인 금속이 단순한 은박 덮개가 아니라 코르크 대신 사용한 금속 마개였다는 사실을 눈치채지 못한 채 계속 돌리다 결국 망가뜨리고 말았다. 또 다른 일화로, 텃밭을 어떻게 꾸밀지 구상하는 데 너무 몰두한 나머지, 뒷마당에서 고기를 굽던 중 그릴에서 불이 나 덤불에 옮겨붙은 것도 모른 채 있었고, 결국 이웃이 불을 발견하고 소방서에 신고한 일도 있었다.

대부분의 사람들은 프로젝트를 진행하다 실수를 하면, 예를 들어 요리에 넣은 재료가 레시피에서 말한 효과를 내지 못하거나, 차고를 절반만 칠한 상태에서 페인트가 다 떨어진 경우에, 잠시 멈추어 실수에 대해 생각하고 그것이 중요하게 작용할지에 대해 잠시 생각하는 경향이 있다. 이런 실수는 지금 하고 있는 일을 더 나은 방식으로 바꾸거나, 적어도 당장은 중단해야 하는지를 알려주는 정보가 되곤 한다. 하지만 ADHD를 가진 성인들은 다른 사람들보다 그들의 작업 수행을 잘 모니터링하지 않거나, 저지른 실수를 앞으로의 행동에 도움이 되는 정보로 활용하는 능력이 떨어지는 경향이 있다. 마치 한 방향으로 출발하면 뒤에서 어떠한 실수들이 쌓이더라도 계속해서 직진만 하는 듯하다.

만약 지금 하고 있는 일이 특히 재미있거나, 보람이 있거나, 흥미로운 활동이라면, ADHD를 가진 많은 성인들은 덜 흥미롭지만 당장 해야 할 다른 일이 있음에도 불구하고 그것들을 멈추지 못하는 경우도 있다. 일부 ADHD 옹호자들은 이를 '과잉 집중'이라고 부르지만, 연구자들은 이를 '보속증'이라고 부른다. 보속증은 겉보기에 종종 미루는 것처럼 보일 수 있다. 그러나 당신도 알다시피, 그건 단순히 재미없는 일을 일부러 미룬 것이 아니라, 그보다는 재미있는 무언가를 계속하기로 마음먹었기 때문에 벌어지는 일이다.

당신은 제스의 경험에 공감하는가? 비슷한 문제들을 겪은 적이 있는가?

ADHD의 '시간맹'은 충동 조절 부족에서 시작된다.

억제력이 부족하면 어떤 일을 하든지 한 걸음 앞으로 갔다가 두 걸음 뒤로 오는 것을 반복하는 것처럼 느낄 수 있다. 그것은 또한 호감을 주고 싶은 사람들에게 나쁜 인상을 줄 수 있다. 이런 결핍이 댄, 셰일라 그리고 제스가 가지고 있는 문제들의 이면에 있음을 아는 것은 당신이 스스로를 채찍질하는 악순환에서 벗어날 수 있도록 도와줄 수 있다. 이와 같은 이해는 당신이 삶에 큰 변화를 가져올 수 있는 보상 방법을 찾는 데에도 도움이 될 수 있다. **＊ 충동 조절의 개선은 당신의 뇌를 변화시키는 것에서 시작된다(3단계 참조). 충동을 조절하는 데 필요한 핵심은 자기 자신에게 시간을 벌어주는 것이다(4단계 참조).**

8장

자기 통제: 원하는 것을 얻는 방법

"저는 자제력(self-discipline)이 없습니다! 목표가 있지만, 결코 그것들을 성취하지 못합니다. 일이 조금이라도 어려워지거나 문제에 부딪히면 그냥 포기합니다."

"제 인생은 거의 절반이 지났고, 스스로 설정한 대부분의 목표를 달성하지 못했습니다. 저는 제가 아는 대부분의 사람만큼 똑똑합니다. 가끔씩 제가 그저 게으른 것인지, 아니면 중요한 일을 하는 것에 대해서 다른 사람들만큼 관심이 없는 것인지 궁금합니다."

"한 번은 친구와 건설 일을 하고 있었는데, 친구는 그날 바로 그만두고 위스콘신에서 덴버까지 차를 몰고 가서 거기서 새로운 직장을 찾을 거라고 말했습니다. 친구는 그곳에 가본 적은 없지만 살기에 멋진 곳이라고 들었다고 했습니다. 그래서 저는 함께 가겠다고 말했습니다. 계획도 없고, 일자리도 없고, 살 곳도 없고, 아무것도 없었지만요! 그리고 우리 둘은 운전을 시작했습니다. 정말, 얼마나 바보 같은 짓입니까?"

자기 통제가 부족하면 자유 의지를 잃게 된다. 이것이 ADHD의 가장 비극적인 결과 중 하나다. 원하는 것을 하고 있다고 생각할지도 모르지만, 행동을 억제할 수 없다면 사건과 반응 사이의 보류 시간을 놓치게 된다. 이러한 보류로 인한 지연, 멈춰 생각하는 시간은 필수적이다. 바로 그 시간이 생각할 기회를 제공하기 때문이다. 중요한 사실은 보류할 수 있는 능력이 있어야 현재와 미래에 가용한 모든 옵션 중 자유롭게 선택할 수 있다는 것이다. 친구와 함께 즉흥적으로 덴버로 떠난 렌은 출발했을 때 꽤 기분이 좋았을 것(자유롭고 평안한)이다. 그러나 친구도 없고, 직업도 없고, 돈도 없는 낯선 도시에서 지내는 것이 자신이 원하는 것이 아니라는 것을 깨닫는 데는 오랜 시간이 걸리지 않았다. 행동에 나서기 전에 한두 번만 더 생각했더라면 아마 떠나지 않았을 것이다.

그것이 바로 자기 통제의 의미이다. 초기 충동이 아닌 미래에 더 원하거나 장기적인 복지와 행복을 위해 더 나은 무언가를 얻을 수 있도록 다른 것을 선택하는 능력이다.

> 자기 통제는 심리학에서 미래에 일어날 일을 바꿀 수 있도록 단지 충동적으로 행동하는 대신에 우리 자신의 행동을 변화시키도록 이끄는 모든 반응, 또는 일련의 반응 고리로 정의된다. 그래서 우리는 미래에 일어날 일을 바꿀 수 있다. 그것은 미래를 바꾸기 위해 자신을 대상으로 하는 행동이다.

사건에 반응하지 않는 이 능력은 다른 어떤 종보다 인간에게서 훨씬 더 고도로 발달되어 있다. 숲에서 연기 냄새를 맡은 사슴은 아마 아무 생각 없이 그 냄새로부터 도망칠 것이다. 숲에서 연기 냄새를 맡은 사람은 잠시 멈춰서 산불인지, 캠프파이어인지, 랜턴에서 나는 냄새인지를 파악한 뒤 그에 따라 행동할 수 있다. 우리가 흔히 말하는 '자유의지'란 바로 행동 선택지를 숙고할 수 있는 능력을 의미하며, 이는 결국 미래를 위한 최선의 선택을 가능하게 한다.

자기 통제를 통해 우리는 단지 무의미한 충동적 행동(혹은 우리를 미래가 보장되지 않은 덴버로 데려다줄 수도 있는 행동)을 반복하는 대신, 우리 앞에 놓인 구체적인 미래를 향해 행동을 이끌 수 있다. 나아가 우리의 행동 전반을 미래를 지향하도록 조율할 수 있다. 즉, 오늘뿐 아니라 내일, 다음 주, 다음 달, 심지어 다음 해를 내다보고 준비할 수 있게 된다. 미래를 향해 스스로를 조직하고 계획할 수 있는 것이다. **＊ 4단계에는 자기 통제가 잘 작동하지 않는 상황에서도 뇌를 속여 자기 통제를 발휘하도록 유도할 수 있는 일종의 '규칙들'이 소개되어 있다.**

그 미래에는 우리가 얻을 수 있는 수많은 보상이 있다. 동시에, 예측하고 대비할 수 있다면 피할 수 있는 여러 가지 위험도 존재한다. 자기 통제가 없다면, 전혀 원하지 않았던 상황에 처하게 될 수도 있다. 그 결과, 어리석거나 죄책감, 좌절, 무기력감을 느끼게 될 수도 있다. 심지어 무모한 위험을 감수한 끝에 부상을 입거나 심지어 목숨을 잃게 되는 일도 있을 수 있다.

자기 통제와 관련된 6가지 핵심 프로세스(처리과정)

당신은 자기 통제를 꽤 부담되는 용어로 여길 수 있다. 어렸을 때부터 '자신을 통제하라!'라는 지시를 몇 번이나 들어본 적이 있는가? 방법만 알고 있다면 그렇게 할 것이라고 스스로 생각한 적이 몇 번이나 있었는가? 자기 통제가 어떻게 작동하는지 이해하는 것은 이 용어에 대한 부담을 완화 시킬 것이다. 또한, 자기 통제는 전략이나 도구를 활용해 자유 의지를 실현할 수 있도록 도와주는 과정이며, 그 과정 속에는 전략이나 도구를 적용할 수 있는 여러 진입점이 존재한다는 것도 알게 될 것이다.

자기 통제와 관련된 6가지 핵심 구성 요소는 다음과 같다.

자기 통제는 자기 주도적인 행동이다

즉, 어떤 사건에 직접적으로 반응하여 행동하는 대신, 잠시 멈추고 자기 자신을 향해 조취를 취하는 것을 의미한다. 친구가 덴버에 간다고 했을 때, 만약 렌이 ADHD가 없었다면, 아마도 "와, 그건 나에게도 좋은 생각인 것 같네!"라는 즉각적인 반응을 억제하고 스스로를 제지하며, 그런 이사 결정이 장기적으로 어떤 의미일지 충분히 생각해봤을 것이다. 아마 이동에 고려해야 할 문제들(직업, 주택, 교통 등)의 목록을 만들었을 것이다. 이처럼 자기 억제, 즉 잠시 멈추는 것은 자기 주도적인 행동이고, 복잡한 결정이나 해야 할 일을 정리하고 숙고하기 위해 스스로 메모를 남기는 것도 자기 주도적인 행동이다.

자기 주도적인 행동은 이후의 행동을 변경하도록 설계되어 있다

이후 논의할 자기 주도적인 행동은 총 7가지가 있으며, 이는 우리의 실행 기능이기도 하다. 예를 들어 렌은 그 순간 고개를 끄덕이며 "행운을 빌어!"라고 말했을 수도 있고, "와, 나도 멋지다고 생각해. 그런데 네가 가서 괜찮은지 알려주면, 그때 가볼까 생각해 볼게"라고 말했을 수도 있다. 아니면 지금 당장 아무런 행동도 취하지 않기로 선택했을 수도 있다. 대신, 이 문제에 대해 생각해볼 필요가 있다는 점을 인식하고, 중요한 문제들(일자리, 주거, 교통)에 대한 정보를 더 알아보기 위해 메모를 해두고, 이후에 행동을 고려했을 수도 있다. 만약 이사하는 것이 매력적으로 느껴졌지만, 지금 당장 덴버로 가는 것은 여러 현실적인 이유로 어렵다면, 렌은 앞으로 어디로 이주할 수 있을지를 생각해 보는 것으로 방향을 틀 수 있었을 것이다. 여기서 주목할 점은, 처음의 '멈춤'과 '실행 목록 작성' 같은 행동들 모두가 자기 주도적인 행동이며, 이는 렌이 이후 취할 행동에 변화를 가져온다는 점이다.

후속 행동의 변화는 개인에게 단기적 · 장기적으로 순이익이 극대화되는 긍정적인 결과를 얻기 위한 것이다

이 행동은 미래를 지향하지만, 동시에 즉각적인 결과도 고려하여 최종적으로 가장 이득이 되는 결론을 도출하는 데 목적이 있다. 예를 들어, 렌은 흥미진진한 즉흥 여행이라는 단기적인 긍정적 결과를 포기해야 할 수도 있다. 하지만 덴버에서 일자리를 먼저 구한 뒤 이사하는 것이 더 큰 장기적인 이익이 될 수 있다. 렌의 모든 자기 주도적 행동은 이사라는 결정이 자신의 장기적인 복지와 더 잘 부합하도록 만들어준다. 자기 통제력이 있다면, 우리는 더 큰 장기적 보상을 위해 작은 단기적 보상을 포기할 수 있다. 그러나 성인 ADHD가 있다면, 즉각적인 보상을 선택하게 되고, 결국 장기적인 목표로 나아가지 못한 채 머물게 된다.

> 긍정적인 결과를 얻지 못한다면, 누가 자기 통제를 하려고 하겠는가?

자기 통제는 작고 즉각적인 보상보다 더 크고 지연된 보상을 선호하는 것에 달려 있다

만약 당신이 미래를 상상할 수 없거나 나중의 결과를 중요하게 생각하지 않는다면, 자기 통제의 의미가 없고, 당신은 그것을 사용하지 않을 것이다. 렌이 ADHD가 없었다면, 그는 오늘 당장 덴버로 떠날지 아니면 내년에 새로운 곳으로 이사할 계획을 세울지, 자신이 무엇을 하고 싶은지 생각하는 데 1초도 걸리지 않았을 것이다. 그는 아름다운 새 도시에서 좋은 직장과 적당한 가격의 집을 갖는 자신의 꿈을 실현하는 것이, 아무런 계획도 없이 친구와 함께 충동적으로 떠나는 잠깐의 여행보다 자신에게 훨씬 더 가치 있는 일이라는 것을 즉시 알아차렸을 것이다.

> 심리학자들은 우리가 아동기부터 30대 초반까지, 더 크지만 시간이 오래 걸리는 결과에 대한 선호도가 계속 증가한다는 것을 발견했는데, 이는 자기 통제의 중추인 뇌의 전두엽의 발달과 병행된다. 그러나 ADHD는 발달을 저해하고, 성인조차도 더 큰 지연된 결과 대신 더 작은 즉각적인 결과를 선택하게 만든다.

자기 통제는 사건, 반응, 그리고 결과 사이의 시간적 간격을 연결한다

사건, 반응, 결과가 거의 동시에 일어나거나 간격이 매우 짧을 경우에는, 자기 통제가 굳이 필요하지 않을 수도 있다. 5살짜리 딸이 다가오는 아이스크림 트럭을 발견했다고 상상해 보라. 아이가 아이스크림을 사달라고 하고, 트럭이 멈추고, 하나 사서 아이에게 건네준다. 아이는 짧은 일련의 사건들을 통해 완전히 침착해진다. 이제 딸이 아이스크림 트럭의 소리는 들었지만 볼 수 없다고 상상해 보라. 아이는 트럭이 자신을 향해 오고 있는지, 얼마나 멀리 떨어져 있는지를 파악하는 동안 흥분을 억제해야 한다. 그것이 아이의 시야에 들어올 때쯤, 아이는 몇 년 동안이나 아이스크림을 먹지 못했던 것처럼 먹고 싶어 한다. 펄쩍펄쩍 뛰며 신이 나서 비명을 지르고 "아빠, 아빠, 저기 있어요. 아이스크림 좀 사 주세요"라고 애원한다. 그러면 당신은 이렇게 말한다. "음, 아이스크림을 먹으면 식사에 지장이 있을 거야. 나중에 먹기 위해 하나 사서 냉동실에 넣어두면 어떨까?" 이 순간, 5살 아이에게는 그 말을 듣고 아빠의 정강이를 걷어차고 싶은 충동을 억제하기 위한 자기 통제가 필요하다. 이처럼 어린아이에게 자기 통제란 주로 감정을 통제하는 능력일 수 있다. 반면, 성인의 경우는 훨씬 복잡하다. 예를 들어, 집을 마련하기 위해 저축해야 하는데, 하루에도 수십 번씩 그 돈을 써버리고 싶은 유혹이 찾아온다. 이런 유혹을 이겨내고 자기 통제력을 발휘하려면, 단순히 감정을 억누르는 수준을 넘어 다양한 능력들이 요구된다.

*** 우리가 자기 통제력을 발휘하기 위해 필요한 능력을 실행 기능이라고 하며, 9장에서 논의한다.**

> 현재에 충실하라는 '카르페 디엠'은 ADHD를 가진 모든 성인들의 모토가 될 수 있다. 휴가 중에는 멋진 말이지만, 일상에서는 최악의 원칙이 될 수 있다.

이렇듯 사건, 반응, 결과 사이의 시간이 길어질수록, 우리는 시간과 미래에 비추어 스스로를 조절할 수 있도록 도와주는 자기 통제가 필요하다. 자기 통제는 이렇게 시간적으로 분리된 사건들을 최종 목표를 달성하기 위한 하나의 과정으로 묶어, 목표에 집중할 수 있도록 해준다.

성인 ADHD를 가진 렌에게는 이사라는 목표를 향해 꾸준히 나아가는 일이 쉽지 않다. 그 결과가 너무 멀게 느껴지기 때문에, 전체 계획 자체를 잊어버리거나, 아무런 준비도 하지 않은 채 시간을 흘려보내기 쉽다. 이사 날짜를 정해두더라도, 막상 그날이 되었을 때 친구와 충동적으로 떠났던 그때처럼 여전히 아무런 준비가 되어 있지 않을 가능성이 크다. 이 경우 자기 통제란, 렌이 이사를 결심하기 전에 미국의 여러 지역을 조사하고, 선택한 지역에서 일자리를 찾기 위해 매주 시간을 들여 검색하며, 원하는 집을 마련하기 위해 어느 정도의 수입이 필요한지도 알아보는 것 등을 포함한다. 이 모든 일을 해낸 뒤에야 비로소 이사의 혜택을 누릴 수 있는 것이다.

> 연구자들은 장기간에 걸쳐 사건, 반응, 결과 사이의 간격을 연결하는 능력을 '행동적 우발성의 범시간적 조직화 능력(cross-temporal organization of behavioral contingencies)'이라고 말한다. 이는 실행 기능을 담당하는 뇌, 즉 전두엽의 핵심 역할 중 하나이다. 다소 복잡하게 들릴 수 있지만, 쉽게 말해 시간 관리를 가능하게 하는 능력, 더 정확하게는 시간의 흐름 속에서 자신을 조절하고 관리할 수 있는 능력이라 생각하면 된다.

자기 통제를 위해서는 후견과 선견지명 능력이 모두 필요하다

삶의 사건들, 반응들, 그리고 결과들 사이에 큰 시간의 차이가 있을 때 어떻게 하나로 묶을 수 있을까? 우리는 시간에 대한 기본적인 인식, 즉 과거, 현재, 미래가 존재한다는 감각이 필요하며, 미래를 추측할 수 있어야 한다.

그리고 미래를 예측하려면, 과거를 회상하고 평가하여 가능한 패턴을 파악할 수 있어야 한다. 이처럼 과거를 회상하는 능력, 즉 후견은 과거의 사건에 근거하여 가능한 미래를 상상하게 해주는 선견지명의 토대가 된다. 이 능력이 있다면, 렌은 덴버로 떠날 때처럼 아무런 준비 없이 또다시 다른 지역으로 떠나는 일을 반복하지 않았을 것이다. * 9장에서 논의된 바와 같이, 후견과 선견지명은 ADHD를 가진 성인의 부족한 정신적 능력인 비언어적 작업 기억에 의존한다.

> 절제력이 부족하면 자기 통제가 잘 되지 않으며, 자유 의지, 즉 사건이나 자신의 생각에 대응하기 위해서 이용 가능한 선택지 중에서 현명하게 선택할 수 있는 능력이 없어진다.

어린 시절 당신이 단순히 충동을 억제한다고 생각했던 행동들, 예를 들어 시키는 대로 가만히 앉아 있기, 수업 중 친구에게 꼭 하고 싶은 말이 있어도 참기, 도넛을 한 상자 다 먹고 싶어도 하나만 먹기와 같은 자기 통제는 성인이 된 이후의 삶에서 중대한 영향을 미친다. 역설적으로, 자기 통제가 없으면 우리는 자유로울 수 없다. 이제 자기 통제를 구성하는 능력들이 무엇인지 살펴보도록 하라.

9장

실행 기능: 자제력을 구성하는 7가지 능력

"다른 사람들은 10분이면 쓸 수 있는 비즈니스 편지를 저는 왜 2시간이나 걸려서야 겨우 완성할 수 있을까요? 제 생각을 명확하고 논리적으로 정리해 글로 표현하는 일이 도무지 잘 되지 않습니다."

"저는 특히 좌절하거나 화나는 일이 생겼을 때 감정을 조절하는 데 큰 어려움을 겪습니다. 차에 열쇠를 두고 잠가버린 적이 여러 번 있었는데, 한 번은 중요한 업무 일정으로 빠르게 이동했어야 했는데, 너무 화가 난 나머지 차 문을 뜯어내기 시작했습니다. 길을 지나가던 사람들은 '저 사람 정말 미쳤다'고 생각했을지도 모르지만, 그때는 전혀 신경 쓰이지 않았습니다."

✓ 7장은 어떤 사건에 대한 반응 결정을 지연시키기 위해 억제 기능을 사용한다는 것을 보여주었다. 즉, 기다리는 것이다.

✓ 8장은 이러한 지연이 자기 통제를 가능하게 해준다는 점을 보여주었다. 자기 통제 혹은 더 나아가 자기 조절self-regulation은 자신

의 행동을 관찰하고, 필요에 따라 스스로를 멈추며, 가능한 행동을 숙고한 다음, 미래에 가장 좋은 결과를 얻을 수 있는 가장 현명한 행동 방침을 선택하게 해준다.

✓ 그렇다면 우리는 어떻게 스스로를 조절할 수 있을까? 어떻게 해야 충동을 억제함으로써 생긴 시간을 현명하게 활용할 수 있을까? 이것이 바로 9장의 주제이다.

신경심리학 분야의 과학자들은 자기 통제를 가능하게 하는 능력을 실행 기능, 때로는 실행 능력이라 부른다. 이는 우리 자신을 향한 행동이나 우리가 미래에 대해 생각하고, 그 미래를 더 나은 방향으로 이끌기 위해 지금 무엇을 해야 할지를 생각할 때 작동하는 정신적 활동이다. 과학자들마다 실행 기능에 대해 서로 다르게 개념화했지만, 이 책에서 소개하는 내용은 내가 발전시킨 관점이다. (결국 이 책은 내가 쓴 책이기 때문이다.)

> 실행 기능 중 가장 약한 것이 무엇인지 아는 것은 당신이 대처하고 보상하기 위한 노력에서 어떤 유형의 자기-통제를 목표로 삼아야 하는지를 이해하는 데 도움이 될 것이다.

최근 연구에 따르면 억제 외에도 최소 6가지의 실행 기능이 더 있으며, 이를 모두 합하면 총 7가지의 서로 다른 행동 체계가 있다. 이러한 기능은 목표 달성의 성공 가능성을 최적화하기 위한 것으로, 우리는 이 기능들을 활용하여 자신의 행동을 점검하고, 스스로를 멈추며, 생각하고, 결국 바람직한 행동을 선택하게 된다. 우리는 더 나은 미래를 위해 자신의 행동을 통제하는 단 하나의 목적을 위해 다음과 같은 행동(실행 기능)을 사용한다.

- 자기 인식
- 억제
- 비언어적 작업 기억
- 언어적 작업 기억
- 감정 조절
- 자기 동기 부여
- 계획/문제 해결

이러한 실행 기능은 다음과 같은 방식으로 발달한다.

실행 기능은 아이들에게서 더 뚜렷하고 성인에게서 더 내면화된다

우리는 이러한 정신적 과정을 거의 의식하지 못한 채 살아간다. 아무도 우리가 이러한 기능을 사용하는 모습을 직접 볼 수는 없다. 그러나 어른이 되면 우리는 하루 종일 머릿속으로 이러한 과정을 수행하며, 매 상황마다 무엇을 해야 할지를 결정한다. 우리가 흔히 말하는 '생각'이라는 것이 바로 이것이다. 나는 이 7가지 실행 기능이 아동기 초기에는 모두 외부로 드러나는 공개적인 행동이라 생각한다. 인간의 두뇌가 훨씬 더 원시적이었던 진화 초기에도 이와 같은 기능들은 지금보다 훨씬 더 외현적으로 드러났을 것이다. 물론 이 이야기는 실행 기능에 대한 나의 다른 책에서 다루고 있다. 인류가 진화하면서 그랬던 것처럼, 우리가 성장함에 따라 이러한 기능은 점차 내면화된다.

이렇게 생각해 보라. 사람은 자신의 행동을 조절하기 위해 스스로에게 소리 내어 말하는 능력을 발달시키게 된다. 시간이 지나면서 이러한 행동은 더 이상 외부에서 관찰되지 않게 되고, 생각을 떠올리는 것과 같이 뇌 안에서만 일어나게 된다. 우리는 이러한 과정을 '내면화되었다'고 말한다. 다시 말해, 뇌에서 발생한 신호가 척수로 전달되어 실제 행동을 활성화하는 것을 억제할 수 있게 된다는 뜻이다. 이제 우리는 어떤 행동을 실제로 하지 않고도 무언가를 하는 행동을 상상할 수 있는 능력을 가지게 된다. 우리는 이 과정을 '사유화한다'고 표현한다. 아마도 뇌 깊숙한 곳에 이러한 사유화를 가능하게 하는 간단한 스위치가 존재하여, 생각이 척수를 통해 행동으로 활성화되는 것을 차단해 주는 것으로 보인다. 이러한 내면화 또는 사유화 과정은 보통 '생각'이라고 하는 개인적인 형태의 행동을 만들어낸다.

이 과정에는 억제를 포함한다는 것에 주목할 필요가 있다. 생각은 계속되지만, 그 생각이 유발할 수 있는 행동은 실제로 발생하지 않도록 억제되는 것이다. 이제 당신은 ADHD를 가진 사람들이 자신의 생각을 머릿속에 머무르게 하지 못하고, 충동적으로 곧바로 행동으로 옮기는 경우가 많은지 이해할 수 있을 것이다. 만약 첨단 기술에 관심이 있다면, 시뮬레이터에 대해 알고 있을 것이다. 시뮬레이터는 우리가 실제 세계에서 행동하지 않고도 가상 환경에서 어떤 행동을 실행해볼 수 있도록 해준다. 이와 마찬가지로, 행동을 내면화하고 사유화하는 과정은 우리가 아이디어와 계획을 실제로 실행하기 전에 머릿속에서 시뮬레이션해보고, 그 결과를 예측하거나 그로부터 배울 수 있게 해준다. 만약 우리가 이러한 정신적 시뮬레이션을 할 수 없다면, 더 많은 실수와 실패, 심지어 신체적 부상이나 생명의 위협까지 겪게 될 가능성이 높아질 것이다. 실제로 이는 ADHD를 가진 사람들에게 나타나는 현실적인 위험이기도 하다.

이제 이러한 개념을 보다 쉽게 설명해줄 몇 가지 익숙한 예시를 살펴보라.

- 여섯 살 레나Lena는 친구들이 절대 말하지 말라고 한 비밀을 말하고 싶을 때, 입을 손으로 막는다. 그러나 16살이 되었을 때는 굳이 신체적으로 제지하지 않아도, 마음속으로 그 행동을 상상할 것이고, 정말 말하고 싶어도 자기 대화를 통해 스스로를 멈추게 할 수 있게 된다.
- 여덟 살 리코Rico는 교실에서 글쓰기 과제를 하는 동안, 선생님의 규칙과 주의 사항에 집중하기 위해 "선을 벗어나서 적으면 안 돼"와 "연필을 너무 세게 누르면 안 돼"라고 중얼거리며 혼잣말을 반복한다. 리코가 더 성장하면, 이러한 말들을 머릿속 '마음의 목소리'로 자동적으로 되뇌게 될 것이며, 심지어 스스로에게 조용히 말하고 있다는 사실조차 의식하지 못할 수 있다.
- 크리시Crisy와 그녀의 반 친구들은 수학 문제를 풀기 위해 손가락, 구슬, 그리고 책상 위의 수직선을 사용하기 시작한다. 그러나 이들이 성장함에 따라, 더 이상 실제 도구를 조작하지 않고도 머릿속에서 구슬을 움직이거나 손으로 수직선을 따라가는 모습을 시각적으로 상상하며 문제를 해결할 수 있게 된다.

ADHD를 가진 성인들은 자신이 공공연한 자기 인식과 다른 성인들이 거의 자동적으로 사용하는 정신적 자기 인식 사이 어딘가에 해당하는 단계의 전략을 필요로 한다고 보고한다. 어떤 성인은 말을 멈추기 위해 입을 보이지 않는 열쇠로 잠그는 시늉을 한다고 말했다. 당신도 행동을 통제하기 위해 이와 비슷한 전략을 사용하고 있는가?

실행 기능은 함께 작동하지만, 개별적으로 손상을 일으킬 수 있다

나를 포함한 여러 과학자들은 실행 기능을 더 잘 이해하기 위해 7가지 독립된 능력으로 나누어 설명해왔다. 그러나 실제로 인간은 이 기능들을 별개의 것으로 경험하지 않으며, 성인이 되어서는 이 기능들을 하나씩 따로 사용하는 일도 거의 없다. 실행 기능은 마치 교향악단의 각 섹션이 동시에 연주하여 아름다운 음악을 매끄럽게 만들어 내는 것처럼 작동한다. 인간의 정상적인 자기 통제는 이러한 실행 기능들이 통합적으로 작용할 때 비로소 가능하다. 하지만 여기에 ADHD가 개입되면, 실행 기능에 결함이 발생한다. 이러한 결함은 7가지 실행 기능 중 어느 하나에서 더 두드러지게 나타날 수 있으며, 그 결과 ADHD를 가진 성인마다 자기 통제와 함께 행동 문제의 유형도 서로 달라진다. 이것은 ADHD에는 7가지의 실행 기능, 즉 7가지의 서로 다른 형태의 자기 통제가 있고, 결국 ADHD에는 7가지의 서로 다른 결함 유형이 존재한다는 의미이기도 하다. 자신에게 어떤 기능의 결함이 가장 큰 문제인지 알게 되면, 내부 결함을 보완해 줄 수 있는 외부 도구와 전략을 선택하기가 한결 수월해진다. 이 장의 후반부에서는 각 실행 기능에 해당하는 문제들을 검토해보며, 자신에게 가장 큰 문제가 어디에 있는지 파악할 수 있다.

7가지 실행 기능은 한 번에 하나씩 순차적으로 발달한다

7가지 실행 기능은 앞서 형성된 기능 위에 더해져 마치 여러 도구가 하나에 통합된 스위스 군용 나이프처럼 하나의 정신 구조를 형성하게 된다. 이는 자기 통제를 용이하게 해주는 일련의 정신적 도구 세트를 제공한다. 아이에게서 각 실행 기능이 하나씩 발달할 때마다, 그 아이의 행동에 대한 통제는 궁극적으로 성인의 자기 결정력으로 이어지는 다음과 같은 네 가지 중요한 방향으로 점진적으로 변화한다.

- 외부에서 내부로: 우리는 모두 완전히 외부 자극(큰 소리, 엄마의 외출, 젖은 기저귀, 시간이 지나 부모의 명령과 지시)에 의해 통제되는 아기로부터 출발한다. 그러나 시간이 지남에 따라, 우리는 점점 더 과거와 미래에 관한 내적 정보(후견과 선견지명을 형성하는 이미지, 자기 대화, 동기 부여 등)를 바탕으로 스스로를 조절하게 된다.
- 타인에서 자기 자신으로: 처음에는 전적으로 타인(예: 부모)에 의해 통제되고 관리될 필요가 있지만, 성장함에 따라 우리는 점차 자기 스스로를 통제하는 능력을 갖추게 된다.
- 현재에서 미래로: 아주 어릴 때는 지금 일어나고 있는 일이 가장 중요하다. 그러나 성장하면서 우리는 점점 더 미래의 사건을 인식하고, 그것을 목표로 행동하게 된다. 일반적인 3세 아동이 하루 일정을 얼마나 계획할 수 있을지 생각해 보라. 반면, 14세 청소년은 하루 이틀 정도는 미리 계획할 수 있어야 하며, 36세 성인은 6~12주 후를 내다보고 계획할 수 있어야 한다.
- 즉각적인 만족에서 지연된 만족으로: 우리는 성장할수록 지금 당장의 작은 보상보다는 오랜 시간 기다리고 노력한 끝에 얻는 더 큰 보상이 더 가치 있다는 사실을 알게 된다. 그래서 순간적인 유혹이나 작은 보상보다는 더 큰 성취를 위해 행동하고 노력하게 된다.

사람들이 어른을 "어린 애 같다"라고 말할 때, 실제로 무엇을 의미하는지를 생각해 보라. 이런 가시 돋친 말은 보통 주변 상황에 쉽게 휘둘리고, 다른 성인이 대신 생각해 주길 바라며, 앞을 내다보지 못하고, 인내심이 없는 성인에게 향한다.

익숙하게 느껴지는가? 당신의 삶에서 떠오르는 비슷한 경험이 있는가?

____

____

____

____

ADHD를 가진 성인으로서, 당신은 7가지 실행 기능 각각의 발달이 지연되는 경험을 겪어왔다. 당신은 더 이상 아이가 아니지만, 이러한 발달 지연은 당신을 다른 성인들보다 덜 효과적으로 기능하게 만들며, 때로는 또래들이 당신을 아이처럼 대하게 만들기도 한다. 이 상태가 각 실행 기능을 어떻게 비활성화하는지에 대해 조금 더 이해하게 되면, 타인의 비난(자신을 탓하는 것 포함)을 피하고, 아동기 수준에서 성인 수준의 기능으로 변화하는 과정을 완벽하게 수행할 수 있다.

자기 인식: 마음의 거울 사용하기

앞서 억제에 집중해서 다루었지만, 이는 자기 통제에 있어 매우 중요하기 때문이지, 실제로 가장 먼저 발달하는 실행 기능은 아니다. 자기 인식은 유아기 초기에 가장 먼저 나타나는 실행 기능이다. 자기 인식은 억제 기능과 밀접하게 맞물려 작동하며, 두 기능은 거의 동시에, 혹은 매우 가까운 시기에 함께 발달하는 것으로 보인다. 이 첫 두 가지 기능 없이는 나머지 다섯 가지 실행 기능 역시 제 기능을 할 수 없다. 자신이 어떤 방식으로 행동하고 있는지 인식하지 못한다면, 왜 그리고 어떻게 그 행동을 멈출 수 있겠는가? 또한 자신의 행동을 모니터링하고 필요에 따라 조절하지 못한다면, 과거와 미래를 떠올리며 이를 바탕으로 앞으로의 결정을 내리고, 궁극적으로 어떤 목표를 이루고자 할지 생각해 보는 일도 쉽지 않을 것이다.

이는 사실 지구상의 대부분 다른 동물들이 취하는 방식이다. 그들은 자극-반응 생물로, 눈앞에서 벌어지는 사건에 즉각 반응하고, 만약 그들이 살아남는다면 그 결과를 겪은 뒤에야 비로소 행동을 조절한다. 하지만 인간은 다르다. 우리는 단순히 반응하는 것만으로는 장기적인 복지, 삶의 질, 심지어 생존을 최적화할 수 없다는 사실을 알고 있다. 단기적인 행동과 즉각적인 보상에만 기반한 반응은 우리에게 최선이 아니라는 점을 인식하고 있는 것이다.

첫 번째로 우리는 주변 환경에 대해 알아야 한다

우리가 태어난 후 발달 과정에서 가장 먼저 해야 할 일은, 주변 환경에 관심을 갖기 시작하고, 자신에게 일어나는 일을 감지하여 이에 맞춰 운동 반응의 방향을 정하는 것이다. 이후에는 자신이 취한 행동의 실제 결과를 바탕으로 다음 반응을 조절하게 된다. 모든 동물 종이 이러한 과정을 거친다. 그렇지 않으면 성체로서 오래 생존할 수 없기 때문이다.

∶ 그다음 우리는 우리 자신을 인식할 필요가 있다 ∶

외부 지향적인 관심과 이에 반응하는 행동이 발달한 직후, 인간의 아동은 곧 그 관심의 과정을 자신에게로 돌리기 시작한다. 결국 자신과 자신의 행동 또한 자신이 살아가는 세상의 일부이기 때문에, 자기 자신을 인식하기 시작하는 것은 자연스러운 일이다. 이러한 능력이 나타나기 시작하면, 우리는 대부분의 다른 생명체들과는 달리 거울 속에 비친 자기 모습을 보고, 그것이 자기 자신임을 인식할 수 있다. 이 거울 테스트는 과학자들이 어떤 종이 자기 인식의 능력이 있는지를 판단할 때, 그리고 인간 유아기에 이러한 인식이 언제부터 발달하기 시작하는지를 확인하는 데 사용하는 대표적인 방법이다.

인간은 자기 인식을 발달시키는 반면 대부분의 다른 생명체들은 그렇지 못한 이유 중 하나는, 인간이 아주 드문 형태의 생존 방식을 지닌 종이라는 데 있다. 우리는 친족뿐 아니라 혈연 관계가 없는 타인과도 함께 살아가면서 생존하는 소수 종 중 하나인 것이다. 이러한 환경에서 살아간다는 것이 얼마나 특별한 일인지를 우리는 평소 잘 인식하지 못한다. 대부분의 사회적 동물들은 유전적으로 연결되지 않은 종들과 집단을 이루어 살아가지 않지만, 인간과 침팬지, 돌고래, 그리고 소수의 다른 동물들은 함께 살아간다. 이러한 삶의 방식은 타인을 추적하고, 그들과의 상호작용을 모니터링하며, 그들이 우리와 어떻게 상호작용하는지를 파악하기 위한 일종의 전두엽 실행 시스템을 필요로 한다. 이후에 더 논의하겠지만 작업 기억은 바로 이러한 과정을 수행하는 데 매우 적합한 기능이다.

혈연이 아닌 존재들과 함께 살아가는 드문 사회적 종種이라는 틈새 속에서는, 자신이 무엇을 했는지, 타인이 어떻게 반응하는지, 그리고 그들이 호의에 보답하는지를 지속적으로 살피는 것이 중요해진다. 우리는 이러한 과정을 바탕으로 자신의 행동을 조정하고, 앞으로 무엇을 할지를 사전에 수정할 수 있게 된다. 인간은 생존을 위해, 같은 집단 안에 있는 혈연이 아닌 타인을 포함하여, '다른 사람들'에게 의존한다. 그러나 우리는 모든 사람을 믿지는 않는다. 왜냐하면 비혈연인 사람들은 생물학적 가족 구성원처럼 항상 우리의 이익을 고려해 주지 않기 때문이다. 따라서 우리는 자기 자신을 통제함으로써 신뢰할 수 있는 이들과는 좋은 관계를 유지하고, 속이거나 착취하려는 사람은 빠르게 감지하여 피하는 방식으로 사회적 상호작용과 관계망, 그리고 삶의 질을 향상시킨다. 이는 이러한 행동을 하지 못하는 사람들(또는 다른 종)과 비교할 때 우리에게 경쟁 우위를 제공한다.

∷ 자기 인식은 ADHD를 가진 사람들에게 무엇을 의미할까? ∷

자기 인식은 초기 진화 기능과 상관없이, 인간의 생존과 사회적 성공에 너무나 중요하기 때문에 우리는 종종 그것의 가치를 당연하게 여긴다. 그러나 ADHD와 같은 장애가 이러한 기본적인 실행 기능인 자기 인식을 약화시키면, 자기 조절의 전체 체계와 그 목적 자체가 무너질 수 있다. 이러한 실행 기능이 부족하다는 것은 자신이 어떻게 행동하고 있는지, 그 행동이 주변 사람들에게 어떻게 받아들여지는지, 그리고 그에 따른 예측 가능한 결과가 무엇인지에 대한 인식이 부족하다는 것을 의미한다. 다시 말해, 일반적인 사람들보다 자기 자신에게 주의를 집중하는 능력이 떨어지는 것이다. 이로 인해 본인은 자각하지 못한 채 사회적 상황에 무턱대고 끼어들거나, 무례하게 행동할 수 있으며, 주변 사람들이 보이는 반응을 눈치채지 못할 수도 있다. ADHD를 가진 아동과 성인은 일반적으로 다른 사람들보다 자신이 얼마나 크게 말하고 있는지, 얼마나 말을 많이 하고 있는지, 무슨 말을 하려는 것인지, 말을 하면서 얼마나 많이 몸을 움직이고 있는지, 심지어 왜 그 말을 하고 있는지(두서없이 말하다가 목표를 잊어버리는 경우)조차 인식하지 못하는 경우가 많다. 특히, 다른 사람들이 자신의 말에 어떻게 반응하고 있는지를 알아차리는 데 큰 어려움을 겪는다. 부록에 있는 DSM-5 진단 기준에 있는 ADHD 증상 가운데 세 가지 항목(충동성을 나타내는 유일한 증상)은, 바로 이러한 언어적 부주의 문제를 정확히 보여주는 예이다.

이제 이러한 낮은 자기 모니터링 능력이 다른 유형의 행동, 특히 언어적 행동을 넘어 사회적 상호작용으로 확장된다고 생각해 보라. 이렇게 제한된 자기 인식은 수많은 사회적 문제를 초래할 수 있다. 여기에 더해, 어떤 사회적 상황 속에서 자신이 얼마나 감정적으로 변하고 있는지도 자각하지 못한다면, 사회생활은 순식간에 탈선할 수 있다. 안타깝게도, 당신과 상호작용하는 사람들이 당신이 ADHD를 가지고 있다는 사실을 알지 못하거나, 그로 인해 나타나는 행동의 의미를 이해하지 못하는 경우가 많다. 그들은 당신을 미성숙하거나 자기중심적이며 이기적인 사람으로 받아들일 수도 있다. 당신이 자신이 무엇을 하고 있는지, 그것이 타인에게 어떤 영향을 미치는지 모니터링할 수 없다면, 그 행동을 멈추는 것도 어렵다는 사실을 그들은 이해하지 못하는 것이다.

이는 당신의 행동이 부적절하며, 주변 사람들이 그 행동을 부정적으로 평가하고 있다는 것을 당신 대신 인식하고 있는 가까운 사람들뿐 아니라, ADHD 성인을 치료하는 전문가들에게도 중대한 과제를 제기한다. 즉, 자신에게 문제가 있다는 사실을 모르거나, 그 문제가 해결할 만큼 심각하지 않다고 생각하는 사람을 어떻게 도울 수 있을 것인가?

이러한 이유로 DSM-5 진단 기준에는 새로운 항목이 추가되었다. 이제 임상의는 환자를 잘 아는 사람을 확인하거나, 그럴 수 없을 경우에는 환자의 기능 장애 정도가 드러나는 학교 기록 등 과거 자료를 바탕으로 환자가 말하는 내용을 확인하고 진단을 보완해야 한다. 성인이라 하더라도, ADHD로 인해 만 30세 전후까지는 자신의 행동이나 증상, 장애 수준을 스스로 정확히 판단할 수 있는 자기 인식이 충분히 발달되어 있지 않기 때문이다. 전문가가 당신의 말만을 신뢰하기보다는 주변 사람들로부터 당신의 행동에 대해 정보를 수집할 때, 당신은 마치 무시당한다고 느낄 수도 있다. 그러나 이는 당신의 문제를 정확히 진단하고 적절한 치료로 이어지게 하기 위한 지침을 따르는 과정임을 이해하기 바란다. 자기 인식의 부족은 분명 많은 문제를 야기할 수 있으며, 이로 인해 자신이 장애를 가지고 있다는 사실을 인식하거나 받아들이는 데 시간이 걸릴 수 있고, 결국 필요한 도움을 구하거나 받는 시점도 늦어질 수 있다. 그러나 반드시 그렇게 될 필요는 없다.

비언어적 작업 기억: 마음의 눈 사용하기

비언어적 작업 기억은 자신의 행동을 관찰하고 즉각적인 충동을 억제하는 능력이 발달한 직후, 세 번째로 발달하는 실행 기능이다. 이는 정보를 말이 아닌 감각을 통해 기억하는 능력이다. 다시 말해, 이 실행 기능은 시각, 청각, 미각, 촉각, 후각과 같은 감각을 기반으로 정보를 머릿속에 떠올리고 유지할 수 있도록 해준다. 생존에 가장 중요한 감각은 시각이기 때문에, 비언어적 작업 기억은 주로 시각적 이미지를 떠올릴 수 있는 능력, 즉 마음의 눈으로 '자신을 보는' 능력을 나타낸다. 두 번째로 중요한 것은 청각이므로, 우리는 마음속으로 '자신을 듣는' 방식으로 청각적 정보를 떠올릴 수도 있다. 보다 정확히 말하면, 우리는 과거의 장면을 다시 보고, 과거의 소리나 누군가가 우리에게 했던 말을 다시 듣는다는 것이다. 하지만 필요하다면 다른 감각들도 마음속에서 다시 떠올릴 수 있다. 예를 들어, 좋은 와인의 향기나 좋아하는 꽃의 향기를 떠올릴 때처럼 후각을 다시 느끼거나, 좋아하는 양고기나 연어 요리의 맛을 떠올릴 때처럼 미각을 다시 느끼거나, 좋아하는 프란넬 셔츠가 목과 팔에 닿는 부드러운 촉감을 다시 느낄 수도 있다. 이처럼 우리는 과거의 감각들을 마음속에서 다시 재감각함으로써 기억해 내는 것이다. 따라서 이 글에서는 마음속에 있는 것들을 시각화하고, 다시 듣는 것에 중점을 두고 설명하고 있지만, 우리의 다른 감각 역시 비언어적 작업 기억을 통해 동일하게 떠올릴 수 있다는 점을 잊지 말아야 한다.

비언어적 작업 기억이 우리를 안내하는 방법

우리는 우리가 원하는 미래로 이끄는 지도를 얻는다

우리 자신을 보는 것은 과거의 관련된 사건을 다시 보는 것을 의미한다. 우리가 과거에 보았던 장면은, 이 실행 기능 덕분에 머릿속에서 다시 떠올릴 수 있다. 마찬가지로, 과거에 들었던 소리도 머릿속에서 다시 들을 수 있다. 우리의 생각을 구성하는 이러한 과거의 경험을 재감각화하면, 마음속에서 내부적인 정보 흐름이 만들어지고, 이것은 시간의 흐름 속에서 어떤 목표를 향해 행동을 조절해 나가는 데 활용된다. 우리는 과거를 상상함으로써, 앞으로 다가올 미래를 예측할 수 있다. 이는 자동차의

GPS와 같은 방식으로 작동한다. GPS는 주변 지역의 지도를 띄워주고, 그 지도를 따라 목적지에 도달하도록 도와준다. 여기서 말하는 목적지가 곧 우리의 목표이다. 과거의 관련 경험을 떠올린 이미지는 우리가 목표에 도달하는 데 활용할 수 있는 지도와 같다.

우리는 모방이라는 강력한 도구를 얻는다

한 번 보고, 경험한 것을 마음속에 이미지로 떠올릴 수 있다면, 특히 그것이 누군가가 새로운 행동을 하는 장면이었다면, 다른 사람의 행동을 모방할 수 있는 힘을 갖게 된다. 이제 우리는 매번 새로운 상황에서 일일이 시행착오를 거쳐 방법을 찾아내지 않아도 된다. 대신, 과거에 아버지나 친한 친구가 어떤 문제를 멋지게 해결했던 장면을 마음속에 떠올린 뒤, 그들이 했던 행동의 이미지를 그대로 따라 하면 된다. 시행착오도, 실패와 좌절도, 스스로에게 해를 끼치지도 않는다. 모방은 새로운 행동을 직접 배우지 않고도 간단하고 저렴하게 습득할 수 있는 방법을 제공한다. 우리는 단지 누군가가 하는 것을 보고 그것을 '복사'하기만 하면 되는 것이다. 정말 멋진 일 아닌가? 중요한 점은, 우리가 비언어적 작업 기억을 통해 배울 때, 반드시 타인의 행동을 문자 그대로 따라하는 것이 아니라, 그 행동에 대한 마음속 이미지를 따라 하는 것이다. 그 이미지는 타인의 행동을 복사하는 데 활용할 수 있는 견본과 같다. 그리고 우리는 항상 타인으로부터 배우는 것을 자신만의 방식으로 변형하여 활용한다. 비언어적 작업 기억은 또한 우리가 다른 사람의 행동을 그대로 모방하는 대신, 그들이 한 것과 반대로 할 수 있게 한다. 특히 그들이 했던 행동이 실패로 끝났거나, 처벌이나 해를 초래했을 경우에는 더욱 그렇다. 우리는 그 행동을 따라 하지 않거나, 아예 아무것도 하지 않음으로써 어떠한 피해도 받지 않을 수 있다. 모방, 보다 정확히 말하면 대리 학습은 타인이 배운 것 중 가장 효과적인 부분만을 취하고, 그들의 실수는 피할 수 있게 해주는 매우 효율적인 형태의 사회적 학습을 가능하게 해준다. 인간은 진화의 과정 속에서 이 능력을 하나의 예술 형태로까지 끌어올렸다. 그렇다면 비언어적 작업 기억을 잘 활용하지 않는다면 학습은 얼마나 비효율적이고 심지어 해로울 수 있을까? 우리는 ADHD를 가진 사람들에게서 이러한 문제를 종종 볼 수 있는데, 이들은 주변에서 다른 사람들이 하는 행동을 보고 배우는 데 있어, 일반적인 사람들보다 훨씬 적은 이득을 얻는 것으로 보인다.

> 비언어적 작업 기억은 단순히 타인의 행동을 모방하는 것뿐만 아니라, 그 반대의 행동도 가능하게 한다. 즉, 효과적이지 않았던 타인의 행동을 피하는 것도 가능하게 한다. 이것이 바로 대리 학습이다.

우리는 우리의 행동 결과를 예측할 수 있다

8장에서 설명했듯이, 자기 통제는 후견과 선견지명 모두에 기반한다. 즉, 우리는 마음의 눈으로 과거의 경험과 앞으로의 경험을 예측하게 해주는 모든 패턴을 함께 볼 수 있어야 한다. 후견은 자신의 과거 경험 중 관련 있는 부분을 현재로 끌어와, 과거에 어떤 일이 있었는지를 바탕으로 지금 어떻게 행동하는 것이 가장 바람직할지를 판단하게 한다. 반면 선견지명 또는 사전 계획은 과거 이미지에서 인식된 패턴을 바탕으로 미래에 어떤 일이 일어날지를 예측하는 능력을 의미한다.

> 후견 → 선견지명 → 실천 준비

우리는 자기 인식을 얻는다

우리는 시각적 이미지를 활용하여 자신의 과거를 되짚거나, 혹은 아주 짧은 직전의 행동을 마음속에 떠올리며, 자신의 행동을 모니터링할 수 있게 된다. 그런 다음, 이러한 행동을 자신의 계획, 목표, 전략과 비교하고, 그 일을 수행하거나 목표 달성 정도가 어느 정도인지 평가할 수 있다. 우리는 자신의 삶을 시간의 흐름 속에서 더 깊이 있게 인식하고, 보다 높은 수준의 자기 인식을 갖게 된다.

우리는 시간의 흐름을 감지할 수 있고, 우리 자신을 조절할 수 있다

과거 일련의 사건들을 마음속에 떠올리고, 그것을 시간의 흐름 속에서 참고할 수 있는 능력은, 우리에게 시간 그 자체, 그것이 어떻게 흐르고 진행되고 있는지를 감지하게 해준다. 그리고 그 흐름에 맞추어 자신의 행동을 어떻게 조절해야 할지를 이해하게 된다. 이 능력을 통해 우리는 얼마나 시간이 흘렀는지, 앞으로 시간이 얼마나 남았는지, 정해진 시간 안에 일을 끝내기 위해 무엇을 해야 하는지를 판단할 수 있다. 예를 들어, 비 오는 아침에 출근하는 데 얼마나 시간이 걸릴지를 예측하고, 제 시간에 도착하기 위해 출발 시간을 미리 조정하는 것 등이 이에 해당한다. 이처럼 시간의 흐름을 감지하고 판단하며, 그에 맞추어 자신을 조절하는 능력은 우리가 흔히 시간 관리라고 부르는 것이며, 이는 교육적 성공과 직업적 성공을 예측하는 가장 강력한 지표 중 하나이다.

> 비언어적 작업 기억은 우리에게 시간 관리의 핵심인 시간에 대한 감각을 제공한다.

우리는 만족을 미루는 법을 배운다

미래의 보상(시간이 지나야 얻을 수 있는 결과)에 가치를 두기 위해서는 미래에 대한 감각이 필요하며, 이 감각을 행동의 기준으로 삼아야 한다. 이러한 감각을 자주 활용할수록, 눈앞의 작은 보상보다는 앞으로 다가올 더 큰 보상에 집중할 가능성이 높아진다.

우리는 더 멀리 앞을 내다볼 수 있다

후견과 선견지명이 발달함에 따라, 우리는 의식 속에서 과거, 현재, 미래를 아우르는 시간의 창을 점차 넓혀간다. 이는 시간이 흐르고 있다는 주관적인 시간 감각까지도 우리에게 제공해 준다. 어린아이들은 몇 분 앞을 내다보는 것도 어려우며, 시간 간격을 제대로 판단하지 못할 뿐 아니라, 그것을 자신의 행동에 맞춰 조정하는 것도 불가능하다. 그러나 성인(20~30세)이 되면, 행동은 일반적으로 8~12주 앞의 사건까지를 고려하여 계획적으로 조직화되고, 시간의 흐름에 대한 감각은 거의 끊임없이 우리의 의사결정과 행동에 영향을 미친다. 또한, 어떤 일이 우리에게 특히 중요할수록, 그 일을 생각하며 내다보는 시간의 범위도 더 먼 미래까지 확장될 수 있다.

우리는 협력과 공유를 중요시한다

황금률golden rule(남에게 대접받고 싶은 대로 남을 대하라는 원칙)은 비언어적 작업 기억이나 시각화의 직접적인 결과처럼 보이지 않을 수 있다. 그러나 곰곰이 생각해 보면, 이는 매우 논리적인 결과이다. 과거에 대한 인식이 있다면, 타인이 나를 위해 그리고 내가 그들을 위해 무엇을 해왔는지 기억할 수 있고, 미래에 대한 감각이 있다면, 나눔과 사회적 협력이 장차 자원이 부족해질 수 있는 상황에서 나를 보호해 준다는 사실을 이해하게 된다. 그래서 우리는 지금 당장은 여유가 없는 친구나 가족에게 여분의 자원을 기꺼이 나누어 주게 되고, 언젠가 내가 필요할 때 그들이 풍요로움을 나누어 주리라는 기대를 갖게 된다. 이와 같은 자발적이고 상호적인 형태의 이타주의는 사회적 집단이 생존하고, 협동심이 부족한 개인이나 집단보다 경쟁에서 유리한 위치를 차지하게 해주는 중요한 기반이 된다. 우리 사회에서 가치관이 비슷한 사람들과 선택적이고 자발적으로 나누는 행위는, 인생에서 마주할 수 있는 미래의 어려움을 대비하는 하나의 보험과도 같다.

> 비언어적 작업 기억이 이기적 이타주의를 인간 본성의 일부로 만드는 것일 수 있다.

ADHD가 비언어적 작업 기억을 방해하는 방법

4단계와 5단계에서 전략을 선택할 때, 어떤 유형의 자기 통제를 우선적으로 다루어야 할지 판단하려면, 다음 페이지에 나오는 항목들 중에서 자신에게 가장 큰 어려움을 주는 것이 무엇인지 생각해 보라.

시간의 흐름에 대한 감각이 거의 없거나 전혀 없으며,
활동에 얼마나 많은 시간이 걸릴지 판단하는 데 어려움을 겪고,
시간의 흐름에 맞추어 자신을 잘 조절하지 못한다

ADHD로 인해 비언어적 작업 기억과 그에 관련된 시간 감각이 손상되면, 성인은 일반적인 시간 감각을 갖지 못하게 된다. 지금 이 순간에 무슨 일이 벌어지고 있는지만 중요하게 느껴지며, 그 결과 대부분의 삶을 '지금 현재'에만 집중하며 살게 된다. 앞으로 일어날 일을 준비하지 못한 채 살아가는 것이다. 또한, 시간의 흐름이 실제보다 훨씬 느리게 지나가는 것처럼 느껴질 수도 있다. 이는 마치 시간이 충분한 것처럼 착각하게 만들어, 실제로는 여유가 없음에도 불구하고 과업이나 목표와 무관한 일에 시간을 낭비하게 만든다. 그 결과, 사건이나 마감일 또는 미래 자체가 예상보다 훨씬 빨리 도달하며 당신을 불시에 덮치게 되고, 이는 종종 당황하게 만들거나 위기 상황으로 이어질 수 있다.

과거의 많은 일이나 다양한 경험을 다시 떠올리는 데 어려움을 겪는다

일반적으로 아이가 성장할수록, 마음속에 떠올릴 수 있는 과거 사건의 수와 종류가 점점 늘어난다. 그러나 ADHD로 인한 발달 지연은 시각적 이미지와 재청취 경험을 위한 능력을 여전히 미성숙한 수준에 머물게 만든다. 이러한 비언어적 작업 기억의 결함은 ADHD를 가진 성인이 일반 성인에 비해 자신의 행동을 이끌어갈 수 있는 자원에서 큰 차이를 만들어 낸다. 그 결과, 다른 사람의 눈에는 당신이 생각 없이 행동하는 것처럼 보일 수 있다. 그러나 보다 정확하게 말하면, 행동하기 전에 기억하거나 정확히는, 다시 감각하는 데 어려움이 있는 것이라 할 수 있다.

샘(Sam)은 생각나는 대로 말을 내뱉기 때문에 친구들 사이에서 눈치 없다는 평을 듣는다. 그는 사회적 신호를 잘 읽지 못하는데, 이는 그런 단서들에 주의를 기울이지 않기 때문에, 미묘한 얼굴 표정과 그것이 전달하는 의미에 대한 이미지 보관소가 없기 때문이다. 다시 말해, 그는 이러한 표정들과 그 의미를 기억하고 활용할 수 있는 레퍼토리를 갖추지 못한 것이다.

길고 복잡한 일련의 행동을 수행하는 것은 큰 도전이 될 수 있다

사회적으로 민감한 상황에서 어떻게 행동해야 할지 아는 것, 복잡한 게임의 규칙을 끝까지 지키는 것, 세금 신고처럼 여러 단계를 거쳐야 하는 과제를 마무리하는 것, 이러한 일반적인 성인들의 상황들은, 당신의 뇌가 그 모든 정신적 이미지를 머릿속에 유지하는 데 어려움을 겪기 때문에, 전혀 감을 잡지 못하게 만들 수 있다.

어린 시절 과잉행동 때문에 자신이 좋아하던 팀 스포츠에 참여하지 못했던 세바스찬(Sebastian)은, 잃어버린 시간을 만회하고자 회사 소프트볼 팀에 들어가기로 결심했다. 그는 더 이상 베이스를 미리 벗어나서 태그아웃되는 일은 없었지만, 이닝이 바뀔 때마다 상대 팀 타자들이 어떻게 치고, 누가 빨리 달리고, 경기의 현재 상황, 그리고 자기 팀 선수들의 수비 방식 등을 계속 잊어버렸다. 그래서 그는 늘 엉뚱한 시간에 엉뚱한 자리에 있었고, 팀 내에서 가장 많은 실수를 기록했다. 몇 경기 동안 벤치에 머무른 끝에 결국 팀을 떠나게 되었다.

대리 학습은 그다지 유용하지 않을 수 있다

다른 사람들의 성공이나 실수로부터 배우는 데 어려움이 있다면, 모든 것을 느리고 고통스러운 방식, 즉 스스로 직접 겪고 시행착오를 거치면서 배워야 한다.

클레어(Claire)의 동료들은 그녀가 약물을 복용하고 있는 게 아닐까 의심하곤 했다. 그렇지 않고서야, 왜 그녀는 회의에서 상사의 말을 끊었을 때, 고객 전화를 늦게 회신했을 때, 보고서 마감을 놓쳤을 때 다른 사람들의 반응을 알아차리지 못했을까? 그녀가 이러한 실수들로 인해 모두가 보는 앞에서 혼났다고 불평할 때마다, 동료들은 속으로 그녀를 '멍청하거나 약에 취했거나, 둘 중 하나야'라고 생각했다.

선견지명이 거의 없다

과거의 이미지를 머릿속에 충분히 오래 또는 충분한 양만큼 기억하지 못하면, 거기에서 나타나는 패턴을 인식할 수 없다. 그러면 다음에 어떤 일이 일어날 가능성이 있는지를 예측하거나, 그것에 대비할 수도 없게 된다.

마이크(Mike)는 이미 여러 차례 과속 딱지를 받은 경험이 있어, 사이렌이 자신의 차 뒤에서 번쩍이는 이미지가 뇌리에 깊이 박혀 있었다. 그럼에도 그는 야간 수업에 제시간에 도착하려고 제한 속도를 시속 30마일 초과해 운전했고, 이번에도 단속에 걸릴 것이라는 예측은 하지 못했다. 결국 또 단속에 걸리게 되었다.

자기 인식은 천천히 다가온다

일상적인 과업이든 사회적인 상황이든 간에, 자신이 지금 어떻게 하고 있는지를 모니터링할 수 없다면, 자신이 장기적인 목표에 비춰 어디쯤와 있는지를 파악하기란 쉽지 않다. 지금 가고 있는 길이 당신을 원하는 방향으로 이끌고 있지 않더라도, 새로운 방향을 설정해야 할 시점이라는 정신적 신호를 인식하지 못할 수 있다.

> 소냐(Sonya)는 진지한 관계를 원했다. 그러나 파티에만 가면 과음을 하고, 낯선 사람에게 지나치게 사적인 이야기를 털어놓고, 쉬지 않고 말을 해 상대방이 끼어들 틈도 없게 만들며, 다른 여성들의 옷차림을 두고 빈정거리는 말을 하곤 했다. 처음에는 그녀에게 관심을 보였던 남성들도 곧 멀어졌다. 소냐는 밤이 끝날 무렵 집에 도착했을 때, 늘 거울을 보며 자신에게 '정말 매력적이야'라고 말하고는, 왜 남자들이 하나같이 '찌질이'인지 곰곰이 생각하곤 했다.

미래에 대한 강한 확신이 없다면, 장기적인 자산 축적을 희생하면서 즉각적인 보상을 선택하게 될 것이다

즉각적인 보상을 따르게 된다면, 당신은 마치 개미가 겨울을 대비해 음식을 저장하는 동안, 여름 내내 노래하며 시간을 보내는 베짱이처럼 될 것이다. 또는 오랜 시간을 들여 튼튼한 벽돌집을 지은 자기 통제력이 강한 동생과는 달리, 짧은 시간 안에 지푸라기로 집을 지은 첫째 아기 돼지처럼 될 것이다. 겨울이 닥치거나, 늑대가 문 앞까지 들이닥치는 상황이 되면, 그저 빠르게 끝내려 했던 지름길은 결코 장기적으로 주의를 기울여 준비한 노력만큼 도움이 되지 않는다.

팀(Tim)과 마리(Marie)는 이혼 직전에 있었다. 팀은 아내만큼이나 집을 사고 싶다고 말했지만, 막상 휴가를 갈 때마다 리조트 회원권 홍보를 듣고는 아내가 다시 가고 싶어하지도 않는 리조트의 일주일 이용권 계약서에 서명을 하곤 했다. 이런 식으로 계속된다면, 두 사람은 이런 '투자'들 때문에 계약금조차 모으지 못한 채, 일흔이 되어서야 집을 살 수 있을지도 모른다.

좋은 팀 플레이어가 되지 못하거나, 좋은 친구가 되는 방법을 잘 모를 수도 있다

베짱이가 굶주리게 되었을 때, 개미는 그가 미리 대비하지 않고 먹을거리를 비축하지 않은 것을 꾸짖었다. 사회적 보험은 당신의 생명을 구할 수도 있다. 하지만 미래에 대한 개념이 없다면, 당신이 가지고 있는 것을 다른 사람과 나눈다는 것은 전혀 의미가 없다. 그 순간 당신이 느낄 수 있는 것은 오직 자신이 힘들게 얻은 자산을 잃는 것뿐이다. ADHD를 가진 성인의 경우, 이러한 상황이 어떤 결과로 이어지게 될지는 분명하다. 당신은 나눔, 협력, 교대, 타인의 호의에 대한 보답, 그리고 자신이 한 약속을 이행할 능력도 부족하고 관심도 없을 수 있다. 그리고 주변 사람들은 당신이 도움을 요청할 때, 개미가 베짱이에게 했던 반응 그대로 보일 가능성이 매우 높다.

라토냐(LaTonya)는 왜 그렇게 많은 친구들이 자신의 전화를 받지 않았는지 이해하지 못했다. 친구들은 그녀가 차를 얻어 타거나 다른 부탁을 하거나, 심지어 돈을 빌리는 것은 매우 빠르면서, 정작 친구가 도움을 요청할 때는 주저 없이 거절해 버리는 태도에 대해 불만을 토로했다. 그녀는 친구들 모두에게 적은 액수지만 돈을 빌린 상태였고, 정작 친구가 돈이 부족해 햄버거를 대신 계산해 줄 수 있는지 물으면, "나도 여유가 없어"라며 일관되게 거절했다. 그렇게 많은 친구들은 그녀에게서 멀어졌다.

> 앞서 언급된 어려움들 가운데, 당신에게 가장 큰 어려움은 무엇인가?
>
> ______________________________
>
> ______________________________
>
> ______________________________
>
> ______________________________

언어적 작업 기억: 마음의 목소리 사용하기

아이들에게 자기 통제를 용이하게 해주는 네 번째 실행 기능은 마음속으로 자신과 대화할 수 있는 능력이다. 어린 시절 우리는 이러한 자기 대화를 공공연하게 한다. 놀이 상황을 소리 내어 설명하고, 혼자 있을 때도 중얼거리며, 결정을 내릴 때 생각을 소리 내어 정리한다. 모든 부모가 알고 있듯이, 아이들은 자기 생각을 자유롭게 표현하지만, 그 말들이 꼭 듣기 좋은 것만은 아니다. 점차 아이들은 마음속으로 자신에게 말하기 시작하지만, 여전히 입술을 움직일 때가 있다. 대개 7~9세가 되면, 이러한 입술 움직임조차 억제되고, 이제 이 목소리는 전적으로 마음속에서만 들리게 된다. 이 시점부터 우리는 깨어 있는 모든 순간 동안, 죽는 날까지 머릿속의 이 목소리와 함께 살아가게 된다.

나는 이것을 '마음의 목소리'라고도 부른다. 특히 머릿속으로 자신과 대화할 수 있는 능력은 자신의 감각을 내면적으로 지각하는 능력과 결합될 때, 또 하나의 자기 조절 방식을 만들어 낸다. 그리고 이는 자기 통제를 가능하게 하는 여러 중요한 기능들을 함께 이끌어 낸다.

어떤 사건이나 상황을 묘사하고 숙고할 수 있게 해준다

예를 들어, 당신이 퇴근 후 집에 들어와 룸메이트에게 인사를 건넸는데, 그가 아무 대답도 하지 않는다. 비언어적 작업 기억은 그의 얼굴 표정을 통해 그가 불쾌하다는 것을 알 수 있게 한다. 언어적 작업 기억을 통해 당신은 그의 감정을 말로 표현할 수 있다. "그는 화가 난 것 같아." 하지만 이것은 여전히 상황에 대한 광범위하고 모호한 파악에 가깝다. 이때 당신은 마음의 목소리를 활용해 보다 구체적인 정보를 얻기 위해 스스로에게 질문을 던질 수 있다. 예를 들어, "그가 나한테 화난 걸까, 여자친구한테 화난 걸까, 직장 상사 때문일까, 아니면 다른 누군가와의 일일까?"처럼 말이다. 이렇게 상황을 스스로에게 설명하고, 그러한 질문들을 통해 자문하는 과정은 단순한 정신적인 이미지만으로는 얻기 어려운 보다 구체적인 정보를 제공한다. 그리고 이는 "도대체 왜 그래?"라는 성급한 반응이 아니라, 보다 섬세하고 사회적으로 민감한 반응으로 나아가도록 도와준다. 당신은 이렇게 생각할지도 모른다. "그가 나를 노려보는 건 아니야. 그냥 방 안을 쿵쾅거리며 돌아다니는 걸 보니 화가 난 것 같긴 해. 지난번에도 결국은 아침에 골프를 치다가 짧은 퍼트를 놓쳤거나, 주말에 일해야 한다는 사실에 예민했던 거였잖아."

문제 해결을 가능하게 한다

사적인 대화를 통해, 우리는 과거의 경험을 스스로에게 되묻고, 현재의 딜레마를 어떻게 해결할지 고민할 수 있다. 예를 들어, 짜증이 난 룸메이트에게 어떻게 반응하는 것이 가장 좋을지 고민하는 상황에서, 스스로에게 '지난번에 그가 나한테 화난 거라고 단정 지었을 때 무슨 일이 있었더라?'라고 자문할 수 있다. 이러한 자기 성찰을 통해, 당신이 먼저 싸움을 걸었고, 룸메이트는 그 기회를 이용해 자신의 짜증을 나에게 풀었다는 걸 알게 될 수 있다. 그 결과, 당신은 이번에는 방어적으로도 공격적으로도 보이지 않게, 무슨 일이 있었는지 조심스럽게 물어보는 방식을 찾아야겠다는 결론에 도달할 수 있다.

규칙과 계획을 공식화할 수 있다

우리는 언어적 작업 기억(마음의 목소리)을 활용해 과거에 일이 어떻게 진행되었는지를 검토하고, 이를 바탕으로 앞으로 일이 잘 풀리도록 하기 위한 규칙을 도출할 수 있다. 자기-질문과 자기-대화를 통해 우리는 과거 경험에 비추어 장단점을 따져보고, 더 나은 미래를 위해 무엇을 바꿔야 할지를 스스로 고민하여, 목표를 향한 구체적인 단계를 계획할 수 있다. 이때 우리가 세우는 규칙은 식습관이나 생활 방식, 사회적 행동, 소비 또는 저축 습관 등 다양한 영역을 포함할 수 있다. 우리는 이러한 자기 지침이나 규칙을 '할 일 목록'에 기록함으로써 외부화하고, 기억하기 쉽게 하며 실제로 실천할 수 있도록 돕는다.

결국 우리는 한 걸음 더 나아가, 규칙에 대한 계층 구조(메타 규칙이라고 함)를 형성하게 된다. 예를 들어, 정부의 메타 규칙은 새로운 법안을 제정할 때 따라야 하는 절차일 수 있다. 학교에서는 학생을 퇴학시키기 위한 기준은 반드시 학교 이사회의 승인을 받아야 한다는 규정이 하나의 메타 규칙이 될 수 있다. 일상생활 속 예로는 문제를 해결하기 위한 여섯 단계가 있다. (a) 문제를 구체적으로 설명하고, (b) 가능한 많은 해결책을 나열하고, (c) 각 해결책의 유용성을 평가하고, (d) 목표 달성 가능성이 가장 높은 대안을 선택하고, (e) 그것을 실행하고, (f) 실행 결과를 평가한다. 이러한 절차들은 특정 상황에 적용할 수 있는 보다 구체적인 규칙들을 찾아내기 위해 사용되는 규칙이다.

주어진 규칙을 따를 수 있다

비언어적 작업 기억과 언어적 작업 기억을 함께 사용하여 우리는 과거의 유사한 상황에 대한 정신적 이미지를 불러낸 다음, 우리가 배운 규칙이 여기에 적용되는지 스스로에게 질문할 수 있다. 어쨌든 규칙을 정말로 따르고 싶지 않다면, 우리는 자기 대화를 통해 스스로를 설득해 규칙을 따르게 하거나, 이 상황은 규칙에 예외가 적용되는 경우라고 스스로 정당화하려 할 수도 있다. 이때 자기 대화self-speech는 시각적 이미지를 보완해, 이미지만으로는 전달하기 어려운 더 많은 정보를 우리 생각 속에서 이끌어낼 수 있도록 도와준다.

마음속으로 조용히 읽은 글이나 다른 사람이 말한 내용을 기억할 수 있다

학교에서는 이것을 '읽기와 듣기 이해reading and listening comprehension'라고 불렀다. 성인 세계에서는 이것이 우리가 하는 대부분의 일에 필수적이다. 우리는 보고서에 적힌 내용을 이해하고, 직장 동료가 요약해서 말해준 내용을 기억해야만 한다. 또한 자녀가 다니는 학교의 규칙과 절차를 제대로 파악하지 못하면, 아이에게 불이익이 생길 수 있다. 청구서를 제때 납부하지 못했다면, 고지서에 명시된 결과와 재정적, 법적 문제를 피하기 위해 취해야 할 조치를 이해해야 한다.

도덕적 추론을 할 수 있다

우리가 살고 있는 문화의 규칙, 즉 법률, 윤리, 관습은 우리의 행동을 인도하는 데 중요한 역할을 한다. 이러한 규범이 무엇인지 모르거나, 그것들을 기억하고 필요한 순간에 어떻게 적용해야 하는지를 스스로에게 상기키시지 못한다면, 우리는 사회에서 완전히 배제되지 않더라도 그 주변부로 밀려날 수 있다.

ADHD가 언어적 작업 기억을 방해하는 방법

언어적 작업 기억이 당신에게 가장 어려운 자기 통제 유형인가?

사람들과 상호작용할 때 너무 큰 소리로 말을 많이 하고, 종종 관련없는 이야기를 한다

언어적 작업 기억은 우리가 마음의 목소리, 즉 내면의 목소리를 사용해 스스로에게 말할 수 있는 능력에 기반한다. 이 능력을 통해 우리는 어떤 말을 할지 미리 시뮬레이션해 보고, 그것을 연습하거나 필요에 따라 수정함으로써, 실제로 말할 때 보다 신중하고 관계에 도움이 되는 방식으로 표현할 수 있게 된다. 이렇게 표현된 말은 상대화의 관계 형성이나 자신의 이익에 긍정적인 영향을 미칠 수 있다. 그러나 ADHD가 있다면, 타인에게 할 말을 미리 마음속으로 생각하고 조절하는 능력의 발달이 지연되거나 부족해진다. 그 결과 많은 언어적 사고가 소리 내어, 공공연하게, 그리고 맥락에 맞지 않게 이루어지곤 한다. 이로 인해 생각나는 대로 끝없이 말을 이어가거나, 대화 중에 끼어들고, 다른 사람의 상호작용을 방해하는 식의 언어적 침입이 자주 발생할 수 있다. 이러한 행동은 무례함, 타인의 감정과 의도를 배려하지 않는 태도로 해석될 수 있다. 그리고 성인 ADHD에 내재된 자기 인식 및 모니터링 능력의 저하로 인해, 자신이 어떻게 보이고 있는지조차 인식하지 못할 수 있다.

자기 조절이나 문제 해결을 위해 자기-대화를 활용하지 않는다

자기-대화를 활용하지 않는다면, 매 순간 충동적으로 반응하게 된다. 당신은 첫인상을 깊이 생각하지 않기 때문에, 타인의 의도를 잘못 판단할 가능성이 높고, 문제를 신중하게 고민하기보다는 즉각적으로 맞서는 경향이 생길 수 있다.

> 당신은 여러 룸메이트를 거치면서, 결국에는 혼자 살게 될지도 모른다.

상황과 환경에 휘둘리게 된다

자기 대화를 통해 스스로의 규칙과 계획을 세우지 못하면, 늘 그 순간의 흐름에 휩쓸릴 수밖에 없다. 또한, 자신의 행동을 스스로 결정하지 못하기 때문에, 타인의 조언이나 지시에 쉽게 귀기울이게 되며, 그 영향에 쉽게 휘둘리게 된다.

선생님들과 부모님들에 따르면 히엔(Hien)은 '좋은 아이'였다. 그러나 점차 독립적인 생활을 시작하면서, 그는 나쁜 영향에 쉽게 흔들리는 사람처럼 보이기 시작했다. 동네 술집에는 항상 히엔에게 한 잔 더 사라고 설득하는 사람이 있었고, 충동에 이끌려 잘못된 결정을 내리는 일도 잦았다. 나중에야 그는 부모와 이야기를 나누며, 자신이 더 신중했어야 했다고 스스로 인정하곤 했다.

스스로 기준을 설정하고 계획을 세우는 데 어려움을 겪는다

시각적 이미지와 자신의 과거 행동에 의문을 제기할 수 있는 능력이 없다면, 앞으로의 행동을 위해 해야 할 일과 하지 말아야 할 일의 목록을 체계적으로 정리하기가 어려워진다.

니나(Nina)는 체중으로 인해 어려움을 겪고 있지만, 눈앞에 유혹적인 디저트나 간식이 보이면 좀처럼 참지 못해, 살이 찌는 식습관을 유지하고 있다. 언어적 작업 기억과 비언어적 작업 기억이 작동하지 않기 때문에, 니나는 자신의 충동적인 식습관과 체중 증가 사이의 연관성을 인식하지 못하고, 다이어트를 지속적으로 실천하지도 못한다.

카멜리타(Camelita)는 가난한 생활에 지쳐있지만, 월급을 받으면 쇼핑을 멈출 수 없다. 만약 그녀가 자신의 그러한 행동의 결과에 대해 반성할 수 있었다면, 그녀는 먼저 은행에 가서 월급의 일부를 저축 계좌에 예금하거나 아예 고용주에게 자동 이체를 요청하는 방식으로 저축을 시작할 수 있었을 것이다.

두 사람 모두 자기 자신을 돕기 위한 규칙을 만들기 위해 시도해본 적은 있다. 니나는 지방과 설탕 섭취를 극도로 제한하기로 했고, 카멜리타는 월급에서 100달러씩 저축하기로 결심했다. 그러나 문제는, 그들의 계획이 잘 풀리지 않았을 때, 이를 조정하지 못했다는 데에 있었다. 니나는 다이어트 식단이 너무 제한적이어서 항상 '몰래' 군것질을 했고, 결국 체중 감량에 실패했다. 만약 그녀가 언어적 작업 기억을 충분히 활용할 수 있었다면, 다이어트를 시작하기 전에 의사와 상담하고, 합리적인 감량 계획을 세운 후, 고칼로리 음식은 집에서 치워버리는 메타 규칙을 스스로 만들 수 있었을 것이다. 이는 니나가 음식을 눈앞에 두고 절제해야 하는 상황 자체를 줄이는 전략이 되었을 것이다. 카멜리타는 저축액이 너무 느리게 늘어나는 것을 보며 실행했다. 그녀가 언어적, 비언어적 작업 기억을 함께 활용할 수 있었다면, 매달 자신의 지출 및 저축 계획을 점검해 더 절약할 수 있는 부분과 줄일 수 있는 부분을 찾아낼 수 있었을 것이다. 또한, 고용주에게 급여를 자동 이체하도록 요청하고, 그중 일부를 퇴직연금 계좌에 적립하도록 요청할 수 있었을 것이다.

특정 규칙을 지나치게 엄격하게 따르는 경향이 있다

규칙은 상황에 따라 어느 정도 유연하게 적용될 때 비로소 제 역할을 다한다. 세상은 절대적인 원칙만으로 운영되지 않는다. 하지만 스스로에게 규칙의 장단점을 따져보거나, 현재 당신이 처한 상황의 세부 사항을 검토하는 능력이 부족하다면, 규칙을 너무 엄격하게 적용하여 오히려 역효과를 낼 수도 있다. ADHD를 가진 사람들은 종종 이러한 유연성이 부족한 경우가 많다.

맥스(Max)는 일부 생선에 수은이 과다하게 함유되어 있다는 말을 듣고, 종류나 원산지에 관계없이 어떤 생선도 먹지 않겠다고 결심했다. 이로 인해 친구들 눈에는 어리석어 보이기도 하고, 그를 집에 초대하거나 외식 자리에 함께한 사람들에게 불쾌감을 주기도 했다. 그리고 누군가 그 이유를 물으면, 그는 불쾌해하며 신경질적으로 반응했다.

케이(Kaye)는 자신의 직관을 신뢰하지 않기 때문에, 직장에서 철저히 따르는 자기만의 규칙들을 가지고 있다. 업무의 유형마다, 그녀는 스스로 만든 규칙이나 상사로부터 직접 전달받은 규칙을 따르며 일이 엇나가지 않도록 한다. 이처럼 규칙을 따르는 것은 직장에서 불안에 휩쓸리지 않게 해주는 역할을 한다. 단, 그 규칙이 바뀌지 않는다는 전제 하에서다. 새로운 규칙이 추가되거나 기존의 규칙이 대체되는 경우, 케이는 그 변화에 적응하는 데 오랜 시간이 걸린다.

… 아니면 규칙을 전혀 따르지 않는다

미구엘(Miguel)은 과속 딱지를 한 장 더 받으면 면허가 취소된다는 사실을 알고 있었다. 본능적으로 가속하려는 충동을 누르기 위해 그는 예전에 받았던 딱지를 떠올리고, 운전을 못 하게 되었을 때의 모습을 상상하며, 속도를 지키도록 끊임없이 스스로를 타이르는 수밖에 없었다. 하지만 그는 그렇게 하지 않았고, 결국 지금은 출근을 위해 두 시간 일찍 일어나 버스를 타야 한다.

범죄를 저지르고 윤리적, 도덕적 규범을 위반할 수도 있다

사회의 많은 규범과 관습은 명시적으로 드러나 있지 않다. 이러한 규범을 파악하는 데 필요한 언어적 · 비언어적 작업 기억이 부족하다면, 아무런 인식 없이 살아가며 규범을 어기고 타인을 불쾌하게 만들 수 있다. 법률은 문서로 명시되어 있지만, 이를 상기시켜 줄 마음의 목소리가 없다면, 충동적으로 행동하며 순간의 욕구를 따르게 될 위험이 크다. 결국 법적 처벌을 받을 수도 있다.

사샤(Sasha)는 차를 훔치는 것이 법에 어긋난다는 것을 알았지만, 친구들과 함께 이웃의 잠겨 있지 않은 스포츠카를 타고 떠난 '즐거운 드라이브'가 중범죄라는 생각은 당시 전혀 떠오르지 않았다. 그 순간 그녀가 떠올린 것은 '이웃이 한두 시간 정도는 모를 거야'라는 생각뿐이었다.

읽거나, 보거나, 듣는 정보를 다른 사람들만큼 쉽게 이해하지 못한다

언어적 · 비언어적 작업 기억 간의 상호작용은 우리가 주변 세계로부터 받아들이는 모든 정보를 이해하는 데 필수적이다. 이러한 기능이 제대로 작동하지 않으면, 우리는 수많은 정신적 연결을 놓치게 된다.

물론 에릭(Eric)은 글을 읽을 수 있었다. 하지만 읽은 내용에서 정확히 파악하고 이해하는 데에는 빈틈이 있었다. 그는 여러 보고서에서 통계 수치는 잘 인용했지만, 자료를 해석할 때는 자주 앞뒤를 바꿔서 결론을 내리는 바람에 상사로부터 '엉성하다'는 평가를 받았다. 어느 날은 아들이 현장 체험학습을 가는데, 허가증, 도시락, 수영복을 챙겨주지 않아, 아들은 결국 어린 반 친구들과 함께 학교에 남아 있어야 했다. 또한 에릭은 전기요금을 제때 납부하지 않았고, 그 이후에도 단전 예고 기한 및 재연결 수수료를 인지하지 못해 두 차례나 전기가 끊기는 일을 겪었다.

어떤 종류의 언어적 작업 기억 문제가 당신의 삶을 방해하는가?

감정의 자기 조절과 자기 동기 부여: 마음의 심장 사용하기

다섯 번째로 발달하는 실행 기능은 감정의 자기-조절이다. 감정은 우리 자신과 다른 사람들에게 우리의 현재 감정, 의도, 각성 상태에 대해 발산하는 원시적이지만 강력한 신호다. 동시에 감정은 우리의 후속 행동의 강력한 동기를 부여하기도 한다. 감정은 우리를 행동하도록 자극할 수도, 반대로 행동을 멈추게 할 수도 있다. 감정은 우리에게 싸우라고 말하기도 하고, 도망치라고 하기도 한다. 또한, 우리의 조바심이나 분노, 기쁨이나 애정을 내면과 외부 모두에 드러낸다. 만약 감정을 통제하지 못한다면, 우리의 행동도 통제하기 어려울 것이다. 감정은 원하든 원하지 않든 발생하며, 다양한 외부 사건에 의해 자연스럽게 촉발된다. 예를 들어, 슬픔은 상실(또는 예상된 상실)에 의해 비롯되며, 분노는 부당함이나 굴욕감, 충족되지 않은 기대나 해결되지 않은 욕구에서 비롯된다. 기쁨은 기대와 욕구가 충족될 뿐만 아니라 초과될 때, 그리고 욕망이 실현될 때 촉발된다.

그러나 감정을 불러일으키는 것이 단지 외부 사건만은 아니다. 비언어적이고 언어적인 작업 기억에 의해 가능해진 재감각된 경험과 자기 대화 또한 감정적 영향을 준다. 예를 들어, 배우자의 모습을 떠올리는 것만으로도 사랑의 감정을 느낄 수 있으며, 최근에 겪은 부당한 일을 떠올리며 혼잣말을 하면 분노가 솟구칠 수 있다.

다행히도, 이러한 비언어적이고 언어적인 작업 기억은 감정적 반응을 조절하는 데에도 도움이 된다. 우리는 자기 대화를 통해 자신의 감정을 느끼고, 그 감정에 대해 무엇을 해야 할지 결정할 수 있다. 또한 시각적 이미지와 자기 대화를 활용하여, 문제가 될 수 있는 초기 감정 반응을 바꾸려고 시도할 수 있다. 특히 그 초기 반응이 우리를 후회할 만한 행동으로 몰아넣을 경우에는 더욱 그렇다.

ADHD를 가진 많은 성인들은 자기 대화가 없었다면, 큰 어려움을 겪었을 것이라고 말한다. 또한 시각적 이미지를 사용하는 것도 매우 유익하다고 느끼지만, 그것은 수많은 반복적인 연습이 필요하다고 말한다. 당신은 어떤 경험을 가지고 있는가?

____

____

____

____

감정의 자기 조절이 우리를 어떻게 인도하는지

각성을 조절할 수 있다

각성이란 행동에 대한 충동과 에너지, 또는 활성화를 의미한다. 감정은 우리가 행동하도록 자극하기 위한 것이다. 하지만 그 감정들이 과장된다면 어떨까? 아니면 감정이 상황에 대한 잘못된 인식에 기반을 둔다면? 그런 경우에 우리는 분명히 어떤 식으로든 과민 반응을 보이거나 섣불리 행동할 것이다. 사건에 대한 초기 감정적 반응을 통제하면 경솔한 행동을 하는 것을 방지할 수 있다. 또는 우리가 해야 할 일에 대해 무기력하거나 지루함을 느낄 때, 감정은 행동을 유도하는 원동력이 될 수도 있다. 감정적인 자기 조절이 가능해지면서, 우리는 이제 상호작용할 수 있는 세 가지 실행 기능을 가지고 있으며, 각각은 서로를 보완한다. 과거의 이미지와 미래의 비전을 마음속에 붙잡고, 스스로 감정을 가라앉히는 자기 대화를 할 수 있다면, 당장 보상이 주어지지 않더라도 감정이 우리의 계획을 방해하지 않고 오히려 더 나은 미래를 향한 행동을 지지하게 된다. 감정적인 자극을 억제할 수 있다는 것은, 이성적이지 않거나 감정에 휘둘린 자기 대화와 충분한 고민 없이 방향을 바꾸는 것을 피할 수 있다는 뜻이다. 우리의 목표와 그 목표에 도달했을 때 느끼는 감정을 시각화할 수 있다면, 지금 당장 지루하거나 의미 없게 느껴지는 활동들도 꾸준히 이어갈 수 있게 될 것이다.

외부적인 보상이 없더라고 스스로 동기를 부여할 수 있다

이를 추진력, 의지력, 인내력, 결단력, 끈기 등으로 부를 수 있다. 나는 이것이 우리의 목표를 향해 우리를 움직이는 내부 '연료' 혹은 추진력을 발생시키기 때문에 마음의 연료 탱크라고 부른다. 나와 다른 많은 신경심리학자들은 이것을 별도의 실행 기능(목록에서 여섯 번째 기능)으로 생각하지만, 나는 이것을 감정적 자기 통제와 함께 설명한다. 왜냐하면 감정 조절이 자기 동기 부여를 만들어내는 데 핵심적인 역할을 하기 때문이다. 전자가 없다면 후자도 존재할 수 없다. 즉, 앞서 논의한 다른 실행 기능들과 함께 감정을 조절하고 만들어냄으로써, 외부에서 어떠한 인센티브가 주어지지 않아도 스스로에게 내적 동기를 부여하게 된다.

다시 말해, 앞의 네 가지 실행 기능이 유기적으로 작용함으로써 우리는 감정을 스스로 조절할 수 있고, 어려운 상황이나 지루한 과제를 견디고 지속할 수 있는 동기를 얻는다. 당신이 환경 보호 단체에서 자원봉사를 하기로 했다고 하자. 당신은 사람들에게 주요 재활용 캠페인에 대한 지지를 요청하기 위해 여러 차례 전화를 걸게 된다. 그러나 얼마 지나지 않아 반복되는 거절에 매우 낙담하게 된다. 이 경우 당신은 이미 가지고 있는 두 가지 실행 기능(시각적 이미지, 자기 대화)을 활용해, 지금까지의 성공을 떠올리고, 궁극적인 목표에 집중하며, 다시 전화를 걸도록 자신을 독려한다. 만약 목표를 시각화하거나 그것을 달성했을 때의 모습을 상상하는 것만으로는 다시 전화를 걸 동기가 생기지 않는다면, 의도적으로 지구가 파괴되는 이미지를 떠올리고, 그 이미지가 불러일으키는 분노를 추진력으로 사용해 당신에게 동기를 부여할 수도 있다.

사회적으로 허용 가능한 방식으로 감정을 표현할 수 있다

이것은 중요하다. 우리는 성인들이 이러한 실행 기능을 갖추고 있을 것이라 기대하기 때문에, 사회는 극단적이거나 과장된 감정 표현에 상당히 부정적으로 반응한다. 우리는 아기들이 아주 작은 감정적 고통에도 울음을 터뜨리는 사실을 당연하게 받아들인다. 왜냐하면, 그것은 자기-보존 기전이기 때문이다. 그리고 우리는 3살짜리 아이들이 마트 계산대에서 사탕을 받지 못했을 때 떼를 쓰는 모습 역시 충분히 이해한다. 하지만 우리는 슈퍼마켓에서 길게 줄을 서야 하는 것과 같은 단순한 불편함 때문에, 공공장소에서 울음을 터뜨리거나 소리를 지르는 성인의 모습은 당황스럽고 부적절하다고 여긴다.

자기 자신을, 특히 사건에 대한 감정적인 반응에 대해 통제력을 갖고 있다

우리가 목표 달성이나 장기적인 복지를 위해 감정을 조절하는 능력을 발전시킬수록, 주변의 사건들에 대한 충동적인 반응을 통제하고 지배하는 힘을 얻게 된다. 우리는 더 이상 감정의 노예가 아니다. 자극적인 사건들이 우리의 행동을 결정하는 것이 아니라, 지금 나에게 일어나는 일에 대해 어떻게 반응할지를 결정하는 주체는 우리 자신이다. 우리는 자기 훈련을 하기 때문에 주변 상황에 따라 연쇄적으로 터지는 폭죽처럼 반응하지 않는다. 우리는 더 이상 주변에서 일어나는 사건의 흐름에 전적으로 휘둘리지 않는다. 오히려 자신의 감정과 반응은 물론, 그 사건 자체에 대해서도 통제할 수 있게 된다. 삶이 우리를 지배하는 것이 아니라, 우리가 삶을 주도하게 되는 것이다. 이러한 감정 조절 능력은 우리를 상황이나 타인에 대한 반응에서 충동적이거나 변덕스럽고 예측 불가능한 존재가 아니라, 신중하고 안정적이며 성숙한 사람으로 만들어준다. 또한 대인관계 속에서 새로운 형태의 자유로움을 경험하게 해준다.

우리가 '감정적 혼란'이나 '감정적으로 격앙된'이라는 표현을 사용하는 데는 그만한 이유가 있다. 감정적으로 강렬한 사건이 우리 안에 강한 감정을 유발할 때, 우리는 쉽게 통제력을 상실할 수 있으며, 반응을 통제하지 못할 경우 내면의 혼란을 겪게 된다. 감정은 너무도 강력해서, 마치 전기적 에너지를 지닌 것처럼 전하가 주변 사람들에게까지 전이되는 듯하다. 그렇기 때문에 우리는 타인에게 감정을 강요하지 않도록 감정을 적절히 통제해야 한다. 자신의 감정을 조절할 수 있다면, 분노를 느낄 때 긍정적인 과거 경험의 이미지를 떠올리거나 자기 대화를 활용해 스스로를 진정시킨 후, 감정이 담긴 사건에 반응할 수 있다.

이는 행복한 결말을 가져다 줄 것이다. 감정이 실린 사건에 대한 첫 번째 감정적 반응에 충동적으로 반응하는 것은, 직장을 유지하는 것은 물론이고 친구나 친밀한 관계를 유지하고자 할 때 바람직하지 않다.

> 당신은 화가 나거나, 불안하거나, 스트레스를 받을 때 긍정적인 과거 경험의 이미지를 사용하여 '스스로를 진정시키는' 방법을 사용하는가? 산을 오른 경험, 상세한 보고서를 완성한 일, 가족 결혼식에서 모두와 잘 어울렸던 순간처럼, 스스로 자랑스럽게 여기는 성취 경험은 마음을 차분하게 해줄 뿐 아니라 동기를 부여해 주기 때문에 시각적 이미지로 활용하기에 적합하다. 당신에게는 어떤 경험이 있는가?
>
> ____
>
> ____
>
> ____
>
> ____

간단히 말하면, 이 실행 기능을 통해 다음과 같은 이점을 얻을 수 있다.

✓ 어떤 사건에 대해 극도의 감정적 반응을 보일 때 스스로를 진정시킨다.

✓ 강한 감정을 유발한 자극으로부터 벗어나기 위해, 스스로의 마음속 이미지와 언어를 활용하여 주의를 분산시킨다.

✓ 보다 긍정적인 감정과 이완 상태(휴식)와 연관된 이미지와 언어를 불러와, 대체 감정을 고려하고 구현한다.

✓ 자신의 장기적인 목표와 복지에 해를 끼치기보다는 도움이 되는, 보다 절제되고 균형 잡힌 감정적 어조나 반응을 선택한다.

이것이 바로 감정적인 자기 통제의 핵심이다. 즉각적이고 강렬하게 튀어나오는 감정 반응을 멈추고 완화하도록 도우며, 보다 성숙하고 사회적으로 용인되며 자신의 장기적인 복지와 일치하는 감정 반응으로 대체할 수 있게 해준다.

ADHD가 감정의 자기 조절을 방해하는 방법

감정적인 자기-조절이 당신에게 가장 어려운 부분인가?

사건에 대한 감정적 반응은 다른 행동들만큼이나 충동적일 수 있으며, 이는 사회적으로 소외되는 원인이 될 수 있다

감정에 브레이크를 걸 수 있는 능력이 없다면, 초기 감정 반응을 바꿀 시간도 없다. 또한 언어적 · 비언어적 작업 기억이 충분히 발달되어 있지 않다면, 감정을 진정시키는 데 도움이 되는 시각적 이미지와 자기 대화 능력도 부족할 수 있다.

제이(Jay)의 친구들이 그를 묘사하기 위해 사용하는 첫 번째 특징은 '다혈질'이다. 친구들 모두 제이가 아주 작은 자극에도 갑작스럽게 화를 내는 난처한 장면을 여러 차례 목격했다. 예를 들어, 피자 토핑이 잘못 왔다든지, 낯선 사람이 자신을 힐끔 본 것 같다는 이유(주변 사람들은 전혀 눈치채지 못하는)로 갑자기 화를 내는 경우이다. 제이의 이러한 감정적인 행동으로 그는 모임에 초대를 받지 못하고, 직장 동료들의 신뢰를 잃었고, 많은 친구 관계도 무너졌다.

사건에 대한 불균형한 감정적 반응은 종종 잘못된 판단을 하게 만든다

비정상적이거나 비이성적이거나 대단히 부적절한 반응을 말하는 것이 아니다. 다만 상황에 걸맞지 않게, 장례식장에서 조용히 던진 말장난에 크게 웃는다든지, 사소한 무시에 눈물을 터뜨리는 것과 같은 과장된 감정 표현은 사회적 거부로 이어질 수 있다. 또한 불균형적인 감정 반응은 당신을 삶의 경로에서 벗어나게 만들 수 있다. 직장에서의 사소한 실패에 지나치게 화가 난 나머지 이상적으로 잘 맞는 직장을 그만둘 수도 있고, 절망감에 빠져 앞으로 나아가야 할 중요한 시기에 무력해질 수도 있다. 혹은 작은 성공에 과도하게 들떠서 목표에 이미 도달했다고 착각하게 만들어, 당신이 진정으로 중요하게 여기는 목표를 향한 노력을 멈추게 될 수도 있다.

> 바네사(Vanessa)는 첫 번째 세일즈상 수상에 매우 기뻐서 사장실로 뛰어 들어가 자신이 직접 판매 회사를 만들겠다고 선언했고, 사장에게 앞으로 자신이 설립한 회사에 세일즈 업무를 맡겨달라고 요청했다. 그녀의 초기 감정의 흥분은 이해할 수 있으나, 감정을 조절하지 않고 사장에게 직접 표현한 방식은 과장된 것으로 볼 수 있다.

해야 할 일을 시작하는 것이 어렵게 느껴진다

감정은 분명 양날의 검이다. 당신은 충동적이고 과장된 감정을 조절하고 싶어 한다. 동시에 어떤 일을 해내기 위해 감정을 의도적으로 활용할 줄도 알아야 한다. 당신은 다른 성인보다 좌절, 지루함, 억울함을 더 자주 느끼는 경향이 있으며, 이로 인해 과제를 꾸준히 수행하는 일이 어려워진다. 여기에 주의력과 집중력의 어려움까지 더해지면, 어떤 일을 끝까지 해내는 것이 더욱 힘들어진다. 바로 이 지점에서 감정이 긍정적인 역할을 할 수 있다. 자신의 감정을 조절할 수 있다면, 감정을 활용해 스스로 일을 시작하도록 자극하거나, 목표를 추구하는 동안 깨어 있고, 주의를 기울이고, 집중력을 유지하는 일반적인 각성 수준을 유지할 수 있다.

감정이 유독 통제되지 않는 상황이 있는가? 그렇다면 어떤 상황인가?

이러한 상황에서는 통제력을 유지하기 위해 자기 대화와 시각적 이미지 도구를 모두 꺼내야 한다.

계획 및 문제 해결: 마음의 놀이터 사용하기

우리가 이미지나 단어를 기억할 수 있다면, 결국 그것들을 조작하는 능력도 발달하게 된다. 우리는 그것들을 분해하거나, 이리저리 옮기거나, 다시 조합하여 새로운 배열이나 순서를 머릿속에서 만들어낼 수 있다. 이는 바로 상상력이다. 인간이 다른 어떤 종보다 이러한 활동을 더 잘 한다는 것은 놀라운 일이 아니다. 이는 본질적으로 정신적인 놀이의 한 형태이며, 나는 이것이 아동기 발달의 중요한 단계로서 모든 아이들이 경험하는 장기간의 손을 이용한 신체적 놀이에서 비롯된다고 본다. 놀이는 단순히 무언가를 분해하고 다시 조합해 보면서, 그렇게 하면 어떤 일이 일어나는지, 무엇이 생겨나는지를 알아보는 과정이다. 이는 어린 시절의 손을 이용한 물체 조작에서 시작되어, 점차 마음속에서 이미지나 단어를 조작하는 수준으로 나아간다. 마음의 방황(무심코 다른 생각에 빠지는 현상), 환상(상상), 그리고 정신적인 놀이(이미지나 단어 등을 조합하거나 변형하는 사고 과정)는 인간의 창의성, 독창성, 그리고 보다 일반적인 문제 해결 능력의 원천이다. 다른 종이 오직 실제 행동을 통해서만 배우고, 그 과정에서 실수를 하면 곧바로 피해를 입는 것과 달리, 인간은 다양한 행동 선택지를 마음속에서 정신적으로 시뮬레이션해 보고, 그 결과를 예측해 보며, 이상적으로는 가장 최선의 선택지를 골라낼 수 있다. 다른 종이 실수로 인해 피해를 입거나 심지어 목숨을 잃을 수도 있는 반면, 인간은 시뮬레이션한 아이디어를 머릿속에서 대신 죽게 함으로써 스스로를 보호할 수 있다.

이와 마찬가지로, 우리는 어린 시절에는 단어를 가지고 놀고, 성인이 되면 마음속에서 단어들의 조합을 가지고 논다. 이러한 놀이 방식, 즉 시각적, 공간적, 언어적 놀이는 우리가 다루는 재료들을 새롭게 재조합하는 결과를 낳는다. 물론 대부분의 재조합은 쓸모없는 것들이다. (누구나 한 번쯤은 난처한 상황에서 빠져나오기 위해 생각했다가 곧바로 버렸던 '말도 안 되는' 아이디어들을 떠올려보면 된다. 예를 들어, '지금 병원에 있는 아내가 곧 아기를 낳을 것 같다고 말하면 경찰이 속도위반 딱지를 안 끊을지도 몰라', '오늘 밤부터 내일까지 밤새면, 이미 마감이 지난 그 보고서를 겨우 쓸 수 있을지도 몰라', '토요일에 만나기로 약속한 두 여자 모두를 그냥 바람맞히면, 둘 중 누구를 더 만나고 싶었는지 아무도 모를 거야' 같은

> 놀이는 성인의 문제 해결에서 창의성을 훈련하는 것이다.

생각들이다.) 하지만 이처럼 떠오른 생각들 중 일부는 문제 해결의 새로운 방식이 되거나, 더 나아가 발명이나 혁신으로 이어지기도 한다.

계획 및 문제 해결 능력의 지침

모든 옵션을 고려하는 데 도움이 된다

계획이라는 기능은 앞으로 일어날 일에 대응하는 여러 가지 방안을 떠올릴 수 있는 능력을 포함한다. 가능한 모든 대응 방법을 스스로 인식하게 되면, 그중에서 가장 적절한 방법을 찾아내고 선택할 가능성도 훨씬 높아진다. 브레인스토밍을 생각해 보라. 이와 같은 실행 기능은 나중에 '왜 그런 생각을 못 했을까?'라고 후회하지 않도록 돕는 가장 효과적인 방법이다.

목표에 도달하기 위한 최적의 행동 순서를 결정하는 데 도움이 된다

우리가 계획이라 부르는 정신적 놀이의 형태를 통해, 마음속에서 정보를 분해하고 다시 조합해 볼 수 있다. 일단 가능한 선택지를 포괄적으로 정리하고 나면, 각 선택지가 요구하는 단계를 살펴보고, 그 단계를 여러 방식으로 배열해 보며 어떤 순서가 가장 효과적인지를 판단할 수 있다. 다시 말해, 우리는 다양한 행동 순서를 정신적으로 시뮬레이션해 봄으로써 실제로 어떻게 전개될지를 미리 예측해 보고, 그중에서 목표에 가장 잘 부합하는 방안을 선택할 수 있다.

정보를 정신적으로 조작하고 마음속에서 활용하는 능력은

목표 지향적인 창의력과 혁신을 가능하게 하는 놀라운 능력을 준다

이러한 실행 기능이 가능하게 하는 정신적 놀이 없이는, 이른바 '틀 밖에서 생각하기(창의적 사고)'는 일어날 수 없다. 이는 마치 자유 의지를 세 제곱한 것과도 같다(8장 참조). 단지 무엇을 할지를 결정하는 데 그치지 않고, 다른 누구도 생각해 내지 못할 방식으로 실행할 수 있게 되는 것이다. 창의성과 현식은 우리가 원하는 목적지에 더 빠르게 도달하게 하거나, 더 적은 노력으로 더 나은 결과를 만들어 내는 것을 의미할 수 있다.

> 아이러니하게도, 답답할 만큼 느리게 느껴지는 계획 세우기 과정이 오히려 어떤 과제를 훨씬 더 빠르게 끝낼 수 있도록 도와줄 수 있다.

ADHD가 계획 세우기와 문제 해결에 미치는 방해

자기 통제에 어려움을 겪는 문제가 계획을 세우고 문제를 해결하는 능력의 부족과 관련이 있는가?

즉각적으로 판단하는 능력이 부족하다

물론 알고 있다. 사람들은 당신이 너무 빠르게 반응하는 경향을 부정적으로 보는 경우가 많다. 그러나 여기서 말하는 '즉각적인 상황 판단'이란, 일상에서 자주 마주하게 되는 갑작스러운 상황에서 현명한 행동 방침을 신속하게 선택하는 것을 의미한다. 당신에게는 작업 기억의 결함으로 인해 많은 정보를 머릿속에 유지하는 것 자체가 어렵다. 게다가 계획 및 문제 해결에 해당하는 실행 기능이 약할 경우, 그 정보를 신속하게 조작하여 가능한 행동 방안을 계획하거나, 장애물을 우회할 수 있는 방법을 떠올리는 것도 어렵다. 그렇다고 해서 당신이 결정을 빨리 내리지 않는다는 뜻은 아니다. 오히려 문제는 너무 빨리 결정한다는 데 있다. 빠르게 결정을 내리기 전에, 가능한 모든 선택지를 충분히 고려하지 않는다는 것이다.

> 제임스(James)는 소방관이 되기를 간절히 원했다. 하지만 예비 훈련이 시작되었을 때, 그는 건물이나 거주자들을 구하는 데 필요한 빠른 결정을 내릴 수 없다는 것이 바로 드러났다.

정리정돈을 하거나 정돈된 상태를 유지하기 어렵다

상황이 급작스러운 결정을 요구하지 않을 때조차도, 자료나 데이터를 정돈된 상태로 유지하는 것이 쉽지 않다. 이 문제는 납세 신고 서류부터 직장에 있는 업무 파일, 당뇨병을 앓고 있는 자녀의 의료기록에 이르기까지 모든 영역에 걸쳐 나타난다. 만약 머릿속에서 정신적인 조작이 제대로 이루어지지 않는다면, 당신이 움직여야 할 순간에 전체 판(상황의 구조나 흐름)을 머릿속에 그려보는 것조차 어렵다.

> 마르타(Marta)는 몇 년에 한 번씩, 가족의 개인 재무 파일을 정리하겠다고 마음먹곤 했다. 이유는 '아무것도 찾을 수가 없었기 때문'이다. 그녀는 서랍 속 파일을 전부 꺼내어 자신만의 분류 체계를 만들려고 시작했지만, 매번 수많은 종이 더미 속에서 금세 길을 잃고 말았다. 결국 남편 기욤(Guillaume)이 집에 돌아왔을 때면, 파일과 문서가 집 안 곳곳에 흩어져

있는 모습을 마주하게 되었다.

아이디어를 올바른 순서로 정리하는 것은 큰 도전이 될 수 있다

무언가를 분해했다면, 그것이 다시 제대로 작동하거나 원래의 역할이나 본질을 회복하기 위해서는 정해진 순서대로 조립해야 한다는 점을 잊지 말아야 한다. 마찬가지로, 생각과 아이디어 또한 문제 해결에 도움이 되거나 이해가 가능하도록 하려면 올바른 순서로 구성되어야 한다. 추론, 문제 해결, 계획 수립, 설명하기, 글쓰기, 그리고 자신의 생각을 빠르게, 논리적인 순서로 전달하는 모든 작업은 당신에게 어려운 일이 될 수 있다.

> 루이스(Luis)에게는 글을 쓰거나 설명 중심의 발표를 하는 일이 거의 불가능에 가까웠다. 이러한 결함은 실제로 그의 경력에 큰 걸림돌이 되었는데, 어느 날 세미나에서 참가자들이 루이스에게 개인적으로 매우 긍정적인 반응을 보인다는 점을 상사가 알아차리기 전까지는 그랬다. 통찰력 있는 상사의 조언 덕분에 세미나의 발표 방식이 바뀌게 되었다. 동료가 구체적인 설명과 절차를 맡았고, 루이스는 경험담과 참가들에게 동기를 부여할 수 있는 내용을 제공하게 되었다. 그 결과, 세미나는 그 어느 때보다도 성공적으로 진행되었다.

계획과 문제 해결 능력은 성인에게 있어 중요한 역할을 한다. 문제는 지능 수준이 아니라는 점을 스스로 상기하지 않으면 이러한 영역의 결함으로 인해 자신이 부적절하다고 느낄 수 있다. 그것은 ADHD의 간섭이다. 현재 ADHD의 불행한 결과로 어떤 부적절함을 느낄 수 있는가?

자기 조절을 키우는 7가지 실행 기능

마음의 거울(자기 인식)

마음의 브레이크(억제)

마음의 눈(비언어적 작업 기억)

마음의 목소리(언어적 작업 기억)

마음의 심장(감정적 자기 통제)

마음의 연료 탱크(자기 동기 부여)

마음의 놀이터(계획과 문제 해결)

10장

ADHD의 특성과 당신이 그것을 마스터하는 방법

> 당신이 해야 할 일은 해야 할 일을 시작하고 주의를 기울이는 것뿐이라고 말하는 사람은 이 책의 2단계를 읽어야 한다.

이제 성인 ADHD가 단순히 주의를 기울이는 것과 관련된 사소한 문제가 아니라는 것을 인식하길 소망한다! ADHD는 인간의 가장 중요한 능력들에 광범위하게 영향을 미치는 문제이다. 또한, 충동을 무시할 수 있는 능력을 앗아가며, 장기적인 관점에서 자신의 행동을 조절하고 조직화하는 뇌의 실행 기능에 결함을 일으킨다. 그 결과, 미래를 위한 최선의 준비를 지속적으로 해나가는 일이 매우 어려워진다.

미래에 대해 근시안적이다

간단히 말하자면, 당신을 포함한 많은 성인 ADHD 당사자들은 시간

앞에 눈먼 사람처럼 행동하거나 최소한 근시안적인(시간의 흐름을 멀리 내다보지 못하는) 상태에 있다고 할 수 있다. 이는 지식이나 능력이 부족해서가 아니다. 문제는 이미 알고 있는 지식과 갖추고 있는 기술을, 다른 사람들과의 관계나 미래를 위한 더 효과적인 행동에 적용하는 실행 메커니즘에 있다. 어떤 의미에서, 당신의 지성(지식)은 일상적인 행동(수행)과 단절되어 있다. 당신은 어떻게 행동해야 하는지를 알고 있을 수는 있지만, 실제로 그 행동이 필요한 사회적 환경에 놓였을 때, 알고 있는 대로 행동하지 못하는 것이다.

> ADHD는 무엇을 해야 할지 모르는 것보다는 당신이 아는 것을 하는 수행의 장애이다.

시간 감각의 부족은 삶에 심각하고 때로는 가슴 아픈 결과를 초래한다. 당신은 예측 가능한 일을 앞두고도, 그 일이 눈앞에 닥치기 전까지 준비하지 않거나, 아예 준비하지 않을 때도 있다. 이러한 패턴은 결국 혼란과 위기로 가득한 삶을 만드는 지름길이다. 조금만 앞을 내다보고 계획했더라면 훨씬 수월했을 일들이, 결국은 긴급한 상황으로 변해 버리고, 당신은 그때그때 닥쳐오는 문제를 해결하느라 에너지를 허비하며 살아가게 되는 것이다.

> 당신은 의도적으로 계획을 건너뛰거나 미리 생각한 것을 생략하지는 않는다. 현재 당신의 곤경은 당신 탓이 아니다.

ADHD 대처하기: 큰 그림

이러한 ADHD에 대한 설명은, 당신에게 가장 효과적인 전략과 도구는 '알고 있는 것을 실제로 실행하게 해주는 것'이라는 점을 말해준다.

- ✓ ADHD 치료는 당신이 일상생활을 수행하는 실제 환경에서, 행동이 실제로 이루어지는 시점에 자신이 알고 있는 것을 행동으로 옮길 수 있도록 도와줄 때 가장 효과적이다. 이 행동의 시점이란, 당신이 어떤 행동을 하기 전에 잠깐 멈추어 생각하지 못하는 순간을 말한다. 그로 인해 이미 알고 있는 지식이나 전략들이 떠오르지 않고, 결국 그것이 당신의 선택과 행동을 이끌어내는 데 활용되지 못하는 상황인 것이다.
- ✓ 이 행동의 시점으로부터 시간적, 공간적으로 멀어질수록, 치료가 도움이 될 가능성은 줄어든다.
- ✓ 따라서 행동의 시기time, 타이밍timing, 적시성timeliness을 조절하는 데 도움이 되는 지원은 매우 중요하다. 이는 당신이 해야 할 일을, 해야 할 때에 실행할 수 있도록 환경을 조정하는 것을 의미한다. 또한, 그런 행동을 가능하게 해주는 도움이나 지원을 지속적으로 유지하는 것도 매우 중요하다.

특정 문제에 대한 솔루션 맞추기

7장부터 9장까지, 당신이 다양한 어려움을 겪을 수 있는 7가지 자기 통제 유형을 설명하였다. 다음에 제시되는 치료, 전략, 도구, 그리고 대처 방법에 관한 지침들은, 실행 기능의 결함을 해결하는 데 도움을 줄 수 있다. 다만, 당신이 스스로 가장 해당된다고 느낀 결함이 무엇인지 파악했다면, 그 결함에 초점을 맞춘 지원 도구나 보조 전략에 특히 주의를 기울여 선택하는 것이 좋다.

자신의 행동을 더 잘 인식하고, 필요에 따라 이를 억제하거나 조정할 수 있는 방법을 적용한다

ADHD로 인한 자기 인식의 결함을 해결하는 일은 결코 쉬운 문제가 아니다. 아동의 경우, 숙제를 하거나 친구들과 놀거나 다른 활동을 하는 동안의 모습을 휴대전화로 촬영하고 영상을 반복해서 보여주는 방식이 ADHD는 물론 자폐 스펙트럼 장애가 있는 아이들에게도 도움이 되는 것으로 나타났다. 하지만 이러한 방법은 성인에게는 효과가 없을 가능성이 높다. 그렇지만 아이들을 위해 사용하는 또 다른 방법 하나는 성인에게도 적용할 수 있다. 바로 전환 계획이다. 이는 아이가 새로운 활동을 시작하거나 낯선 사회적 상황에 들어가기 전에, 부모나 교사가 아이를 멈춰 세우고, 앞으로 다가올 상황에서 지켜야 할 규칙을 함께 검토한 뒤, 아이가 그 내용을 반복하게 하고, 규칙을 지켰을 때와 지키지 않았을 때 어떤 결과가 따르는지를 미리 알려주는 방식이다.

중요한 상황을 앞두고, 가족이나 파트너에게 이와 비슷한 방식으로 도움을 요청할 수도 있다. 예를 들어, 새로운 상황에 들어가기 전에 어떻게 행동하고, 어떻게 그 상황을 마무리하고 싶은지를 부드럽게 물어봐 달라고 요청할 수 있다. 파트너는 목표를 달성하는 데 도움이 될 만한 몇 가지 조언들을 제공할 수도 있다. 두 사람 사이에 오직 둘만 아는 비언어적 신호나 단어 하나를 약속해두고 사용하는 것도 도움이 될 수 있다. 이 신호는 자신의 행동을 멈추고, 지금 무엇을 하고 있는지를 인식한 뒤, 다른 사람들이 어떻게 반응하고 있는지를 살펴보고, 필요에 따라 행동을 조정하라는 신호가 된다. 예를 들어, 나의 경우 저녁 모임에서 목소리가 지나치게 커지는 경향이 있었는데(자주 있는 일이다), 그럴 때마다 아내가 나에게 미묘한 신호(내가 아내를 바라보고 있을 때는 손가락을 입술에 살짝 갖다 댄다거나, 식탁 밑에서 정강이를 살짝 찬다거나, 또는 팔꿈치로 쿡쿡 찌르는)를 주곤 했다. 대부분의 경우 그 정도면 나는 바로 목소리를 낮출 수 있었다. 이러한 방식은 다양한 상황에서 응용할 수 있다.

또한, 직장 동료나 친절한 상사에게 협조를 구해, 하루에 몇 차례 짧게 만나 자신의 목표를 점검하고, 그에 대한 진행 상황을 검토하는 시간을 가질 수도 있다. 우리는 신뢰할 수 있는 타인에게 자신의 행동에 대한 책임을 공유할 때, 더 나은 행동을 하고, 업무 수행에서 진전을 보이며, 나아가 자기 변화 프로그램(운동, 체중 감량, 금연 등)에서도 더 높은 효과를 얻을 가능성이 높아진다.

평소 머릿속에 저장해 두는 정보를 외부에 기록하여 활용한다

이는 단순히 중요한 정보를 눈에 보이는 물리적 형태로 기록해 두고, 문제가 발생하는 바로 그 상황에서 즉시 볼 수 있는 장소에 배치하라는 의미이다. 머릿속 정보에만 의존하려 하지 말고, 눈으로 직접 확인할 수 있는 시각적인 단서나 표시를 적극적으로 활용해야 한다.

만약 당신이 상사나 다른 누군가로부터 며칠 안에 완료해야 할 일에 대한 지시를 받았다면, 그 내용을 머릿속에만 담아두고 기억해두려는 시도는 멈춰야 한다. ADHD를 가진 사람에게는 그런 방식은 효과가 없다. 대신에, 항상 주머니에 작은 수첩과 펜, 또는 휴대전화를 가지고 다니며, 해야 할 일, 일을 끝내기 위한 단계나 절차, 그리고 마감 기한을 즉시 메모해두는 습관을 들여야 한다. **＊준비도구에는 작은 노트, 펜 등이 있다.** 그리고 이 메모는 앞으로 며칠 동안 실제로 작업이 이루어질 장소에 눈에 잘 띄는 형태로 배치해둔다. 이것이 바로 당신을 위한 외부의 작업 기억 역할을 하며, 해당 일을 마쳐야 한다는 사실을 지속적으로 상기시켜줄 것이다. 기기 활용에 익숙하다면, 이 과정을 정신적 작업 기억(머릿속에만 기억하려는)에 대한 부담을 다른 저장 장치(예: 종이, 휴대전화 등)로 옮겨 담는 일이라고 이해해도 좋다. 또한, 이 계획을 더 작은 단계들로 세분화한 뒤, 각 시간대별 목표를 일일 계획표나 할 일 목록에 넣을 수도 있다. 이렇게 하면 마감일 전까지의 하루하루를 보다 체계적으로 활용할 수 있다. 여기서 중요한 것은 특정 기술이나 저장 장치가 아니라, 그 이면에 있는 원칙이다!

시간을 물리적으로 만든다

ADHD가 있는 사람은 현재 순간에 집중하는 경향이 강해, 시간이 흐르고 있다는 신호나 내면의 감각을 잘 인식하지 못한다. 이를 보완하려면 주방 타이머, 시계, 컴퓨터, 달력, 스마트폰, 태블릿 등 시간을 시간 단위로 나누고 일정 시간이 지나면 알람을 울려줄 수 있는 도구들을 활용하라. * 사용할 도구의 예로, 주방 타이머, 컴퓨터 일정 알림, 스마트폰 알람, 시간 단위로 세분화된 플래너/달력 등이 있다. 시간의 흐름을 외부에 물리적으로 드러내고, 일정한 간격으로 감각을 자극하는 방식으로 시간을 구조화할수록, 시간을 보다 잘 관리할 수 있다.

외부적 보상을 활용한다

어떤 일을 해내기 위해서는 자주 외부에서 동기를 부여해 줄 수 있는 장치를 마련하는 것이 도움이 된다. 예를 들어, 하나의 과제를 더 작은 단계로 나누고, 한 시간 또는 30분 동안 집중해서 작업을 마칠 때마다 자신에게 소소한 보상을 주는 것이다. 이러한 동기 부여를 위한 보상물

주의: 스포츠 점수 하나만 확인하려고 인터넷에 접속했다가 결국 67가지 다른 정보를 찾아보게 될 수도 있다. 이렇듯 자신의 ADHD 특성을 잘 아는 것이 매우 중요하다. 이 보상은 당신에게 적절한 선택이 아닐 수도 있다!

은 장기적인 프로젝트, 과제, 개인 계획이나 사회적 약속 등을 이행하는 데 거의 필수적이다. 보상의 예로는 커피, 차, 탄산음료를 잠깐 마시는 것, 인터넷으로 좋아하는 스포츠 팀의 현황을 잠깐 확인하는 것, 음악 플레이어나 라디오로 짧은 음악을 듣는 것, 또는 그냥 스스로에게 작은 간식을 주는 것도 좋다. 일을 모두 끝낸 뒤에야 보상을 주는 방식보다는, 작은 작업 단위마다 그에 상응하는 즉각적이고 작지만 만족스러운 보상을 주는 것이 더 효과적이다. **＊ 고려해야 할 보상의 예로, 커피, 차, 탄산음료, 인터넷에서 좋아하는 팀의 최신 소식 확인, 스마트폰이나 기타 기기로 짧은 음악 듣기, 사탕이나 쿠키 같은 작은 간식 등이 있다.**

뇌 실행 시스템의 근본적인 신경학적 결함을 정상화한다

현재까지, 이 목적을 달성할 수 있는 희망을 보여주는 유일한 치료법은 약물치료다. ADHD 약물(3단계 참조), 예를 들어 자극제 또는 비자극제인 아토목세틴 또는 구안파신은 이 장애와 관련이 있을 것으로 여겨지는 뇌의 실행 기능 영역 및 그와 연결된 신경 네트워크의 신경학적 물질을 개선하거나 심지어 정상화할 수도 있다. 약물은 이러한 결함을 영구적으로 회복시키지는 못한다. 그러나 약물이 체내에 작용하는 동안에는 뚜렷하고 긍정적인 효과를 발휘할 수 있다.

산만한 요소를 제거하고, 현재 수행해야 할 과업에 집중할 수 있도록 물리적 단서나 시각적 알림을 활용한다

현재의 작업과 목표에 집중할 수 있도록 어떠한 물리적 자극이든 적극적으로 활용하라.

> 인생에서 주요한 문제들이 실제로 발생하는 수행 시점 이외에서의 개입이 효과적이라는 과학적 근거는 없다. 말이나 통찰 중심의 치료, 정신분석, 불평에만 초점을 맞춘 주간 집단치료 및 이와 유사한 치료 방식은 피하는 것이 좋다.

규칙을 외현화한다

규칙을 실제 목록으로 만들어라. 학교, 직장, 사회적 환경 등 각 상황에 적합한 장소에 표지판, 목록, 도표 등의 도구를 게시하고, 그러한 상황에 처할 때마다 자주 참조하라. *** 사용할 단서의 예로, 카드, 목록, 표지판, 포스트잇 등이 있다.** 필요하다면 작은 목소리로 스스로에게 말을 걸듯 규칙을 말해보는 것도 도움이 된다. 해당 상황에 처하기 전이나 처한 상태에 있을 때, 규칙을 소리 내어 말하는 것도 효과적이다. 또한, 녹음 장치를 활용하여 이러한 규칙이나 알림을 녹음해 두고, 반복해서 들을 수도 있다(다른 사람들에게 방해되지 않도록 이어폰을 사용하라!).

시간 간격이 긴 과업은 더 짧은 간격의 작은 단위로 나눈다

한 달 안에 끝내야 할 프로젝트처럼 오랜 기간에 걸쳐 수행해야 하는 작업은, 그 상태 그대로 받아들이지 말고 더 작고 세분화된 단계로 나누어라. 예를 들어, 전체 목표를 향해 매일 한 단계씩 수행할 수 있도록 계획하라. 이렇게 하면 각 단계가 너무 벅차게 느껴지지 않으며, 즉각적인 피드백과 단계별 보상을 통해 동기를 유지할 수 있다.

유연성을 유지하고 언제든 계획을 변경할 준비를 한다

당뇨병과 같은 만성 질환처럼, ADHD 역시 다양한 개입으로 구성된 치료 계획을 통해 증상을 완화하는 방식으로 접근한다. 그러나 시간이 지나면서 증상이 다시 나타나거나 위기가 주기적으로 발생할 가능성도 있다. 진로를 바꾸는 것을 두려워하지 말고, 필요할 때는 언제든 도움을 요청하라. 그리고 ADHD로 인한 결함을 보완할 새로운 방법을 계속 찾아 나가라. 그것은 당신이 마땅히 누려야 할 권리이다. **＊ 당신은 이 모든 지침을, 4단계에서는 일상적인 성공을 위한 규칙의 형태로 그리고 5단계에서는 당신의 삶의 특정 영역에 대한 적용 형태로 다시 만나게 될 것이다. 당신이 그것을 더 많이 이해할수록, 더 효과적으로 성인 ADHD를 정복하게 된다.**

이러한 핵심 원칙들을 염두에 두었다면, 이제 ADHD를 주도적으로 관리할 준비가 된 것이다. 절대 잊지 말아야 할 것은, 교

보완할 수 있는 방법을 찾는 일을 멈추지 말라. 당신은 결코 모든 것을 다 알고 있는 것이 아니며, ADHD를 다루는 데에 진전이 보이기 시작하더라도 너무 자신만만해지지 않도록 스스로에게 계속 상기시켜야 한다.

육, 상담, 약물, 행동 전략, 꾸준한 노력, 자기 옹호, 그리고 가족과 친구들의 지지와 같은 적절한 도움을 받는다면, 당신의 삶은 의미 있고 때로는 극적인 변화를 이룰 수 있다는 사실을 절대 잊지 말아야 한다.

11장
ADHD임을 수용하라

이제 당신은 자신이 ADHD임을 알고 있다. 이를 받아들일 준비가 되어 있는가?

지금까지 나온 ADHD 증상과 그로 인한 어려움을 식별할 수 있게 되면, ADHD를 받아들이기가 한결 쉬워진다. ADHD에 대해 농담을 하는 것까지도 가능해질 수 있다. 하지만 그것이 짧은 시간 안에 가능할 것이라는 말은 아니다. 대부분의 사람들은 자신이 ADHD이고, 그것이 사라지지 않을 것이라는 현실에 적응하기까지 시간이 필요하다. 당신도 다음과 같은 반응을 보이고 있지는 않은가?

✓ 당신이 ADHD라는 것을 부정하고 있는가? 초기 부정은 드물지 않지만, 대개 그 상태로 요지부동인 이유는, 대개 검사를 해야 한다는 압박을 받은 결과일 수가 있다.

✓ 안도감을 느끼고 있는가? 마침내 자신이 수많은 고난을 겪었던

원인이 ADHD 때문이었다는 것을 알게 되었기에 더 이상 자책하지 않아도 되며, 과거의 실수를 반복하지 않고 미래를 향해 나아갈 수 있게 된 것이다.

✓ 처음에는 풀이 죽거나 우울해졌는가? 만성적이며 고치기 힘든 병에 걸린 것에 대해 슬픔을 느끼는 것은 매우 정상적인 반응이다. 그러나, 얼마나 많은 해결 방법들이 있는지 알게 되면, 기분이 한결 나아질 것이다.

✓ 화가 나고 좌절감을 느끼는가? 다양한 이유로 이렇게 느낄 수 있지만, 수년간 부정확한 진단을 받아왔다는 것이 당신을 특히 더 화가 나게 만들 수 있다. 시간 낭비와 불필요했던 노력에 대해 분노하는 것은 자연스러운 일이다. 무엇이 잘못된 것인지 이제는 알았으니, 그 문제에 대해 당신이 받을 자격이 있는 도움을 받는 것이 기분을 나아지게 해줄 것이다.

✓ 슬프고 화가 나는가? 자신의 삶이 돌이키기 어려울 정도로 망가졌다면 이런 감정들을 느끼게 될 것이다. 가능하다면 치료자와 함께 일련의 반응들을 다루어주는 상담을 해볼 수 있으며, 그렇게 함으로써 더 나은 미래를 위해 에너지를 쏟을 수 있을 것이다.

> 치료받지 못한 ADHD로 인한 인간관계의 단절, 실직, 학습부진 그리고 전반적인 삶의 질 저하에서 비롯된 고통에서 벗어나기는 쉽지 않다.

다행히도 미래는 과거와 달라질 수 있다. 강렬한 슬픔에서 벗어나기 어렵다면, 전문가와 상담을 진행하는 것이 그 감정을 이해하고 발산하고 해소하는 데 도움이 된다. 그렇게 함으로써 지금의 상태는 수용과 희

망으로 나아가는 훌륭한 기회가 될 수 있다. 여전히 ADHD를 받아들이는 데 도움이 필요한가? 「정상되기 실패하기」라는 TED 토크 유튜브 동영상(www.youtube.com/watch?v=JiwZQNYlGQI), 「제시카 맥케이브와 릭 그린의 ADHD 직시하기」(www.youtube.com/watch?v=wxMpajLtu_g) 유튜브 동영상을 살펴보라. 맥케이브와 릭 그린이 ADHD를 어떻게 받아들이고 대처해야 하는지에 대한 자신들의 생각을 전달할 때 얼마나 유머러스하게 접근하는지를 볼 수 있다. 제시카 맥케이브의 유튜브 채널, 'ADHD를 다루는 법(How to ADHD)'에서 더 많은 자료를 확인할 수 있다.

> 당신의 미래는 과거와 같은 형태일 이유가 없다.

변명이 아닌 설명

당신은 피해자가 아니다. ADHD는 복구 불가능한 핸디캡이 아니다. 당신이 이 책을 읽는 이유는 사실, 변명이 아닌 답을 찾기 위해서이다. 하지만, 주변에 있는 사람들은 당신이 ADHD가 있다는 이유로 어딘가 부족한 사람일 거라 생각한다. 당신이 공식적으로 ADHD 진단을 받았기에, 행동에 대한 책임을 묻지 않아도 되는 것처럼 생각할 수도 있다. 하지만 난, 당신이 휠체어에 앉아있는 사람들과 마찬가지로, 특별한 취급을 받는 것을 원하지 않으리라 확신한다. 앞으로 당신이 할 일은, ADHD로 인해 일상이 어려웠다고 변명을 하는 것이 아니라, 휠체어 경사로를 건물 안에 설치하듯 자신의 물리적 환경에 적응함으로써 다양한 상황에서 ADHD로 인해 덜 방해받는 것과 같은 ADHD를 극복할 방법을 찾는 것이다. 경사로가 장애 자체를 없애지는 못하지만, 장애로 인해 초래되는 어려움이나 부정적인 결과를 줄이거나 제거할 수는 있다. 언제든 가능하다면 경사로를 찾고 당신의 삶 안에 설치하라. 싫다면, 돌아서서 패배한 채 집으로 돌아갈 수밖에 없다.

아무도 당신의 행동에 따른 부정적인 결과에 대해 면책권을 주어서는 안 되며, 자신의 행동에 따른 결과를 매번 즉각적으로 드러내고 인정함으로써 책임을 강화하는 조치를 취해야 한다. 자신의 목표, 계획 그리고 행동에 대해 다른 사람들보다 더 자주 책임을 짐으로써, 더 많은 피드백을 받아야 성공할 가능성이 높아질 것이다.

그러니, 핑계 대지 말아라! ADHD를 인정하고 그것의 결과를 받아들임으로써, 당신의 삶을 비효율적이고 생산적이지 못하게 만들며, 성공을 가로막는 파괴적인 꾸물거림을 줄이거나 제거하기 위해 힘써라. 필요하다면 당신만의 경사로를 찾아내고, 직접 만들어라. 결코 당신의 계획과 목표를 포기해서는 안 된다.

ADHD인 게 잘못은 아니지만…
이를 받아들이는 것은 당신의 책임이다

이제 우리는 ADHD가 생물학적 요인과 유전적 요인의 결합을 통해 발생했을 가능성이 높다는 사실을 알고 있다. 또한, ADHD는 다음과 같은 순수한 사회적 요인들만으로는 발생하지 않으며, 조만간 이 사실을 명확하게 단정할 수 있는 수준에 이를 것이다. 예컨대 육아, 가족 간 갈등, 부부 문제, 불안정 애착, 미디어나 비디오 게임 등 스크린 노출, 현대 사회의 가속화, 또래와의 상호작용 등이 이에 해당한다.

이러한 사실에서 비롯되는 좋은 소식은, ADHD는 결코 당신의 잘못이 아니라는 점이다. 그러나 덜 반가운 소식은, ADHD에는 완치법이 없다는 것이다. 식단이나 주변 환경을 바꾼다고 해서 당신의 기저 질환이 사라지지는 않으며, 자녀가 ADHD를 갖지 않도록 하기 위해 삶의 어떤 요소를 바꾼다고 해도 그것이 예방책이 되지는 않는다. 그러나 ADHD가 당신의 삶에 미치는 영향을 크게 줄이는 것은 가능하다. 3단계(약물치료)를 수행함으로써, ADHD에 수반되는 신경학적 문제를 상당히 호전시킬 수 있다. 그리고 4단계로 넘어가면, 삶을 보다 나은 방향으로 바꾸기 위해 스스로 할 수 있는 일들을 더 알아볼 수 있을 것이다.

ADHD의 원인에 대한 연구 결과

- 쌍둥이와 가족을 대상으로 한 연구에서 유전적 형질과 다른 유전적 요인들이 ADHD의 주된 원인이라는 것이 명확하게 밝혀졌다. 한 자녀가 ADHD를 가지고 있다면, 형제자매는 3명 중 1명꼴로 ADHD를 가지고 있을 가능성이 있다. UCLA에서 ADHD 아동의 부모 256명을 대상으로 한 연구 결과, 55%의 가족에서 최소 1명의 부모가 ADHD를 가지고 있음이 확인되었다.
- 사람마다 ADHD 증상의 심각도 차이는 75~80% 유전적 요인으로 설명되며, 일부 연구에서는 이 수치를 90% 이상으로 제시하고 있다. 이는 성격, 지능, 불안과 우울 같은 정신질환의 유전적 기여도보다도 높으며, 키의 개인차에 대한 기여도보다는 약간 낮은 수준이다.
- 최근 수행된 여러 연구에서는 ADHD 위험 인자와 관련 있는 유전자를 찾기 위해 인간 게놈(genome)을 분석하였다. 그 결과 ADHD의 발병 위험과 강한 연관성이 있거나 연관이 있을 것으로 추정되는 12개의 유전자가 발견되었다. 또 다른 연구에서는 염색체 상의 최소 10~15개 이상의 위치가 ADHD와 관련되어 있을 가능성이 있다고

보고하고 있다. 이러한 결과는, ADHD가 여러 개의 위험 유전자들이 복합적으로 작용한 결과일 가능성이 높음을 시사한다. 각 유전자는 ADHD 발병에 기여하고 있으며, 더 많은 위험 유전자를 물려받을수록, ADHD 증상의 개수와 심각도는 높아진다. 그로 인해 일상생활의 어려움이 커지고, ADHD를 진단받을 가능성 또한 높아진다.

- 극소수이긴 하나, 임신 중 알코올 섭취, 조산(특히 경미한 뇌출혈을 포함하는), 조기 납 중독, 뇌졸중, 뇌 외상 등으로 인한 초기 발달 단계(대개 산전)의 신경 손상이 원인이 되기도 한다.
- 동일한 연령대와 비교했을 때, 정상인에 비해 ADHD 환자들의 전두엽, 기저핵, 소뇌, 전방대상피질은 크기가 3~5%가량 작고, 실질적으로 활동성이 저하되어 있으며, 활동의 가변성을 보인다.
- ADHD가 있는 사람들의 뇌는 ADHD가 없는 사람들의 뇌보다 자극에 대해 느리게 반응하는 것으로 나타났다. 연구 결과상 ADHD 환자들의 우측 전두엽으로 가는 혈류량이 일반인보다 적고, 혈류량이 적을수록 증상이 더 심각하게 나타나는 것으로 보고되었다.

ADHD의 원인에 대한 대중적 오해에 관한 연구 결과

- 현재까지의 연구에 따르면, 설탕은 ADHD와 직접적인 관련이 없다. ADHD를 가진 유아기 아동 20명 중 1명 미만에서만 식품 첨가물과 방부제로 인해 증상이 악화되는 것으로 나타났다. 그러나 이 경우에도 영향을 미치는 것은 식용 색소에 한정되며, 다른 종류의 첨가물은 관련성이 거의 없는 것으로 보인다.
- ADHD를 가지고 있는 사람들이 과도하게 TV를 시청하거나 비디오 게임을 하거나 미디어를 보는 경향성이 있음에도, 그것이 ADHD의 원인이라는 주장을 뒷받침하는 설득력 있는 증거는 존재하지 않는다.

실제로, ADHD를 가진 10대나 젊은 성인의 15~20%는 게임 혹은 인터넷 중독을 가지고 있다.

- 자녀의 양육 방식이 ADHD를 유발한다는 주장도 입증된 바 없다. ADHD 자녀가 있는 가정은 그렇지 않은 가정보다 갈등과 스트레스가 높게 나타난다. 하지만 연구자들은 이것이 대부분 자녀의 ADHD로 인한 문제나 어려움 등이 가족 전체의 기능에 부정적인 영향을 주기 때문이라고 본다. 또한 이러한 가족에서는 부모 또한 ADHD를 가지고 있을 가능성도 높아, 그로 인해 가정 내 스트레스나 혼란이 가중될 수 있다고 보고하고 있다.

환경을 바꾸는 것은 ADHD를 다루는 데 도움이 된다

4단계, 5단계는 약물로는 완벽히 조절할 수 없는 증상들을 보완하는 데 도움이 되는 전략을 대략적으로 보여준다. 그러나 실제로 이 전략들이 하는 일은, 환경에 변화를 줌으로써 이를 당신이 잘 다루게 만들어 주는 것이다.

성인 ADHD인 당신은 아마도 날벼락을 두 번 맞은 것처럼 느낄 수 있다. 당신의 증상들은 일상의 루틴을 다른 성인들에 비해 (적어도) 두 배는 힘들다고 느끼게 만든다. 그리고 세상은 당신의 필요에 맞추어 조정하기엔 만만치 않다고 느껴진다. 전에도 말했지만, 당신은 첫 번째 날벼락을 약물(3단계)을 통하여 상당 부분 상쇄할 수 있다. 두 번째 날벼락의 경우, 세상이 당신에게 맞춰 변화해 주지는 않을 것이다. 하지만 당신이 목적에 맞게 주도적으로 환경을 조절하고 통제할 수 있는 부분이 생각보다 많다.

성공할 가능성이 가장 높은 환경을 선택하여 운영할 수 있다

- 몰아치는 서류 업무가 벅찬가? 영업, 행위 예술같이 신체적 에너지, 사교적인 성격 등 당신의 개성을 발휘할 수 있는 직업을 노려보라. * 자신의 장점을 활용할 수 있는 직업과 커리어 목록을 25장에서 확인해 보라.
- 회사 내에서 기업가(창의성을 발휘해 혁신적인 프로젝트나 사업을 주도하는)가 되거나, 자영업을 고려해 보라. 창의적인 시도를 함으로써, 기발하거나 엉뚱한 아이디어를 떠올리는 당신의 충동을 만족시켜 줄 것이다. 당신의 아이디어들은 고용주나 당신의 사업을 위한 새롭고 수익성 있는 혁신으로 이어질 수 있다.
- 문학이나 의학의 세계를 좋아하지만, 디테일에 약한가? 여행이나 미팅 위주의 업무를 담당하는 부서를 찾아보라. 피할 수 없는 반복적인 업무는 직장에서의 전략을 통해 극복할 방법을 마련해야 한다. 서류 작업이나 기타 지루하지만 필수적인 업무를 처리해줄 수 있는 행정 보조원을 고용할 수 있는지도 알아보라. 그리고 상사 중 한 사람을 멘토로 삼아, 회사 목표를 달성하기 위해, 기존의 규칙이나 틀에 얽매이지 않고 업무를 보다 효율적으로 수행할 수 있는 방법을 함께 고민해볼 수 있도록 요청하라.

이 모든 것은 자신에게 맞는 일상 환경을 만들어갈 수 있는 수많은 방법 중 몇 가지 예시에 불과하다.

강점을 살려주고 약점을 보완하는 데 도움을 줄 수 있는 사람들과 함께한다

- 당신의 소프트볼 팀원들과 함께하는 것은 즐겁겠지만, 만약 당신

이 경기 후 뒤풀이에 늘 마지막까지 남아 있는 편이라면, 맥주 1~2잔으로 정한 자신의 한도를 채웠을 때, 신호를 줄 수 있도록 동료에게 부탁해 보는 것도 좋다.

- 원가족 구성원들이 당신에게 항상 최악의 경우를 예상한다면, 그들과 당분간 거리를 두라. 4, 5단계의 도움을 받아 당신이 믿을만한 어른이라는 것을 증명할만한 기록들을 만들어 다시 가족들 모임에 참여하라.

ADHD를 위한 최적의 자원을 찾아 적극적으로 활용한다

- 이 책 전반에 걸쳐, 나는 검증된 과학적 근거에 기반한 치료 방법과 전문적인 도움을 받을 수 있는 방법을 소개할 것이다. 성인에게 영향을 미치는 정신질환들 가운데, ADHD만큼 다양한 치료법과 지원 자원이 마련되어 있는 경우는 거의 없다.
- 누군가가 항상 당신에게 무엇이 사실이고 아닌지, 무엇이 당신에게 좋고 나쁜지, 무엇을 해야 하고 피해야 하는지 말해주는 것처럼 느껴진 적이 있는가? 당신은 원하는 만큼 스스로 정보를 얻고, 판단할 수 있는 사람이다. 다음 페이지에서는 ADHD에 대해 듣고 읽게 될 수많은 정보들 속에서 진실을 가려낼 수 있는 팁과 자료들을 제공할 것이다. 그리고 진실은, 정말로 당신을 자유롭게 할 것이다.

2단계에서 ADHD의 특징에 대해 읽어봄으로써, 자신의 특정한 증상과 이로 인해 겪었던 어려움뿐만 아니라, ADHD와는 별개로 당신이 어떤 사람인지에 대해서도 생각해 보게 되었기를 바란다. 증상과 장애의 혼합이 아닌, 당신의 성격, 지적 능력, 신체적 특성, 생활 및 직업 환경, 그리고 활용 가능한 주어진 자원들까지도 포함해 전체적인 당신의 모습을 말하는 것이다. 그러면 당신은 이 책을 통해 배우게 될 ADHD에 관한 일반적인 정보들을 당신의 삶의 고유한 상황에 꼭 맞게 조율하고 적용할 수 있을 것이다. *** 당신을 도와줄 수 있는 배우자, 가족, 친구들에게 ADHD에 대한 교육을 잊지 말라. 공통된 지식 기반이 형성되면, 현실적이고 실현 가능한 목표와 기대치를 설정하는 데 도움이 된다.**

외부의 정보를 이용하라…

이 책을 읽는 것은 당신이 ADHD에 대해 알아갈 수 있는 훌륭한 시작이지만, 이것이 끝이 되어서는 안 된다. 이 정도 분량의 성인 ADHD에 대한 정보를 알려주는 책은 많다. 그러니 시간이 날 때마다 많이 읽어보고, 전문가의 의견을 듣고(가능하면 같이 대화도 해보고) 질문하고 정보가 많은 웹사이트를 방문하며 흥미로운 내용들은 좀 더 알아보고, 당신이 찾을 수 있는 한 많은 정보들을 종합해 보라. 진실이란 하나의 책이나, 특정한 출처나, 전문가, 권위자, DVD, 웹사이트만으로 완성되지 않는다. 진실은 다양한 조각을 모아 조립하는 것과 같다. 더 많은 정보를 탐색할수록, 가치 있고 믿을 만한 정보를, 유행을 탔거나 자극적이거나, 허술하거나 근거 없는, 혹은 명백히 잘못된 주장들로부터 분별해 낼 수 있는 힘이 생긴다.

성인 ADHD에 대한 지속적인 최신 정보를 얻을 수 있는 출처들

- 이 책의 뒷부분에 나와 있는 참고문헌: 몇 권의 책을 읽고, 몇 편의 DVD를 시청해 보라. 그다음에는 필요에 따라 수천 개에 달하는 학술 논문들로 범위를 넓혀볼 수 있다. 과학 논문을 검색하기 위해 구글 학술검색을 브라우저로 활용하면 좋다. 또한, 브라우저 설정에서 매주 발행되는 최신 연구 논문 목록과 링크를 이메일로 받아보는 기능도 설정할 수도 있다.
- 인터넷에 게시된 강연 영상: 많은 대학의 정신의학 또는 임상심리학과에서는 매주 진행되는 세미나 스케줄('대회의'라고 부른다)을 해당 학과의 홈페이지에 게시하고 있다. 유튜브에서도 ADHD에 관한 영상들을 찾아볼 수 있으며, 학회, 병원, 대학에서 내가 ADHD에 관해 강연한 영상들도 찾아볼 수 있다.
- ADHD에 기여한 비영리 단체 웹사이트: 책 뒷부분의 참고자료 부분을 참조하라.
- 당신을 진단한 전문가: 그들이 성인 ADHD에 대한 최신 지견을 유지하기 위해 어떤 의학 교육 프로그램이나 자료를 어디에서 얻는지 질문해 볼 수 있다.

… 그러나 알아서 적당히 받아들여라

굳이 회의론자가 되라고 말할 필요는 없을 것이다. 이미 ADHD를 둘

러싼 논란과 대중매체를 통해 전해지는 출처를 알 수 없는 논란과 비판을 접하고, 자신이 듣고 있는 것에 대해 의심할 준비가 되어있을 테니까. 좋다! 이런 자세는 지식을 탐구하는 데 도움이 된다. 당신이 찾은 자료에 의문을 제기하라. 주장에 대한 근거를 물어보거나 찾아보아라. 특히, 너무나 환상적으로 보이는 치료들에 대해 이의를 제기해 보라(실제로 대부분 그렇지 않다). 과학 논문을 구글 학술검색으로 찾아보는 등, 주장에 대한 근거를 찾아봄으로써 자신이 받아들이려는 정보가 진실된 것인지 알 수 있고, ADHD 및 관련 주제에 대한 지식도 넓힐 수 있다. *** 더 많은 정보를 발견할수록, 진실을 발견하기 더 쉬워진다.** 무엇이 말이 되는지, 이 질환의 임상 혹은 학술 전문가들의 합의점은 무엇인지, 다른 성인 ADHD 환자들이 찾은 도움이 되는 정보는 무엇인지, 그리고 당신의 ADHD에 무엇이 가장 적합한지 분별할 수 있어야 한다.

궁금증) 주장이 진짜 과학적 근거에 기반한 것인지 어떻게 알 수 있는가? ADHD의 치료 방법, 원인, 그리고 다른 관점에 대한 주장은 허무맹랑해도 그럴싸해 보일 수 있다. 정보가 진실인지 아닌지 추측해 볼 수 있는 단서들은 다음과 같다.

출처를 확인해 본다

- 이익을 얻기 위한 주장인가? 특정 제품 혹은 서비스 판매와 관련 있는 정보라면, 공익 정보보다 광고 문구일 가능성이 높다. 제약회사 광고 외에도 뉴로피드백, 오메가-3 혹은 오메가-6 보충제, 경두개 자기자극술[TMS], 그리고 특히 인지 재활 애플리케이션 혹은 실행 기능(작업 기억 같은)을 개선시킨다고 알려진 게임 등 ADHD를 획기

적으로 개선시키거나 완치시킨다고 주장하는 기기나 방법들에도 마찬가지로 적용된다.

신뢰할 수 있는 정보를 제공하는 주요 기관들

- ADHD 어린이 및 성인 협회(Children and Adults with Attention-Deficit/Hyperactivity Disorder, CHADD): chadd.org
- ADHD 협회(Attention Deficit Disorder Association, ADDA): add.org
- ADD 정보(ADD Resources): addresources.org
- ADD 창고(ADD WareHouse): addwarehouse.com
- ADHD 세계연맹(World Federation of ADHD): adhd-federation.org
- ADD 자문(ADDConsults): addconsults.com
- 미국 학습장애 협회(Learning Disabilities Association of America, LDA): ldaamerica.org
- 영국 국립 ADD 정보 지원 서비스(National Attention Deficit Disorder Information and Support Service, ADDISS), Great Britain: addiss.co.uk
- 캐나다 ADHD 정보 연맹(Canadian ADHD Resource Alliance, CADDRA): caddra.ca
- 캐나다 ADHD 인식 센터(Centre for ADHD Awareness, Canada, CADDAC): caddac.ca

- 출처가 사회적, 정치적 혹은 다른 의도를 가지고 있는가? 웹사이트에 명시된 설립 목적을 확인해 보라. 그 단체에 대해 다른 사람들은

뭐라고 말하는지 인터넷을 검색해 보라. 숨은 의도를 찾기에 좋은 방법이다. 예를 들어, 인권에 대한 '시민의 권리**Citizens Commission on Human Rights**'라는 단체와 그 웹사이트가 사이언톨로지 교회의 정치적 지지 세력이라는 것을 모르는 사람이 상당히 많다. 그러나, 어떤 의도를 가지고 있다 해서, 그 정보의 출처가 믿을만한 것이 아니라는 이야기는 아니다. 다만, 그 메시지가 객관적이지 않을 수 있다는 것이다.

- 출처의 규모, 범위, 역사는 어떤가? 규모가 작은 신생기관보다는 수년간 존재해 온 큰 국제 혹은 세계 기구가 더 신뢰할 수 있다. 신뢰할 만한 정보를 꾸준히 제공해온 실적이 있을 경우, 사람들로부터 지속적인 지지와 관심, 그리고 안정적인 재정 지원을 받게 되기 때문이다.
- 출처가 과학 연구 기관과 연관되어 있는가? 미국정신건강연구소(National Institute of Mental Health, NIMH)와 주요 대학 연구소들은 연구 결과를 전달하는 데 그치지 않고, 직접 연구 데이터를 수집하는 주체이다. 이러한 기관들은 1차 정보 출처이기 때문에, 그들이 제공하는 데이터는 다른 곳에서 (아무리 좋은 의도라 하더라도) 의도와 맥락이 달라져 왜곡되거나 과장되어 전달된 2차 정보에 비해 오류나 편향이 개입될 가능성이 훨씬 적다.

가장 신뢰할 수 있고 최신의 치료 정보를 찾고 싶다면, 국제 ADHD 기구(World Federation of ADHD)같이 큰 규모의 신뢰할 수 있는 곳에서 공표한 합의 지침(consensus guideline)을 인터넷에서 찾아보라. 또한 근거중심 치료(evidence based treatments)도 함께 살펴볼 수 있다. 이 용어는 경우에 따라 정치적 함의가 담겨 있거나 다소 유동적으로 사용되기도

하지만, 여러 전문 기관들이 모여 가장 신뢰할 수 있는 연구 증거에 의해 뒷받침되는 치료 기준을 정립하려는 노력의 일환으로 등장한 개념이다.

치료(약물치료, 정신치료 등)의 효과를 평가할 수 있는 가장 신뢰할 만한 방법은 무작위 대조 이중맹검 실험(randomized, controlled, double-blind trial)이다. 그 이유는 다음과 같다.

- 연구 대상이 무작위로 두 그룹으로 나뉘기 때문에, 누가 치료제를 받고 누가 플라시보(placebo)를 받게 될지를 인위적으로 선택하는 데서 발생할 수 있는 편파성(bias)이 줄어든다. 그 결과, 만약 효과가 있다는 결론이 나온다면, 다른 외부 요인이나 교란 변수보다 치료 자체에 기인한 결과일 가능성이 높다.
- 연구 대상의 인원이 많고, 다양한 집단에서 대상을 모집하기 때문에, 연구 결과는 다양한 범주의 개개인을 대표한다고 할 수 있다.
- 한 그룹에 플라시보(설탕 알약 같은 가짜 치료제)만을 줌으로써 실제 치료 효과와 구분해 평가할 수 있는 기준점이 생긴다. (과학자들이 플라시보를 한 그룹에 주었을 때, 대략 1/3은 실제 치료를 받아야 나타날 효과를 봤다고 보고했다! 이를 플라시보 효과라고 말한다.)
- 이 실험은 이중맹검이다. 즉, 연구 설계자와 연구 대상자 모두 누가 치료제를 받고 누가 플라시보를 받는지 모르기 때문에, 연구자들은 자신이 관찰한 것에 편견을 가질 가능성이 없다는 의미이다.

주장하는 내용을 자세히 본다

- **주장이 너무 달콤하게 들리는가?** 아마도 그럴 것이다. 만약 ADHD가 식습관 조절로 변화할 수 있다거나 약물, 기계 등으로 영원히 사라져버

릴 수 있는 것이라면 수백만 명의 성인과 어린이들은 왜 그 병을 계속 가지고 살아갈까?

- **확실한 사실과 정확한 수치를 포함하고 있는가?** 대개, '많은', '적은 수의', '거의 ~하지 않는', '전문가들이 동의하기를', '임상 연구("사람들에게 줘 봤는데, 그들이 좋다고 하던데?"를 우아하게 광고에서 표현한 말)'와 같은 표현들, 그리고 '의사가 말하길' 같은 내용들은, 실제로는 과학적 근거가 부족함을 감추기 위한 표현일 수 있다. 만약 그 자료가 구체적인 숫자와 데이터를 보여주지 못한다면, 이는 실제 근거 없이 만들어졌을 가능성이 크다.
- **출처가 명시되어 있는가?** 본문에 구체적인 데이터가 부족하더라도, 주장의 근거가 되는 많은 참고문헌 목록이 있다면 신뢰할 만할 수 있다. 믿을 수 있는 출처들은 핵심 메시지를 이해할 수 있도록 간결하게 전달해 주며, 읽는 이가 연구 원본을 직접 찾아볼 수 있도록 함으로써 신뢰성을 높이기도 한다. 그런 경우라도, 아무리 출처가 신뢰할 만하다고 여겨지더라도, 적어도 몇 개의 참고문헌은 실제로 존재하는지 직접 확인해 보는 것이 바람직하다.
- **근거는 충분한가?** 연구 결과는 여러 연구 기관에서 반복 수행되어 유사한 결과를 얻었는가? 그 근거는 대부분 '일화적', 즉 임상 현장에서 의료 전문가들이 환자를 관찰하고 보고한 내용에 불과한가? 물론 가장 바람직한 것은 '무작위 대조 이중맹검 실험'이라는 순수한 구조를 이용한 공식적인 연구에서 도출된 결과일 것이다. 한편으로는 연구를 수행하는 데 막대한 비용이 든다는 현실도 고려해야 한다. 실제로 유효한 많은 치료 방법들은 공식적인 실험에 앞서 수많은 임상적 근거를 통해 먼저 효과를 입증받는다. 같은 연구 결과가 수년에 걸쳐 반복해서 나타나는지도 살펴보는 것이 도움이 된다. 또한, 동일한 집

단을 수년에 걸쳐 추적 관찰하는 연구(종단적 연구)만이 특정 약물이나 치료법이 수년 후에 어떤 영향을 미치는지를 파악할 수 있는 유일한 방법이다. 이는 그 약물이나 치료를 계속 사용했든, 중단했든 마찬가지이다.

사실의 왜곡

2008년도 초, 나는 국립정신건강연구소[NIMH]에서 실행한 획기적인 연구에 대한 뉴욕타임즈 기사[4]를 내기 위한 인터뷰를 했다. 이 연구는 뇌 영상학 기술을 이용하여 ADHD 아동의 뇌 일부(주의력, 기억력 등 실행 기능과 관련된 부위)에서 발달이 지연된다는 사실을 보여주었다. 마침내 우리는 ADHD에 대한 생물학적 근거를 얻은 것이다. ADHD는 존재하지 않는다고 수년간 주장해온 사람들에게 깨달음을 주었을 것이 분명했다. 하지만 실제로는 전혀 다른 반응이 나타났다. ADHD 아동의 뇌 발달이 지연된다는 과학적 증거가 오히려 ADHD는 '단순히' 발달이 늦은 것일 뿐이며, 이러한 증상을 보이는 아이들은 정상이며 결국 성장하면서 저절로 괜찮아질 것이라는 주장의 근거로 사용된 것이다. 이러한 반응에 NIMH 연구원들뿐 아니라 나를 포함한 많은 과학자들 역시 큰 충격을 받았다. 그러나 수많은 연구를 통해, ADHD 진단을 받은 아동 중 성인이 되었을 때 더 이상 ADHD가 아닌 경우는 많아야 1/3에 불과하다는 사실이 밝혀져 있다. 따라서 연구 결과를 접할 때는, 그 연구에서 어떤 데이터들이 나왔으며, 연구자들이 그 데이터를 바탕으로 어떤 결론을 도출했는지를 (구글 학술 검색 등을 이용해) 분명히 확인하는 것이 중요하다.

4) 「어린 시절이 끝나도 남아있을 수 있는 주의력결핍」, 알리야 바루친, 뉴욕타임즈, 2008-03-13.

3단계

당신의 뇌를 바꿔라

ADHD를 극복하게 해주는 약물들

약물을 고려해봐야 하는 이유는 다음과 같다.

- 전문가는 당신이 중등도에서 중증의 ADHD를 가지고 있다고 판단했다.
- 연구 결과에 따르면 약물치료가 현재로서 가장 효과적인 치료 방법이며, 상담이나 행동 치료 같은 비약물치료보다 적어도 2배 이상 효과적이고 약물을 복용하는 성인에서 증상을 70~95%까지 개선시킨다.
- 다른 치료 방법을 시도해봤지만, 증상들로 인해 여전히 같은 문제가 반복된다.
- 혼자서 많은 일들을 해내야하고, 직장과 가정에서 루틴을 만들기 위해 다른 사람들에게 의지할 수 없는 상황이다.
- 직장 내 쏟아지는 업무와 압박감 속에서 좋은 성과를 내는 데 어려움을 겪고 있다.
- 당신에 대한 상사의 평가가 점점 더 부정적이고 비판적이 되어, 직무 해지 혹은 해고를 당할 위험이 높다고 느낀다.
- 다른 동료들에 비해 시간 관리를 못 한다. 마감 시간을 자주 어기고, 미팅을 놓치는 경우가 잦으며, 청구서를 제시간에 지불하지 못하고, 자주 지각한다.
- 학업을 마치기 위해 수차례 노력했지만, 마지막 몇 학점을 이수하거나, 프로젝트를 완료하거나, 졸업 필수요건인 과제들을 해내는 것도 불가능한 듯했다.
- 망쳐버린 것들을 만회하느라 많은 시간을 소비하는 것에 지쳤고, 지금까지 해내고 싶었던 것들을 성취하지 못했다는 것에 더 이상 우울해하고 싶지 않다.

- ADHD뿐만 아니라 불안, 우울 혹은 다른 정신적/정서적 상태가 동반되어 있다고 진단받았다.
- ADHD 증상, 감정 조절의 어려움이 관계에 미치는 부정적인 영향 때문에, 당신의 배우자나 연인이 이별을 고려하고 있다.
- 다른 사람들이 반복해서 당신의 운전 실력이 좋지 않다거나 도로 위에서 지나치게 부주의하고 위험하다고 말한다면, 또는 수차례 주정차 위반이나 과속으로 인해 과태료를 물어 현재 면허 정지의 위기에 처해있다.
- 돈 관리에 어려움을 겪고 있고, 자신이 쓰고 싶은 것보다 더 많이 돈을 쓰거나 신용카드를 이용한다는 것을 알고 있다.
- 자신이 다른 사람들보다 건강이 좋지 않다는 것을 알게 되었다. 흡연, 과음, 나쁜 식습관, 운동 부족 같은 없애버리고 싶은 나쁜 습관들이 있지만, 그걸 없애버리는 게 불가능하다고 느낀다.

12장

약물치료를 시도하는 것이 의미 있는 이유[5)]

약물치료는 효과가 있다.

ADHD에 약물치료를 시도해야 하는지를 물어보는 사람들에게 내가 항상 하는 말이다. 현재, ADHD를 잘 다루는 데 가장 효과적인 치료 방법은 약물치료이기 때문이다. 그 이상은 없다.

약물은 ADHD를 가지고 있는 사람의 50~65%에서 정상적으로 행동할 수 있게 해주고, 나머지 20~30%에서 부분적으로 증상을 개선시킨다.

당신에게 잘 맞는 약을 찾게 되면, ADHD 증상의 상당한 개선을 경

5) 바클리 박사는 일라이 릴리(미국, 캐나다, 스페인, 이탈리아, 네덜란드, 스웨덴, 영국, 독일), 샤이어 제약(現 다케다 제약; 미국), 노바티스(미국, 스위스, 독일), 오쏘-맥네일(미국), 얀센-오쏘(캐나다), 얀센-실라그(덴마크, 네덜란드, 남미), 아이언 쇼어 제약 및 개발(미국), 메디스 제약(독일, 스위스)의 유료 컨설팅을 해주거나 강연자로 활동했다.

험할 수 있게 된다. 일단 그렇게 되면, 그 증상들로 인해 생겨난 어려움이 명백하게 나아지리라 기대할 수 있다. 사실, 다른 정신과 질환의 어떤 약물치료보다도 ADHD에 대한 약물치료가 가져오는 긍정적인 변화는 타의 추종을 불허한다.

왜 이 약물들이 효과적일까?

미국의 경우, ADHD 약물에서 치료 효과를 보지 못하는 사람이 전체 ADHD 환자의 10% 미만이라고 보고되었다.

지난 10년간의 연구 결과는 ADHD의 기저에 있는 신경학적 문제를 약물이 교정하거나 보완한다는 것을 보여 주었다. 그러나 이는 약물이 혈류와 뇌 속에 존재할 때만 나타나는 효과이기에, 지속적인 효과를 보려면 약을 꾸준히 복용해야 한다.

항-ADHD 약물이 신경유전학적으로 작용하는 기전은 다음과 같다.

뇌 영상, 뇌파 그리고 다른 수많은 검사 방법들은 ADHD를 가진 뇌가 다른 뇌들과 몇 가지 중요한 측면에서 다르다는 것을 보여 주었다.

- ADHD가 없는 뇌와 비교했을 때, 특정한 뇌 부위가 구조적으로 다른데, 특정 부위의 부피가 대개는 더 작다. 주의력과 억제를 담당하는 전전두(prefrontal region), 쾌락을 쫓고 보상을 추구하는 것과 관련 있는 선조체(striatal region), 자기 조절, 감정 반응 그리고 둘 중 하나를 선택해야 하는 갈등 상황에서 이를 보조하는 전방대상피질(anterior cingulate cortex), 당신이 물 흐르듯 우아하게 적절한 타이밍

에 움직이도록 도와주는 소뇌(cerebellum)가 그렇다. ADHD가 있는 아이들과 청소년은 해당 뇌 부위의 성숙도가 2~3년 정도 뒤처져 있다.

- 연구 결과, 뇌의 여러 부위를 연결하고 그 기능을 통합하는 뇌의 백질 섬유 다발이 덜 발달하고, 덜 연결되어 있으며, 그 활성도가 다양하다는 것이 밝혀졌다. 이는 특히 전두-선조체-소뇌 실행 회로에서 그러하다.
- ADHD를 가진 사람들은 위에 언급한 뇌 부위에서 전기적 활성이 적고 특정한 상황에 덜 반응하는데, 이는 다른 사람들처럼 자극에 이 부위들이 반응하지 않는다는 것을 의미한다.
- ADHD 아동과 청소년은 특정 전두 영역에서 대사 활동이 적을 수 있다.
- ADHD를 가진 이들의 뇌는 주의력, 억제, 실행 능력과 관련 있는 특정 뇌 영역에서 노르에피네프린이나 도파민이 부족하거나 재흡수가 과다한 것으로 보인다. 다른 신경화학물질도 연관되었을 수 있다.

과학자들은 ADHD 뇌의 구조적 이상 및 기능적 연결 불량이 ADHD 발병의 근원이라고 믿는다. 이는 대개의 ADHD 사례가 유전적으로 물려받은 것이며, ADHD를 가진 사람의 후손들에게 이 질환이 나타나는 이유를 설명한다. 그 외에도, 태아 독소 노출, 조산, 발달 중 반복된 머리 외상 등으로 인하여 해당 뇌 영역에 손상을 입어 발생하기도 한다. 이런 뇌들을 전형적인 구조로 복원하는 방법은 알지 못 한다.

그러나, ADHD의 신경화학적 불균형과 기능적 비일관성을 적어도 일시적으로 교정하는 법은 안다. 바로 약물치료이다.

도파민, 노르에피네프린 같은 신경전달물질을 전형적인 성인만큼 이용할 수 없기에, 이들이 전달해야 하는 신호는 충분히 전달되지 않는다. 이 신경전달물질의 도움 없이는 뇌가 자극(사건, 아이디어, 감정 같은 데이터)에 충분히 반응하지 않는다. 충동 조절이 되어야 할 때에 되지 않는다. 당신이 순조롭게 계획대로 나아갈 수 있도록 과거의 기억과 미래의 계획이 작업 기억을 일으키거나 유지하지 못한다. 설사 된다고 하더라도, 오래 지속되지 않으며, 당신이 무엇을 하려고 계획하고 있었는지 잊어버리게 만든다. 운동 조절 브레이크가 불안감에 안절부절못하는 당신을 멈춰주지 못 한다.

이것이 ADHD 약물이 효과가 있는 이유이다(일부는 다른 신경화학물질에 작용하지만). 신경세포가 신경화학물질을 더 분비하도록 하고, 한 번 분비했다면 재흡수하는 것을 막거나, 신경 신호의 '잡음'을 줄이며, ADHD와 연관된 뇌 영역의 신경세포 간 소통을 증가시킨다. 성인 ADHD에 있어서 미국 FDA가 승인한 약물은 3가지(자극제, 비자극제 그리고 알파-2 차단제)로 분류되며, 이는 당신의 일상에서 일어나는 일들에 반응하는 정신 능력을 향상시켜준다. 그들은 모두 같은 기전으로 작용하진 않지만, 결과적으로 대개의 케이스에서 ADHD 증상을 효과적으로 관리해 준다.

ADHD 치료 약물이 어떻게 작용하는지를 우리가 알고 있다는 점은 매우 의미 있다. 이 약물들이 단순히 증상을 감추는 것이 아님을 증명하며, ADHD와 관련된 뇌 영역의 기능과 그 증상 간의 연결에 대한 우리의 지식을 뒷받침해 준다. *** ADHD 약물이 뇌에서 어떻게 작용하는지부터 신경세포에 어떤 영향을 미치는지까지 관련된 최신지견을 458페이지부터 제공되는 자료를 통해 확인하라. 우리는 매일 더 많은 것을 배우고 있으며, 분자 유전학 연구 또한 약물치료가 얼마나 효과가 있을지 설명하고 예측하는 데 도움을 주고 있다.** 이 약들은 대중 매체에서 일부 비평가들이 주장한 것처럼 '반창고Band-Aids' '곤봉billy clubs' '화학적 구속복chemical straitjackets' 혹은 단지 '어머니의 작은 조력자들mother's little helpers'[6]이 아니다. 당신의 몸 안에서 활성화되어있는 동안, 이들

6) 1966년 발매된 롤링 스톤스의 싱글, 마약을 일컫는다(역자 주).

은 ADHD의 기저에 있는 생물학적 문제를 수정하거나 보완해 준다.

이 약들이 단순히 증상을 덮어주기만 한다고 들었다면, 시도하기가 꺼림칙할 것이다. 이 단원이 당신의 걱정을 말끔히 사라지게 해주길 기대해본다. 어떤 이유에서건, ADHD를 다루는 데 약물을 쓰지 않기로 선택하는 것은 현재 이용 가능한 가장 효과적인 치료 방법을 거부한다는 것을 의미한다. 이는, 당뇨병 환자가 인슐린을 사용하기보다 엄격한 식이조절과 운동만으로 당뇨를 조절하려 하는 것과 같다. 효과가 있을지도 모르지만, 그럴 가능성도 떨어지거니와 약으로 조절하는 것보다 결과적으로 당뇨가 더 조절이 안 될 것이다. 당뇨 환자에게 인슐린과 같은 존재를 왜 부인하는 것인가?

약물이 효과적이라고 해서, 이것만이 유일한 치료 방법이라는 의미는 아니다. 증상이 경미하다면 이 책의 4단계와 5단계에 나오는 전략과 방법을 배우거나, 실행 기능 결핍에 도움이 되도록 특별히 구조화된 인지행동치료를 통하여 도움을 받을 수 있을 것이다. 코칭을 받는 것은 당신에게 큰 도움이 될 것이다. 지지 그룹은 아이디어를 나눌 수 있게 해주고 영감을 불어넣어 줄 것이다. 그러나 당신의 증상이 중등도에서 중증 수준이라면, 약물은 당신의 어려움을 상당히 경감시켜줄 것이고, 비 약물치료에서 더 많은 도움을 받을 수 있게 도와줄 것이다.

ADHD에 대한 검사를 받다가 당신이 해결해야 하는 장애가 두 가지 이상임을 알게 되었을 때, 이 모든 문제를 다룰 수 있는 약물들을 사용하는 것이 도움이 된다. ADHD로 인한 일상생활의 어려움이 때로 우울과 불안을 유발하며, 약물치료를 통해 ADHD 증상이 호전되면 불안과 우울도 감소한다는 연구 결과가 나왔다.

대부분의 육체적 혹은 정신적 컨디션과 마찬가지로 증상은 경미한 형태에서 매우 심각한 상태까지 연속적으로 나타날 수 있다. 그렇기 때문에 진단 기준이 중요하다. 의료인들은 불필요하게 사람들을 치료하고 싶어 하지 않는다. 몇 가지 증상이 있지만, DSM 진단 기준에는 맞지 않고, 주요 일상 영역에서 어려움을 경험하고 있다면, 당신은 ADHD NOS(NOS=not otherwise specified, 달리 명시되지 않은)라고 불리기도 하는 준임상적 ADHD를 가지고 있다고 할 수 있을 것이다. 이런 경우 약물이 처방될 수도, 처방되지 않을 수도 있다. 어릴 때 ADHD 약물을 처방받았었다 할지라도 말이다. 그래도 기능 저하가 있거나, 진단 기준에서 증상이 한두 개쯤 부족하더라도 약물을 처방해달라 요청해 보라.

저자의 책 『성인 ADHD: 과학이 말해 주는 것(ADHD in Adults: What the Science)』에서 공동저자들과 함께, 어릴 때 ADHD를 진단받은 사람들과 성인이 되어 진단받은 사람들을 비교해 보았다. 우리는 1970년대 말부터 아이들을 뉴 밀레니엄에 성인이 되었을 때까지 추적한 밀워키 연구에서 수집한 자료를 살펴보았고, 성인을 대상으로 한 매사추세츠대학교 의학센터 연구에서 모은 자료도 살펴보았다.

- 우리는 두 그룹에서 놀랍게도 유사한 점을 발견했다. 적어도 ADHD를 진단받은 아이의 절반 이상이 성인이 되었을 때도 여전히 진단 기준을 충족시킨다는 것을 보여 주었다.
- 성인이 되어 진단받은 사람들은 어릴 때 진단을 받고 어른이 될 때까지 추적한 사람들보다 기능 저하가 덜한 경향이 있었다.
- 그러나, 성인이 되어 진단받은 사람의 85%는 다른 장애들, 특히 우울과 불안을 가지고 있을 가능성이 높았다. 왜 그럴까? 확실하진 않지만, 수년간 치료받지 않고 ADHD 증상과 악전고투한 결과로 우울과 불안이 생긴 것으로 보인다.
- 어릴 때 진단을 받은 사람들은 교육과 직업 수행에 더 큰 어려움을 가

지고 있었고, 상당수의 소수에서 반사회적 행동과 약물 남용이 관찰되었다. 왜 그럴까? 아마도 이들은 어릴 때부터 기능 저하가 더 뚜렷하게 나타났기 때문에 조기에 진단받았을 가능성이 크다. 이는 성인이 될 때까지 ADHD를 진단받지 않은 사람들보다 증상이 더 심각했을 수 있음을 시사한다.

성인 ADHD 치료제와 관련하여 의미하는 바

- 만약 당신이 최근에 진단을 받았다면, ADHD를 위한 약 이외에도 동반되는 우울, 불안에 대해 도움을 받을 수 있도록 다른 약들이 필요할지도 모른다.
- 어릴 때 진단을 받은 경우, 증상이 중등도에서 중증이면서 한 가지 이상의 중요 생활 영역에서 어려움을 겪고 있다면 ADHD 약물이 다시 필요할지도 모른다.

약물치료를 시도하는 태도가 감정과 자기 이미지에 얽매여 있다면, 치료자나 상담가가 당신을 도와 이런 문제들이 치료 결정에 고려할 부분인지 검토하게 해줄 것이다. 그동안, 자신에게 아래에 있는 본질적인 질문을 해 보라.

"내가 ADHD의 생물학적 소인을 가지고 태어났다는 이유만으로 다른 사람들보다 더 힘든 삶을 살아야만 하는 것일까?"

얼마나 많은 사람들이 "네"라고 말할 수 있을지 모르겠다.

ADHD약을 복용해본 적이 없기에, 약물치료를 시작하기엔 의심스러운가?

- 어쩌면, 진단받은 지 얼마 안 되어서, 치료 방법에 대해 생각해 본 적이 전혀 없을 수 있다.
- 11장에 언급했듯이, 아직 마음의 준비가 되지 않았는데 처방전을 받으면 이 진단이 너무 실감 나서 그럴지도 모른다.
- 약물에 '의존'하게 될까 봐 두려운가?
- 스스로 증상을 조절하지 못하는 것은 나약함의 증거라고 생각하는가?

어떤 약을 선택할 수 있을까?

종류는 많다. ADHD 치료에 효과가 있다고 입증된 약들은 3개의 그룹으로 나뉜다. 자극제(메틸페니데이트, 암페타민), 비자극제(아토목세틴 그리고 빌록사진), 그리고 알파-2 차단제인 구안파신 XR(XR: '서서히 방출한다 extended release'라는 의미)과 클로니딘 XR이 있다. 다음 정보는 의사가 당신에게 권고한 것을 이해할 수 있게 해줄 것이다. 이는 또한 당신에게 적합한 치료를 선택하는 데 도움이 될 것이다.

당신은 약물을 어떻게 복용해야 하는지, 안전성과 효과는 어떤지, 어떤 부작용을 예상해야 하는지 등 많은 궁금증을 가지고 있을 것이다. 다행히 ADHD를 가진 수천 명의 성인들이 당신보다 먼저 이 질문을 했다. 그리고 전 세계의 치료자들은 수십 년간 이들의 같은 질문에 답변해 왔다. 13, 14장, 그리고 치료 과정의 시작부터 끝까지 예상해야 하는 것들을 말해주는 15장은 그 경험을 토대로 당신에게 도움을 줄 거다.

ADHD 약물에 대한 저자의 입장

- ADHD는 기능 저하를 초래하는 상태로, 신경학적, 유전적 요인에 의해 발생하며 삶의 전 영역에서 문제를 일으킨다. 신경유전학적 장애를 다스리기 위해 약물을 사용하는 것은 대단히 합리적인 판단이며, 단순히 증상의 '진짜' 사회적 혹은 개인적 이유를 감추려고 하는 것이 아니다. ADHD는 사회적 요인이나 개인적인 선택에 의해 발생하는 것이 아니다. 당신은 도움이 된다고 입증된 것이라면 어떤 치료든 혜택을 받을 자격이 있다.
- 당신은 자격을 갖춘 정신의학 전문가의 철저한 평가에 따른 진단 없이 약물을 처방받아서는 안 된다.
- ADHD 약물에 대한 전설은 넘쳐난다. 양이 곧 질은 아니다. 당신의 주치의나 신뢰할 수 있는 출처에서 직접 정보를 얻어 사실을 파악해야 한다(11장을 보라).
- 절대불변의 치료 처방은 없다. 비효과적이거나 참을 수 없는 부작용이 나타난다면 다른 약들을 시도해 보거나 약물을 중단해봐라.
- 약물은 언제나 당신과 주치의가 함께 협력하여 처방되어야 한다.

다음의 표는 성인 ADHD에서 현재 사용할 수 있도록 FDA에서 승인한 약물들이 어떤 형태로 나오고, 복용하면 얼마나 효과가 지속되는지를 요약한 것이다. 당신이 반복적으로 찾아보게 될 편리한 참고자료라고 보면 된다.

성분명(제품명)	작용시간	제형 및 함량
메틸페니데이트(리탈린)[a]	3~4시간	정제(5, 10, 20mg)
덱스메틸페니데이트(포칼린)[a]	3~4시간	정제(2.5, 5, 10mg; 2.5mg 포칼린은 5mg 리탈린과 등가)

메틸페니데이트(메틸린)[a]	3~4시간	정제(5, 10, 20mg)
메틸페니데이트 SR(리탈린 SR)[a]	3~4시간 변동	정제(20mg; 흡수되는 양은 다양한 것으로 나타남)
메틸페니데이트(메타데이트 ER)[a]	3~8시간 변동	정제(10, 20mg; 흡수되는 양은 다양한 것으로 나타남)
메틸페니데이트(메틸린 ER)[a]	8시간	정제(10, 20mg); 추어블정 (2.5, 5, 10mg); 경구액제 (5mg/5ml, 10mg/5ml)
메틸페니데이트(리탈린 LA)[a]	8시간	캡슐(20, 30, 40mg; 뿌려서 복용 가능)
메틸페니데이트(메타데이트 CD)[a]	8시간	캡슐(20mg; 뿌려서 복용 가능)
메틸페니데이트(콘서타)[a]	12시간	캐플릿(18, 27, 36, 54mg)
덱스메틸페니데이트 XR (포칼린 XR)[a,c]	12시간	캡슐(10, 20, 30mg)
암페타민(덱세드린)[b]	4~5시간	정제(5mg)
암페타민(덱스트로스타트)[b]	4~5시간	정제(5, 10mg)
암페타민(덱세트린 스팬슐)[b]	8시간	캡슐(5, 10, 15mg)
암페타민 혼합염(에더럴)[b]	4~6시간	정제(5, 7.5, 10, 12.5, 15, 20, 30mg)
암페타민 혼합염(에더럴 XR)[a,c]	최소 8시간 (특정 환자에서 더 오래 지속)	캡슐(5, 10, 15, 20, 25, 30mg; 뿌려서 복용 가능)
리스덱스암페타민 디메실레이트 (바이반스)[a]	최소 8시간 (특정 환자에서 더 오래 지속)	캡슐(20, 30, 40, 50, 60, 70mg)

아토목세틴(스트라테라)[a,c]	8~10시간 이상(혈장내 반감기 5시간이나 중추신경계 내에서는 더 오래 지속)	캡슐(10, 18, 25, 40, 60, 80mg)
빌록사진(퀠브리)	최소 8~9시간(반감기 7시간)	캡슐(100, 150, 200mg)
구안파신 XR(인투니브)[a,c]	24시간	정제(1, 2, 3, 4mg)
클로니딘 XR(캡베이)	24시간	정제(1mg)

a: 6세 이상에서 FDA 승인

b: 3세 이상에서 FDA 승인

c: 성인 ADHD 치료에서 특별히 승인

13장

자극제

자극제는 당신이 가장 많이 들어봤을 ADHD 치료제일 것이다. 자극제는 가장 오래전부터 사용되었고, 아동과 성인 모두에게 유용하다. 만약 당신이 아동기에 진단을 받았다면, 자극제를 치료 약으로 추천을 받았을 가능성이 높다. 자극제는 또한 ADHD 치료에 있어 가장 논란이 되고 있는 치료제이기도 하다. 비자극제들과 달리 자극제들은 미국 법무부의 마약단속국(Drug Enforcement Administration, DEA) 분류의 제2급(습관성 우려)에 해당하는 약물로 분류되어 있기 때문이다. 제2급 분류에도 불구하고, 처방된 ADHD 치료제로서 내복약으로 복용할 경우에는 습관성의 위험은 거의 없거나, 유의미하게 낮은 수준이다. 그럼에도 불구하고, 현실적인 우려와 미신들이 뉴스에 꾸준히 등장하고, 인터넷 상에서도 떠돌고 있다. 이 장에서는 다음 내용을 다룬다.

✓ 허구로부터 사실을 추려낸다.

✓ 자극제가 당신에게 도움될 수 있는지에 관한 정보를 제공한다.

✓ ADHD가 있는 성인들의 약물치료에 관해 제기되는 의문점들에 대하여 답변하고자 한다.

자극제의 장단점

장점: 자극제들은 자제력을 높이고, 산만함에 대한 저항력도 키우며, 당신이 명심하고자 하는 할 일이나, 계획을 유념하면서 관심을 유지하는 능력을 좋게 한다. 자극제들은 정서적 자제력과 동작의 적절한 타이밍과 조정에도 효과가 있다. 결과적으로, 자극제들은 삶의 여러 분야에서 나타날 수 있는 ADHD의 부정적인 영향들을 감소시키는 효과가 있다. 새로운 지속-분비형 약물들의 출현으로 긍정적인 효과들이 기존의 즉각-분비형 약제들의 약효시간인 3~5시간보다 훨씬 긴, 8~12시간 지속되는 이점이 있다.

단점: 자극제를 복용한 어떤 사람들은 불면, 식욕 감퇴, 위통과 두통을 호소한다. 또 다른 사람들은 마치 카페인을 너무 많이 섭취한 것 같은 긴장감을 느낀다고 한다, 소수의 증례에서는 불안, 틱(tics) 혹은 신경성 매너리즘들이 심해지는 양상을 호소하는데, 약물치료를 시작하기 이전부터 증상이 있었던 증례에서 특히 더한 것으로 보인다. 약제들의 효과가 24시간 내내 지속되는 것은 아니어서, 하루 중 몇 시간은 약효가 없는 채로 지내야 하는 경우도 있고, 특히 약물 복용 시간이 아침이면 늦은 저녁에는 약효가 부족해지게 된다.

자극제는 어떻게 효과가 있는가?

미국에서는 기본적으로 2가지 종류의 자극제[메틸페니데이트(methylphenidate: MPH)와 암페타민(amphetamine: AMP)]가 시판되고 있다. 그러나 신체 내에 머무는 기간과 ADHD 증상을 어느 정도 적극적으로 조절하는 특성에 따라서, 여러 형태의 약물 전달 체계가 있다.

성분명	상표명	성분명	상표명
메틸페니데이트	리탈린(Ritalin)	암페타민	덱세드린(Dexedrine)
	페니드(Penid)*		덱스트로스타트(Dextrostat)
	페로스핀 (Perospin)*		애더럴(Adderall)
	포칼린(Focalin)		바이반스(Vyvanse)
	메틸린(Methylin)		
	메타데이트(Metadate)		
	콘서타(Concerta)*		
	메디키넷(Medikinet)*		

참고: 세 번째 자극제인 페몰린(pemoline, 상표명은 Cylert)은 30여 년 전까지는 사용 가능하였으나, 드물지만 심각한 간 손상 위험성으로 사용 중단되었음.
*표시는 현재 한국에서 처방가능한 약물

자극제들은, 특히 도파민dopamine을 비롯하여 뇌에서 자제력 강화 메시지를 담당하는 여러 신경전달물질들의 활성도를 증가시킴으로써 ADHD 증상들을 경감시킨다. 신경전달물질로서 기능하려면 신경세포와 신경세포가 연결되는 공간에서 사용될 수 있어야 한다. 예를 들어, 신경전달물질을 운하시스템의 물이라고 생각해 보라. 암페타민은 주로 신경세포에서 발현되고 생성된 도파민의 양(노르에피네프린도 어느 정도까지는)을 증가시킨다. 그리하여 신경세포 사이 공간에 더 많은 도파민이 있게 된다. 뇌에 미치는 영향은 운하로 더 많은 물이 쏟아져 들어오도록 수문을 개방한 것과 같다. 메틸페니데이트는 다르게 작용하는데, 신경세포 사이로 분비된 도파민 같은 신경전달물질이 재흡수되는 것을 감소시킴으로써, 분비된 신경전달물질의 농도가 높은 채로 유지될 수 있도록 한다.

궁금증) 왜 자극제와 같은 ADHD 약제는 나를 지금보다 훨씬 더 불안하게 만들지 않을까?

자극제라는 용어는 오해의 소지가 있다. 메틸페니데이트(리탈린 등)와 같은 자극제 약제들은 ADHD가 없는 사람들에게는 대뇌의 전두엽의 활성도를 증가시킴으로써, 자기 조절에 필요한 실행 기능과 주의집중 유지능력을 증가시켜 각성 수준을 높이고 깨어있게 한다. ADHD로 인하여 쉴 새 없이 움직이기까지 하는 아동과 성인을 과잉행동하게 만들지 않는 이유는 ADHD가 있는 뇌의 전두엽은 저활성화underactive 혹은 저반응성underreactive 상태이기 때문이다. 신경세포들 간에 신호를 보내서 마음이 주의를 집중하거나, 조용히 앉아있거나, 신중하게 행동하는 것 등등과 같은 의도하는 것들을 할 수 있게 하는 충분한 양의 노르에피네프린이나 도파민이 부족한 상황인 것이다.

자극제는 또한 평범한 성인들에게 해야 할 일을 하도록 자극할 수 있지만, ADHD가 있는 성인들에서보다는 향상되는 정도가 극적이지는 않다. ADHD가 있는 성인에서는 뇌의 현저한 기능 저하로 인한 것으로 설명되나, 전형적인 뇌에서는 명백하지 않다.

왜 자극제들은 빈번하게 남용되는가? 일반적인 도파민 활성도를 가진 뇌에서는 자극제가 추가로 제공될 경우 유쾌한 느낌의 '빠릿빠릿해진 느낌'을 경험하게 된다고 한다. 그러나 모든 사람에게서 그런 것은 아니다. 자극제들은 약물중독의 가능성을 증가시킬 수 있는 부위로 알려진 보상중추 혹은 측좌핵(nucleus acumbens)에서의 도파민을 증진시키며, ADHD가 있는 사람들의 약물작동도 뇌의 같은 부위에서의 활동이 겹쳐지는 부분이 있다. 이것은 뇌의 보상중추를 활성화함으로써, 어떤 자극들이 얼마나 즐거움을 줄 것인지 혹은 강화시킬 것인지에 결정적으로 작용한다. 보상중추에서의 증가된 활성도는 다행감(多幸感), 흥미 혹은 여타의 보상과 연관된 경험들에 대한 감각을 증가시킨다. 이러한 유쾌하게 변화된 의식 수준은 주로 대부분, 자극제들이 정맥주사나 분말제로 흡입되어 빠른 시간 안에 뇌로 유입되고 작용이 끝나는 방식으로 일어난다. 이러한 다행감이나 유쾌한 감각으로 지각되는 의식감각에서의 신속한 변환이야말로 어떤 약제의 중독성을 결정하는 것으로 보인다.

왜 ADHD가 있는 성인(혹은 아동들)은 자극제에 중독되지 않는가? 주로 치료제들은 정제나 캡슐형 등 상대적으로 낮은 용량으로 복용되어, 뇌에 흡수되는 속도가 느리고 점진적으로 작용이 끝나기 때문으로 보인다. 자극제를 남용하는 대부분의 사람들은 훨씬 고용량을 사용하거나 흡입하거나, 물과 혼합하여 액체의 형태로 정맥에 주사한다. 이러한 전달 체계로 자극제가 들어가게 되면, 약물들은 뇌를 훨씬 더 강력한 힘으로 한꺼번에 자극할 것이다. 또한, ADHD를 치료하는 데 쓰이는 이러한 약제들은, 도파민 수준을 정상범위까지만 높이지 정상적인 수준 이상으로 빠르게 올리지는 않는다. 약물남용자들이 하듯 비강으로 흡입하거나 정맥주사로 사용할 때 올라가는 것처럼 올라가지는 않는다.

자극제들은 안전한가?

그렇다! 매우 안전하다. 그러나, 명백히, 자극제들은 어느 누구에 의해서든 남용될 수 있다. 이것이 남용우려의 가능성이 있어 통제를 받는 약물로 분류되어 제2급으로 지정된 이유이다. 이러한 분류기준에 의하여 미국 정부는 약품 생산자가 매년 생산할 수 있는 총량과 처방방법 및 유통에 관한 엄격한 제한을 두고 있다. 이것은 또한 당신이 약을 처방받았을 때는 당신 이외의 다른 사람이 접근할 수 없는 안전한 장소에 잘 보관하여야 한다는 책임감을 가질 필요가 있다는 것을 의미한다.

그러나, 당신에게 위험할 수 있는 사항들은 무엇일까? 자극제에 대한 몇 가지의 잘못된 상식을 들어본 적이 있을 것이다. 이제 이야기를 바로잡을 때이다.

자극제들은 다른 약물의 남용으로 이끄는가?

자극제들이 다른 약물들, 특히 각성제에 대한 민감성이나 위험을 높인다는 주장을 들어 본 적이 있을 것이다. 대부분의 연구들은 이러한 주장을 지지하지 않는다. 이러한 문제들에 대한 연구를 시행한 16개 이상의 연구 보고에서, 나와 마찬가지로, 수개월에서 성인이 될 때까지 수년 이상 자극제 치료를 받아 온 ADHD 아동들을 추적 조사했다. 그 보고서에서는 이후 약물 남용에 대한 위험성을 증가시키는 결과를 찾아볼 수 없었다. 자극제들이 뇌의 감수성을 예민하게 하여 나중에 자극제에 노출되었을 때 더욱 강력하고 중독위험이 높아지게 만들 수 있다는 주장의 증거는 오로지 동물실험에서 정맥주사나 뇌로 직접 주사하거나 혹은 통상적 치료 용량보다 월등히 높은 용량을 투여했을 때의 연구 결과에서였다. 그러므로 현재까지의 증거로는 ADHD를 치료하기 위하여 처방된 자극제를 사용하는 것이, 나중에 다른 약물이나 치료제 약물에 대한 남용 우려를 높일 수 있다는 주장을 뒷받침하는 내용이 없다.

:: 자극제가 심장마비나 뇌졸중을 일으키는가? ::

자극제가 심장마비로 야기되는 돌연사의 위험을 증가시킬 수 있다든지 매우 드물지만 뇌졸중을 야기할 수도 있다는 말도 들어본 적이 있을 수 있다. 돌연사는 심장 기형과 같은 구조적 이상의 병력이 있는 사람이 격렬한 운동을 한 직후라든지, 돌연사의 가족력(유전적 이유)이 있는 사람에게서 심장이 더 이상 뛰지 않을 때 일어나는 것으로, 수많은 추적 가능한 원인이 있다. 많은 요인 중 한 가지 원인만으로도 돌연사를 초래할 수 있다. 오히려 확인할 수 있는 증거들은 자극제를 복용하는 사람들이 일반 사람들에 비해 돌연사 가능성이 어느 정도 더 낮다는 것을 보여 준다. 아마도 자극제를 처방하는 의사들이 약을 처방하기 전에 정기적으로 심장 문제에 대한 검사를 시행하고, 돌연사 가족력이 있거나, 심장 기형이나 주요 부정맥, 혹은 다른 주요한 심장 문제, 뿐만 아니라 고혈압까지도 개인력에서 확인하게 되면 자극제를 처방하지 않기 때문으로 설명할 수 있다. 즉, 자극

> 자극제는 심박수와 혈압을 높이지만, 이는 계단 반 층 정도 걸어 오를 때 오르는 만큼 올릴 뿐이다. 자극제가 이미 고혈압을 가지고 있지 않은 사람들에게 고혈압을 야기한다는 증거는 없다.

제 사용으로 심장 관련 부작용이 발생할 가능성이 높은 사람들은 자극제 처방을 받지 않게 되며, 이로 인해 돌연사 가능성이 일반 사람들보다 낮게 나타나는 것일 수 있다.

ADHD 치료를 위해 자극제를 복용하는 사람 중에서 매년 10만 명 중에 1~3명의 돌연사가 일어나는 데 비해, 일반 인구군에서는 매년 10만 명 중 1~7명의 돌연사가 일어난다는 연구 결과가 있다. 이 연구 결과에서 보듯, 자극제를 복용하는 사람들에게서의 돌연사 발생률은 일반 인구에 비해 의미 있게 높지 않다. 사실상, 이 연구에서는 오히려 어느 정도 낮다. 자극제를 처방받으려고 하는 사람들은 가능한 심장 문제에 대하여 신체검사 및 심장검사를 하기 때문에 위와 같은 결과가 나온 것으로 보인다. 심장 문제가 발견되는 경우에는 자극제를 처방받을 수 없게 된다. 이것은 통상적으로 심장 문제를 검사하지 않으므로, 일반 인구에서는 적용될 수 없다.

궁금증) 어떠한 장기적 부작용 없이, 얼마나 오랫동안 자극제 복용을 지속할 수 있을까?

현재까지 알려진 바로는, 당신이 겪고 있는 증상들과 관련된 손상들을 경감시키기 위한 방법으로 여러 해 동안 필요한 기간만큼 복용할 수 있다.

궁금증) 리탈린 혹은 다른 흥분성 약제들은 임신 기간에 안전한지 혹은 안전하지 못한 지에 대한 과학적 연구 결과가 있는가?

ADHD 약제들의 임신 중인 모체와 태아에 대한 영향을 보고한 연구들은 미미한 편이다. 그러나 ADHD 약제를 복용중인 엄마에게서 태어난 아이에게서 주요한 기형이 있었다는 증거는 없다. 적은 양의 암페타민이 모유에 전달되고, 그리하여 모유를 먹는 아기에게도 해로울 정도까지는 아니지만, 전해진다는 것을 보여 주는 몇몇 연구 결과는 있다. 리탈린 같은 메틸페니데이트에서는 같은 소견이 보이진 않는 것 같다. 그러나, 현재까지는 연구 결과가 너무 적기 때문에 모든 제약사에서는 임신한 여성에게는 ADHD 약제를 중단할 것을 권고하고 있다. 이 조언은 일반적인 증거에 기반했을 뿐 아니라, 자신들의 책임을 제한시키고자 하는 제약사들의 의도에 어느 정도 기반을 두고 있다는 점을 명심하라.

약물 복용을 중단하고, ADHD가 관리되지 않고, 심한 수준으로 되돌아갈 수 있는 수많은 위험이 있다, 여기에는 사고로 인한 부상, 자동차 충돌, 다른 약물 남용, 자살, 조기 사망(여러 위험으로 인한), 과식의 위험뿐만 아니라 더 큰 감정 조절 능력의 상실과 육아에 대한 부정적인 영향도 포함된다. 이러한 위험성은 임신 기간 약물치료를 지속해온 어머니에게서 태어난 아기에게 미칠 수 있는 가상의 위험과 비교하여 고려해야 한다.

내가 예상할 수 있는 부작용들은 무엇인가?

아래는 성인들이 자극제를 복용할 때 경험할 수 있는 가장 빈번한 부작용들을 가장 흔한 순서대로 나열한 것이다.

- 불면
- 식욕부진

- 체중감소
- 두통
- 오심(메스꺼움), 배탈, 혹은 위통
- 불안
- 자극과민성
- 운동성 틱tic
- 근육긴장성의 증가

처방전에 첨부된 이와 같은 간단한 목록을 확인할 수 있을 것이다. 저 사항들이 자극제를 복용함으로써 우리의 일상에서 기대하는 효과에 어떤 큰 영향을 미칠 것이라는 말은 아니다. 이 보고서들은 우리가 경험할 수 있는 증상들과 부정적인 영향에 대처하는 방법을 모두 보여준다.

"나는 이전에는 ADHD 치료를 받아본 적이 없고, 언제나 증상들은 내 성격적인 단점을 반영하거나, 혹은 자기수양이 부족해서 나오는 것이라고 믿어 왔다. 그러나 의사에게 ADHD 증상에 대한 자극제를 처방받기 시작하면서 놀라운 결과를 보게 되었다. 나는 가장 가까운 산만함에 실제로 마음속에서 해야 할 많은 것들을 빼앗기지 않고 기억할 수 있었다. 그리고 나는 지루함을 느낄 때도 이전에 비해 지속적으로 일을 할 수 있었고, 훨씬 더 생산적으로 원하는 바를 달성할 수 있게 되었으며, 효율적이고 신속하게 수행할 수 있게 되었는데, 이는 쉽게 업무에 더 잘 집중할 수 있게 되었기 때문이었다. 이상하게 들리리라는 것을 알고 있다, 하지만, 나는 실제로 사물들을 훨씬 선명하게 볼 수 있었고, 내 주위의 사물들이 아니라 내 마음속에서 하고자 바라는 것들에 대하여 견지하고 있던 관념들이 훨씬 선명해졌고, 덜 혼란스럽고, 무질서함이 덜해졌으며, 그리하여, 하고자 하는 바를 좀 더 해낼 수 있게 되었다."

"나는 특히 점심때 심한 식욕부진이 생겼는데, 어쨌든 몇 킬로 정도는 감량하려고 했기에 대수롭지 않게 생각했다. 그리고 잠들기 전 시간이 걸려서 더 늦은 시간까지 깨어있었는데, 다음 날까지 영향을 줄 정도로 심하지는 않았다. 결국, 전반적으로 나의 ADHD 치료는 말 그대로 나의 직장과 결혼을 구조해주었다. 때때로 여전히 약효가 떨어진 늦은 시간에는 나의 일을 정리하는 데 도움이 필요할 때가 있다. 그러나 이 치료는 나의 삶을 바꾸는 데 도움이 되었다."

"나는 2학년과 3학년 때 리탈린을 복용하였는데, 그때는 신경질적으로 되고, 가만히 있을 수 없이 안절부절못하게 되었었다. 나는 오랫동안 등교하지 않으려고 했다. 의사가 리탈린을 끊게 해주었을 때, 오히려 약간은 침착해진 것을 느꼈다. 그러나 나는 계속 앉아있거나 집중할 수 없었기 때문에 등교하는 것은 원하지 않았다! 나는 여전히 요즘도 불안을 갖고 있다, 그래서 의사가 최근에 권고한 애더럴(Adderall)을 복용하고 싶지 않았다. 하지만, 애더럴과 함께 항불안제를 처방해줬고, 내게 아주 잘 맞았다."

자극제가 불안을 악화시키는지는 연구마다 조금은 다른 결과를 보고한다, 그러나 성인보다 아동들을 대상으로 한 연구들이 더 많고, 암페타민보다는 메틸페니데이트를 대상으로 한 연구가 더 많지만, 불안을 악화시키는 부작용이 있을 수 있다는 것을 유념할 필요가 있다. 만약 당신이 불안이 악화될까봐 신경이 쓰인다면, 비자극제가 더 나은 치료적 선택이 될 수 있다(14장 참조).

"그렇다. 때때로 나는 밤에 잠들기가 정말로 어렵다. 하지만, 따뜻한 우유를 마시고, 친구가 내게 가르쳐 준 심호흡과 점진적 이완을 하면 종종 도움이 된다. 참고로, 나는 절대로 뺄 수 없었던 4.5kg을 뺐다. 요즘 나는 절대로 점심을 먹지 않는데, 이는 아마도 자극제가 내 몸속에서 가장 높은 농도일 때여서 그런 듯하고, 내 생각에 나는 적절한 열량을 섭취하고 있다고 본다."

"우리 형이 자극제를 복용하기 시작하였을 때, 형은 갑자기 사람들에게 화를 내고 항상 이성을 잃고 있다고 말했다. 비록 ADHD 증상에 똑같은 정도의 효과는 아니었지만, 의사가 치료약제의 용량을 줄이자 형의 기분은 더 나아졌다. 하지만, 내가 똑같은 약제를 복용하였을 때에는 나는 얼마 만인지 모를 정도로 오랜만에 감정 조절이 잘 되는 것 같은 평온함을 느꼈다."

간혹 자극제는 사람들을 흥분시키거나 화나게 하기도 한다. 주로 약효가 떨어져 가는 하루 중 늦은 시간에 가장 자주 나타나는 듯하다. 어떤 이들은 가벼운 슬픔이나 정서적 예민함으로 눈물을 흘리게 된다든지 하는 감정을 보고하기도 한다. 하지만 이러한 영향들은 드물고, 약제를 중단하면 수 시간 내에 사라진다. 자극제가 이런 식으로 감정변화를 일으키는지는 당신의 원래 성격에 따라 다를 수도 있고, ADHD와 공존하는 다른 질환이 무엇이냐에 따라서도 달라질 수 있으며, 또한 어떤 실행 기능이 ADHD 때문에 주로 영향받는지에 따라서도 달라질 수 있다. 만약 당신이 과거에 감정 조절에 많은 문제가 있었다면, 그리고 ADHD뿐만 아니라 우울증 같은 문제를 진단받은 적이 없다면, 자극제는 실제로 정서적 자기 조절 능력을 향상시킬 수 있다. 감정 조절은 ADHD에 의해 약화되는 실행 기능 중의 하나이고, 약물치료로 호전될 수 있다.

"자극제 치료를 시작한 후로 약물이 작용할 때에는 마치 내 온몸이 긴장되어서 턱을 꽉 깨물어 치아를 갈고 있는 것 같이 느껴졌고, 언제나 두통을 달고 있어야 했다. 때때로 내 등 근육도 실제로 딱딱하게 굳었다. 그 느낌은 보통 1~2잔의 커피를 마시다가 4잔 정도를 마신 것 같은 느낌이었다. 그래서 의사는 내 치료 용량을 약간 줄여주었다. 또한 이제는 퇴근 전에 체육관에 가서 운동을 하니까 바로 집으로 퇴근할 때에 비하면 좀 더 이완되는 것을 느낀다. 아내는 내가 체중감량만 한 게 아니라 근육도 키웠다고 말한다."

근육 긴장의 실질적 증가는 자극제 치료에서 흔한 부작용은 아니다. 주관적인 긴장감인 경우가 더 많지만, 그런 경우도 흔하지 않다. 통상적인 치료 용량보다 더 높은 용량을 복용하는 사람들에게서 특히 근육 긴장도의 증가를 볼 수 있다. 메틸페니데이트보다 암페타민 제제를 복용하는 경우에 좀 더 빈번하게 발생하는 경향이 있다. 틱의 가족력이나 과거력이 없다면, 자극제들이 운동 틱을 유발시키는 것 같지는 않다. 만약 당신이 틱의 가족력이나 과거력이 있다면, 자극제를 복용하는 동안에 운동 틱이 생길 수도 있다. 이미 틱이 있던 사람 중 1/3 정도까지 틱을 악화시킬 수 있다. 그러나 다른 1/3은 틱의 악화가 없었고, 과거에 틱이 있던 사람의 나머지 1/3에서는 실제적인 어느 정도의 호전을 보고했다. 그러므로 틱 장애의 과거력이나 가족력은 자극제 처방을 배제해야 하는 요인이 되지는 않으며, 틱이 나타나는지에 대한 모니터링과 자극제가 틱에 얼마나 영향을 주는지에 대하여 면밀한 주의를 기울일 필요가 있다.

궁금증) 이 약제는 정말로 나의 ADHD 증상들에 도움이 되었지만, 토할 것 같다. 나는 무엇을 할 수 있을까?

빈속에 약을 복용하였을 때 일어날 수 있는 현상이므로, 약을 복용하기 전에 뭔가를 먹도록 하는 것이 좋다. 문제가 지속되면, 치료제의 용량을 줄이거나, 약 먹는 시간을 변경하거나, 혹은 다른 약제로 바꾸는 것들에 관하여 의사와 상담하라.

궁금증) ADHD 치료를 위하여 자극제를 복용하는 중에 술을 마시거나, 다른 약을 복용할 수 있을까?

물론이다, 그러나, 적당량만 마셔야 한다. 물론 당신이 피해야 할 유일한 약제는 다른 흥분제들이다. 예를 들어 코카인, 필로폰, 크랙crack(코카인의 덩어리 형태), 혹은 또 다른 처방된 자극제들은 당신의 신체에 자극제의 효과를 더욱 강하게 만든다. 그러나 카페인과 알코올은 자극제들과 나쁜 상호작용을 하지는 않는다. 니코틴은 자극제로서 작용할 수 있고, 심박수와 혈압에 ADHD 치료제가 미치는 것과 같은 영향이 나타날 수 있다. 만약 흡연자라면 이 문제에 대하여 의사와 의논하라.

나의 선택은 무엇인가?

자극제들은 다른 형태, 혹은 다른 전달 체계를 보인다. 정제, 캡슐 펌프, 캡슐과 당의정 형태의 과립, 패치, 그리고 전구 약물(캡슐로 존재: 신체 내에서 효소. 화학 물질로 인해 약으로 바뀌는 비활성 물질). 어린이의 경우, 활성화 지연, 액체, 구강 용해 제제도 있다.

약물 형태의 선택은 당신에게 중요한 점이 무엇이냐에 따라서, 당신의 활동적인 시간의 길이에 따라서, 혹은 당신이 가장 열심히 활동하는 시간대가 언제인지에 따라서 주로 결정된다. 이러한 모든 전달 체계 들은 수백 건의 연구에서 안전하고 효과적인 것으로 입증되었다.

정제

장점: 신속한 활성화, 짧은 작용 시간(약효가 짧은 시간 동안 필요로 할 때)

단점: 하루에도 몇 번씩 다음 복용량을 기억해야 한다는 점은, 아마 강점이 아닐 수 있다.

자극제의 본래 형태는 정제이며, 이 알약들은 수십 년 동안 사용할 수 있었다. **＊ 정제로 시판되는 자극제의 상품명**[7] **에는 리탈린(MPH, d-MPH와 l-MPH), 포칼린(d-MPH만 포함), 덱세드린(d-AMP), 애더럴과 이브케오(l-와 d-AMP의 혼합물)가 있다.** 암페타민의 첫 시판은 1930년대였고, 메틸페니데이트는 1950년대에 알약 형태로 처음 시판되었다. 정제 형태에서 이 약제들은 구강으로 복용하여 삼켰을 경우, 보통 15~20분 이내에 신속하게 흡수된다. 보통 60분~90분 안에 혈중(동시에 뇌에서도) 최고농도에 도달할 수 있고, 3~5시간 동안 ADHD 증상들을 조절할 수 있다. 이것이 이 정제의 주요 문제다. 만약 일반적인 성인들의 활동시간인 14~16시간 동안 증상 조절을 원한다면, 정제 형태의 약물을 하루에 2~4회 혹은 더 자주 복용해야만 한다.

펌프

그리하여 독창적이고 기발한 삼투압 펌프 원리를 이용하여 이 약물들이 신체로 전달되고 혈류에 더 긴 시간 동안 체류할 수 있는 방법이 개발되었다. 이 방법을 이용한 제품의 이름이 콘서타Concerta이며, 콘서타

7) 현재 한국에는 출시되어 있지 않음(역자 주).

는 메틸페니데이트를 전달한다. 캡슐처럼 보이는 용기에 작은 레이저 드릴로 뚫어진 구멍이 긴 캡슐의 한쪽 끝 면에 있다. 내부에는 두 개의 공간이 있는데, 한 공간에는 메틸페니데이트의 반죽 같은 덩어리가 있고, 다른 공간은 비어있다. 캡슐의 바깥 면에는 가루 형태의 메틸페니데이트가 붙어있다, 여기에 참신한 부분이 있다. 당신이 캡슐을 복용하면, 분말이 바로 정제를 복용했을 때와 마찬가지 방법으로 작용을 한다. 약제는 혈류로 신속하게 들어가고, 캡슐은 당신의 위장(나중에는 소장에서)에서 수분을 흡수하기 시작한다. 수분은 캡슐의 벽면을 통하여 계속 흡수되고, 심지어 빈 공간으로도 유입된다. 빈 공간이 가득 차게 되면서 메틸페니데이트 반죽이 있는 방을 압박하게 되며 캡슐의 구멍을 통하여 메틸페니데이트는 8~12시간 동안 혹은 더 이상 계속해서 바깥으로 나오게 된다. 그 결과로 많은 사람들, 특히 어린이들은 하루에 한 캡슐만 복용하면 되고 정제를 복용할 때처럼 하루에 2~3회(혹은 그 이상)를 복용하지 않아도 된다.

장점:

- 1회 복용으로 8~12시간의 증상 조절
- 만약 오후까지 최고의 실행력을 발휘하기 원한다면, 메틸페니데이트 서방형 제제가 최고의 선택이다.

단점:

- 성인에게 있어 하루 종일 증상을 조절하기 위해서는 표준적인 정제를 추가로 써야 할 필요성이 있을 수 있다.
- 제한된 캡슐 크기로 인하여 용량 조절이 어렵다.

물론 캡슐들은 다양한 용량으로 나와 있기 때문에 당신의 주치의는 개별적인 필요성과 반응에 맞추어 용량을 변경할 수 있다. 한 가지 문제는 어떤 성인들에게는 특별히 캡슐이 작용하는 시간보다 더욱 긴 시간 동안 작용하는 약제가 필요할 수도 있다는 점이다. 이러한 점을 다루기 위해 몇몇 의사들은 콘서타의 약효가 끝난 뒤 추가로 3~5시간 동안 ADHD 증상들을 조절할 수 있도록 메틸페니데이트나 암페타민의 속효성 정제를 함께 처방하기도 한다. 그렇더라도, 이러한 전달시스템을 발견하도록 한 인류의 독창성은 존경받을 만하다.

과립

양수기 원리 방법이 발명되고 있을 무렵과 거의 동시에, 다른 기술자들은 시간에 따라 방출되는 과립pellet을 이용하는 방법을 이용함으로써 약물이 신체 내의 혈류에 정제 형태보다 더 오랫동안 체류할 수 있게 하고자 했다. 이 방법은 수년 동안 일부 감기약에서 사용되었지만, 메틸페니데이트 및 암페타민에서도 사용하기 위해 다양한 방법으로 수정을 거쳐야 했다. 이제 우리는 두 자극제 모두에서 시간에 따른 방출형 과립들을 사용할 수 있게 되었다. **＊ 과립형태로 나오는 자극제들의 상표명은 리탈린 LA(MPH), 포칼린 XR(d-MPH), 메타데이트 CD(MPH), 애더럴 XR(AMP)이 있다.** 작은 구슬 같은 약들이 일부는 삼켜지는 즉시 녹는 방식으로 코팅되어 있고, 일부는 대부분의 사람들에게 1시간, 2시간, 3시간 혹은 더 나중 시간 뒤에 녹아내려 약물이 8~10시간 동안 점진적으로 혈류로 흡수될 수 있게 된다. 이런 독창적인 전달시스템은 부가적인 장점이 있다. 과립이 담긴 캡슐 전체를 삼키지 못하는 사람은 캡슐을 열어서 내용물을 꺼낸 다음, 사과 소스 한 수저나 요구르트, 혹은 다른

> 장점:
> - 캡슐을 삼킬 수 없거나 (삼키려고 하지 않는) 사람에게 매우 좋다.
> - 만약 아침에 최고의 활동을 보일 필요가 있다면 가장 좋을 것이다.

단점:
저녁때까지 증상 조절을 해야 한다면, 정제가 필요할 수 있다.

음식에 뿌려서 삼킬 수도 있다. 그래도 신체 내에서 약물이 작용하는 방식은 변하지 않는다.

다시 말하지만, 의사가 당신에게 맞는 최적의 수준으로 용량을 조정할 수 있도록 다양한 크기(용량)의 캡슐이 있다. 삼투압 펌프 방법과 같이, 이러한 시간에 따른 방출 과립 체계도 때때로 하루 중 늦은 시간에는 속효성의 정제 형태로 보충되어야 할 때가 있다. 어떤 연구에서 이러한 과립시스템은 오후 시간보다 오전 시간에 ADHD 증상 조절이 좀 더 잘 되고, 반면에 펌프시스템은 오후 시간에 좀 더 나은 증상 조절을 보이는 면이 있음을 보여 주었다.

패치(파스: 부착형)

장점:
- 하루 중 원하는 시간만큼 증상 조절
- 삼키지 않아도 됨

단점:
- 불면증을 방지하기 위해 잠자리에 들기 수 시간 전에 패치를 제거해야 함
- 약 15~20%의 사람들에서 패치 부착 부위에 피부 발진이 생김

자극제의 새로운 전달시스템이 2007년도에 미국 식품의약품안전국[FDA]에서 승인되었다. 어깨 뒤쪽이나 엉덩이 피부로 직접 부착될 수 있는 접착형 코팅이 된 패치이다. 데이트라나Daytrana라는 상품명으로 통하는 이 패치에는 메틸페니데이트가 함유되어 있다. 이 방식으로 적용하면, 메틸페니데이트는 피부를 통하여 흡수되어 혈류로 도달

하게 된다. 패치를 부착하는 한, 하루 동안 당신이 원하는 시간만큼 메틸페니데이트는 혈류로 전달된다. 다른 약제 형태들처럼 패치도 최적의 용량이 될 수 있도록 여러 용량으로 나온다.[8)]

전구 약물

2008년도에 ADHD 성인을 위해 사용될 또 다른 전달 체계가 FDA 승인을 받았다. 이 체계는 바이반스Vyvanse라는 이름으로 알려져 있으며 암페타민 제제이다. 여기에 인간의 창의성을 발휘한 또 다른 예가 있다.

과립 체계뿐만 아니라 속효성 정제의 문제점 중 하나는 남용 가능성이 있다는 것인데, 보통은 정제나 과립시스템의 알갱이들을 가루로 만들어서 흡입하거나, 물에 섞어서 정맥주사 하는 방법으로 쓰일 때 그렇다. 이런 문제들은 한 작은 생명공학기술 기업이 암페타민을 인간의 위장이나 소장 안에서가 아니면 활성화될 수 없도록 하는 방법을 발명하도록 이끌었다.

장점:

- 약물 남용 가능성이 적거나 없음
- 하루 종일 증상 조절이 가능함

단점:

단지 짧은 시간 동안 약효가 필요할 때에도 원하는 시간보다 더 길게 지속될 수 있다.

그들은 덱스트로암페타민[d-AMP]에 리신 화합물을 결합시킴으로써 이것을 성공시켰고, 그리하여 리신 '자물쇠'가 제거되지 않으면 활성화될 수 없는 암페타민으로

8) 현재 한국에는 출시되어 있지 않음(역자 주).

잠가 놓게 되었다. 활성 약물과 활성화의 전형적인 패턴을 바꾸는 또 다른 화합물의 결합은 FDA가 전구 약물이라고 부르는 종류의 약물을 생성한다. 전구 약물은 일단 삼켜지면, 위장과 소장(아마도 장 내벽의 혈액)에서 자연적으로 일어나는 화학물질이 d-AMP로부터 리신을 분리해 내어 d-AMP는 활동을 개시할 수 있게 된다. 일반적으로 d-AMP의 효과는 10~14시간 동안 지속된다.[9)]

향후 전망

아직 성인 ADHD 치료에 승인되지 않았지만, 2019년 6월에 ADHD 문제가 있는 아동과 청소년들을 위한 새로운 전달 체계가 나왔다. 메틸페니데이트를 사용하지만, 약물의 활성화를 지연시키는 독특한 전달 체계에 결합한다(상품명은 Jornay PM). 어린이들은 그 약제를 밤 9시에 복용하고, 그 약물은 약 9시간 후에 활성화된다. 이러한 형태는, 다른 형태의 자극제들은 부모와 어린이 모두에게 가장 스트레스가 큰 시간대인 등교하는 날의 이른 아침 시간에 약효가 없을 수 있다는 문제를 해결하기 위해 개발되었다. 제약사는 지연-방출 체계의 암페타민 버전을 출시할 계획이며 ADHD를 앓고 있는 성인에게 사용하기 위해 두 가지 약물 모두에 대한 FDA 승인을 받기를 희망한다.

다른 회사들은 자극제인 암페타민과 아토목세틴과 유사한 노르에피네프린 재흡수 차단제[NERI]의 결합물의 실험을 하고 있는데, 이를 통해 단독 약제로 사용될 때보다 더 넓은 범위의 ADHD 증상을 조절

9) 현재 한국에는 출시되어 있지 않음(역자 주).

할 수 있을지를 보기 위해서이다. 그리고 여전히 다른 회사들은 ADHD에 대한 효과를 위해 훨씬 특이한 노르에피네프린 재흡수 차단 약제 연구를 하고 있다. 또한 현재 ADHD에 기여하는 것으로 밝혀진 유전자에 의해 부정적인 영향을 받는 뇌 기능을 표적으로 삼는 훨씬 더 많은 의약품이 개발될 것으로 기대한다.

궁금증) 내 경우에서 보이는 것처럼, 복제 의약품이 정말로 다를 수 있을까? 내가 다니는 약국에서 리탈린의 복제 의약품으로 바꿨는데, 새로운 제네릭은 거의 효과가 없었다. 의사는 유명 의약품으로 바꾸어 주었는데, 정말로 더 이상의 비용을 지출할 필요가 있을까?

당신의 주치의가 상당한 차이가 있을 수 있다고 믿는 것은 옳다. 복제 의약품은 브랜드 의약품(오리지널 약제)과 같은 수준의 엄격한 기준으로 제조되지 않은 것으로 보인다. 일반 의약품들은 일상적으로 증상 조절에서 더 큰 변농성을 보인다는 수많은 보고와 연관성이 있고, 전체적인 증상 조절에 있어 덜 성공적이라는 보고가 있다. 만약에 이런 일이 일어난다면, 브랜드 의약품(오리지널 약제)으로 다시 바꿀 것을 요청하라.

궁금증) 지금 현재 약물로도 꽤 효과가 좋은 것으로 보이는데, 새로운 약물이 출시될 때마다 약을 바꿔야 할까? 엄청난 새로운 치료적 이점이 있다고 광고하는 새로운 약제를 시도하지 않으면 나는 실패하는 걸까?

일반적으로, 당신의 ADHD 증상들이 성공적으로 조절되고 있는데, 최신 약으로 바꾸는 것은 좋은 생각은 아니다. 그러나, 부작용 때문에 짜증 나고, 의사가 신약이 더 적은 부작용을 가졌을 거라고 믿는다면, 약제나 전달 체계를 바꿀 가치가 있을 것이다. 예를 들어, 애더럴 XR의 신속하고 주관적으로 지각되는 약효시작이 내적 긴장이 늘어나는 느낌과 연관된다는 표현을 하는 성인 환자들이 있다. 이런 경우에 바이반스 Vyvanse로 바꾸면, 약효의 개시와 종료가 좀 더 부드러워 도움이 될 수 있다. 둘 다 암페타민이지만, 바이반스의 전달 체계는 용량이 얼마나 빨리 느껴지는지에 차이를 두는 것 같다.

궁금증) 먹는 것을 잊으면, 어떻게 해야 할까?

오후 1시 혹은 2시가 지나지 않은 한에는 수면에 큰 영향 없이 약을 복용해도 된다. 만약 하루 종일 잊었다면, 다음 날 복용하면 된다. 자극제는 갑작스러운 중단으로 생기는 문제는 없는 것으로 보이는데, 대부분의 경우 처방대로 복용하면 24시간 이내에 몸 밖으로 배출되기 때문일 가능성이 높다.

궁금증) 자극제 약물에 내성이 생길 가능성이 있는가? 만약 그렇다면, 내성이 생길 가능성을 피하기 위해서 어떻게 하여야 하며, 혹은 일단 해결하려면 어떻게 다루어야 하는가?

실제적인 신체적 내성은 현재의 ADHD 약제들에서는 잘 생기지 않는 것으로 보이지만, 어떤 사람들은 치료를 시작한 지 3~6개월이 지나자 치료제의 효과가 덜한 것 같다는 보고를 하기도 한다. 이런 경우에는 보통 치료제의 용량을 조정하거나 혹은 때때로 다른 전달 체계나 약물로 바꾸는 것이 필요할 수 있다. 우리는 때로 치료약물이 이전만큼 약효가 없다고 불평하는 사람들을 만나게 되는데, 이들에게 좀 더 많은 정보를 얻어 보면 훨씬 더 많은 스트레스 상황하에 있거나, ADHD 증상들이 악화될 수 있는 시기에 처해있거나 하는 이유로 통상적인 용량에서 적절한 치료효과를 기대하기 어려운 상황에 놓여 있는 경우들이다. 그런 사람들은 일시적으로 치료 용량을 변경하거나, 이 시기에 겪은 스트레스의 원인을 밝혀 두어야 할 필요가 있을 것이다.

어떤 사람들은 약을 복용하고 나면 자신에 대한 시각을 조정하고 개선되지 않은 부분에 너무 집중하게 되면서 약이 효과가 없다고 믿기 시작한다. 그들은 약을 먹었을 때의 긍정적인 효과를 스스로 떠올릴 수 있도록, 혹은 실제로 약물이 더 이상 약효가 없는지를 발견하기 위해서라도 며칠 동안 약물을 중단할 필요가 있을 수 있다.

14장

비자극제

의사들이나 연구자들이 ADHD를 위한 '비자극제'라고 이야기할 때에는 전형적으로 아토목세틴이나, 알파-2 차단제인 구안파신 XR을 일컫는 것이다. 아토목세틴은 스트라테라Strattera라는 상품명으로, 구안파신 XR은 인터니브Intuniv라는 상품명으로 판매되고 있는 것을 확인할 수 있을 것이다.

어린이와 청소년, 성인 ADHD의 치료를 위해 아토목세틴이 FDA 승인을 받은 것은 2003년도였다. 성인 ADHD 치료를 위해 승인된 최초의(아직도 유일한) 비자극제였다. 당시 25년 만에 ADHD 치료제로 승인된 최초의 신약이었다. 아토목세틴은 FDA 승인을 받기 전까지 다른 어떤 ADHD 치료제들보다 더 많이 연구되었는데, 전 세계적으로 6,000여 명 이상의 환자들이 참여한 무작위 이중맹검 연구였다. **＊ 11장의 무작위, 대조, 이중맹검 시험의 정의를 확인하라.** ADHD 치료에 자극제가 사용되어 온 것은 훨씬 오래되었지만, 연구 결과들은 아토목세틴의 안전성과 효능은 의심할 여지가 없다고 보여 준다.

아토목세틴(스트라테라)

흥미롭게도, 아토목세틴은 항우울제 가능성 후보물질로 수년간 연구되었다. 제조업체가 (우리가 알지 못하는 이유로) 그 방향을 포기했을 당시에는 약을 보류해 두었지만, 훨씬 후에 이 약을 ADHD 치료제로 간주하기 시작했다. 이 약은 노르에피네프린이 방출된 후 신경세포에 재흡수되는 것을 방지하여 더 많은 약물이 세포 외부에 남아 근처의 다른 신경세포에 작용할 수 있도록 한다. 따라서 화학적 전달체의 부족으로 나타나는 문제를 치료하는 데 자연스럽다. 13장에서 각성제는 주로 신경전달물질인 도파민을 표적으로 삼는다는 내용을 읽었을 것이다. 아토목세틴이 주로 노르에피네프린을 표적으로 삼는다는 사실은 ADHD 증상에 약간 다른 효과가 있음을 의미한다. 그럼에도 불구하고 일부 연구에서는 간접적으로 도파민 기능을 향상시킬 수 있다고 제안한다. 다른 뇌화학 물질에 영향을 미치므로 일부 사람들에게는 각성제보다 더 잘 작용할 수 있다. 이는 특정 ADHD의 신경학적 결함이 어디에 있는지에 따라 모두 다르다. 우리는 모두 생물학적으로 독특하다. 특히 뇌의 조직과 기능은 더욱 그렇다.

아토목세틴은 용량에 따라서 하루에 한 번 혹은 두 번 복용 가능하다. 대부분의 성인들은 1일 1회 복용한다. 아토목세틴의 효과는 하루 대부분 지속되므로 자극제 치료에서 보듯이 서방형 제제가 필요하지 않다. 대부분의 사람들은 아침에 약을 복용하면서 시작하지만, 상당한 졸림이나 피로감이 몇 주 이상 지속된다면 밤에 복용하거나, 하루에

2회 복용으로 용량을 나누는 것이 최선이 될 수 있을 것이다. 자극제를 복용할 때 비해서 적절한 용량에 도달할 때까지 더 오랜 기간이 소요될 수도 있다. 아토목세틴과 같은 약물의 부작용에 신체가 적응하는 데에는 각성제보다 시간이 더 오래 걸린다. 따라서 당신의 주치의는 각성제의 경우보다 특정 용량을 조금 더 오래 복용한 후 조정할 수 있다.

자극제와 비교하여 아토목세틴은 얼마나 효과가 있는가?

- 평균적으로 약 75%의 사람들은 자극제나 혹은 비자극제에서 긍정적인 효과를 얻는다.
- 일부 연구에 따르면 50%의 사람들은 두 가지 유형의 약물 모두에 긍정적인 반응을 보이지만, 25%는 아토목세틴보다 각성제에 더 잘 반응하고 나머지 25%는 각성제 중 하나보다 아토목세틴에 더 잘 반응할 수 있다고 한다.

궁금증) 이 약은 각성제보다 효과가 오래 걸린다고 들었다. 그런가? 그렇다면 얼마나 걸리는가?

그렇다. 아토목세틴의 경우, 의사가 당신에게 가장 적절한 정도의 용량을 찾기까지 점진적인 용량 조절에 약 2~4주의 기간이 걸릴 수 있다. 이러한 약제를 복용하면 노르에피네프린이 증가되므로, 용량을 너무 빠른 속도로 올리거나 너무 많은 용량을 투여하게 되면 오심(메스꺼움), 졸음 같은 성가신 부작용이 나타날 수 있어 더 천천히 용량을 조정한다. 아토목세틴과 같은 작용기전을 가진 다른 약제(빌록사진viloxazine, 혹은 켈브리Qelbree)가 어린이용으로 2021년 4월 FDA 승인을 받았고 이상적인 용량까지 조정하는 데 걸리는 시간이 짧아졌다. 조만간 성인용으로 승인될 수도 있다. 나는 막 아토목세틴을 시작하려는 성인에게는 기다릴 것을 추천한다. 수년간 ADHD를 앓고 있는 사람이라면 몇 주 동안에 걸쳐 증상을 조절하는 것은 이 약이 주는 이점에 비해서 작은 대가를 치르는 것이다.

아토목세틴이 거의 남용되지 않는 이유… 그리고 이것이 당신에게 의미하는 것

어떤 연구들은 노르에피네프린 재흡수를 차단함으로써 아토목세틴이 신경세포 외부의 도파민의 양을 증가시킨다는 것을 보여 준다. 그러나, 이러한 현상은 전두엽피질과 같이 뇌의 특정 부분에서만 관찰된다. 이것은 약물의존이나 남용과 연관된다고 알려진 뇌의 보상센터와 상관없이 ADHD에서의 도파민 결핍을 보여 주는 것이라고 설명할 수 있다. 메틸페니데이트와 암페타민 같은 동일한 자극제의 효과는 없기 때문에, 아토목세틴은 남용될 여지가 거의 없다. 사실상 항우울제처럼 남용의 여지가 거의 없다고 알려져 있는 정신과 약물들만큼이나, 약물중독자들은 아토목세틴을 복용하려고 하지 않는다는 연구 결과가 있다. 이것이 '비자극제'라고 불리게 된 이유이고, 미국에서 규제대상 약물이 아닌 이유이다.

이것이 당신에게 어떤 의미가 있는가?

- 처방전을 작성하고 리필하는 것이 훨씬 더 편리하다. 예를 들어, 각성제로는 할 수 없는 리필을 의사에게 전화로 요청할 수 있다.[10)]
- 다른 사람 누구든 접근할 수 없는 곳에 약을 두어야 한다는 주의를 기울일 필요가 없다.

10) 미국에서는 비대면 처방으로 조제가 가능한 경우가 있다는 뜻(역자 주).

• 물질남용의 문제로 곤란을 겪고 있는 사람에겐 가장 효과적인 치료법이 될 수 있다. (실제로 ADHD가 있는 성인 알코올 의존 환자에게서 아토목세틴은 ADHD를 호전시키고, 동시에 과음도 줄였다는 연구 결과도 있었다.)

아토목세틴은 안전한가?

> 아토목세틴과 모노아민 산화효소 억제제[MAOI]를 동시에 복용하면 생명을 위협할 수 있는 부작용이 발생할 수 있으므로 함께 복용하지 말아야 한다.

✓ 약물 남용의 위험성이 매우 낮다.

✓ 치료받은 사람들의 백만 명 중 1명에게서 간 합병증이 발생하였는데, 이 책을 쓰는 시점까지 발표된 450만 명의 치료받은 사람 중에서는 1~4건 정도 발생하였다(4명 모두가 약으로 인한 문제인지 명백한 것은 아니며, 좀 더 최근의 연구에서는 단지 1명의 간염 증례에서만 약과의 연관성이 시사된다고 한다). 이러한 극히 이례적인 부작용은 신체의 면역체계가 간의 바깥층을 공격하여 염증을 일으키는 약물에 대한 매우 드문 자가면역반응에서 기인하는 것으로 보인다. 안전하기 위해서는, 간 손상 병력이 있거나 다른 간 문제가 있는 사람에게는 아토목세틴을 피하는 것이 좋겠다.

✓ 아토목세틴 포장지에는 이 약을 복용하는 경우 자살시도가 증가하는 정도는 아니지만 자살 사고가 증가할 수 있다는 경고문이 삽입되어 있다. 이러한 위험은 십 대에게나 성인에게는 보이지

않는다는 것을 주목하는 것이 중요하다. 초기 임상 시험에서 정보를 수집하는 방법이 완전히 타당하지 않았고 연구에 참여한 23개 기관 중 한 곳에서만 문제가 발견되었기 때문에 어린이의 경우에도 여전히 의문점이 남아 있다.

✓ 아토목세틴은 자극제보다는 더 적은 빈도지만, 심박수와 혈압을 높일 수 있다.

아토목세틴의 가장 빈번한 부작용은 아래와 같다.

- 오심(메스꺼움) 혹은 구토
- 구갈(입마름)
- 어지럼증 혹은 현기증
- 졸림
- 변비
- 발한(땀을 흘림)
- 성욕감소 혹은 발기 부전
- 불면(자극제보다는 훨씬 낮은 빈도)
- 과민성(드묾; 자극제의 경우처럼, 어떤 사람들은 이 약을 복용하는 동안 기분이나 정서적인 자기 조절 능력이 좋아지는 경험을 보고한다)

궁금증) 처음 시도한 각성제로 인한 불면증을 견딜 수 없었다. 의사가 다른 각성제를 처방해줬는데도 같은 문제가 발생했다. 하지만 스트라테라를 복용해도 ADHD가 거의 개선되지 않고 있다. 할 수 있는 다른 방법이 있을까?

자주 있을 것 같지 않은 상황이지만, 발생할 가능성은 확실히 있는 일이다. ADHD 코칭뿐만 아니라 이 책의 4단계와 5단계에서 다룰 비약물적 방법들을 시도해 보라. 어떤 의사들은 낮은 용량의 자극제와 아토목세틴을 병용 투여하기도 한다. 당신에게 도움이 될 것으로 여겨진다면, 주치의와 이런 방법에 대하여 의논해 보라.

결론은? 몇몇 연구들은 아토목세틴이 자극제만큼 ADHD 증상들을 호전시키지 못한다는 것을 보고하고 있다. 하지만 각성제와 관련된 불편한 부작용을 피하는 동시에 증상을 관리할 수 있을 만큼 충분히 개선할 수 있다.

> 아토목세틴은 자극제들에 보다 더 좋은 치료선택이 될 수 있다. 만약…
>
> - 당신이 경도에서 중등도의 ADHD이고 암페타민 같은 가장 강력한 치료제를 필요로 하지 않는다면
> - 당신이 이미 자극제를 시도해 보았지만, 별 증상 호전이 없었다면
> - 당신이 자극제로 인해 심각한 불면증 부작용을 경험했다면(아토목세틴은 수면 문제를 야기하지 않는다)
> - 당신이나 혹은 당신 집안의 누군가가 물질남용 병력이 있다면
> - 당신이 하루 종일 지속되는 치료 효과를 필요로 한다면
> - 당신이 불안, 우울, 틱, 신경질적인 버릇 혹은 강박증을 앓고 있다면(아토목세틴은 이러한 상태들은 악화시키지 않으며 어떤 증례에서는 틱이나 불안이 실제로 호전되기도 한다)

궁금증) 캡슐을 개봉하여 음식과 섞어 먹거나 복용량을 조절할 수 있는가?

안 된다. 아토목세틴은 어느 정도 산성과 같은 성질을 가지고 있어 약 성분 가루가 손가락에 묻었다가 눈을 비볐을 경우, 눈에 화상을 입을 수도 있다. 당신의 용량 조절을 위해서 의사는 당신의 ADHD 증상 치료를 더 잘할 수 있도록 여러 용량의 캡슐을 처방할 수 있다.

구안파신 XR(인터니브)[11]

이 약제는 성인에서의 고혈압을 조절하는 약으로 널리 알려진 약에 기반을 두고 있는데(구안파신 HCL), ADHD 증상을 조절하기 위해서는 더욱 새로워진 서방형 제제로 선보이고 있다. 서방형 제제의 이점을 얻으려면 정제를 부수지 말고 통째로 삼켜야 한다. 일부 환자의 경우에는 구안파신이 ADHD 증상들에 꽤 잘 듣는데, 어떤 환자들의 경우에는 자극제(메틸페니데이트나 암페타민)만큼 효과적이지 못한 것 같고, 비자극제인 아토목세틴보다도 살짝 덜 효과적인 것 같다. 매일 신체 내에서 제거되는 자극제들과 달리 구안파신 XR은 대사되어 제거되기 전에 24시간 이상 체내에 잔류한다.

이 약은 다른 ADHD 치료제와 완전히 다른 경로로 뇌에 작용한다. 앞서 설명한 대로 시냅스 또는 신경세포 사이의 간격에서 뇌에서 사용할 수 있는 신경 전달 물질의 양을 변화시킨다. 구안파신 XR은 신경세포를 통한 신호 전달을 미세 조정하여 효과를 나타낸다. 각 신경세포에는 주 채널 또는 축삭을 따라 괄약근이나 밸브와 같은 작은 포트 또는 개구부가 있다. 이를 알파-2 포트라고 하며, 이 포트가 더 많이 열려 있

11) 현재 한국에는 출시되어 있지 않음(역자 주).

을수록 해당 세포의 신경 신호가 더 많이 방해받거나 약화될 수 있다. 구안파신 XR은 이러한 포트를 닫아 축삭을 따라 이동할 때 신호를 강화하여 각 세포가 인접한 신경세포와 더 쉽게 통신할 수 있도록 하여 기능을 향상시킨다.

그러나 이 약은 항고혈압제이기 때문에, 혈압이 낮아지는 부작용이 있으며, 그로 인해 머리가 어지럽고 드물게는 실신할 수 있다. 다른 혈압약과 마찬가지로 졸음이나 진정을 유발할 수 있으며, 각성제에 비해 복용량을 조절하고 ADHD 증상을 잘 조절할 수 있는 적정량을 찾는 데 시간이 오래 걸릴 수 있다.

구안파신 XR의 가장 빈번한 부작용은 아래와 같다.

- 현기증과 졸림, 특히 치료를 시작할 때 흔함
- 두통
- 과민함
- 저혈압
- 오심(메스꺼움)
- 위통
- 입마름(구강 건조)
- 변비
- 식욕 감퇴
- 매우 심한 저혈압(흔하지 않음)
- 서맥(느린 심박수, 흔하지 않음)
- 실신(흔하지 않음)

부작용은 약을 복용하는 동안 시간이 지남에 따라 줄어들 수 있다.

아토목세틴과 마찬가지로 이 약물은 뇌의 보상중추에 큰 영향을 미치지 않으므로 각성제처럼 남용 가능성이 크지 않다. 각성제보다 효과가 덜하고 최적의 결과를 얻기 위해 복용량을 조절하는 동안 더 많은 인내가 필요하다는 점에서 ADHD 관리를 위한 3차 약물로 간주되는 경우가 많다. 이 약과 유사하며 어린이용으로 FDA 승인을 받은 또 다른 약물로는 클로니딘 XR이 있다. 이 약은 곧 성인용으로도 승인될 예정이다.

부프로피온(웰부트린)

부프로피온(상품명: 웰부트린)은 항우울제로 개발된 약제인데, 때로 성인 ADHD 치료제로도 쓰이며, 특히 불안이나 우울이 동반되어 있는 경우에 유효하다. 성인 ADHD 치료제로 FDA 승인이 된 것은 아니며 아토목세틴처럼 철저하게 연구된 바도 없다. 하지만, 가능한 연구보고에서는 ADHD 증상의 관리에 유의미한 이점이 있다는 것을 보여 주고 있으며, FDA 승인을 받지 못하였다고 하여 의사가 웰부트린을 처방할 수 없는 것은 아니다. 일반적으로 성인 ADHD뿐만 아니라 불안이나 우울증의 진단도 받은 적이 있는 경우에는 자극제나 아토목세틴보다 더 나은 선택이 될 수 있다. 부프로피온은 아토목세틴과 같은 방식으로 뇌에서 노르에피네프린을 증가시키고, 도파민과 세로토닌 같은 다른 신경전달물질에도 영향을 미친다. 도파민에 영향을 줌으로써 ADHD 관리에 도움이 될 수 있고, 세로토닌과 관련 없는 다른 치료제들과는 다른 부작용도 생길 수 있게 된다. 만약 ADHD가 유일한 진단이라면 자극제나 아토목세틴을 복용하는 것이 더 나을 수 있다.

FDA 승인을 받지 않은 질환을 치료하기 위해 약물을 사용하는 것을 '허가 외 사용'이라고 하며, 이는 매우 안전할 수 있고 때로는 최선의 선택일 수도 있다. 하지만 항상 의사에게 장단점과 다른 대체 약물보다 이 약물이 선호되는지를 설명해 달라고 요청하라.

다른 비자극제가 처방될 수 있지만, ADHD 증상 개선에 특별히 효과적인 약은 없기 때문에 반드시 ADHD에 처방되는 것은 아니다. 그러나 ADHD 치료제는 항우울제, 항불안제, 항고혈압제, 심지어 일부 기분 안정제나 항정신병 약물과 같은 다른 질환 치료에 사용되는 약물과 함께 처방되는 경우가 많다.

항기면제인 모다피닐(제품명: 프로비질)은 소아 ADHD 증상에 대한 치료제로서 초기에는 어느 정도 가능성을 보였지만, 이러한 결과조차 다른 연구에서 항상 반복되는 것은 아니다. 또한 현재까지 성인 ADHD 환자에 대한 약물 사용에 대한 연구는 없다. 이 약물은 각성 및 각성을 증가시키고 수면 무호흡증(수면 중 호흡장애)을 치료하는 데 사용되기도 한다. 그러나 FDA에 제출된 초기 연구에서 드물게 심각한 알레르기성 피부 반응이 나타났기 때문에 이 글을 쓰는 현재로서는 ADHD 치료제로 FDA 승인을 받지 못했다. FDA는 승인을 받기 전에 특정 희귀 부작용에 대한 추가 연구를 요구했다. 그러나 이 글을 쓰는 현재로서는 제조업체가 이 승인 절차에 더 이상 시간과 비용을 투자하지 않을 것으로 보인다.

15장
우리는 치료에서 어떤 것을 기대할 수 있는가?

ADHD를 위한 약물, 특히 자극제와 아토목세틴은 정신질환을 치료하는 데 사용되는 모든 약물 중에서 가장 안전하고 효과적이며 가장 잘 연구된 약물 중 하나이다. 따라서 적절한 치료를 한다면, 삶을 크게 개선할 수 있을 가능성이 80% 이상이라고 알려져 있다. 최적의 처방 방법을 찾기 위해서는 약간의 시간과 함께 의사와 상의를 거쳐 여러 가지 방법을 시도해볼 필요가 있다. 당신과 주치의가 함께 그곳에 도달하는 방법은 다음과 같다.

신체검사와 문진

진단평가 당시에 이미 이 단계들을 거쳤을 수도 있다. 그러나 예전에 진단을 받았지만 현재 약물치료를 고려하고 있다면, 의사는 이러한 단계를 다시 한번 검토하고자 할 것이다. 이렇게 함으로써 새로운 요소가 치료 과정에 영향을 미칠 수 있는지를 확인하는 것이 좋다.

의사는 다음과 같은 사항에 특별히 주의를 기울여 신체검사를 진행할 것이다.

약물치료를 시작한 후, 만약 두근거림, 심박수 증가, 가슴 통증, 현기증, 혹은 실신 등 중요한 심장 기능 문제가 발생하면 즉시 의사에게 알려야 한다.

- ✓ 심박수
- ✓ 혈압
- ✓ 복용 중인 다른 약물

심장에 문제가 없는지 확인한다

만약 13장과 14장을 읽었다면, 자극제 혹은 비자극제를 선택하기 전에 자신이나 가족력에서 심장 문제를 발견하는 것이 중요하다는 것을 알고 있을 것이다. 일부 의사들은 심전도 검사를 수행할 수도 있다. 보통은 이것이 필수적이지는 않지만, 다른 이유로 오랜 시간 심전도를 받지 않았다면, 상대적으로 저렴한 예방책으로서 나쁘지 않은 생각이다.

함께 복용해도 괜찮은지 약물상호작용을 확인한다

이러한 약물들은 대체로 다른 약물들과 함께 복용해도 안전하다. 그러나 두 개 이상의 자극제 약물을 동시에 복용하거나 MAOI 약물을 복용 중인 경우 아토목세틴 약물을 고려하지 않도록 주의해야 한다. 또한, 담배를 피우는 경우 의사가 자극제 약물을 처방하고 있다면 이에 대해 상의하는 것이 좋다. 니코틴은 자극제로 작용하여, 자극제 약물과 함께 복용하면 심장 박동이나 혈압 등의 부작용이 발생할 수 있다.

정확히 맞는 약물 찾기

ADHD 약물치료에서 처방받은 첫 약물에 대한 반응률은 대략 75% 정도이다. 따라서 처음 시도한 약물로 인해 삶의 질이 크게 개선되는 경우가 많다. 그러나 반응이 좋지 않아도 걱정할 필요는 없다. 시도할 수 있는 다른 약물, 약물 형태, 용량이 많이 있으며, 당신에게 맞는 치료법을 찾을 수 있을 것이다. 미국 시장에서 현재 판매되는 다양한 ADHD 약물 중 대략 80~90% 정도가 긍정적인 효과를 보인다.

의사는 처음 시도할 약물을 결정하는 데 있어서 어떻게 결정할까?

최상의 치료 계획을 디자인하는 것은 과학적인 면과 함께 예술적인 면도 있다. 이 과정에서 인내심을 가지려고 노력해 보라. 그리고 이 과정에서 모든 것을 얻을 수 있는 주인공은 바로 당신이다!

자극제 VS 비자극제?

의사들은 성인 ADHD의 모든 케이스에서 이러한 문제에 직면한다. 일부는 이미 환자들에게 성공적으로 사용한 약물로 시작한다. 일부는 최선의 치료제로 사용하도록 교육받았던 약물을 사용한다. 특히 동료들보다 경험이 적은 경우에는 동료들이 이미 널리 사용하고 있는 것을 사용한다.

만약 ADHD 외의 다른 장애를 가지고 있지 않거나 상대적으로 빠른 ADHD 증상 개선이 필요한 경우(업무수행능력이 개선되지 않으면 해고당할 정도로 상황이 안 좋은 경우, 배우자가 관계가 빨리 개선되지 않으면 당신을 떠나려고 계획하고 있는 경우, 대학에 적응하는 데 실패하기 직전인 경우 등) 대부분의 의사들은 먼저 자극제를 시도할 것이다. 첫 번째 시도를 위해 선택되는 약물 양식은 13장에서 나열된 장단점에 따라 결정될 수 있다. 그러나 나와 내 동료들은 의사가 표준 지침을 넘어서는 방법으로 당신에게 가장 적합한 것을 찾을 수 있다고 믿는다. 이어서 나오는 체크리스트를 사용하면 자극제 또는 아토목세틴과 같은 비자극제가 당신에게 가장 적합한지를 파악할 수 있다. 이 목록을 당신의 의사에게 전달하여 고려해볼 수 있다.

만약 "예"라는 답변이 많다면, 자극제를 시작하기 전에 아토목세틴 또는 다른 비자극제를 고려하는 것이 좋다. 의사는 두 가지 약물을 조합하여 각각의 부작용을 최소화하면서 여러 가지 우려 사항에 대해 보다 효과적인(더 광범위한) 대응을 제공할 수 있도록 낮은 용량을 사용할 수 있다.

약물을 복용하고 있지만 효과를 느끼지 못한다고 생각한다면, 함께 생활하거나 가까운 사람으로부터 피드백을 요청하는 것이 중요하다. 때로는 다른 사람들이 더 잘 알아차릴 수 있는 변화일 수도 있다.

예	아니요	고려해야 할 문제점들
□	□	1. 이전에 자극제를 복용하면서 부작용을 겪거나 효과가 안 좋았던 적이 있는가?
□	□	2. 이전에 노르아드레날린계 약제를 사용했을 때 부작용이나 효과가 안 좋았던 경험이 전혀 없었는가?
□	□	3. ADHD의 긴급한 관리를 위해 즉각적인 약물 대응이 필요한가?
□	□	4. ADHD 외에 불안이나 우울감을 느끼는가?
□	□	5. 틱이나 뚜렛장애가 있는가?
□	□	6. 당신은 뚜렷한 불면증 혹은 입면에 어려움을 겪는가?
□	□	7. 이른 아침에 감정적으로 충동적이거나, 분노를 느끼거나, 다른 사람들과 갈등을 겪는 일이 있는가?
□	□	8. 제2급 자극제를 사용하는 것에 대해 우려되는 점이 있는가?(자극제에 대한 부정적인 홍보나 남용 가능성)
□	□	9. 자극제를 복용하면 가족 구성원들의 갈등이나 적대감을 마주하게 되는가?
□	□	10. 의사 혹은 당신은 자극제 사용으로 인해 발생할 수 있는 더 큰 어려움(빈번한 진료 방문, 심도 있는 모니터링, 그리고 관련된 의료 비용 증가)에 대해 우려하고 있는가?
□	□	11. 당신은 쾌락을 위한 남용, 절도 또는 다른 용도의 사용과 같은 잠재적인 위험이 있는 대학생인가?
□	□	12. 마약을 남용한 적이 있는가?
□	□	13. 직계가족처럼 당신과 살고 있는 사람 중에 그런 과거력이 있는 사람이 있는가?
□	□	14. 자극제를 사용했을 때 뚜렷한 불면을 겪은 적이 있는가?
□	□	15. 자극제를 복용하는 동안 아침에 심각한 짜증, 분노 또는 다른 행동 문제를 경험한 적이 있는가?
□	□	16. 자극제를 복용하는 동안 감정의 둔마나 정상적인 감정 표현의 제한(무감동함)과 같은 경험을 한 적이 있는가?
____	____	**합계:** '예'와 '아니요'에 표시한 개수

적절한 용량 찾기

성공적으로 ADHD를 치료하는 데 필요한 용량은 사람마다 크게 다를 수 있다. 어떤 성인은 어린이용 용량과 비슷할 정도로 매우 적은 용량이 필요한 반면, 다른 이는 평균보다 훨씬 높은 용량이 필요할 수도 있다. 의사는 당신을 위해 용량 범위를 조절하면서 시작 용량을 낮추고 매주 증량하여 좋은 반응을 얻거나 불편한 부작용이 나타나 더 높은 용량을 사용할 수 없는 상황이 될 때까지 용량을 조정할 것이다.

그러나 인내심을 가질 필요가 있다. 상황에 맞는 용량을 찾을 때까지 2~3주에서 1~2개월 정도 걸릴 수 있다.

첫 번째로 시도하는 약물이 당신에게 효과를 줄 가능성은 상당히 높다.

- 처음 시도한 약물에 반응하지 않을 확률은 10~25%에 불과하다.
- 약물을 전혀 견디지 못할 확률은 3~10%에 불과하다.

첫 번째로 시도한 약물이 당신에게 효과가 없거나 의사와 원하는 만큼의 효과를 보여 주지 못한다면, 당신에게는 다른 여러 옵션이 적합할 수 있다.

예를 들어, 리탈린 LA나 포칼린 XR과 같은 서방형 제제를 시도해 보았지만 큰 성공을 거두지 못한 경우, 특정 약물보다는 전달 시스템 자체가 문제일 수 있다. 이 경우 콘서타나 데이트라나와 같은 삼투압을 기반한 약으로 전환해 볼 수 있다. 만약 이러한 약물도 효과가 없다면, 에더럴 XR이나 바이반스 같은 암페타민 전달 시스템이나 자극제가 아닌 아토목세틴Strattera으로 전환해 볼 수 있다. 이러한 약물들이 여전히 효과가 없다면, 구안파신 XR을 시도해 볼 수도 있다. 만약 다른 약물들로 양호한 반응을 보이지 않거나 다른 치료가 먼저 필요한 상황이라면, 의사는 라벨 외 사용으로 FDA에 승인되지 않은 약물을 고려할 수도 있다. 이 경우 ADHD를 관리하기 위한 선택지로 부프로피온이 고려될 수 있다.

의사는 항상 가장 심각하거나 생명에 위협이 되는 상태를 우선적으로 치료해야 한다. 예를 들어, 당신이 양극성 장애나 심한 우울증을 가지고 있다면, ADHD 약물을 시작하기 전에 해당 상태에 대한 약물치료가 우선되어야 한다.

치료의 모니터링

ADHD 치료를 위해 개발된 약물은 2단계에서 논의된 뇌의 특성 문제를 대상으로 한다. 적절한 약물을 선택한 후에 다음과 같은 변화를 느낄 수 있다.

- 업무에서 생산성이 향상된다.
- 수행해야 할 작업에 더 잘 집중할 수 있다.
- 다른 사람과 독립적으로 더 잘 일할 수 있다.
- 충동 조절력이 향상된다.
- 행동에 대해 더 신중해진다.
- 생각을 더 잘 조직할 수 있다.
- 대화를 원활하게 이어나갈 수 있다.

- 시간 관리가 개선되었다고 느껴진다.
- 지루한 작업(예: 업무 서신 또는 보고서 작성)을 더 쉽게 처리할 수 있다.
- 약속을 지킬 수 있다.
- 감정 조절이 개선된다.

약물치료를 시작할 때, 의사는 당신의 증상이 가능한 많이 조절될 수 있도록 필요에 따라 용량을 조절하기 위해 적어도 일주일에 한 번은 상담하기를 원할 것이다. 그 후, 자극제를 복용하는 경우 매월 새로운 처방전이 필요하므로 매월 의사와 상담해야 한다.

적절한 용량을 찾은 후, 의사는 보통 정기적인 후속 진료를 위해 3~6개월마다 만나자고 할 것이다. 약을 복용한 첫 3~6개월 후, 비정상적인 체중 증가 또는 감소가 있었거나 생활 환경이 급격히 변화하여 증상 조절이 어려워진 경우 추가 용량 조절이 필요한 때가 종종 있다. 예를 들어, 대학에 전일제로 복학하면 시간 관리, 자기 조직화, 자기 동기 부여 기술에 대한 필요성이 증가하여, 적어도 강의실이나 공부하는 날에는 복용량을 늘려야 할 수도 있다. 또한 컴퓨터 판매원일 경우 특정 지역의 많은 고객을 방문하는 날에는 작은 용량만으로 ADHD를 관리할 수 있지만, 서류 작업이 많거나 판매 관리자로 승진한 경우에는 더 많은 약물이 필요할 수 있다. 일반적으로는 이러한 큰 변화나 체중 변화가 없는 한, 몇 달 동안 용량이 안정화된 후에는 대부분의 경우 여러 달 동안 용량을 일정하게 유지할 수 있다.

증상 변화를 모니터링하기 위해 이 장의 마지막에 있는 ADHD 증상 추적척도를 사용하는 것을 고려해볼 수 있다. 이 척도를 사용하면 약물이 증상 개선에 어떻게 기여하고 추가적인 용량 증가가 필요한지에 대해 의사에게 더 정확한 정보를 줄 수 있다. 또한, 기록하지 않으면 기억하기 어려울 수 있는 정보를 의사에게 전달하는 데 도움이 될 수 있다.

약물을 중단해야 하는 시점은 언제일까? 일반적으로 의사는 성인들이 약물을 주 7일 복용하도록 권장한다. 왜냐하면 ADHD로 인해 발생하는 불편감은 직장이나 대학에만 발생하는 것이 아니라 운전, 자녀 양육, 가정에서의 책임, 돈 관리, 사회적 관계와 같은 삶의 여러 영역에서 발생할 수 있기 때문이다. 이러한 영역에서 여전히 불편함을 느낀다면 약물 복용을 계속해야 한다.

그러나 일시적으로라도 약물을 중단하는 것이 합리적인 경우도 있을 수 있다. 나는 임상 경험상 일부 성인들이 복용하던 약물이 감정 범위와 창의성을 크게 제한한다는 것을 알았다. 이러한 사례는 일반적이지 않고 연구에서도 문서화되어 있지 않지만, 이 사람들의 고충이 어느 정도 이해되는 특수한 고용 상황에 처해 있었다.

시인 한 명을 그러한 예로 들 수 있다. 그녀는 가계 운영, 청구서 지불, 운전 등의 필요성 때문에 대부분의 날에 약물을 복용하지만, 글을 쓰기 위한 날에는 그녀 스스로가 시인으로서 창의성이 훨씬 떨어진다는 것을 발견했다. 따라서 그녀는 그러한 날만 약물을 중단하고, 이러한 조합은 그녀에게 잘 작동했다. 시는 감정, 이미지 및 은유 없이는 아무것도 아니며, 그녀는 약물로 인해 자신의 감정이 크게 제한되었다는 것을 느꼈다.

다른 한 사람의 경우 가까운 교향악단에서 연주하는 재능 있는 음악가였다. 시인과 마찬가지로, 그는 약물이 교향악단에서 첼로를 연주하지 않고 가사일이나 청구서 지불 또는 독서를 하는 날에 매우 유용하다는 것을 깨달았다. 그러나 오케스트라와 함께 공연할 때는 약물을 중단해야 음악의 감정적인 성격과 연결되고 더 표현력 있게 연주할 수 있었다. 이러한 특성들이 그를 성공적인 음악가로 만들어준 것이다.

궁금증) 약물의 효과가 체중 증가 또는 체중 감소, 호르몬 변화(폐경 전후/폐경)와 같은 신체의 주요 변화에 영향을 받을 가능성이 있는가?

일부 사람들, 특히 성장 중인 어린이들은 체중 증가, 신장 증가 및 성숙 과정의 다른 변화로 인해 시간이 지남에 따라 약물 용량을 조정해야 할 필요가 있을 수 있다. 성인들에게는 이러한 문제가 덜 발생하는 경향이 있지만, 일부 성인들은 체중 변화에 따라 약물의 효과에 변화가 있다고 보고했다. 따라서 약물 용량은 때때로 조정이 필요할 수 있지만, 그 빈도는 어린이들보다 적을 것으로 예상된다. 어떤 여성들에게는 폐경 전후기 또는 월경 주기가 ADHD 증상을 악화시킬 수 있지만, 약물의 효과에 미치는 영향에 대해서는 현재 우리에게 알려진 증거가 없기 때문에, 이는 아직 답을 내릴 수 없다.

항상 ADHD에 대한 것만은 아니다

ADHD를 위한 약물은 모든 문제를 기적적으로 해결해주지는 않는다. 직장에서의 문제, 대인관계에서의 문제 등은 모두 ADHD로 인한 것만은 아니다. 따라서 ADHD 치료용 약물이 효과가 있다고 해서 이러한 문제들이 사라지지는 않는다. 불행히도, 다른 방식의 접근이 필요한 생활의 지속적인 문제를 파악하는 것은 어려울 수 있다.

여자친구가 항상 당신에게 화를 내는 이유가 전화를 해야 한다고 약속했는데 잊어버렸기 때문인가? 아니면 단순히 당신과 서로 맞지 않기 때문인가?

승진을 못한 이유가 보스에게 말해야 할 것과 말해서는 안 되는 것을 모르기 때문인가? 아니면 다음 직급에 필요한 기술을 습득하지 못해서인가?

채권 회수 기관으로부터 괴롭힘을 받는 이유가 청구서를 제때(또는 전혀) 납부하지 않았기 때문인가? 아니면 단순히 감당할 수 없는 빚을 지고 있어서 돈이 부족한 것인가? 아니면 다른 사람과 혼동되어 잘못된 정보로 인해 연락이 오고 있는 것인가?

많은 경우, 제시된 각 상황에서 첫 번째 문제는 ADHD로 인한 결과일 가능성이 높다. 그러나 두 번째 문제는 그렇지 않으며, ADHD 약물 복용으로 인해 변화가 예상되지 않는다. 많은 ADHD 환자들은 약물 복용으로 인해 더 명확하게 생각할 수 있게 되면 이러한 질문에 대한 해답을 찾기가 더 쉬워진다. 일부 사람들은 연습이 필요할 수도 있다. 오랫동안 치료받지 않은 ADHD로 인해 과거에 필요하지 않았던 실수를 저질렀을 수 있다. 이러한 실수로 인해 다른 사람들은 당신이 그릇된 행동과 그릇된 결정을 할 것으로 예상할 수 있다. 그 결과로 당신은 분개하고 방어적인 태도를 갖게 될 수 있다. 현재 더 잘 기능을 하더라도, 문제의 원인을 객관적으로 살펴보는 데 어려움을 겪을 수 있다. 다른 사람들은 과거의 경험에 근거하여 현재의 모습을 기대하는 걸까? 오랫동안 받은 비판으로 인해 악의적인 의도를 보는 경향이 있는지도 모른다. ADHD는 생산성이 떨어지는 태도와 자기 발등을 찍는 습관을 남길 수 있다. 그래서 많은 성인 ADHD 환자들은 심리치료사, 상담사 또는 라이프 코치의 도움을 받아 새로운 시작을 할 수 있다.

약물과 함께하면 도움을 주는 것

약물치료를 통해 효과를 본 후에는, 심리치료사와 라이프 코치가 많은 성인 ADHD 환자들에게 큰 도움이 될 수 있다. 이러한 치료가 단독으로 충분하다는 과학적인 증거는 없지만, 당신이 직면한 특정하고 독특한 문제에 대처하는 데 도움을 줄 수 있다. 또한 약물만으로 ADHD의 모든 측면을 다루기에 충분하지 않거나, 약물을 사용할 수 없는 시간대에는 이러한 치료가 빈 공간을 메우는 데 도움이 될 수 있다.

남아 있는 증상과 제약 사항을 다루기 위한 다양한 전략과 도구들이 당신의 선택지에 있다. 심리치료사나 코치와 상담하는 것은 이를 활용하는 한 가지 방법이다. 또 다른 방법은 이 책의 나머지 부분을 읽는 것이다. **＊ 이 책의 뒷부분에 있는 부록에서는 삶의 기술을 습득하는 데 도움을 줄 수 있는 기관 및 지원 그룹, 그리고 심리치료사 및 라이프 코치를 찾을 수 있는 추천 정보를 제공하고 있다.** 4단계와 5단계에서는 일상생활을 개선하기 위한 다양한 기술을 제시한다. 이 모든 방법들은 ADHD가 자기 통제의 장애이며, 시간에 대한 감각이 부족한 상태라는 나의 이론에 기반을 두고 있다. ADHD는 무엇을 해야 하는지 모르는 것이 아니라, 해야 할 때 알고 있는 것을 실천하지 못하는 문제라는 원칙을 기반으로 한다. 이러한 방법들을 약물치료와 결합하면 더 나은 삶을 향해 한 걸음 더 나아갈 수 있다.

ADHD Symptom Tracking Scale(ADHD 증상 추적 척도)

이름: ____________________ **날짜:** ____________________

【섹션 I 사용 설명서】

이 양식은 당신이 다음의 행동을 얼마나 자주 보이는지에 대한 의견을 구하기 위해 설계되었다. 아래에 표시된 기간에 해당 행동이 얼마나 자주 발생했는지를 설명하는 숫자 옆에 동그라미 표시(O)를 하라. 이 양식을 작성할 때 고려하는 시간 기간을 나타내기 위해 아래의 시간 기간 중 하나에 체크 표시(v)를 하라. 그런 다음 이 양식을 담당 의사와 공유하여 약물치료를 시작하기 전이나 약물 복용을 시작하는 초기 단계에서 평소 ADHD 정도에 대한 자세한 정보를 전달하라.

________ 지난 6개월 동안(기준)
________ 약물 복용 시작 이후
________ 약물 용량이 변경된 이후
________ 약물 복용을 중단한 이후

증상들	전혀 / 거의 없음	가끔	자주	매우 자주
1. 세부 사항에 대한 주의력이 부족하거나 업무에서 부주의하다.	0	1	2	3
2. 앉아 있는 동안 안절부절못하거나 움직이는 행동을 보인다.	0	1	2	3
3. 업무나 여가 활동에 지속적으로 집중하는 것이 어렵다.	0	1	2	3
4. 자리에 앉아서 버티기가 힘들다.	0	1	2	3
5. 다른 사람의 이야기에 집중하지 못 한다.	0	1	2	3
6. 불안하고 안절부절못하는 경향이 있다.	0	1	2	3

7. 지시 사항을 완료하는 데 어려움이 있어서 작업을 마치지 못할 때가 있다.	0	1	2	3
8. 여가 활동에서 조용히 있기 어려움을 느낀다.	0	1	2	3
9. 과제를 체계적으로 하지 못하는 경향이 있다.	0	1	2	3
10. 바쁘거나 계속 움직여야 한다는 느낌이 든다.	0	1	2	3
11. 지속적인 노력이 필요한 작업을 미루는 경향이 있다.	0	1	2	3
12. 말이 많을 수 있다.	0	1	2	3
13. 필요한 작업을 위한 물건이나 해야 할 일을 잘 잃어버리는 편이다.	0	1	2	3
14. 다른 사람들이 묻는 것을 마무리하기 전에 대답을 바로 뱉어내기도 한다.	0	1	2	3
15. 주의가 쉽게 산만해질 수 있다.	0	1	2	3
16. 다른 사람들과 함께하는 활동에서 순서를 기다리기 어려울 때가 있다.	0	1	2	3
17. 루틴적인 작업에서 일어나는 일을 기억하는 데 문제가 있다.	0	1	2	3
18. 다른 사람들이 하는 것을 가로채는 경향이 있다.	0	1	2	3

【섹션 II 사용 설명서】

위에서 동그라미 친 문제들이 다음의 생활 활동의 각 영역에서 기능하는 데 어느 정도로 방해가 되는가?

활동들	전혀 / 거의 없음	가끔	자주	매우 자주
가정생활에서 가까운 가족들과 함께할 때	0	1	2	3
타인과의 사회적 관계에서	0	1	2	3
지역사회 활동에서	0	1	2	3
학교나 교육 환경에서(교육 기관에 참여 중인 경우)	0	1	2	3
스포츠, 동아리 또는 다른 단체 활동에서	0	1	2	3
운전 시	0	1	2	3
여가나 레크리에이션 활동에서	0	1	2	3
돈과 재정을 관리하는 데 있어서	0	1	2	3
연애나 결혼 관계에서	0	1	2	3
자녀 양육에서	0	1	2	3
일상적인 집안일이나 다른 책임을 처리하는 데 있어서	0	1	2	3

4단계

인생을 바꿔라

성공을 위한 일상적인 규칙들

ADHD는 당신이 트레드밀 위에 있는 것 같은 느낌을 줄 수 있다. 당신은 당신의 증상 때문에 다른 사람들보다 일상생활에서 훨씬 어려움을 겪는다. 어떤 일은 마감 기한 내에 끝내지 못하고, 노력해도 매일 같은 일들이 어려움을 주기도 한다. 하루가 끝나면 여전히 지친 채로, 아무리 노력해도 아무런 진전을 이루지 못한 듯한 느낌이 들 수 있다.

다행히도, 많은 사람들의 증상을 정상화시키는 약물은 이런 경쟁 조건을 훨씬 더 공평하게 만들어 줄 수 있다. 사실, 이전에도 언급했듯이, 많은 ADHD 성인들은 효과적인 약물로 인해 삶이 완전히 바뀌었다고 말한다. 의사와 협력하여 적절한 약물을 찾는다면, 당신은 이 책을 덮고 싶을 수도 있다.

자유롭게 그렇게 하라. 책을 내려놓고 나머지 인생을 즐겨라.

그저 책을 쉽게 찾을 수 있는 곳에 보관해라. 4단계를 수행하면 더 큰 우위를 점할 수 있으니 곧 다시 찾아오길 바란다.

- 4단계에서 배우게 될 원칙들은 당신의 치료를 보조해주는데, 마치 당뇨병에서 운동과 식이요법이 인슐린을 보조하는 것처럼 작용한다. 효과적인 약물을 복용하더라도, 일부 잔여 증상을 경험할 수 있다. 이후 소개될 규칙들은 '정리 작업'을 수행할 수 있다.
- 일상적인 성공을 위한 8가지 규칙은 특히 어려운 시기에 당신을 뒷받침해줄 수 있다. 큰 인생의 위기, 신체적 질환 또는 기타 스트레스 상황이 약물의 효능을 일시적으로 바꿀 수 있다. '비상 도구 키트'를 준비해 두면 이럴 때에도 성공적으로 업무를 수행할 수 있다.
- 만약 어떤 이유로 인해 당신의 약물 효과가 떨어진다면, 4단계의 규칙들은 당신과 의사가 새로운 약물 처방을 찾아내는 동안 그 공백을 보완해줄 수 있다. 다시 말하지만, 언제나 Plan B를 갖고 있

어야 한다.

- 이 규칙들은 ADHD 증상으로 인해 인식된 예전의 습관들을 깨는 데 도움을 준다. ADHD의 결점을 약물로 극복하더라도, 예전의 습관들은 여전히 남아 있을 수 있다. 이러한 규칙은 당신이 지체 없이 좋은 삶을 살 수 있도록 일상 업무를 수행하는 다른 방법이 있음을 상기시킨다.

11장에서 필요에 맞게 환경을 조성하기 위해 할 수 있는 일이 많다고 언급한 것을 기억하라. 4단계에서는 바로 이러한 원칙들을 배워서 일상생활에서 적용하는 데 중점을 둔다. 상황을 충분히 바꾸면, 그 안에서 장애를 겪을 가능성을 줄일 수 있다.

> 장애는 사람에 속한다.
> 불편함은 상황에 속한다.

성공을 위한 8가지 규칙은 각 ADHD의 증상과 그 증상을 야기하는 뇌의 근원적 요소를 기반으로 한다. 이 규칙을 따르면 2단계에서 읽은 ADHD 뇌가 만들어내는 경향성에 직접적으로 대응할 수 있다. 4단계에서는 2단계에서 확인한 ADHD로 인한 가장 큰 어려움과 배우고 따라야 할 가장 중요한 규칙 사이의 연결 고리를 연결하도록 도와줄 것이다. 성공하고 싶을 때마다 이 규칙을 활용하라.

- 업무를 처리해야 할 때
- 실수하지 않는 것이 중요할 때
- 시간을 지켜야 할 때
- 미래를 준비하기 위해 과거로부터 계속 배우고 싶을 때
- 목표를 달성하여 피곤하긴 하지만 적어도 무언가 남긴 것이 있다는 것을 알고 하루를 마무리하고 싶을 때!

16장

규칙 1: 행동을 멈춰라!

규칙 1을 통해 얻을 수 있는 것:
반응하기 전에 시간을 벌어준다.

성인 ADHD를 앓고 있다면 규칙 1이 적합하다. 아주 간단하다.

ADHD의 핵심인 자제력 문제는 충동을 참는 데 어려움을 겪는 것에서 시작된다. 직장상사가 올해 매출 목표를 두 배로 올리자고 제안하자 참지 못하고 "미쳤어요?"라고 웃음을 터뜨려 버린다. 이웃집의 새 잔디 장식을 처음 본 순간 그 집이 싸구려 모텔처럼 보인다고 말했더니 그 사람은 다시는 말을 하지 않는다. 매장 쇼윈도에서 멋진 디자이너 구두를 보고선, 지갑에 있는 월급을 다 써버렸음에도 불구하고 서둘러 구매하려고 한다.

행동하기 전에 멈추지 않으면 생각할 시간이 없다. 이러한 사고에는 상황을 파악하고, 이전에 일어난 일을 기억하고, 다음에 해야 할 일을 고려하기 위해 후회와 예지력을 사용하는 것이 포함된다. 또한 마음의 소리를 통해 상황을 어떻게 처리할지 스스로에게 이야기할 시간을 갖는 것도 포함된다.

다행히도 정신적 제동 장치가 전혀 없는 것은 아니다. 하지만 약물을 복용하고 있다고 해도 주변 상황에 충동적인 결정, 말, 행동으로 빠르게 반응하는 것을 멈추는 법을 배우려면 연습이 필요하다. 실행 기능은 자제력을 발휘할 수 있는 능력을 제공한다는 사실을 기억하라. 그 능력을 사용하기 위해 의식적으로 노력하는 것은 당신에게 달려 있다. 충동적으로 행동할 가능성이 가장 높은 곳과 그로 인해 가장 큰 피해를 입을 수 있는 곳을 파악하는 것부터 시작해 보라. **＊ 6장과 7장으로 돌아가서 어디에서 어떻게 충동성이 당신에게 해를 끼쳤는지 어떤 통찰이 생겼는지 확인해 보라.** 충동적이거나, 말이 많거나, 즉흥적이거나, 변덕스러워도 괜찮을 때와 장소가 있고, 적어도 큰 대가를 치를 것 같지 않은 곳(대규모 파티나 시끄러운 나이트클럽 등)이 있다. 하지만 직장, 대학, 친밀한 관계 등 이런 식으로 행동하면 큰 대가를 치를 수 있는 시간과 장소가 있다는 것을 이미 알고 있을 것이다.

충동성이 가장 큰 문제가 되는 영역 파악하기

정답을 쉽게 넘겨짚지 말라. 필요하다면 과거 경험에서 비용이 많이 드는 상황의 목록을 작성해 보라. 배우자, 파트너, 좋은 친구, 형제자매에게 문제점을 정확히 찾아내도록 도와달라고 요청하라. 적어두거나 상대방에게 부탁하여 어디에서 경계해야 하는지, 어디에서 '행동 중지'를 가장 많이 연습해야 하는지 상기할 수 있도록 하라.

충동성이 큰 문제가 되는 곳은 어디인가?

언제 어디서?(예: 직장에서?)

일반적으로 어떤 일이 일어나는가?(예: 데이트 중에?)

친구, 파트너, 배우자, 기타 사랑하는 사람 중 누구와 대화하는 중에 그런가?(예: 대화 중에?)

어떤 가게(또는 웹사이트)와 물건이 끌리는가?(예: 신용 카드로 쇼핑할 때?)

항상 또는 특정 경로 또는 특정 시간에 운전하는 중에만 그런가?(예: 운전대를 잡을 때?)

다른 경우에는 어떤가?

전략: 행동하고 싶은 충동을 막기 위해 간단한 행동을 취해 보라

방금 확인한 상황 가운데 하나를 다루기 전에, 유사한 상황이 다음에 발생했을 때를 대비하여, 아래와 같은 간단한 행동을 선택해 몇 초 동안 생각을 정리하는 연습을 해 보라.

✓ 천천히 숨을 들이마시고 천천히 내쉬면서 사려 깊은 표정을 짓고 "음, 생각해 보자"라고 혼잣말을 해 보라.
✓ 숨을 들이쉬고 내쉰 후 생각에 잠긴 표정으로 "흠, 어디 보자"라고 말해 보라.
✓ 몇 초 동안 입에 손을 대라.
✓ 또는 입을 다물고 생각하는 자세를 취하듯 턱에 손을 올려서, 가장 먼저 떠오르는 말을 바로 하지 않도록 스스로 신호를 주는 것도 좋다.

거의 모든 소소한 행동이 도움이 될 수 있다. 9장에서는 상상 속에서 보이지 않는 열쇠로 입을 잠가 버려 말을 하지 못하게 하는 성인에 대해 언급한 적이 있다. 공개적이고 외적인 행동으로 시간을 버는 습관이 몸에 배었다면, 이제 이와 같은 정신적인 제스처로 전환할 수 있을 것이다. 당분간은 좀 더 공개적인 버전의 '잠금 트릭'을 시도해 보라. 손을 등 뒤나 주머니에 넣고 열쇠를 돌리는 동작을 취해 보는 것이다.

몇 초라도 더 시간을 벌려면 상대방이 방금 말한 내용을 반영해 되물어보라.

✓ "아, 그래서 당신은 …에 대해 알고 싶으신 건가요."
✓ "당신은 저에게 …하라고 말하시는 건가요."
✓ "당신이 해야 할 일은 …이군요."
✓ "당신은 …라고 느끼시는군요."

다시 이야기하지만, 이는 예시일 뿐이다. 기억하기 쉽고, 혀끝에서 쉽게 흘러나오는 문구를 선택하면 자주 사용할 가능성이 높아진다.

핵심은 처음 몇 초 동안 다른 말이나 행동을 하지 않는 것이다. 아무것도 하지 말라고 하지 않았음을 주목하라. 의심할 여지 없이 멈추고 생각하라는 말을 여러 번 들었겠지만, 몸의 모든 세포 하나하나가 무언가를 하라고 떠미는 느낌을 받을 때 어떻게 행동해야 하는지, 엄청나게 강한 충동을 억제하고 그냥 서서 아무것도 하지 말아야 하는지를 알려 주는 사람은 아무도 없었을 것이다. 이 작은 전략이 효과가 있는 이유는 ADHD가 보통 자신을 부정한다고 생각하는 동안 시간을 벌어 주면서 할 일을 주기 때문이다.

연습: 혼자 있을 때에도 매일, 하루에 여러 번, 자주 이 동작을 연습하라. ADHD가 없는 사람들은 뇌의 운동 시스템이 당신보다 빠르게 작동하지 않기 때문에 이러한 행동이 자연스럽게 나타난다. 그들에게는 무의식적일 수 있지만, 적어도 당신은 처음에는 매우 의식적으로 해야 한다. 더 많이 연습할수록 더 빨리 무의식적인 습관이 될 것이다. 힘

들겠지만 그만한 가치가 있다! 사람들이 당신을 우습게 볼 정도로 자주 이 동작을 해야 될 것이다: '이 남자는 왜 항상 턱에 손을 대거나 입 위에 손을 대고 있을까? 이 여자는 왜 내가 방금 한 말을 계속 반복하는 걸까?' 그래도 분노하는 모습을 보게 되거나 충격을 받거나 혐오스러운 반응을 보게 되는 것보다 나으니 걱정하지 말라. 다른 사람의 반응에 대해 둔감해지는 것이 어렵다면 규칙 8을 확인하라.

전략: 천천히 말하는 모델을 골라 보고, 대화할 때 그 역할을 해 보라

티거 역할를 그만두고 곰돌이 푸가 되어야 한다. 속사포 같은 스탠드업 코미디 연기를 하는 로빈 윌리엄스는 그만두고, 톰 행크스나 윌 로저스처럼 좀 더 사려 깊은 사람이 되어 보라. 속도를 늦추라. 자신을 서울 사람이 아닌 충청도 사람이라고 생각해 보라. 한 문장을 말할 때 조금만 더 시간을 들이는 것만으로도 마음속의 극장이 과거 경험의 DVD를 불러오고, 카메라가 마음속 화면에서 재생될 수 있는 시간을 확보하게 될 것이다. 거울을 보며 천천히 말하는 연습을 하라. 천천히 말하는 자신을 롤모델로 삼아 보라. 천천히 말하면 전두엽이 충동의 흐름에 휩쓸리지 않고 몰입할 수 있는 시간을 가질 수 있게 해 준다.

규칙 1을 따르면 내 마음속에 홈시어터가 준비되고 현재 상황과 관련이 있을 수 있는 과거 경험의 비디오를 상영할 시간을 벌 수 있다. 시간을 벌었으면 이제 의식적으로 상황에 대해 생각하려고 노력해야 한다. 여기서 생각한다는 것은 과거의 관련 경험을 시각화하여 그 경험을 통해 무엇을 알 수 있는지 알아내는 것을 의미한다. 다음 규칙이 이 작업에 도움이 될 것이다.

17장

규칙 2: 과거를 보고, 미래를 예측하라

규칙 2를 통해 얻을 수 있는 것:
다음에 일어날 일을 예측하는 데 도움을 준다.

하루 중 문제가 발생했을 때 어떤 일이 일어날지, 어떻게 해야 할지 막막한 경우가 많은가? 같은 실수를 반복해서 저지르는 자신을 끊임없이 자책하게 되는가? 규칙 2는 바로 그런 당신을 위한 것이다.

당신의 마음의 눈(비언어적 작업 기억)이 ADHD가 없는 사람만큼 강력하지 않다는 것을 이미 알고 있을 것이다. * 9장으로 돌아가서 '비언어적 작업 기억' 부분을 읽었을 때, 익숙하게 느껴졌던 마음의 눈과 관련된 구체적인 어려움을 다시 떠올려 보라. 따라서 행동을 취하기 전에 후회와 예지력과 관련된 정신적 이미지를 떠올리는 것이 정말 어려울 것이다. 아마 당신은 자신의 삶을 되돌아보고 앞으로 어떤 일이 일어날지 경험을 통해 예측할 수도 있지만, 이미 행동을 하고 모든 게 정리되고 나서나 가능해질 것이다. 여기서 좋은 소식은 뒤늦게 후회할 수 있다는 것 자체가 자신에게 능력이 있다는 것을 의미한다는 것이다. 나쁜 소식은 나중에야 뒤늦게 후회하는 것은 대개 잘못된 행동이나 말에 대한 자책으로 이어진다는 것이다. 다른 사람들의 비판에 더해 자책감까지 더해지면 스스로를 완전히 무너뜨릴 수 있으며, 다시 일어나기가 점점 더 어려워질 수 있다.

과거 경험에서 미래에 일어날 가능성이 높은 일을 예측할 수 있다면, 그 예측이 필요한 상황에서 바로 실행할 수 있다면 더할 나위 없이 좋은 일이다. 지난주에 뭔가 다른 일을 하기로 한 결정은 실행에 옮기기도 전에 사라질 가능성이 높다. 과거에 배운 내용을 필요할 때 계속 접근할 수 있도록 하는 방법이 필요하다.

비언어적 작업 기억에서 취약한 부분 파악하기

과거를 내다보는 데 가장 어려움을 겪는 곳이 어디인지 파악하라. 그곳이 과거를 보는 연습을 가장 많이 할 수 있는 곳이다.

모든 문제가 '못'처럼 보이기 때문에 모든 문제를 '망치'로 내리치는가?

→ ADHD 성인들은 과거에 기억된 경험이 많이 축적되어 있지 않기 때문에 문제 사이의 미묘한 차이와 문제 해결을 위한 다양한 도구의 필요성을 잘 알지 못한다.

새로운 것을 배우려면 길고 느린 시행착오 과정을 거쳐야 하는가?

→ 정신적 이미지를 쉽게 떠올릴 수 없다면 한 가지씩 계속 시도해야 한다.

돈을 저축하거나 다이어트를 하거나 운동 기술을 완벽하게 익히는 데 어려움을 겪고 있는가?

→ 미래에 얻을 보상을 상상하는 것이 어려울 때, 보상받기를 미루는 것도 어려울 수 있다.

전략: 가상의 시각적 장치를 사용하여 마음의 눈을 켜보라

행동을 멈추는 법을 배우면 마음의 눈을 켤 수 있는 정신적 공간을 확보할 수 있다. 하지만 마음의 눈은 너무 연약해서 주변에서 일어나는 관련 없는 일로 인해 생각하려던 것이 깨질 수 있다. 갑자기 정신이 흐려져서 다른 방향으로 튀는 것이다. 따라서 해야 할 일은 평소 몰입할 수 있는 시각적 장치를 정신적으로 불러내는 것이다. 대형 평면 TV? 좋아하는 비디오나 컴퓨터 게임? 스마트폰의 미니캠? 작업을 중단한 직후, 이 상상 속 장치를 켜라. "음" 소리를 내거나 손으로 잠금 동작을 한 직후에 몰래 신체 동작을 사용하여 전원을 켤 수도 있다.

이제 마음을 집중하고 이 특정 상황에 대해 과거에 어떤 빛이 비추어졌는지, 디바이스 화면에서 말 그대로 직접 확인해 보라. 마지막으로 이런 상황에 처했을 때 어떤 일이 있었는지 시각화해 보라. 창의력을 발휘해 보는 것이다. 마치 지금 내가 있는 공간에서 과거를 촬영하거나 재생하는 것처럼 다채롭고 세밀한 동작으로 과거가 펼쳐지는 것을 확인하라.

연습: 이것을 더 자주 하면 습관처럼 자동적으로 되며, 미래를 이끌어갈 다양한 '영상'들이 기억 속에서 떠오를 것이다. '맞아. 회의의 마지막을 농담으로 끝냈을 때 모두가 나보다 농담 자체에 웃었었지.' 또

는 '그 신발을 사온 후 집에 와서 아들이 비싼 교재가 필요하다는 걸 알게 됐을 때 정말 죄책감이 들었었지. 돈이 부족해서 살 수 없었거든.' 습관을 만들기 위해서는 마음의 눈을 TV나 컴퓨터 화면처럼 투영하는 연습을 높은 위험 상황에서만 하지 말고, 가장 쉬운 곳, 즉, 위험이 낮고 압박이 없으며 행동을 멈추고 자신에게 기회를 주기 더 나은 상황에서부터 연습하라.

전략: 실존하는 시각 보조 도구를 사용하여 마음의 눈에 추가로 도움을 주어라

이에 대한 자세한 내용은 규칙 4에서 확인할 수 있다. 하지만 마음의 눈이 보이지 않는 특정 상황에서 해야 할 일을 보지 못해서 자책하는 데 지쳤다고 가정해 보라. 사진을 찍거나 잡지에서 한 장 오려내거나 '하지 말아야 할 것'을 나타내는 그림을 그려보라. '해야 한다'를 나타내는 그림도 똑같이 그려보라. 자주 볼 수 있는 곳에 붙여두면 원하는 것과 그것을 이루지 못한 과거에 했던 일을 연결하는 마음 안의 회로를 강화할 수 있다. 비싼 신발 때문에 곤란했었던 한 여성은 옷장 문 안쪽에 잔고가 0원인 은행 명세서 사본과 함께 디자이너 신발 광고를 붙였다. 그 반대편에는 아들의 사진과 잡지에서 스크랩한 '졸업장을 따는 모습' 같은 사진을 게시했다. 그녀는 매일 이 사진을 보았고, 좋아하는 신발 가게 앞을 지날 때면 같은 이미지가 머릿속에 떠오르게 되었다.

당신의 마음의 눈은 다른 사람보다 약하고 덜 효과적일 수 있다. 하지만 당신에게는 마음의 목소리도 가지고 있다. 그리고 그것은 당신이 마음속으로 시각화하려는 것을 강화하는 데 도움이 될 수 있다. 규칙 3을 읽어 보라.

18장

규칙 3: 과거를 말하고, 미래를 계획하라

규칙 3을 통해 얻을 수 있는 것:

- 결정을 내리기 전 상황을 분석하는 데 도움을 준다.
- 동일한 상황에서 활용할 수 있는 규칙을 개발하도록 돕는다.

무슨 일이 일어날지 알면서도 여전히 주먹구구식으로 대응하고 있는가? 같은 교훈을 계속 반복해서 배워야 한다고 느끼는가? 규칙 3은 바로 그런 당신을 위한 것이다.

비언어적 작업 기억, 즉 대부분의 사람들에게 마음의 눈만으로는 성인 세계에서 성공적으로 활동하기에 충분하지 않다. 우리는 이전에 어떤 행동을 했을 때 어떤 일이 일어났는지 기억해야 할 뿐만 아니라, 눈앞의 각 상황을 분석하고 장단점을 따져볼 수 있어야 한다. 또한 우리 앞에 놓인 각 상황을 분석하고 다양한 대응의 장단점을 따져볼 수 있어야 한다. 지난 회의 도중에 갑자기 의견을 말한 것이 실수였다는 것을 알고 있다고 가정해 보라. 이번 주 회의에서 상사가 잘못된 계획이라고 생각되는 새로운 계획을 제시했을 때 그냥 참을 것인가? 아니면 나중에 상사에게 메모로 의견을 전달하는가? 동조자를 모집해 함께 불안한 마음을 이야기하는가? 다른 대안을 생각해내는가?

시간이 지남에 따라 점점 더 나은 대응과 계획을 세울 수 있도록 경험에서 규칙과 지침을 추출할 수 있어야 한다. 잘 받아들여지지 않을 수 있는 의견은 공개 회의가 끝날 때까지 기다리는 것도 직장에서 적용할 수 있는 규칙의 한 예이다. 동료들 사이에서 내 편이 누구인지 아는 것은 업무와 경력에서 앞서나가는 데 좋은 지침이 될 수 있다.

이러한 정신적 과정의 핵심 요소는 언어다. 행동을 멈추고 과거를 보고 미래를 예측하는 법을 배울 때, 정신적 이미지를 통해 배울 수 있는 유일한 방법은 그것을 설명하는 단어를 사용하는 것이다. 자기 자신과 대화하는 것이 문제 해결의 핵심이다. 이는 계획을 세우는 데 필수적이고, 심지어 사회의 규칙을 이해하는 데도 중요하다. 실제로 언어적 작업 기억력이 약하기 때문에 성인 ADHD 환자에게 경범죄를 포함한 범죄 기록이 쌓이는 경우가 드물지 않다. 법을 위반하는 원인은 악의가 아니라 충동성 때문에 인생의 중요한 순간에 규칙을 적용하거나 따르지 못하는 실패에 의한 것이다. 예를 들어, 눈에 띄는 물건을 훔쳐도 눈에 띄지 않거나 나중에 언제든지 돌려줄 수 있다고 생각하기 때문에 괜찮다고 판단하기 쉽다.

ADHD가 실행 기능에 어떤 영향을 미치는지 이해하면 결함을 보완하는 데 큰 도움이 될 수 있다. (ADHD를 가진 사람의) 마음의 소리(언어적 작업 기억)는 ADHD가 없는 사람보다 약하고 덜 효과적이다. 반면에 이를 사용하는 연습을 통해 더 강하게 만들면 향상된 언어적 작업 기억을 사용하여 약한 비언어적 작업 기억을 보완할 수 있다. 그 반대의 경우도 마찬가지이다. 불러올 수 있는 정신적 이미지에 대해 스스로에게 이야기하면 나중에 사용할 수 있도록 시각적 기억을 강화할 수 있다. 시각적 기억이 풍부하게 쌓일수록 마음의 목소리로 논리적으로 분석할 수 있는 정보가 더 많아진다. 결론은? 당신이 더 나은, 더 미묘한 결정을 내릴 확률이 높아진다는 것이다.

가장 큰 언어적 작업 기억 문제 영역 파악하기

언어적 작업 기억 기술을 개발하는 것은 상대적으로 더 정교한 성취에 해당된다. 연습을 시작하려면 당신의 언어적 작업 기억력 부족으로 인해 달성하지 못했던 적당한 목표를 세우라. *** 9장에서 마음의 목소리에 대해 무엇을 배웠는가?** 예를 들어, 자신의 투자금을 관리하고 싶다면, 매주 소액의 현금을 저축 계좌에 입금하는 간단한 저축 계획부터 시작하는 것이 좋을 수 있다. 단순해 보이는 목표라도 시작하기 전에 생각했던 것보다 꾸준히 실천하기가 훨씬 더 어렵다.

전략: 자기 자신의 '면접관'이 되어라

머릿속의 이미지만 보지 말라.

- ✓ 나 자신과 토론하라.
- ✓ 라벨을 붙이라.
- ✓ 마음의 눈으로 보고 있는 것을 묘사해 보라.

✔ 그런 다음, 이 상황에 마주쳤을 때 다음으로 해야 할 작업을 알려주는 규칙이나 원칙을 떠올려 보라.

> 당신의 머릿속에 있는 그 목소리는 단지 당신과 함께 있기 위해 있는 것이 아니다. 그것은 당신 스스로를 통제하는 데 도움을 주는 장치이다.

말 그대로 마이크를 잡고 TV에서 인터뷰하는 스스로의 모습을 상상해 보라. 당신이 처한 상황을 말로 잘 묘사해 보라. 자신에게 관련된 질문을 하는 것이다. 가장 끈질긴 기자처럼 자신을 엄하게 대해 보라. 다음과 같은 질문을 스스로에게 해 보라.

✔ "이게 무슨 일일까?"
✔ "전에도 이런 상황에 처했던 적이 있었던가?"
✔ "이전과 무엇이 같고 무엇이 다르지?"
✔ "내가 지난번에 뭘 어떻게 했더라?"
✔ "여기서 내가 선택할 수 있는 게 있을까?"
✔ "더 나은 선택지가 있을까?"
✔ "만약에 내가 ○○○를 하기로 결정하면, 어떻게 될까?"
✔ "○○○(당신이 존경하는 성공한 사람)이 이런 일을 하는 것을 내가 본 적이 있었던가? 그렇지 않다면, ○○○이 비슷한 상황에서 어떻게 했더라?"
✔ "만약 내 결정이 나쁘게 나온다면, 나는 내일 기분이 어떨까?"

당신은 다른 사람들의 감정을 읽는 데 어려움을 겪는가? 특정 사람이나 특정 상황에서, 또는 항상 다른 사람의 감정을 읽는 데 어려움이 있는가?

규칙을 이해하고 따르는 것이 매우 어렵다고 생각하는가? 언제, 그리고 어디서 그런가?

읽은 내용을 이해하고 기억하는 데 문제가 있는가?

당신은 다이어트, 저축 계획 또는 다른 무언가를 시작하기로 결정하고 나서 얼마 지나지 않아 곧바로 중단하는가?

전략: 무슨 일이 일어나고 있는지 큰 소리로 말해 보라!

다른 사람들이 주변에 있을 때도, 마치 핸즈프리 기기를 사용해 휴대전화로 통화하는 척할 수 있다. 그러면서 다른 사람들과 자연스럽게 어울릴 수 있다.

어른이 되면 이러한 내레이션은 머릿속에서 조용히 이루어지도록 하는 방법을 배우는 것이 일반적이다. 하지만 ADHD가 있는 사람들에게는 이 과정이 쉽지 않다. 그러니 다시 어린 시절 효과가 있었던 방식으로 돌아가 보라. 자신에게 일어나는 일을 가능한 한 생생하고 풍부한 언어로 직접 말로 표현해 보라. 소리를 크게 낼 필요도 없고, 단지 입 밖으로 소리 내어 말하는 것만으로도 충분하다. 속으로 말하는 것보다 실제로 입 밖으로 내뱉는 말(속삭이는 정도라도)이 행동을 통제하고 이끄는 데 훨씬 강력한 힘을 가진다. 혼자 있을 때 이렇게 하는 것이 가장 편하게 느껴질 수 있고, 물론 다른 사람에게 방해가 될 수 있는 장소에서는 하지 않는 것이 좋다. 하지만 다른 사람의 반응을 신경 쓰지 않아도 되는 상황을 골라 이 연습을 충분히 할 수 있다.

- ✓ 집에서 프로젝트를 진행하던 중 프로젝트를 계속 진행할지 아니면 더 재미있는 것을 위해 프로젝트를 포기할지 결정하려고 할 때
- ✓ 운전 중에 도로 규칙을 지킬지 고민하며 혼자 차 안에 있을 때
- ✓ 남은 하루 동안 무엇을 할 것인지 계획하며 조깅을 하거나 숲을 거닐 때

혼자 있는 시간을 기회로 삼아 보라. 지금 어디에 있는지, 무엇을 하고 있는지, 다음에는 무엇을 할 수 있을지, 어떤 일이 일어날 수 있을지를 말로 표현하는 연습을 해보는 것이다. 작업을 수행하는 동안에는 스스로에게 이렇게 말해보라. "계속 집중하자." "천히 정확하게 하자." "이 단계가 끝나면 다음은 뭐지?" "끝까지 해 보자." 이처럼 스스로에게 말로 지시를 하면, 머릿속으로 생각만 할 때보다 과제를 끝까지 해내는 가능성이 훨씬 높아진다.

당신의 마음의 눈과 마음의 목소리는 다른 사람들만큼 강하지 않다. 하지만 규칙 1~3을 따르면 이를 강화할 수 있고, 그 외에도 당신을 도울 수 있는 방법은 더 있다. 다음 규칙 4를 참조하라.

19장

규칙 4: 핵심 정보를 외부화하라

규칙 4를 통해 얻을 수 있는 것:
자신의 기억력 외에 의존할 수 있는 무언가를 얻게 된다.

건망증이 심하고 주의가 산만한가? 사람들이 당신을 신뢰할 수 없는 사람으로 대하는가? 스스로 자기 훈련이 잘 안 된다는 것에 동의하는가? 혹은 고집불통이라고 생각하는가? 당신이 성인 ADHD라면, 아마 이 질문들에 모두 모두 '예'라고 대답했을 것이다. 규칙 4는 당신을 위한 가장 확실한 도움이 될 것이다.

ADHD로 인해 실행 기능 일부가 손상되더라도, 당신은 잠재력을 최대한 발휘할 수 있다. 그렇기 때문에 규칙 1~3을 따르는 것이 합리적이다. 마지막 세 장의 전략을 더 많이 연습할수록 타고난 결핍에도 불구하고 이러한 기술을 더 많이 구축할 수 있을 것이다. 그렇다고 해서 여기서 멈춰야 한다는 뜻은 아니다. 당신은 모든 도움을 받을 자격이 있다.

외부 신호를 통해 내적 기억력을 향상시킬 수 있는 다양한 방법을 활용하는 것이 얼마나 중요한지는 아무리 강조해도 지나치지 않을 것이다. ADHD 아동은 주기적으로 과제를 계속하도록 학교에서 교사가 상기시켜 주면 이러한 도움을 받을 수 있다. 부모는 칭찬 스티커를 만들어 아이들이 집안일이나 숙제를 계속할 수 있도록 동기를 부여할 수 있을 것이다. 또한 부모는 등교 전에 옷 입기 같은 일상의 단계를 그림으로 세분화한 차트를 자주 사용하여 중간에 길을 잃거나 주의가 산만해진 자녀가 계속 움직일 수 있도록 참고하는 데 도움을 줄 수 있다.

이 같은 도움을 받지 말아야 할 이유가 있을까?

물론 차이가 있다면, 여기서는 일반적으로 혼자서 해내야 한다는 점이다. 당신이 배우자나 룸메이트의 도움을 어느 정도 받을 수 있을지 모르지만, 외부 리마인더를 만들고 사용하는 것은 대부분 당신에게 달려 있다. 좋은 소식은 그것이 재미있을 수 있다는 것이다. 당신은 ADHD를 가진 사람들을 포함하여 많은 사람들에게 주어진 풍부한 창의력을 사용할 수 있다.

여전히 많은 문제가 있는 곳은 어디인가…
아무리 많은 정신적 노력을 투자해도 효과가 없는가?

행동을 멈추는 것이 어려운지, 과거를 보는 것이 어려운지, 과거를 말하는 것이 어려운지는 중요하지 않다. 정보를 외부화하기 위한 전략은 필요한 모든 유형의 알림에 적용할 수 있다. 당신은 외부 단서를 항상 사용할 수 있고, 또 사용해야 한다. **＊ 당신이 사용할 수 있는 일부 도구는 10장에 나열되어 있다.** 리마인더를 발생시키는 데 적합한 많은 도구는 휴대가 간편하고 적용성이 뛰어나기 때문에 활용할 수 있는 방법에는 제한이 없다. 하지만 특히 어떤 영역에서 당신의 기억력이 부족한지 파악해 둔다면 기억력 부족으로 인한 좌절감을 덜 수 있을 것이다.

침묵하는 게 좋은데도 조용히 입을 다물고 있는 게 어려운가? 언제 어디서 그렇게 되는가?

____

____

작업에 필요한 도구나 자료를 챙기는 것을 잊어버리는가? 직장이나 혹은 다른 곳 어디에서?

____

____

정신적인 할 일 목록에 항상 이월되고 결코 체크하지 않은 채 넘어가는 항목이 포함되어 있는가? 어떤 종류의 작업이 그러한가?

____

____

감정에 휘둘리는 일이 잦다고 느끼는가? 어떤 감정(예: 분노, 좌절감, 죄책감, 수치심)이 특히 문제가 되는가?

____

____

당신은 어떤 상황 혹은 특정한 사람들과 있을 때 다른 상황들과 다르게 통제력을 잃는가?

이는 드러난 정보의 도움으로 해결할 수 있는 몇 가지 문제일 뿐이다. 가장 후회되는 '실수' 또는 '실패'를 생각해 보라. 다음 전략 중 하나를 즉시 적용할 수 있다.

전략: 문제 상황에서 물리적 단서를 눈에 잘 띄게 배치하라

이러한 단서는 다양한 형태로 나타날 수 있다. 다음은 특정 문제 상황에 초점을 맞춘 몇 가지 예이다.

- ✓ '업무 대신 웹 서핑을 시작하지 말 것'을 상기시켜 주는 표지판을 컴퓨터 모니터 여백이나 책상 위에 놓거나, 시야에 들어오는 곳에 표시하기. 또는 '업무 시작!'이라고 인쇄한 상사의 사진을 붙여두기. 또는 호머 심슨Homer Simpson[12)]이 어린 딸 리사Lisa[13)]의 사진과 함께 "딸을 위해 해 줘!"라는 문구를 표시했던 것처럼 해 보기.
- ✓ 지갑을 넣어두는 주머니에 메모를 작성하여 붙여두면 지갑을 꺼내서 무언가를 사려고 손을 뻗을 때, 그 물건을 꼭 사야 하는지 스스로에게 물어볼 수 있다. 더 좋은 방법은 신용 카드에 바로 붙

12) TV 애니메이션 「The Simpsons」의 주인공(역자 주).

13) TV 애니메이션 「The Simpsons」의 주인공의 딸(역자 주).

이는 스티커 메모를 만드는 것이다.

✓ 지금 막 걸려고 하는 전화를 나중으로 미룰 수 있는지 묻는 내용의 문구를 휴대전화 배경화면에 적어두기.

> 물리적 신호는 알림이 필요한 바로 그 장소에, 눈에 잘 띄는 곳에 있어야 한다.

✓ 연습을 계속하기 위해, 당신이 받고 싶은 테니스 트로피(또는 상금)의 사진을 눈에 보이는 곳에 두기.

✓ 정지 표지판과 같은 기호로, 결정하기 전에 행동을 잠시 멈추는 것을 상기시키는 기호를 어디에든 두기.

✓ 직장에서 2주에 한 번씩 작성해야 하는 복잡한 보고서 작성 규칙 목록을 만들기.

> 외부 신호는 충동적으로 하려던 일을 멈추도록 도와줄 뿐만 아니라, 대신 무엇을 해야 하는지, 심지어는 왜 애초에 자신을 더 나은 방향으로 변화시키려고 했는지까지 알려준다.

물리적 신호는 불안정한 작업 기억에 대한 당신의 대리인이 된다. 우리 앞에 있는 외부의 무언가는 우리 마음에 있는 이미지나 단어보다 훨씬 더 강력한 상기인reminder이 되어 준다. 다음번에 당신이 단서를 만들어 두었던 상황을 마주한다면, 그 단서가 당신의 관심을 끌고 그 상황에서 자신이 의도했던 것을 떠오르게 할 것이다.

예를 들어, 충동적으로 너무 많이 먹어서 체중 감량을 원하는가? 최근 인기 있는 운동선수나 영화배우, 또는 젊고 날씬했던 자신의 모습을 냉장고에 붙여 보라. 냉장고 문에 "냉장고에서 멀리 떨어지세요"라고 적힌 정지 표지판을 붙일 수도 있다. 신문이나 잡지에서 찾은 멋진 연예인 사진을 오려서 정지 표지판과 함께 테이프로 붙여 놓을 수도 있다.

전략: 다음에 문제가 있는 작업을 만나면 수행할 단계나 절차의 목록을 작성하라

할 일 목록은 매우 효과적이기 때문에 ADHD가 있든 없든 누구나 사용한다. 하루 동안 세운 목표 중 너무 많은 목표를 달성하지 못해 낙담한 채 하루를 마무리하는 경우, 할 일 목록이 신의 선물이 될 수 있다. 눈에 잘 띄는 곳에 놓아두면 지금 해야 할 일이나 다음에 해야 할 일을 상기시켜 주고, 더 재미있는 일이나 눈에 띄어 무시하기 힘든 일에 빠져들 때에도 다시 한번 생각나게 해 준다. 하루를 마무리하며 마지막 집안일이나 작업을 확인하는 기분만큼 좋은 것도 없을 것이다. 그리고 나서부터는 즐거운 시간을 보내라!

궁금증) 할 일 목록을 사용하려고 했지만, 다른 일에 몰두할 때와 마찬가지로 목록을 작성하는 데 정신이 팔렸던 것 같았다. 언제 멈춰야 할지 몰라 하루에 해야 할 일이 3페이지나 되는 목록을 작성하기도 했다. 내가 하루에 얼마나 많은 일을 해낼 수 있는지에 대해 터무니없이 비현실적인 목표를 세우고 있다는 것을 작성할 때는 알 수 없었다. 어떻게 하면 스스로를 통제하고 합리적인 할 일 목록을 작성할 수 있을까?

공감적인 배우자, 직장 멘토, 가끔씩 도움을 줄 수 있는 형제자매나 룸메이트가 있다면 목록을 검토해 달라고 요청하라. 당신에게 있어 가장 큰 걸림돌 중 하나는 시간 감각이 떨어지는 것임을 기억하라. 목록의 각 항목이 얼마나 오래 걸리는지 파악하기가 정말 어려울 수 있다(목록을 작성하는 동안 시간 계획을 세우는 방법은 말할 것도 없다!). ADHD가 없는 많은 성인들은 보통 일반적인 집안일이 얼마나 걸리는지 꽤 잘 알고 있다. 직장의 멘토나 상사라면 업무 시간이 얼마나 걸리는지 알고 있을 것이다. 또한 해당 분야의 기술, 해당 작업의 흥미도, 주의가 산만해지는 요인, 평소 집중력 정도에 따라 특정 작업을 수행하는 데 평균적인 사람보다 얼마나 더 오래 걸릴지 감을 잡을 수 있다.

통제 불능의 할 일 목록을 통제하기 위한 두 번째 아이디어는 바로 일지를 쓰는 것이다. 특정 작업을 수행하는 데 걸린 시간을 추적하면 자신과 자신의 습관을 잘 알게 되어 보다 정확하게 시간 계획을 세울 수 있다. 다음 전략을 참고하라.

전략: 항상 일지를 가지고 다녀라

방금 말한 것처럼, 일지는 특정 작업의 세부 사항과 이를 완수하는 데 필요한 사항을 기록하는 데 도움이 될 수 있다. 하지만 더 일반적으로는 해야 할 일을 기록하는 용도로도 사용할 수 있다. (ADHD 환자에게 있어) 작업 기억의 가장 큰 어려움 중 하나는 다른 사람들이 중요하다고 말한 내용을 기억하는 것이다. 망각 때문에 자신이나 다른 사람을 실망시켰던 적이 얼마나 잦았었는가?

- ✓ 데이트?
- ✓ 공약?
- ✓ 약속?
- ✓ 예약?
- ✓ 마감일?

직장에서든, 사회적 관계에서든, 가정에서 가족과의 관계에서든, 자신이 한 약속을 기억하는 능력은 성실성과 타인의 눈에 비친 자신의 이미지에 결정적인 영향을 준다. 특히 다른 사람과의 약속은 더욱 그렇다. 알다시피, 이런 종류의 정보를 기억하는 것보다 잊어버리는 것이 흔한 일일 것이다. 또한 이러한 실수로 인해 직장, 집, 그 밖의 다른 곳에서 얼마나 큰 대가를 치르고 있는지도 잘 알고 있을 것이다. 저자가 아는 ADHD 성인들은 다른 성인들보다 더 건망증이 심하고 덜 신뢰할 수 있는 사람으로 여겨지는 것, 즉 성인들이 기대하는 방식으로 약속을 지키고 이행하지 못하고 일반적으로 덜 신뢰할 수 있는 사람으로 여겨지는 것이 ADHD로 인한 다른 어떤 단점보다 더 큰 수치심과 고통을 유발한다고 말한다.

그런 운명에 체념할 필요는 없다. 10장에서 이미 언급했듯이 일지를 휴대하고 다니기 시작해 보라. 10장에서 언급한 전자기기를 포함한 작은 빈 공책, 제본된 일지, 그 밖에 글을 쓸 수 있는 모든 것이 좋다. 중요한 것은 항상 들고 다녀야 한다는 점이다.

지갑을 뒷주머니나 가방에 넣듯이 작은 종이 수첩이나 스마트폰을 가지고 다니면서 메모를 할 수 있도록 하라!

가방을 들고 다닌다면, 일지를 겉주머니에 넣어 쉽게 보이고 바로 꺼낼 수 있게 해두는 것이 좋다. 지퍼나 똑딱이로 잠긴 수납공간 안에 넣어두면, 일지를 꺼내는 데 번거로움이 생겨 중요한 내용을 기록하지 않게 될 수 있기 때문이다.

오늘, 잊어버리기 전에 일지 사용을 시작하라. 누군가 당신에게 시켰던 일, 자신이 한 약속, 타인과의 어떤 약속, 날짜, 마감일, 회의, 기타 시간에 민감한 지시 사항 등 기억해야 할 모든 것들을 적어두라.

아침에 일지와 연필 또는 기타 필기도구를 주머니에 넣기 전까지는 옷을 완전히 입었다고 생각하지 말라.

스마트폰이나 디지털 녹음 장치는 항상 곁에 있어 일지를 쓰기 위한 당연한 선택처럼 보일 수 있다. 하지만 저자는 사람들이 작은 휴대 메모장은 잘 사용하고 기억하는 반면, 작은 디지털 녹음기는 자주 잃어버리거나 이전에 한 말을 다시 재생해서 듣는 것을 잊어버리는 경우가 많다는 사실을 발견했다.

단지 일지에 쓰기만 하지는 말라. 자주, 필요하다면 매 시간마다 일지를 참조하여 약속을 지키고, 할당된 작업을 완료하고, 다른 사람과의 약속을 이행하고, 마감일을 지키기 위한 목표를 유지하라. 스마트폰 알람이 15분에서 30분마다 울리도록 설정해 일지를 확인하도록 상기시키라. ADHD를 앓고 있는 성인의 경우, 특별한 경우가 아니라면 이 일지는 항상 들고 있어야 한다. 설사 그런 상황이라고 해도, 이 시간 동안 무언가를 기억해야 할 때를 대비해 손이 쉽게 닿는 가까운 곳에 두어야 한다.

> 일지는 매우 중요하다. 그것은 당신의 외부 작업을 위한 기억장치이기 때문이다.

앞서 말했듯이 성인 ADHD 환자들은 자신이 신뢰할 수 없고 미성숙한 사람으로 여겨지는 것이 끔찍하게 우울하다고 말한다. 다른 사람의 평가에 동의하고 스스로를 끈기, 자제력, 의지가 없는 사람으로 여기는 데는 그리 오랜 시간이 걸리지 않는다. 실행 기능의 결핍을 해결하려면 다음 몇 가지 규칙을 따르라.

20장

규칙 5: 미래를 느껴라

규칙 5를 통해 얻을 수 있는 것:
목표를 달성할 수 있도록 동기를 부여한다.

완료해야 하는 작업의 목적이 밋밋하고 추상적으로 느껴져 계속할 의욕이 생기지 않는다면 규칙 5가 당신에게 도움이 될 것이다.

ADHD의 시간맹time blindness이 야기하는 주요 결과 중 하나는 과거를 떠올려서 기억한 것을 미래에 적용하는 데 어려움을 겪는 것이다. 그렇기 때문에 규칙 2와 규칙 3이 매우 중요한데, 기억을 통해 학습하여 앞으로 비슷한 상황에 더 능숙하게 대처할 수 있도록 도와줄 것이다. 하지만 ADHD는 또한 현재와 미래 사이에 큰 간극을 남긴다. 눈앞에 당근을 던져주는 사람이 없다면, 당신은 목적지를 향해 계속 나아가기 위해 계속 설득을 받아야 할 필요가 있을 것이다.

규칙 3에서 배운 혼잣말이 도움이 될 때도 있다. 이 일을 반드시 완수해야 한다고 스스로에게 말하고, 어떻게 해야 하는지 알려주고, 그 과정에서 거쳐야 할 단계를 상기시키고, 시간에 주의를 기울이도록 스스로를 다독이는 것은 여러 상황에서 효과를 발휘할 수 있다. 해야 할 일을 하지 않으면 어떤 일이 일어날지 스스로에게 경고하는 것도 작업을 계속할 수 있는 또 다른 방법이다. 이러한 형태의 '과거 말하기'에는 다른 곳에 돈을 쓰는 바람에 정작 아들의 교과서를 일찍 사지 못했을 때 더 많은 돈을 지불해야 했던 사실을 떠올리는 것 등이 포함될 수 있다. 정해진 마감일을 지키지 못해 잃어버린 일자리를 나열해 보는 것일 수도 있겠다. 지루하다는 핑계로 시아버지 생신 파티에서 일찍 빠져나간 후 일주일 동안 남편과 대화가 끊겼었다고 스스로에게 말해 줄 수도 있다.

안타깝게도 성인(및 아동)에게 있어, 부정적인 결과에 대한 위협을 떠올리는 것만이 가장 강력한 동기는 아닐 것이다. 설령 그렇다고 해도 모든 목표가 이행되지 않았을 때, 명백하고 직접적이거나 끔찍한 결과가 따르는 것은 아니기도 하다. 많은 성인들에게 목표란, 해야만 하는 일이기 때문에 해야만 하고, 그 일을 해내는 것이 옳은 일이기 때문에 해야만 하는 것도 많다. 일반 사람 중에서도 많은 성인들이 이러한 내적 동기 부여가 실상 동기 부여되지 못한다고 생각한다. ADHD가 없는 많은 이들도 적어도 정말 하기 싫은 일에서는, 이 책에서 설명하는 것과 같은 유형의 인센티브에 의존하고 있다. 하지만 ADHD가 있는 경우 이러한 인센티브는 필수적인 요소가 된다. 그 이유는 다음과 같다.

✓ ADHD는 과제를 완수해야 한다는 도덕적 당위성을 이해하기 어렵게 만들 수 있으므로 쉽게 움직이지 않을 가능성이 높다.

✓ ADHD는 재미없는 일을 고통스러울 정도로 지루하게 느껴서 재미없는 일에서 벗어나지 못하면 안절부절못하며 폭발할 것 같은 느낌을 받을 수 있다.

✓ ADHD는 자신이 하는 일이 한 가지 나쁜 결과가 아니라 두세 가지 나쁜 결과를 초래할 수 있고, 그 각각이 6가지의 원치 않는 결과를 초래할 수 있으며, 그 각각이 12가지의 다른 결과를 낳을 수 있다는 것을 보지 못할 수도 있다.

✓ 시간 감각이 부족하면 이러한 모든 결과가 생각보다 훨씬 빠르게 전개될 수 있다는 사실을 파악하지 못해 눈사태를 막을 기회를 놓칠 수 있다.

업무 완수에 대한 동기 부여가 가장 낮은 부분 파악하기

동기 부여를 유지하기가 가장 어려운 분야는 어디인가?

학교? ____________________

직장? ____________________

집안일? ____________________

커뮤니티 활동? ____________________

인간관계? (어떤 것인가?) ____________________

____

마무리할 의욕이 없어 할 일 목록에서 오래 남아 있는 항목은 무엇인가?

____

____

ADHD는 위에 나열된 모든 이유로 인해 과제를 완수하기 위한 동기를 유지하기 어렵게 만든다. 하지만 다양한 책임이 그다지 매력적이지 않고 그 목적이 평면적이고 추상적으로 느껴지는 또 다른 이유가 있다. 그 일을 해내는 데 감정이 연결되지 않는다는 점이다. 감정은 매우 강력한 동기 부여를 한다. 사실 감정은 자기 동기 부여의 원천이기도 하다.

> 인간의 감정을 연구하는 과학자들은 감정의 주요 기능이 행동을 유발하거나 동기를 부여하는 것이라는 결론을 내렸다. 감정은 복잡한 면이 있지만, 일반적으로 특정 감정은 특정 유형의 행동으로 이어진다. 다음은 몇 가지 예이다.
>
> - 두려움은 '싸움 또는 도피' 반응을 유발한다. 즉, 위험의 근원을 공격하거나 그 상황에서 도망치려고 행동하게 한다.
> - 분노는 잘못을 바로잡으려는 행동으로 이어진다.
> - 기쁨과 즐거움은 지금 하는 일을 계속하고 싶은 충동으로 이어진다.
> - 수치심은 부끄러운 행동을 반복하지 못하게 한다.

혼잣말조차도 우리가 생각하는 것보다 감정에 더 많이 의존하는 경우가 많다. 우리가 어떤 일을 끝내지 못했을 때의 부정적인 결과에 대해 스스로에게 어떻게 경고하는지 다시 한번 생각해 보라. 우리가 바람직하지 않다고 생각하는 것은 이러한 결과의 실제적인 측면뿐만이 아니다. 물론 교과서 구입에 필요 이상으로 많은 돈을 지출해야 하는 것은 은행 계좌에 손해를 끼치긴 한다. 일 자리를 잃는 것도 은행 계좌에 타격을 준다. 그리고 배우자로부터 침묵의 대접을 받는

시각화 → 말로 표현하기 → 느껴보기

것도 일상을 방해할 것이다. 그러나 우리가 스스로에게 주는 경고에 귀를 기울이게 하는 것은 이러한 결과에 대해 우리가 어떻게 느꼈는지에 대한 기억일 수 있다. 돈을 마련할 때까지 필요한 교과서 없이 방치하는 것은 아들에게 수치심을 느끼게 할 수 있다. 반복적으로 해고당하는 것은 매우 굴욕적이며 자존감에 치명적인 영향을 미친다. 그리고 가장 사랑하는 사람에게서 외면당하는 것은 정말 상처가 되고 화가 나는 일이 될 수 있다.

어떤 사람들에게는 이러한 불편한 감정에 대한 기억만으로도 같은 실수를 반복하지 않기 위해 해야 할 일을 하도록 동기를 부여할 수 있다. 그렇기 때문에 과거의 사건과 그 당시의 감정을 시각적으로 이미지화하여 일을 완수하는 데 필요한 동기를 유발할 수 있도록 도와야 한다.

무언가를 하지 않았을 때의 부정적인 결과를 떠올리거나 예상하는 것은 대부분의 사람들에게 목표를 달성했을 때의 긍정적인 결과에 집중하는 것만큼의 강력한 동기 부여가 되지는 못한다. 목표를 달성했을 때의 기분이 얼마나 좋을지 상상할 때 얻을 수 있는 고양감, 활력, 영감에 비해 부정적인 것에 집중하면 오히려 기분이 가라앉을 수도 있다.

전략: '이 일을 해냈을 때 어떤 기분이 들까?'라고 스스로에게 솔직하게 물어보라

과거를 보고 말하며 미래를 예측했다면, 다음 단계는 당면한 과제를 완수하거나 목표에 도달했을 때의 기분을 실제로 느끼기 위해 의식적으로 노력하는 것이다. '이 일을 완수했을 때 어떤 기분이 들까?'라고 스스로에게 물어보고 그 감정적 느낌에 집중해 보라. 어떤 느낌일까?

✓ 자부심?

✓ 자기만족?

✓ 프로젝트를 완수했을 때 기대하는 행복감?

✓ 성취감을 느낄 수 있을까?

✓ 이 목표를 함께 공유하거나 이 일을 하는 다른 사람들의 즐거움이나 행복?

그 감정이 무엇이든, 목표를 생각하면서 바로 그때, 바로 그곳에서 그 감정을 느끼도록 노력해 보라. 그런 다음 작업하는 내내, 혹은 목표나 프로젝트를 추진하는 동안 이 작업을 계속하라. 매일 또는 그 상황에 처할 때마다 목표나 목적지를 향해 노력하면서 그곳에 도착했을 때의 느낌을 실제로 느끼기 위해 반복적으로 노력해 보라.

> 미래를 마음속으로 그려보라. 그리고 그 감정을 계속 간직하라. 그 미래에 도달할 때까지!

미래를 지향하는 모든 행동에는 동기가 필요하며, 모든 동기는 감정의 결과물이다. 의식적으로 많은 노력을 기울여 상상해 본 감정은 행동으로 이어지는 연료가 되어 목적지를 향해 순항 미사일처럼 나아갈 수 있게 한다. ADHD가 없는 사람들도 원하는 목적지에 도달했을 때 어떤 느낌이 들지 상상하며 앞으로 나아간다. 차이점은 그들은 시간 감각과 시각적 작업 기억이 충분히 강해 이러한 예지력을 쉽게 발휘할 수 있기 때문에 많은 생각이나 노력 없이도 일반적으로 이를 수행할 수 있다는 것일 뿐이다. 하지만 당신에게는 매우 의식적이고 의도적인 노력이 필요할 것이다.

작업 중에 지금 하는 일에서 얻고자 하는 보상을 담은 이미지를 오려서 주변에 붙여두면 이 기법을 더욱 활성화할 수 있을 것이다. 이렇게 하면 이미지의 힘을 강화하여 기대하는 감정을 더욱 생생하게 느낄 수 있다.

따라서, 목표와 목표 달성에 필요한 단계를 시각화하고 말로 표현한 다음, 최종적으로 목표가 달성되었을 때 어떤 기분이 드는지 느껴보는 연습을 하라. 프로젝트, 작업 또는 목표에 대한 작업을 계속하기 위해 앉을 때마다 반드시 해야 할 일 중 하나는 미래의 결과를 느끼는 것이다.

9장에서는 과거 성취했던 것에 대한 이미지를 떠올리는 것이 긴박한 상황에서 스트레스와 불안을 해소하고 침착함과 동기를 부여할 수 있다고 제안한 바 있다. 일을 완수했을 때 어떤 기분이 들지 상상하는데 어려움이 있다면 이미 완수한 비슷한 일을 떠올리는 것부터 시작하라. 이것은 ADHD로 인한 실행 기능의 결함을 막기 위해 사용하는 각 방법이 다른 보상 전략을 사용하는 능력을 어떻게 향상시키는지 보여주는 완벽한 예일 것이다. 따라서 규칙 2를 따르는 연습을 해야 하는 또 다른 이유가 된다. 과거의 성공에 대한 정신적 이미지를 많이 수집할수록 지금 눈앞에 놓인 과제를 완수했을 때 느낄 긍정적인 감정을 상상하기가 더 쉬워진다는 점이다.

규칙 5를 실천해야 하는 좋은 이유는 내면의 감정 우물emotional well을 채울 수 있기 때문일 것이다. 당신은 ADHD가 없는 사람들처럼 시각적 또는 언어적 기억을 정신세계에 저장할 수 없을 것이기 때문에, 생생하고 활기차고 강력하거나 동기를 부여하는 감정적 기억을 덜 느끼게 될 것이다. 물론 다른 사람들이 느끼는 감정을 느끼지 못하는 것은 아닐 것이다. 다만 그들과 함께한 경험이 마음속에 같은 정도로 저장되지 않을 수 있다는 의미이다. 또는 ADHD를 앓고 있지 않은 사람들처럼 쉽게 기억해내지 못할 수도 있다.

이 전략은 4단계의 다른 규칙과 마찬가지로 지금 이 순간에 원하는 것을 더 쉽게 달성할 수 있도록 도와준다. 하지만 더 많이 연습할수록 더 많은 기억과 기술이 쌓여 앞으로는 점점 더 쉬워질 것이다. 따라서 스티븐 코비Stephen Covey가 그의 베스트셀러 『성공하는 사람들의 7가지 습관The 7 Habits of Highly Effective People』에서 말한 것처럼 "끝을 염두에 두고 시작하세요"라고 말해 보라. 목표를 시각화하고 성취감, 안도감, 자부심, 성공감을 느끼는 것은 물론, 얻을 수 있는 보상을 상상하면 해야 할 일을 해내는 데 필요한 동기를 부여하는 연료 탱크를 채우는 데 도움이 될 수 있을 것이다.

하지만 그 외에도 더 많은 전략을 활용할 수 있으니 규칙 6을 참고하라.

21장

규칙 6: 세분화하여 중요한 의미를 부여하라

규칙 6을 통해 얻을 수 있는 것:
미래를 더 가까이 느낄 수 있도록 한다.

이미지, 단어, 감정들이 너무 짧게 스쳐 지나가서 집중하기 어렵다면 규칙 6이 당신에게 도움이 될 것이다. 우리는 실제로 거의 모든 ADHD 환자들이 규칙 6을 따르는 것으로 혜택을 본다는 사실을 발견했다. 주의력을 유지하고 현재를 내다보는 데 어려움을 겪을 때에는 필요한 내적 동기를 모두 떠올리기가 매우 어려우므로, 외부의 도움이 필요하다. 다행히도 도움을 받을 수 있는 가능성이 무궁무진하고 쉽게 접근할 수 있다. 그저 멀게만 느껴졌던 목표에 좀 더 가까이 다가가기만 하면 된다. 하지만 먼저 미래가 항상 멀게만 느껴지는 이유를 파악할 수 있는지 살펴보라.

목적지가 그렇게 멀어 보이는 이유는 무엇인가?

ADHD는 절망적일 정도로 미래가 멀게 느껴지게 만들 수 있다. 상당한 시간 투자가 필요하거나, 대기 기간이 필요하거나, 일련의 단계를 거쳐야 하는 목표는 달성하기가 너무 어려워서 부담감을 느낄 수 있다. 이럴 때 많은 성인 ADHD 환자들이 탈출구를 찾고자 하는 유혹에 넘어간다. 직장에서 무단결근을 하거나 병가를 내는 등 말 그대로 도망치는 경우도 있다. 어떻게 하면 업무를 완수할 수 있을지 고민하는 대신, 어떻게 하면 다른 사람에게 책임을 떠넘길 수 있을지 고민하는 데 초점을 맞추고 있을 수도 있다. 학급에서 광대 노릇을 하는 법을 배웠을 수도 있다. 또는 진전이 없고 어떻게 앞으로 나아가야 할지 모른다는 사실을 감추기 위해 다른 가면을 만들었을 수도 있다. 일부 성인 ADHD 환자들은 무력감을 느낄 때 자신의 부족한 부분을 대신해 줄 도우미에게 의존하는 식의 퇴행을 보이기도 한다. 물론 이러한 전략 중 어떤 것도 해야 할 일을 완수하는 데 도움이 되지 않는다. 그리고 어떤 방법도 의무를 다하지 않았다는 사실을 다른 사람이 알게 되는 것을 영원히 막을 수는 없다. 가장 방해가 되는 부분을 파악하고 그 상황에 적합한 외부의 동기 부여 요인을 사용하는 것이 더 좋다.

누군가 상상조차 할 수 없을 정도로 너무 먼 마감 시간을 제시하면 당황하거나 멍해지는가? 삶에서 이런 일이 주로 어디에서 발생하는가?

____

____

복잡한 프로젝트가 부담스러운가? 주로 어떤 종류의 문제를 해결해야 하는가?

관리 감독을 받지 않거나 동료 없이 일하는 데 어려움을 느끼는가? 언제 그리고 어디서 특히 그런가?

이것은 프로젝트나 목표의 진전이 막힌다고 느낄 때 생각해 볼 수 있는 몇 가지 간단한 질문이다. 외부 동기를 부여하기 위해 사용할 수 있는 다음 전략에 대해 읽어보면 더 많은 예가 떠오를 것이다.

전략: 장기적인 작업이나 목표를 훨씬 더 작은 단위 또는 작업 할당량으로 세분화하라

우리는 이띤 프로젝트의 종료 시점을 놓치기 쉽다. 그러니 마감일이 멀게만 느껴진다면 대부분의 업무 목표와 일부 집안일의 목표에 이 전략을 사용하는 것이 좋을 것이다. 집안의 모든 옷장을 정리하거나 부서의 내년도 예산을 준비하는 것 같은 큰 프로젝트가 있다면 이런 전략이 더욱 좋을 것이다. 그리고 프로젝트를 더 세분화해야 한다. 사실, 프로젝트가 완료되는 데 시간이 오래 걸릴수록 더 많은 단계가 포함될 가능성이 높다. 마감일이 가까워질수록 프로젝트를 더 세분화해야 하며, 큰 작업이나 기타 필요한 행동을 더 작은 단위로 쪼개는 것이 좋다.

✓ 하루가 끝나기 전에 프로젝트를 완료해야 하는 경우라면, 1시간 단위나, 더 좋은 방법은 30분 단위로 쪼개서 작업하라. 각 시간

대에 완료해야 할 일을 적고 지금 작업 중인 단계에 형광펜으로 표시해 그 단계에만 집중하고 나머지 작업에는 신경을 쓰지 말라.

✓ 수말까지 완료해야 하는 프로젝트가 있는 경우, 먼저 매일 얼마나 해야 하는지 파악해 보라. 옷장 청소와 같은 작업의 경우, 옷장마다 하루를 할당하는 것이 간단한 방법일 수 있다. 만약 작업들이 서로 관련되어 있는 더 복잡한 경우라면 적절한 단계의 순서를 파악하기 위해 조금 더 노력해야 할 수도 있을 것이다. 직장에 있다면 상사나 멘토에게 도움을 요청해 보라. 과거에 같은 업무를 수행한 다른 사람의 보고서를 활용하라. 사무실에 있는 전자 파일이나 종이 문서가 도움이 될 것이다. 비슷한 프로젝트를 완수한 경험이 있는 친한 동료와 이야기를 나누고 그들의 분석이 도움이 될 수 있는지 알아보라.

그런 다음, 매일의 목표를 살펴보고 1시간 또는 30분 단위로 나누라. 또는 직장에서 흔히 그렇듯이 이 프로젝트를 다른 프로젝트와 함께 병행해야 하는 경우, 이 프로젝트에 할애할 기간을 정하고, 이를 주간 플래너 또는 책상 위에 있는 달력에 적고, 시간이 되면 그 기간을 더 작은 시간 단위로 나누고 각 단계를 완료하라.

성인 ADHD 환자인 마이클 펠프스Michael Phelps가 2016년 하계 올림픽 당시 TV에 출연했을 때 해설자들이 그에 대한 많은 배경지식을 제공한 것이 대표적인 예일 것이다. 해설자들은 아침 일찍 일어나서 잠자리에 들 때까지 15분 단위로 나뉜 그의 하루 일정을 보여주었다. 거기에는 그날의 계획된 훈련 운동뿐만 아니라, 식사 시간, 낮잠 시간, 좋아하는 여가 활동에 투자하는 시간과 각각에 얼마나 많은 시간을 할애할지까지 기록되어 있었다.

반드시 이 정도까지 하루를 계획할 필요는 없지만, 다음과 같이 하면 도움이 될 것이다. 목표와 업무 과제에 집중할 수 있도록 마이클 펠프스처럼 업무 시간을 계획해 보라. 아마도 목표와 업무 과제에 집중하는 데 도움이 될 것이다. 따라서 하루 계획표에 각 시간을 어떻게 보낼지 미리 표시해 두고, 하루의 각 시간을 어떻게 보낼지 미리 계획해 두라. 그런 다음 그 시간을 15분 단위로 나누고, 그 단위마다 더 큰 프로젝트의 일부가 될 수 있는 작은 단위의 작업을 할당해 두라. 이렇게 하면 끝없이 길게만 느껴지는 프로젝트를 빠르게 움직이며 성취감을 느낄 수 있는 일련의 시간으로 축소시키는 데 도움이 될 것이다.

✓ 이러한 시간 사이의 휴식 시간도 생산적인 시간만큼이나 중요하다는 점을 명심하라. ADHD를 가진 어린 학생을 생각하는 것과 같은 방식으로 자신을 생각하는 것을 부끄러워하지 말아야 한다. 당신은 어린 아이가 학교에 다녀오자마자 한 번에 30개의 수학 문제를 풀기를 기대하지는 않을 것이다(좋은 교사라면 교실에서 그런 것을 기대하지도 않을 것이다). 대신 우선 ADHD 아동에게 5문제만 풀어 보라고 하고, 5개를 다 풀고 나면 1~2분간 휴식을 취하게 할 것이며, 그런 다음 다섯 개만 더 내줄 것이다. 한 번에 다섯 개는 ADHD 환자에게도 부담스럽지 않겠지만, 30개는 부담스러울 수 있다. 한 번에 5개만 하고 중간에 짧은 휴식을 취하면서 6번 연속으로 하면 30개의 문제를 다 풀 수 있다. 저자는 운동이나 역도를 할 때 이 방법을 사용하는

> 책상이나 작업 공간에 써 붙여 두자: 야, 나눠서 해!

프로 운동선수이자 ADHD 환자인 몇 명을 알고 있다. 벤치프레스bench-press를 특정 무게로 30번 하겠다고 말하는 대신, 목표를 10번으로 정한 다음 "쉽네"라고 말하고 바로 10번을 더 하고, 또 하는 식이다. 우리 모두는 어떤 어려운 목표를 향해 '걸음마baby step'를 내딛게 된다. 왜 당신만 다른 방법을 쓰려고 하는가?

전략: 타인에게 책임감 있는 사람이 되어라

> 스스로 책임감 있게 행동하면 내적 감정의 동기 부여를 일으킬 수 있다. 다른 사람을 실망시키는 것은 기분이 좋지 않다. 칭찬받으면 기분이 좋아진다.

이 전략은 외부 동기 부여를 두 배로 늘리는 효과가 있다. 복잡하거나 확장된 프로젝트를 더 작은 작업으로 세분화할 뿐만 아니라, 이제 다른 사람, 즉 자신이 설정한 목표를 제대로 수행하고 있는지 확인할 수 있는 사람을 참여시키게 된다. 다른 사람에게 무엇을 하고 있는지, 어떻게 할 계획인지를 알려주고(대개는 작은 단위 방식으로), 각각의 작은 목표를 달성했을 때 그 사람에게 알리면 스스로 설정한 목표를 달성할 가능성이 훨씬 더 높아진다. 우리 대부분은 타인의 시선을 신경쓰며, 타인에 대한 이러한 사회적 판단은 작업을 완수하려는 우리 내면의 열정에 더 큰 동기를 부여한다.

> 책임감 있게 행동하라. 각각의 작은 하위 목표와 최종 프로젝트 목표에 대해서도 책임을 져야 한다.

✓ 직장에서는 자신을 지지해주는 동료, 상사, 멘토에게 책임감 있는 사람이 되라.

✓ 집에서는 지지적인 파트너, 배우자, 룸메이트 또는 이웃을 활용

하라.

이는 당신이 도움을 요청하는 상대방에게도 마찬가지다. 그 사람이 돕는 과정에 부담을 느끼지 않도록 감사와 보상을 해 보라. **＊ 멘토/코치에게 감사하는 방법에는 몇 주에 한 번씩 함께 점심을 먹으러 가기, 주기적으로 작은 선물을 하기, 좋아하는 가게의 소액 상품권을 준비하기, 아침에는 좋아하는 커피나 차를, 오후에는 탄산음료를 준비하기 등이 있다.** 당신이 감사하다고 느끼는 그 도우미는 당신의 목표 달성을 돕는 데 만족감을 느낄 가능성이 높다. 또한 그 사람은 계속해서 당신의 코치이자 멘토가 되고 싶어 할 가능성이 높다.

전략: 각각의 작은 목표를 달성할 때마다 자신에게 작은 보상을 주어라

우리는 ADHD 아동을 위한 프로그램을 설계할 때, 위에서 설명한 소량의 작업 할당량을 달성하면 포인트, 포커 칩 또는 기타 보상을 제공한다. 이는 칭찬과 인정과 함께 지루해지기 쉬운 작업에 동기를 부여하는 데 도움이 된다. 점수나 보상을 줄 선생님이 없다는 점을 제외하면 성인도 마찬가지이다. 당신은 점수 혹은 보상을 스스로 제공해야 한다.

우리 모두는 이런 행동을 한다. 이 챕터를 쓰는 동안 저자는 30~60분 동안 글을 써서 5페이지를 완성하면 부엌에서 카푸치노를 만들어 마시겠다고 스스로 다짐했다. 그다음 또다시 5페이지 이상을 더 쓰면 사무실에 보관하고 있는 베이스 기타를 연습할 수 있도록 하겠다고 했다. 내가 완성하려고 하는 60년대 록 음악을 몇 분 동안 한 번만 쭉 연주해 보고자 했다. 또 5페이지를 더 쓰면 근처 커피 테이블에 놓인 허쉬 초콜릿을 먹을 수 있거나 사무실 냉장고에 있는 다이어트 콜라 한 캔을 마실 수 있도록 했다. 아니면 2층 사무실 창문으로 집 뒤의 개울과 습지를 가로지르는 아름다운 풍경을 잠시 감상하는 시간을 가질 수도 있도록 했다.

당신을 동기부여할 수 있는 것이라면 무엇이든 활용하라. 여기서도 교훈은 동일하다. 작은 할당량을 끝낼 때마다 작은 보상을 스스로에게 주는 것이다. 그러면 벽돌을 하나하나 쌓아 올리듯 장기적으로 얼마나 많은 작업이 완성되는지에 놀라게 될 것이다. 나는 이 책 전체를 바로 그렇게 써 내려갔다. 또는 앤 라못Anne Lamott이 글쓰기에 관한 책 『새 한 마리씩Bird by Bird』에서 말한 것처럼 해 보라. 그녀의 동생이 새에 관한 과제를 해야 했는데, 어디서부터 시작해야 할지 몰라 막막해하자, 아버지는 이렇게 말했다. "새 한 마리에 대해 몇 문장만 쓰고 나서 아빠한테 와서 말해 보렴. 그리고 또 한 마리, 또 한 마리 쓰다 보면 과제가 다 완성될 거야." 이런 식으로 독자 당신도 '한 마리'씩 써보길 바란다. 그렇게 하나씩 해나가길 바란다. 각각의 새를 마칠 때마다 잠시 멈춰 자신의 성과를 확인하고, 짧게나마 스스로에게 보상을 주어라.

스스로에게 쉽게 줄 수 있는 작은 보상은 무엇인가?

직장: ______________________________

집에서: ______________________________

기타: ______________________________

모든 것을 종합하기: 자, 이제 작업을 더 작은 할당량으로 나누고 끝까지 쪼개서 마무리했다. 더 큰 할당량을 달성하기 위해 작은 할당량을 사용하는 것만큼이나 중요한 것은 각 덩어리 또는 할당량이 완료된 후

무엇을 하느냐이다. 최소한 다음 네 가지를 수행해 보라.

1. 스스로 축하해 주라.
2. 잠시 휴식을 취하라(몇 분).
3. 함께 있는 사람이 있다면, 그 사람에게 당신이 무엇을 했는지 이야기해 보라.
4. 자신에게 보상을 주거나 좋아하는 활동을 맛보기로 하게 하되, 짧고 간단하게 하라.

이 세 가지 전략은 모두 이전에 끝내지 못했던 일을 끝내거나, 꼭 달성하고 싶지만 시작하거나 완료하지 못했던 장기적인 인생 목표를 달성하도록 동기를 부여하는 데 도움이 될 것이다. 모두 인위적으로 동기를 부여하는 방법이다. 작업 완료와 관련된 감정을 시각화하고, 묘사하고, 느끼는 것만으로는 집중력을 유지하는 데 충분하지 않을 때는 다음과 같은 방법을 사용해 본다.

✓ 작은 단위로 나누라.
✓ 목표와 작은 할당량을 공개하라.
✓ 잠시 휴식을 취하라.
✓ 목표를 달성한 후에는 스스로에게 보상해 주라.

규칙 7을 통해 외부 환경이 내적 동기를 강화할 수 있는 더 많은 아이디어를 얻을 수 있을 것이다.

22장

규칙 7: 문제를 외부적, 물리적, 수작업으로 다루어라

규칙 7을 통해 얻을 수 있는 것:
문제 해결을 단순화한다.

정신적으로 문제를 풀려고 할 때 다양한 가능성 속에서 길을 잃는 경향이 있다면 규칙 7이 도움이 될 수 있다. ADHD는 언어 및 비언어적 작업 기억 능력이 떨어지기 때문에 해결해야 할 문제가 주어졌을 때 관련 사실을 모두 머릿속에 담아두는 것이 어려울 수 있다. 장단점을 따져보고, 필요한 도구나 자료를 나열하고, 다양한 접근 방식의 장점을 분석하고, 위험/이익 비율을 파악하는 등 이러한 모든 작업을 머리속으로만 정확히 수행하기는 어렵다. 논리적인 분석이 불가능하거나 지능이 부족한 것은 아니다. 단지 프로세스를 원활하고 성공적으로 진행하기 위해서는 절차를 가시적이고 외부적인 것으로 만들어야 한다는 것이다. 본질적으로, 당신은 감각을 사용하여 마음의 기어에 윤활유를 발라 줄 수 있어야 한다.

✓ 눈앞에 있는 모든 사실과 질문을 스캔할 수 있도록 시각적 보조 도구가 필요하다.
✓ 정보를 실제적이고 관리하기 쉽게 만들기 위해 물리적으로 조작할 수 있어야 한다.
✓ 문제를 해결하려고 할 때, 작업 기억에 너무 많이 의존하지 않도록 문제를 외부에 드러내야 머릿속에서 모든 것을 해결하려고 하는 좌절감으로 감정이 폭발하지 않는다.

인생에서 가장 복잡하거나 긴급한 문제가 어디서 발생하는지 파악하기

이것은 판단하기 까다로운 질문이다. 직장에서 발생하는 추상적인 문제와 집에서 처리해야 하는 감정으로 가득 찬 문제 중 어느 쪽이 더 어려운가? 스스로 문제를 해결하는 것과 다른 사람을 위해 문제를 해결하는 것 중 어느 쪽이 더 어려운가? 직관적으로 생각해야 하거나 복잡한 선택을 체계적으로 해야 하는 경우 어느 쪽이 더 어려운가? 어떤 문제로 인하여 업무 능력이 가장 마비되는지 알면 삶을 더 쉽게 만들어줄 수 있는 외부 보조 도구를 개발하는 데 도움이 될 것이다.

직장에서 겪는 문제를 얼마나 성공적으로 해결하는가? 예산, 동료 관계, 팀워크, 상사와의 관계, 기타 문제 중 당신에게 가장 힘든 것은 무엇인가?

____

____

집에서 문제를 얼마나 성공적으로 해결하는가?

배우자/파트너와 문제? ______________________________

자녀와 문제? ______________________________

형제자매와 문제? ______________________________

부모님과 문제? ______________________________

사회생활에서 문제를 얼마나 성공적으로 해결하는가?

데이트할 때? ______________________________

친구와 문제? ______________________________

이웃 및 커뮤니티 그룹에서 문제? ______________________________

현실적인 문제를 얼마나 성공적으로 해결하는가?

집이나 자동차 등의 수리 필요성? ______________________________

쇼핑? (매장 직원과의 거래 등) ______________________________

공급업체? (예: 통신 회사, 신용카드 회사) ______________________________

어떤 종류의 보조 도구가 가장 도움이 되는지 파악하기

ADHD 환자들은 사고력을 보충하기 위해 상대적으로 감각에 더 많이 의존해야 하므로, 자신의 장점을 아는 것이 더욱 중요하다.

스스로 어떤 유형의 학습자라고 생각하는가?

시각? (눈 앞에 펼쳐진 자료를 보고 이해해야 하는 유형) ________

청각? (들어야 가장 잘 이해할 수 있음) ________

촉각? (완전한 이해를 위해서는 만져봐야 하는 유형) ________

운동감각? (신체 활동을 통해 움직여야 가장 잘 배울 수 있음) ________

어렸을 때 머릿속으로 문제를 풀려고 했던 것이 어땠는지 기억하는가? 가장 쉬운 산수 문제조차도 불가능했을 수도 있다. 만일 그렇다면, 그 나이쯤이면 구슬이나 다른 토큰 없이도 계산할 수 있어야 한다는 기존의 교육적 통념 때문에 구슬이나 다른 토큰의 사용을 제한당했을 때 얼마나 기분이 나빴는지 기억할 것이다.

우리의 연구에 의하면 머릿속으로 문제를 해결하는 데 어려움을 겪는 것은 다른 양상이기는 하지만, 나이가 들어도 ADHD 환자에게 계속 영향을 미치는 것으로 나타났다. 어린 아이들은 암산에 어려움을 겪을 수 있다. 큰 소리로 읽어주는 숫자를 거꾸로 낭독하지 못할 수도 있다. 나이가 들어감에 따라 이야기를 간결하게 설명하거나 어떤 방식으로든 이야기를 분석하는 논문을 써야 할 때 다른 성인들처럼 이야기의 모든 세부 사항(등장인물, 장소, 날짜, 행동 등)을 기억해내지 못하기도 한다. 이번 연구에 따르면 이 문제는 성인 ADHD 환자에게도 똑같이 영향을 미치는 것으로 나타났다.

ADHD를 가진 많은 사람들이 그런 경험에 대한 나쁜 기억을 가지고 있다. 다행히도 당신은 이제 성인이 되었으며, 누구도 당신에게 닥친 문제를 해결하기 위해 어떤 도구를 사용할 수 있는지 알려줄 수 없다. 당신은 수십 가지 도구를 마음껏 사용할 수 있다. 월급을 어디에 써야 할지, 회사 자금이 부족할 때 상사에게 예산 인상을 설득하는 방법, 학기 말 과제를 제시간에 끝내는 방법, 아이들이 다투지 않게 하는 방법, 집 개보수의 어떤 프로젝트를 먼저 시작해야 할지 등을 파악하는 데 그 도구들이 도움이 된다면 그 도구들을 사용하는 것은 당신의 몫이다.

우리 모두는 어린 시절에 언어적, 비언어적 작업 기억을 발달시켜야 한다. 어린 시절에 언어적, 비언어적 작업 기억을 개발하여 정신적 이미지를 유지하고 불러올 수 있으며 경험한 것을 말로 표현할 수 있다. 나중에 우리는 이러한 정신적 표상을 분리하고, 조작하고, 이동하고, 다양한 방식으로 재조합할 수 있어야 한다. 그렇게 하는 것은 다음 행동에 중요하다.

✓ 다양한 대안 제시
✓ 문제 해결
✓ 일을 하거나 설명하는 다양한 방법 개발하기
✓ 미래를 위한 계획 수립

안타깝게도 ADHD가 뇌에 일으키는 문제는 이러한 실행 기능의 통상적인 발달을 방해한다. 그렇다면 어떻게 보완할 수 있을까? 다음의 방법을 시도해 보라.

전략: 가능한 한 물리적 보조 도구를 사용해 문제를 해결하라

많은 정보를 머릿속에 담아두었다가 놓치지 않고 다양한 방법으로 조작하는 것은 매우 정교한 능력이다. 또한 상당한 노력과 에너지, 집중력이 필요하다. 하루 10시간 근무를 마치고 집에 와서 싸우는 아이들을 달래고 저녁 식사를 준비하면서 동시에 교정기나 새 차를 살 자금을 마련하기 위해 똑같은 월급에서 조금 더 많은 수입을 짜내려고 노력하는 어른들에게 물어보라. 피로는 정신적인 문제 해결을 거의 불가능하게 만든다. 나는 컴퓨터를 이용해 목록을 만들거나 칠판에 붙일 수 있는 스티커 메모나 마그넷, 오디오 테이프, 그래픽 장치 및 기타 도구를 사용하여 이미 어수선한 머릿속에서 데이터를 꺼내서 보고, 느끼고, 듣고, 조작할 수 있는 다른 곳에 두는 방식을 사용하는 사람들을 많이 알고 있다. 그들은 당면한 문제에 대해 새로운 시각을 제공하기 위해 무엇이든 사용한다.

당신도 똑같이 할 수 있다. 결국, 당신도 문제 해결 능력에 대한 요구와 ADHD의 방해를 동시에 해결해야 하는 상황일 수 있다. 가능한 모든 도움을 받으라.

문제와 관련된 모든 데이터를 종이에 적거나, 물건을 사용하거나, 다른 방식으로 그래픽으로 표현한 다음에는 손, 눈, 귀, 심지어 온몸으로 물리적으로 표현된 모든 것을 움직여보며 해결책을 찾아낼 수 있다. 언어적 문제라면 종이, 메모지 또는 노트북 컴퓨터를 사용하라.

이 방법을 규칙 2의 '고급' 버전이라고 생각하라. 규칙 2에서는 기억해야 할 내용을 적어두거나 표지판에 붙이거나 다른 표시를 만들어서 외부화하라고 조언했다. 여기 규칙 7에서는 아이디어를 조금 더 발전시켜, 문제 해결을 위해 고려해야 할 모든 것을 외부화한다. 이 작업은 메모지에 낙서를 하거나 문제의 다양한 부분을 생각나는 대로 스케치하는 것만큼 간단할 수 있다. 우리가 해결하려는 문제를 어떤 식으로든 물리적으로 만들 수 있는 방법에는 여러 가지가 있다. 실내 장식가는 플라스틱 폼보드에 방, 집, 사무실 모양의 미니어처 평면 가구를 만들어 다양한 공간 배치를 구현한다. 요즘엔 같은 작업을 할 수 있는 컴퓨터 소프트웨어 프로그램을 구입할 수 있다. 엔지니어와 건축가는 도로, 교량, 자동차 또는 새로운 화학 물질을 설계하고 모든 종류의 물리적 문제를 해결할 때 항상 컴퓨터의 시뮬레이터를 사용한다. 조경가도 미니어처 소품이나 컴퓨터 시뮬레이션 프로그램을 사용하여 같은 종류의 작업을 수행한다. 목수, 배관공, 타일 및 벽돌 시공자, 기타 직종에 종사하는 사람들은 해결해야 할 문제의 조각을 손수 조정하며 작업을 완수한다. 결국, 설계도는 단순히 무언가를 만드는 데 지침을 제공하는 것 외에도 다른 용도가 있지 않은가? 우리는 머릿속에 있는 것보다 설계도에 있는 디자인을 더 잘 수정할 수 있다.

예를 들어, 저자가 아는 한 성인 ADHD 환자가 집을 짓고 있었다. 그는 부엌이 매우 중요하고, 자신과 파트너가 함께 사용할 가능성이 높기 때문에 적절하게 설계해야 한다는 것을 알고 있었다. 그래서 그는 오래된 이동식 상자를 가져다가 그대로 부엌과 조리대 모형을 만들었다. 그런 다음 요리를 하고, 식료품을 정리하고, 냉장고에 가고, 식기세척기에 식기를 넣는 등의 시늉을 하면서, 그 사이를 걸어 다녔다. 이런 과정을 통해 그는 주방을 사용하는 방식을 더 잘 반영할 수 있도록 초기 평면도를 신중하게 재조정할 수 있었다.

ADHD가 있다면 다양한 문제를 해결하거나 다양한 정신적 과제를 완수하는 데 있어, 문제를 자기 밖으로 꺼내어 조각으로 나누거나 정신적 작업 외에 수작업으로 할 수 있는 다른 물리적 형태로 만들면 더 잘할 수 있을 가능성이 높다. 시도해 보라. 그리고 주변 사람들이 당신이 이 '장난감'을 가지고 '노는' 모습을 보고 인상을 찌푸린다면, 규칙 8을 적용하라.

23장

규칙 8: 유머 감각을 가져라!

규칙 8을 통해 얻을 수 있는 것:
자신의 불완전함을 받아들이고, 삶을 계속해 나갈 수 있도록 돕는다.

> ADHD는 심각할 수 있지만 항상 심각할 필요는 없다.

여전히 ADHD를 극복하는 데 어려움을 겪고 있다면 규칙 8이 도움이 될 것이다. 우리 모두가 자신의 불완전함을 받아들이고, 그에 대한 자괴감을 극복하고, 일과 삶의 즐거움을 이어나가는 데 약간의 자조적 유머만큼 좋은 것은 없다.

앞의 모든 장은 ADHD가 얼마나 심각한 문제인지에 대한 증거이다. 당신은 아마 대부분의 사람들보다 훨씬 더 많은 실수를 하리라는 것을 알고 있을 것이다. ADHD는 결코 당신의 잘못이 아니다. 그렇다면 어떻게 해야 할까? 지금까지 배운 모든 것 외에 이 방법을 시도해 보라.

전략: 미소를 지으며 "저기요, 제 안의 ADHD가 다시 말하(거나 행동하)는군요. 미안해요. 제 실수입니다. 다음번에는 어떻게든 다른 방법을 써 볼게요"라고 말하라

이렇게 말했을 때, 당신은 사회적 상황에서 매우 중요한 네 가지 일을 한 것이다.

- ✓ 실수를 인정했다.
- ✓ 어떻게 그런 일이 발생했는지 설명했다.
- ✓ 다른 사람을 탓하며 변명하지 않고 사과했다.
- ✓ 다음에는 더 잘하려고 노력하겠다고 약속했다.

짧은 문구 몇 개로 할 수 있는 일이 놀랍다. 그렇게 하면 자존감과 친구 및 사랑하는 사람들을 지킬 수 있다. ADHD 행동을 부인하고, 남 탓하고, 변명을 찾고, 더 나아지려고 노력하지 않는다면 사회에서 외톨이가 될 것이다.

2단계에서 말했듯이, 자신의 ADHD를 알고 인정한 다음 이를 해결하기 위해 노력하라. ADHD를 극복할 수 있는 가능성이 조금이라도 있다면 이런 일을 해야 한다. 그러니 자신의 불완전함을 부정하지 말라. 불완전함을 알고, 수용하며, 쉽게 인정하고, 매일 함께 일하고 웃어 주라. 그러려면 시간이 걸린다. 하지만 시간이 지나면 그런 문제들은 별문제가 되지 않으며 앞으로도 그럴 가능성이 높다.

저자는 정신건강의학과 인턴으로 함께 수련했던 42년 된 친구들을 떠올리면, 아직도 의과대학에서 인턴 수련을 받던 어느 날, 클리닉에 입고 갔던 사냥개 이빨 모양의 흑백 레저복이 생각난다. 그리고 우리 모두는 지금도 저자가 흰색 벨트와 흰색 구두로 옷차림에 포인트를 주었기 때문에 '클리블랜드 완전체'로 알려지게 된 이야기를 할 때마다 눈물이 날 때까지 웃는다.

나의 전 아내는, 내가 예전에 스파 리조트에서 수많은 젊고 매력적인 여성들 앞에서 난간이나 계단을 이용하지 않고 수영장에 들어가겠다며, 대형 온수 욕조를 향해 뛰어든 일을 여러 번 이야기할 것이다. 이제 우아한 척은 그만둬야겠다. 내가 색맹이라서 녹색 수풀 앞에 있는 정지 표지판에 부딪힐 뻔했거나 실제로 놓쳤던 모든 정지 표지판에 대해 묻지 말라. 그리고 저자가 참여했던 모든 대중 연설, 신문 사진, 전문 비디오, TV 프로그램, 여러 공개적인 활동에서 드러나는 점점 더 대머리가 되어가는 머리와 얼굴 주름, 그리고 웃을 때 카메라 플래시 때문에 반짝이는 금니들은 어떻게 해야 할까? 나는 이 모든 단점을 가지고 있다. 그래서 뭐 어쨌다고? 나는 사마귀든 뭐든 나 자신을 좋아하고, 삶의 일부가 되고 싶고, 아직 달성하지 못한 목표가 있으며, 그럼에도 불구하고 이 삶을 시간과 기회가 허락하는 한 온전히 살아갈 계획이다. 당신도 그래야 한다. 한 성인 ADHD 환자는 "나는 무덤에 들어가서도 마지막을 허무하게 맞이하기보다는 의미 있는 삶을 살았다는 것을 알고 싶다"라고 말했다.

당신도 ADHD에 대해 이와 같은 태도를 갖기를 바란다. '이미 가지고 있는 병이니 인정하는 것이 좋다'는 것이다. 그리고 적절할 때마다 그것에 대해 웃어 보라. 다른 사람들과 어울릴 때 사과하는 마음으로 자조하는 것이 적절할 수 있다. 혼자서 자조하는 것은 거의 항상 적절하다. ADHD를 심각하고 모든 것을 포괄하는 장애로 생각하면 다른 사람들도 그렇게 대할 것이고, 아마도 당신과 많은 시간을 함께 보내고 싶지 않을 것이다. 유머 감각을 가지고 접근하면 자녀도 유머 감각을 갖게 되고, 자녀의 불완전함에 대해서도 함께 웃을 수 있다. 그러면 상대방은 친구로서 당신과 더 많은 시간을 보내고 싶어 할 것이다.

하지만 가장 중요한 것은, 모든 불완전함과 쉽게 극복되지 않는 어려움을 안고 있는 자신을 받아들이고 함께 살아갈 수 있게 된다는 점이다. 치료로 완치되거나 모든 문제가 해결되지는 않으므로, ADHD는 평생 당신과 함께할 가능성이 높다. 그러니 익숙해지고 가끔은 웃어보라. 인터넷에서 릭 그린Rick Green의 ADHD와 결혼에 관한 오리지널 동영상인 「ADHD와 그것을 사랑하기ADHD and Loving It」을 비롯해, ADHD에 대한 다니 도노반Dani Donovan의 작품과 제시카 맥케이브Jessica McCabe와 릭 그린의 유머 동영상도 좋은 예가 될 수 있다(https://www.youtube.com/watch?v=N49trzkqdTo 참고).

이 8가지 일상 규칙을 기억하는 데 도움이 되도록 다음 페이지를 복사하여 욕실 거울에 붙여 두라. 나는 스티븐 코비의 『성공하는 사람들의 7가지 습관』으로 수년 동안 이 작업을 해왔다. 매일 아침 이 규칙을 보고 다시 배워야 했다. 생산적이고 효과적이며 목적의식적인 온전한 삶을 살기 위한 이 환상적인 원칙을 외우고 쉽게 암송할 수 있을 때까지 똑같이 실천한 다른 많은 사람을 알고 있다. 따라서 이 8가지 규칙을 매일 볼 수 있는 곳에 붙여두고, 회사 책상에 한 부, 일일 플래너에 한 부, 컴퓨터 모니터 옆에 한 부, 매일 반복해서 볼 수밖에 없는 다른 장소에 한 부씩 복사해 붙여 두라.

규칙 1: 행동을 멈춰라!

반응하기 전에 시간을 확보하라.

규칙 2: 과거를 보고, 미래를 예측하라

앞으로 다가올 일을 확인하라.

규칙 3: 과거를 말하고, 미래를 계획하라

결정하기 전에 분석하고 미래를 위한 규칙을 개발하라.

규칙 4: 핵심 정보를 외부화하라

기억 이외의 다른 것에 의존하라.

규칙 5: 미래를 느껴라

동기를 유지하라.

규칙 6: 세분화하여 중요한 의미를 부여하라

미래를 훨씬 더 가깝게 만들어라.

규칙 7: 문제를 외부적, 물리적, 수작업으로 다루어라

문제 해결을 단순화하라.

규칙 8: 유머 감각을 가져라!

자신의 불완전함을 받아들이고 삶을 살아가 보라.

5단계

상황을 바꿔라

생활의 특정 영역에서 ADHD 마스터하기

아래 막대 차트를 잠깐 살펴보라. 이 차트에 따르면 ADHD가 있는 성인은 그렇지 않은 성인보다 삶의 모든 영역에서 장애를 겪고 있다고 답한 비율이 훨씬 높다. 이러한 결과는 놀랍지 않을 것이다. 자제력과 시간 감각은 어디를 가든 모든 일에 매우 중요하다. ADHD로 인해 이러한 기능이 방해를 받으면 일상생활의 모든 측면에서 이를 느낄 수 있다.

어떤 활동과 상황은 다른 활동과 상황보다 더 힘들 수 있다. 그렇다면 5단계는 ADHD와 관련하여 가장 큰 어려움을 겪고 있는 영역에 대한 챕터를 읽으면서 시작하는 것이 좋다. 또는 각 챕터의 내용을 훑어보는 것도 좋다. 4단계의 규칙에서 비롯된 특정 환경의 특정 요구를 처리하는 데 필요한 실용적인 아이디어가 풍부하며, 모두 ADHD와 관련된 고유한 결함을 목표로 한다.

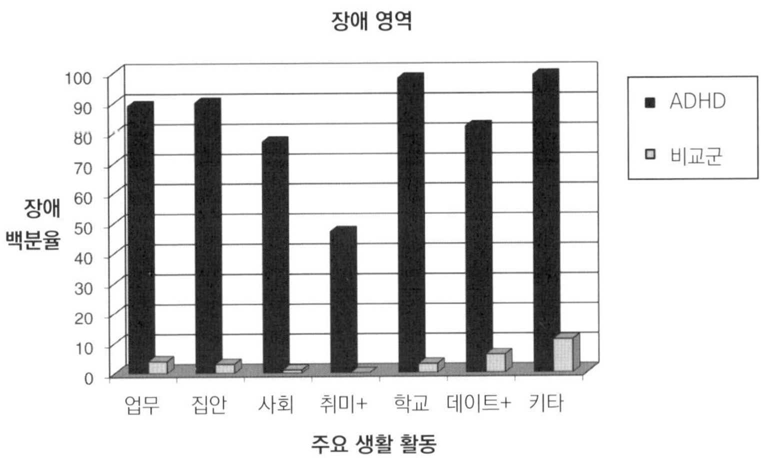

『성인 ADHD: 과학이 말해 주는 것』(Russell A. Barkley, Kevin R. Murphy, and Mariellen Fischer). © 2008 The Guilford Press. 허가를 받아 재인쇄됨.

24장

교육

“학교 선생님들은 항상 과제의 지시 사항을 주의 깊게 읽어야 내가 해야 할 일을 정확히 알 수 있다고 말씀하셨습니다. 하지만 저는 그렇게 하지 않았습니다. 늘 내가 무엇을 해야 하는지 명확히 알고 있다고 생각해서 곧바로 작업에 뛰어들었고, 그래서 과제를 자주 틀리곤 했습니다. 속도를 늦추고 시간을 들여 지시 사항을 읽을 여유가 없었고, 가능한 한 빨리 과제를 끝내고 싶다는 생각뿐이었습니다.”

“처음에는 과제를 제대로 수행하지 못해 대학에서 낙제했습니다. 이후 3년간 사회생활을 하다가 전문대학에 복학해 전문학사 학위를 취득했고, 마침내 처음 다녔던 대학으로 편입하여 공과대학에 다시 합격했습니다. 올해 졸업할 예정이지만, 이미 끝난 과목에 제출해야 할 미완성 논문이 아직 남아 있어 졸업이 확실하다고는 장담할 수 없습니다.”

ADHD 환자에게 교육을 받는 것보다 더 어려운 일은 없을 것이다. 이는 소아와 성인 모두에게 해당된다. ADHD는 학업 성취도를 떨어뜨리고, 학교에서의 행동 문제를 유발하며, 성공적으로 이수하는 교육 연수를 감소시킨다.

당신들이 이미 체감한 정보를 알려주는 것일 수도 있다. 그렇다면 적절한 교육을 이수하지 못하면 많은 여파가 발생한다는 사실도 이미 알고 있을 것이다. 이는 연간 그리고 평생 소득의 잠재력을 낮추고, 선택할 수 있는 직업의 폭을 제한한다. 친구의 종류와 참여하는 동아리에 영향을 미칠 수 있다. 자존감이 낮아져 사회생활에 더욱 지장을 줄 수 있다.

이제는 운명을 바꾸기 위한 방향으로 나아가고 있으므로 학교로 돌아가고 싶다는 생각이 들 수도 있다. 고등학교 졸업장이나 전문대학 학위가 없다면 검정고시를 준비하거나 대학에 등록하기로 했을 수도 있다. 약물치료의 도움으로 교육 프로그램, 세미나, 워크숍, 성인 교육 프로그램 또는 평생 교육 과정을 이수하여 경력을 향상시킬 수 있다는 자신감이 생겼을 수도 있다. 또는 당신은 아직 고등 교육을 받고 있는 젊은 성인일 수도 있다. 다음 페이지에서는 교육 목표가 무엇이든 최대한 성공할 수 있는 실용적인 팁을 많이 공유하겠다.

하지만 먼저, 자신이 어떤 상황에 처해 있는지 파악하여 필요한 지원이나 도움을 구할 준비를 하는 것이 도움이 될 수 있다. 성공할 수 있는 최적의 기회를 스스로에게 주지 않은 채 교육에 시간과 에너지를 쏟을 이유가 있을까?

자신이 어떤 상황에 처해 있는지 파악하기

약물치료부터 학교에서 제공되는 편의 제공, 자조 전략에 이르기까지, 다양한 경로를 통해 교육 성취도를 높일 수 있다. 자신의 개별적인 필요에 맞는 맞춤형 도움을 받기 위한 최선의 방법은 자신의 역량을 최대한 많이 아는 것이다.

:: 어릴 때부터 ADHD를 앓고 있었는가? ::

그렇다면 처음부터 학교생활에 어려움을 겪은 것이다. 저자와 동료들은 어렸을 때 진단받은 성인 ADHD 환자들이 어른이 되어서 진단받은 사람들보다 학업 성취도가 낮은 경향이 있다는 사실을 발견했다. 왜 그럴까? 확실하게 말하기는 어렵지만 몇 가지 가능성이 있다.

- 진단이나 치료를 받지 않고 어린 시절을 보낸 사람 중 일부는 어릴 때 진단받은 사람보다 경증 ADHD를 가졌을 수 있다.
- 치료를 받지 않고 관리한 사람들은 부모와 교사의 지극한 개별적 지원을 받았을 수 있다.
- 어떤 경우에는 지능이 높기 때문에 학교생활에서 ADHD 증상을 보완할 수 있어서 주변 어른들이 진단이 불필요하다고 생각할 수도 있다.

이러한 이유로 진단을 받지 못한 아동은, 증상이 너무 뚜렷해서 조기에 검사 의뢰 및 진단을 받은 아동보다 학교생활에 더 어려움을 겪을 수 있다. 이처럼 머리가 좋은 아이들도 성인이 되어서야 ADHD로 도움을 요청하는 경우가 많다. 성인이 되면 부모의 지원은 더 이상 예전만큼 제공되지 않는다. 그리고 1단계에서 읽었듯이 증상은 지능으로 극복할 수 없는 삶의 영역에 영향을 미치기 때문에 성인이 되면 치료되지 못한 ADHD 증상 때문에 삶을 관리하는 데 지치게 된다.

따라서 어렸을 때 진단을 받았다면, 최근에 진단을 받은 경우보다 더 많은 장애물에 직면할 수 있다. ADHD가 상대적으로 심했다면, 처음부터 더 큰 결핍을 겪고 있는 것이다. 게다가 학교 내 문제는 시간이 지남에 따라 누적되는 경향이 있다. 수년에 걸쳐 성적과 자신감이 모두 떨어졌을 수 있다. 교육 목표를 달성하는 데 필요한 수준의 도움을 구할 수 있도록 이러한 사실을 아는 것이 중요하다.

최근 연구에서 저자와 동료들은 성인 때 진단받은 사람과 어렸을 때 진단받은 사람 모두의 교육 이력을 조사하여 다음과 같은 사실을 발견했다. 성인 때 진단받은 사람들에 대한 정보는 어렸을 때 그들을 잘 아는 사람들, 주로 그들의 부모가 제공한 보고서에서 나왔다. 어렸을 때 진단을 받은 사람들에 대한 정보는 위스콘신주에서 성인기(평균 27세)가 될 때까지 ADHD 아동을 추적 관찰한 마리엘렌 피셔(Mariellen Fischer) 박사와 함께 진행한 연구에서 얻은 것이다.

학교 결과	성인 ADHD(%)	성인이 된 ADHD 아동(%)
고등학교 졸업	88	62
대학교 졸업	30	9
학년 유급	25	47
특수 교육을 받았음	35	65
기타 지원을 받은 경우	48	42

학습장애가 있는가?

성인 ADHD 환자 중 상당수가 특정 학습장애(learning disability, LD)를 가지고 있다. 학습장애는 읽기, 철자, 수학, 독해와 같은 기본 학업 능력의 특정 영역에서 지연이 나타나는 것을 말한다. 2단계에서 ADHD의 실행 기능 결핍이 독해력 문제를 일으킬 수 있음을 확인했을 것이다. 그러나 이러한 문제는 다른 사람들보다 일부 사람들에게 더 두드러지게 나타난다. 표준화 테스트에서 하위 14% 이하의 점수를 받으면 특정 학습장애가 있다고 할 수 있다.

연구에 따르면 이러한 학습장애는 일반인보다 ADHD 성인에게 더 흔한 것으로 나타났다. 독해력뿐만 아니라 듣기 이해력에서도 특정한 문제가 발견되었다. 특정 학습장애에 해당하든 그 기준선에 근접하든, 교실에서 읽거나 들은 내용을 또래 친구들처럼 이해하거나 기억하지 못한다면 학습에 얼마나 어려움을 겪게 될지 어렵지 않게 알 수 있다! 또한 다른 사람들이 당신이 말하는 것을 이해하는 데 어려움을 겪고 있다는 사실을 깨닫지 못하고 당신의 반응을 다른 사람에 대한 관심 부족으로 잘못 해석한다면 학습장애는 사회생활에 부정적인 영향을 미칠 수 있다. 다행히도 어렸을 때 언어발달장애를 치료받지 못했더라도 현재 언어발달장애를 위한 맞춤형 도움을 받을 수 있다.

위에서 인용한 동일한 연구에 따르면, 성인 때 ADHD로 진단받은 경우보다 아동기 때 진단받은 성인이 학습장애가 더 많았다.

학교 결과	성인 ADHD(%)	성인이 된 ADHD 아동(%)
학습장애 진단	28	45

학습을 위한 토대 마련

성인 ADHD 환자의 대다수는 교육 과정에서 문제를 경험한 적이 있다. 위에 인용된 수치 외에도 연구 결과에 따르면 성인 ADHD 환자는 학교에서 벌을 받은 적이 있을 가능성이 더 높았다(방금 진단을 받은 경우 42%, 어렸을 때 진단을 받은 경우 무려 62%). 이들은 학교에서 다른 사람들과 더 많은 문제를 겪었다(각각 44%, 53%). 아동기 진단을 받은 성인 중 무려 71%가 한 번 이상 정학 또는 퇴학 처분을 받은 경험이 있었다. 물론 이런 경험을 반복하고 싶지는 않을 것이다. 하지만 성인 학습 프로그램이나 직장 교육 프로그램을 수강하고 있다면 또다시 문제를 겪을 가능성이 높다. 이러한 문제를 해결하기 위해 무엇을 할 수 있는지 알면 스스로에게 큰 힘이 될 수 있다.[14)]

합리적인 편의를 제공받을 권리가 있다

아직 대학에 재학 중이라면 성공하는 데 도움이 되는 특정 편의가 필요할 것이다. 그리고 당신은 그러한 편의를 제공받아야 한다. 당신은 미국 장애인법에 따라 교육 활동에 대한 합리적인 조정을 받을 권리가 있다.[15)] 이러한 합당한 편의를 이용하려면 대학에서 ADHD를 입증하기 위한 서류 요건을 숙지하는 것이 좋다.

---

14) 미국에서는 장애인법에 따라 ADHD 진단 시 학교 내에서 합리적인 조정을 받을 수 있는 권리가 있지만, 국내에서는 아직 법적 근거가 마련되어 있지는 않다(역자 주).

15) 미국에서는 장애인법에 따라 ADHD 진단 시 학교 내에서 합리적인 조정을 받을 수 있는 권리가 있지만, 국내에서는 아직 법적 근거가 마련되어 있지는 않다(역자 주).

하지만 이 법은 당신 스스로를 돕기 위해 존재한다는 점을 명심하라. 어떤 편의 제공도 당신의 학습을 대신해 줄 수는 없다. 편의 제공에 대한 권리를 주장하되 거기서 멈추지 말라. 항상 스스로를 위해 할 수 있는 모든 것을 할 준비를 하라. 그렇게 하면 학교에서 훨씬 더 잘할 수 있고, 스스로를 도우면서 배운 것은 직장에서 가정에 이르기까지 당신이 활동하는 다른 모든 환경으로 옮겨갈 것이다.

성공을 위한 8가지 일상 규칙 배우기

4단계에 제시된 규칙을 따르는 것은 스스로를 도울 수 있는 큰 방법 중 하나이다. 교육 환경에서는 이러한 규칙이 당신의 지침이 되어야 한다.

약물 복용

솔직히 말해서, 경험과 많은 연구에 따르면 이러한 규칙과 같은 자조적 권장 사항만으로는 학교에서의 ADHD로 인한 부정적인 영향을 극복하기에는 충분하지 않은 경우가 많다. 약물치료 없이 잘 지내왔지만, 학교로 돌아가거나 도전적인 직업을 시작하려고 고려하고 있다면 지금이 바로 이 치료를 재고할 때이다. ADHD 치료제는 대부분의 성인에게 ADHD로 인해 발생하는 학교 및 직장 문제를 해결하는 가장 효과적인 방법이다.

하루 한두 번 복용으로 8~14시간 동안 증상을 관리할 수 있는 장기 지속형 ADHD 치료제가 가장 유용할 수 있다. 지속형 약물을 한 번 복용한 후 늦은 시간이나 초저녁에 즉시 방출되는 약을 두 번째 복용하면 도움이 될 수 있다. * 약물에 대한 자세한 내용은 3단계를 참조하라.

코치 또는 멘토 찾기

그날 해야 할 일에 대해 매일 코치나 멘토에게 약속을 하고 지키도록 노력하라. 코치는 선생님, 교수, 룸메이트, 동급생, 선배 또는 특별 학생 서비스 사무실의 직원이 될 수 있다. 가능하면 하루에 두 번, 5분씩 코치와 만나라. 보통 아침에 만나는 첫 번째 만남에서는 그날의 할 일 목록이나 목표를 검토한다. 그런 다음 늦은 시간에 다시 만나 코치에게 그 목록에서 성취한 것을 보여주라.

대학 내 ADHD 담당자 확인

보통 특별 학생 서비스 사무실에서 근무하는 이 담당자가 당신을 위해 다음을 수행할 수 있다.

- 학생이 ADHD를 앓고 있다는 서류를 검토한다.
- 일반적으로 ADHD 학생에게 제공되는 커리큘럼 조정 및 기타 편의 사항의 유형을 설명하여 필요한 편의 사항을 파악할 수 있도록 한다.
- 교수와 협력하여 필요한 지원을 받을 수 있는지 확인한다.
- 학생 상담 센터에서 근무하는 심리학자, 상담사 및 의사(일반적으

로 정신과 의사)와 연결을 시도한다.

∷ 과제를 시작하기 전에 학습을 추적할 수 있는 도구 마련 ∷

일일 과제를 기록하는 달력을 활용한다

매일의 목표를 설정하고 약속을 추적하라. 이 달력을 사용하여 코치와 함께 그날의 과제를 검토하고 눈에 잘 띄는 곳에 보관하여 목표와 약속에 집중할 수 있도록 상기시킬 수 있다.

일지에 기록한다

과제, 선생님 혹은 교수의 개별 요청, 예약한 회의, 내가 한 약속 또는 다른 사람이 나에게 한 약속 등 사소한 것이라도 해야 할 모든 것을 기록하라. 하루에 여러 번, 이 일지를 검토하여 기록해 둔 일을 제대로 하고 있는지 확인하라. * 일지를 최대한 활용하는 팁은 19장을 참조하라.

노트북 정리 시스템과 일일 계획표를 준비한다

정리하는 데 도움이 된다면 개인용 시간 관리 앱이나 정리 앱도 사용하라(단, 스마트폰과 기타 기기는 문자 메시지, 이메일, 재미 삼아 인터넷 서핑을 할 때 주의를 산만하게 하고 생산성을 현저히 떨어뜨릴 수 있다는 점에 유의하라. 스마트폰이 항상 업무에 도움이 되는 것은 아니므로 사용에 대해 다시 한번 생각해 보라).

각 과목별 별도의 색상 파일을 준비한다

완료한 과제를 보관할 수 있도록 하라. ADHD가 있는 성인의 경우, 과제를 하다가 잃어버려 제시간에 제출하지 못하는 경우가 드물지 않다.

과제에 집중하도록 자주 알림을 제공하는 시각 알림 장치를 준비한다

휴대전화 크기의 작은 플라스틱 상자에 작은 진동기와 디지털 시계를 장착한 MotivAider[16)]를 사용하면 원하는 간격으로 설정하거나 임의의 간격으로 설정하여 예측할 수 없는 진동이 울리도록 할 수 있다.

* Moti vAider를 구입할 수 있는 곳은 https://habitchange.com이나 https://habitchange.com/iphone_app.php를 참고하라.

성공을 위한 팁

현명한 일정 잡기

매일 자신이 '최고의 집중력을 발휘할 수 있는' 시간대에 힘든 수업/회의/업무 일정을 배치한다

대부분의 사람들에게는 오전이나 이른 오후가 이 시간대일 수 있지만, 사람마다 가장 집중력이 높은 시간대는 다르다. 일부 연구에 따르면

16) 다른 시각 알림 장치로는 time timer를 추천한다. 스마트폰 앱으로도 사용 가능하다(역자 주).

ADHD를 앓고 있는 성인은 오후나 저녁 시간이 주의력과 집중력이 가장 좋은 시간대이며, 이는 일반 성인에 비해 몇 시간 늦은 시간대이다. 어쨌든 자신의 각성 및 각성 주기를 파악하고 그 지식을 활용하여 집중력과 노력이 더 필요한 작업을 최적의 시간대에 배치하라.

하루 또는 주간 시간표를 구성할 때, 필수 과목이나 어려운 수업은 선택 과목이나 재미있는 수업과 번갈아 배치한다

하루 또는 일주일의 첫 며칠 동안 어려운 수업을 모두 한꺼번에 몰아치면 학습에 과부하가 걸리고, 너무 피곤해져서 잘 해낼 수 없으며, 수업 도중에 흥미나 동기를 잃고 학업에 대한 태도를 망칠 수 있으므로 주의하라. 어려운 과목을 더 흥미롭고 재미있는 수업이나 활동, 또는 운동과 같은 다른 과목과 섞어 공부하면 많은 노력이 필요한 수업이나 프로젝트를 한꺼번에 너무 많이 하는 것을 피할 수 있다. 직장에서도 하루에 힘들고 많은 노력이 필요한 작업과 쉽고 재미있는 작업을 번갈아 가며 하도록 업무 일정을 조정하면 이 같은 효과를 얻을 수 있다.

수업 최대한 활용하기

기기를 활용하여 기록한다

중요한 강의나 회의 내용을 테이프로 녹화하거나 디지털로 기록한다. 또는 스마트펜Smartpen 디지털 녹음기를 활용해 본다. * 필기를 하면서 동시에 녹음할 수 있는 스마트펜에 대한 자세한 정보는 livescribe.com을 참고하라.

수업과 관련된 추가 자료들을 적극 활용한다

교사가 수업에 제공했거나 수업과 관련하여 도서관에 따로 마련한 보조 교재, 동영상 자료, 추가 설명이 담긴 노트나 문서 등 추가 커리큘럼 자료를 적극적으로 활용한다.

추가 도움을 확인한다

대학 생활에서 ADHD로 인해 필기 문제가 심한 일부 성인 학생의 경우, 수업 중 필기 도움을 받을 수 있는 지원이 제공되기도 한다.

활동적으로 움직인다

주의집중을 유지하기 위한 한 가지 방법은 주의를 기울여야 하는 동안 좀 더 활동적으로 움직이는 것이다. 예를 들어, 강의에서 말하는 요점을 필기해야 하는 경우, 그냥 앉아서 듣기만 할 때보다 높은 집중력을 유지할 가능성이 높다. 꼭 기록할 필요가 없는 내용이더라도 계속 손을 움직이면서 필기하는 행위가 집중력을 유지하는 데 도움이 된다.

시험이나 지루한 수업 전에 운동을 한다

규칙적인 유산소 운동을 하면 운동 직후 45~60분 정도 집중력이 향상되는 효과가 있다. 특히 집중하기 어려운 일을 하기 전에 하루 중 짧은 운동 시간을 확보하는 방법을 배워 보라. 3~5분 정도만 운동을 해도 집중력을 높이는 데 도움이 된다. 수업 시간이 길어 쉬는 시간이 주어지는 경우, 그 시간을 활용해 건물 밖이나 복도를 평소보다 빠른 걸음으로 걷는 정도의 유산소 운동을 하라.

소근육 운동을 병행한다

지루한 수업이나 공부를 하는 동안 소근육을 활용하는 운동을 병행한다. 예를 들어 테니스공이나 스트레스볼을 반복해서 쥐었다 펴거나, 공부하는 동안 발을 계속해서 두드리거나, 껌이나 고무 장난감을 씹는 등의 활동이 도움이 될 수 있다. 혹은 책을 읽으면서 천천히 걷는 것도 좋은 방법이다. 어떤 동작이든 몸을 움직이는 행위는, 작업에 집중해야 할 때 성인 ADHD 환자에게 도움이 된다.

숙제 처리하기

숙제나 기타 과제를 손으로 작성하는 대신 컴퓨터를 활용한다

ADHD를 가진 사람들은 종종 운동 협응력이나 기타 필기에 문제가 있어 필기가 느리고 가독성이 떨어지는 경우가 많다. 대학에서는 글쓰기에 심각한 문제가 있는 경우 일부 과제를 테이프 또는 디지털로 녹음하고 그 녹음본을 보고서로 제출할 수도 있다. 위에서 언급한 특수 학생 서비스 카운슬러는 필요한 경우 교사와 함께 이러한 유형의 커리큘럼 조정을 제공할 수 있다.

SQ4R 방법을 활용한다

학업이나 업무로 읽어야 할 책이 많다면, 독해력을 높이기 위해 SQ4R 방법을 활용해 보라. 이 방법은 다음과 같이 간단하게 설명할 수 있다.

- 읽을 자료를 조사(**s**urvey)한다. 빠르게 훑어보면서 읽어야 할 분량, 구성 방식 등을 파악한다.
- 읽을 내용에서 답변이 필요한 몇 가지 질문(**q**uestion)에 대한 초안을 작성한다. 이러한 질문은 대개 읽어야 할 장의 마지막에 있거나 선생님이 제시해 준 것이다.
- 이제 4R을 활용한다. 한 단락만 읽고(**r**ead), 부드러운 목소리로 큰 소리로 낭독(**r**ecite)하거나 또는 그 내용 중 중요한 부분을 속삭이거나, 노트에 적고(w**r**ite), 방금 쓴 내용을 복습(**r**eview)하라.
- 각 단락마다 이 방법을 적용하라. 이렇게 하면 단락당 4번(읽기, 낭독, 쓰기, 복습)에 걸쳐 읽은 내용을 복습할 수 있을 뿐만 아니라, 각 단락이 끝날 때마다 집중력을 읽기, 낭독, 쓰기, 복습으로 전환하면서 과제 전체에 걸쳐 자주 정신적 휴식을 취할 수 있다. 이 방법에 익숙해지면, 두 단락 또는 한 페이지 전체와 같이 긴 구절을 읽고 나서 낭독, 쓰기, 복습 단계를 수행할 수 있다. 이는 작업 기억력에 문제가 있는 사람에게 좋은 전략이다.

시험 응시하기

시간제한이 있는 시험에서 추가 시간을 요청해야 하는가?

ADHD를 앓고 있는 많은 청년들은 대학 생활에서 이러한 요청이 유용한 편의 제공이 될 수 있다고 믿거나 다른 사람들로부터 들은 적이 있다. 하지만 이 주제에 대한 연구가 거의 없어 명확하지 않다. 장애가 있든 없든, 모든 사람이 시간제한 시험을 치르는 데 추가 시간이 주어지면 도움이 되는 것 같지만, 그렇다고 해서 반드시 ADHD 증상을 보완하거나 시험 응시 문제를 해결하는 데 도움이 된다는 의미는 아니다. 최근의 의견에 따르면 '시계 정지 시간time off the clock'이라는 방법을 사용하는 것이 더 낫다고 한다. 여기에는 스톱워치를 사용하여 시간제한이 있는 테스트를 치르는 것이 포함된다. 이 스톱워치를 사용한다고 해서 다른 학생들보다 시험을 볼 수 있는 시간이 1~2시간 더 주어지는 것은 아니다. 하지만 원할 때마다, 원하는 만큼 자주 시계를 멈추고 1~2분 정도 짧은 휴식을 취할 수 있다. 일어나서 스트레칭을 하거나, 방이나 복도를 걷거나, 물을 마시거나, 화장실을 다녀온 다음 다시 시험장으로 돌아와 스톱워치를 시작하면 된다. 스톱워치에 표시된 시험 시간을 모두 소진하면 완료된 것이다. 이렇게 하면 시험을 완료하는 데 다른 사람보다 더 많은 시간이 걸리겠지만, 이는 시험에 스스로 페이스를 조절할 수 있는 실제 편의를 제공하기 때문에 생기는 부수적 결과일 뿐이다. 다른 사람보다 시험에 더 몰두하거나 더 많은 시간을 할애하는 것은 아니다. 여기서 중요한 것은 시험을 더 작은 작업 할당량으로 나누고, 스스로 결정한 휴식 시간을 자주 가져 정신 집중력과 주의력을 잠시 재충전하는 전략이다.

시간제한을 두고 연습 시험을 보라

방해 요소가 없거나 방해받을 가능성이 크게 줄어든 시험 환경에서, 제한 시간을 두고 연습 시험을 치러 본다.

추가 제안

또래 튜터링을 시도해 보라

또래 튜터링peer tutoring 방법은 당신과 또 다른 학생이 함께 공부하기로 약속하고, 번갈아 가며 서로에게 학습 내용을 가르치는 방식이다. 한 명은 교사 역할, 다른 한 명은 학생 역할을 맡은 뒤, 매번 역할을 바꾸며 진행한다.

체계적인 사람들과 팀을 이루어 보라

좀 더 체계적인 사람들과 팀으로 일해 본다. ADHD가 없는 사람들과 함께 일을 한다면, 혼자 일할 때보다 업무에 더 집중할 수 있고, 책임감을 더 느끼게 된다.

도움을 줄 수 있는 동료를 찾아보라

과제를 잊었거나 중요한 정보를 놓쳤을 때 도움을 줄 수 있는 대학 동료 한 명과 연락처와 이메일 주소를 미리 교환해 두면, 곤란한 상황에 처했을 때 필요한 정보를 빠르게 받을 수 있다.

보충 수업에 참석하라

수업이 끝난 후 많은 교사들이 추가 지도가 필요한 학생들을 위해 별도의 시간을 마련해 준다. 특별히 도움이 필요하지 않더라도 이러한 기회를 활용해 보라. 추가 복습은 건망증에 도움이 될 뿐만 아니라, 의욕이 있다는 인상을 심어 줘 교사에게 좋은 인상을 줄 수 있다.

정기적인 면담을 활용하라

교수나 지도교수와의 면담을 3~6주 간격으로 정기적으로 잡는다. 자신이 한 일에 대해 자주 점검받을수록 더 나은 성과를 낼 수 있다는 점을 기억하라.

건강한 학생

다음 두 가지 제안은 전반적인 건강에 도움이 될 뿐만 아니라 학업 성취도를 향상시킬 수 있다.

1. **카페인과 니코틴 사용에 주의하라.** 여러분은 다른 학생들보다 이러한 물질을 사용하고 의존하기 쉽다. 성인 ADHD 환자는 쉽게 구할 수 있는 카페인 함유 음료나 담배 제품을 사용하여 질환을 자가 치료하려고 시도하는 경우가 있다. 물론 카페인과 니코틴은 각성제이며 사람들이 더 각성하는 데 도움이 될 수 있다. 그러나 카페인은 특히 ADHD 환자에게 잘못된 뇌 신경 화학 물질에 작용하며, 중간 용량 또는 고용량으로 복용하면 집중력이 떨어지고, 더 불

안하고 초조해지며, 더 긴장하고, 소변을 자주 보게 되는 역효과가 나타날 수 있다. 카페인이 함유된 물질이나 카페인이 함유된 일반 의약품을 복용하는 것보다, 처방받은 ADHD 치료제를 사용하는 것이 더 좋다. 니코틴이 ADHD 증상에 어느 정도 도움이 될 수는 있지만, 자가치료를 위해 중독성이 강한 약물을 사용하면 폐 및 심장질환과 암에 걸릴 위험이 높아질 뿐만 아니라 이 화학 물질에 대한 중독성만 증가시킬 수 있다. 다시 한번 말하지만, 이러한 위험이 없고 효과가 동등하거나 더 좋은 처방 ADHD 약을 대신 사용하라.

2. 주의력 향상, 건강 증진, 스트레스 관리 등을 위해 매주 **규칙적인 운동 루틴(주 3회 이상)을 만들라**. 일주일에 3~4회, 매번 20~30분 만이라도 규칙적인 신체 운동을 하는 것은 누구에게나 건강에 좋다. 그러나 ADHD가 있는 경우 증상을 더 잘 조절하거나 증상을 보완하는 데 특히 도움이 되는 것으로 보인다. 따라서 달리기, 자전거 타기, 웨이트트레이닝, 댄스 수업, 좋아하는 운동기구(러닝머신, 일립티컬 운동기구, 천국의 계단 등)를 사용하거나 다양한 유형의 운동을 혼합하는 등 대부분의 사람들보다 더 규칙적인 신체 운동을 해야 한다.

25장
직업

“어릴 적 저는 매우 활동적인 아이였기 때문에, 혼자 있거나 할 일이 없을 때면 늘 무언가에 빠져들곤 했습니다. 그래서 학교 선생님들은 어머니께 ‘그저 바쁘게 지내게 해주세요’라고 조언하셨죠. 지금도 저는 지루한 회의나 흥미 없는 일을 할 때 오랫동안 자리에 앉아 있는 것이 매우 어렵습니다. 늘 무언가를 하고 있어야 마음이 편하고, 해야 할 일보다 더 재미있거나 흥미로운 일이 눈앞에 있으면 쉽게 산만해져 일을 제시간에 끝내지 못하곤 합니다.”

“다른 사람들은 쉽게 해내는 일을 저는 다섯 배, 심지어 열 배의 노력을 들여야만 합니다. 그러다 보니 퇴근할 무렵이면 완전히 지쳐버리지만, 정작 그 하루 동안 다른 사람들이 해낸 일의 절반도 끝내지 못한 상태이죠. 그런데도 저는 오히려 다른 사람들보다 더 피곤하게 느껴집니다. 왜 그런 걸까요?”

"저는 지금 30대 중반이지만, 오래전부터 제가 부주의형 성인 ADHD를 가지고 있을지도 모른다는 생각을 해 왔습니다. 오랫동안 저는 다른 사람들과는 뭔가 다르다는 느낌, 어딘가 이상하다는 느낌에 시달렸습니다. 한동안은 ADHD가 아닐까 의심했지만, 꼼지락거리거나 안절부절못하지는 않았기 때문에 확신할 수는 없었습니다. 다만 해야 할 일에 집중하고 주의를 기울이는 것이 매우 어렵게 느껴졌습니다. 그로 인해 학교에서는 기대했던 것보다 훨씬 낮은 성적을 받았고, '나는 별로 똑똑하지 않구나'라는 생각을 하며 지냈습니다. 직장 생활은 더 심각했습니다. 일을 체계적으로 하지 못했고 무심한 탓에 바보 같은 실수를 자주 저질렀습니다. 따라서 기계 엔지니어로 일하면서는 금전적인 손실뿐만 아니라 안전도 보장할 수 없었습니다. 지시에 따라 일하기가 어렵고, 물건을 어디에 뒀는지 쉽게 잊어버리며, 전반적으로 집중력이 떨어집니다. 이러한 상황이 반복되다 보니, 저는 직장에서 실패한 사람처럼 느껴졌고, 직무를 여러 차례 바꾸어 보았지만 결국 비슷한 절망감과 실패감을 반복해서 경험하게 되었습니다."

1990년대에 ADHD가 청소년의 직장 생활에 미치는 영향을 연구했을 때, ADHD 청소년과 다른 청소년이 거의 동등한 성과를 보인다는 결론이 나왔다. 아마도 ADHD 증상이 교육 환경에만 지장을 주기 때문에 직장에서는 그렇게 걱정할 필요가 없다고 여겨졌던 것 같다.

이제 우리는 이 결론이 사실이 아님을 알고 있다. 위에 마지막 인용문에서 알 수 있듯이, ADHD는 학교보다 직장에서 더 심각한 문제를 불러올 수 있다. 25년 전 연구의 문제점은 청소년이 주로 종사하는 직업 유형(비숙련 업무, 파트타임, 임시직)을 고려하지 않았다는 것이다. 지역 체육관, 패스트푸드점, 세차장에서 일할 때는 고도의 집중, 사고력, 끈기가 필요하지 않다. 이러한 입문 수준의 직업에서는 ADHD가 실제로 큰 문제가 되지 않을 수도 있다.

그러나 연구자들이 정규직으로 전환하여 살펴본 결과, 다른 양상이 나타났다. 성인 ADHD는 직업을 더 자주 바꾸었으며, 직업에서 요구하는 사항을 수행하고 독립적으로 일하거나 업무를 마무리하고 상사와 잘 지내는 데 어려움이 더 많았다. 또한 ADHD가 없는 성인보다 더 자주 해고되었다.

직장에서 가장 문제가 많은 경우는 과잉행동이 있는 성인 ADHD였다. 당연하지 않을까? 학교에서는 꼼지락거리거나 안절부절못해도, 교사가 성장기 어린이나 호르몬 변화가 심한 청소년이라는 점을 이해해주기도 한다. 그러나 직장에 들어가면, 고용주는 당신이 일을 완수하기 위해 책상이나 장비 앞과 같은 작업장에 계속 머물러 업무를 완수하기를 기대한다. 그렇게 할 수 없는 직원은 게으름뱅이로 취급되기 쉽고 결국 해고당할 수 있다.

ADHD가 직업에 얼마나 지장을 주는지는 증상 중증도, 과잉행동 포함 여부, 감정 조절 문제의 정도, 치료 여부에 따라 다를 수 있다. 위 인용문에 등장하는 넨시니어는 치료를 받고 있지 않았다. 차이를 가져올 수 있는 다른 요인은 다음과 같다.

- ✓ 수행하는 업무 유형
- ✓ 직장의 편의 또는 지원 제공 여부
- ✓ 아동기 ADHD 때문에 성인 사회에서 필요한 기술과 지식을 습득하지 못한 정도

자신에게 맞는 직업 찾기

성공에 필요한 조건을 최대한 충족시키는 직업을 갖는 게 중요하다.

✓ 증상을 고려할 때, 다른 직업보다 더 선호되는 직업이 있는가?
✓ 다른 유형보다 자신에게 더 잘 맞는 특정 유형의 직장이 있는가?
✓ 수행할 업무가 작업 환경만큼 중요한가?

입사하려는 경우든 이미 취업한 경우든 이 질문에 대한 대답을 찾기 위해 노력해야 한다. 유감스럽지만 당연히 쉬운 대답은 없다. 하지만 당면한 문제와 자신의 능력을 파악하고 시작하면 올바른 방향으로 나아갈 수 있다. 과잉행동을 동반하는 ADHD라면 하루 종일 컴퓨터 앞에 앉아있는 일은 이상적이지 않고 회계사가 되려는 생각은 버려야 할지 모른다. 감독관이 지켜보고 있지 않으면 짧은 업무조차 끝내지 못하는 사람은 혼자 다니는 영업사원이나 재택근무자로 일하기를 원하지 않을 것이다.

하지만 이러한 사항은 확고한 규칙이라기보다는 고려해야 할 점이다. 겉으로 보기에는 ADHD라는 일반적인 상태나 ADHD 특정 유형이 갖는 강점과 약점이 어울리지 않는 직장이나 분야를 선택한 ADHD 성인들도 많다. 이들도 다른 사람들과 마찬가지로 성과를 내며 일하고 있다. 어떻게 그렇게 할 수 있을까? 이들은 관리자로부터 지원을 받는다. 업무 공간과 업무 절차를 자신의 필요에 맞게 조정할 수 있는 승인과 지원을 받았다. 이들은 4단계 규칙과 같은 원칙, 이 장에서 소개하는 전략을 활용하여 자신의 기술을 향상시키기 위해 전념한다. 그리고 자신이 선택한 업무 유형에 강렬한 애정을 품고 있다. 특히 과잉행동이나 충동성과 같은 증상이 문제가 되면, 약물을 복용하여 증상 때문에 받는 피해를 줄인다.

이 장 초반에 언급한 엔지니어는 자신에게 가장 적합한 유형의 일을 선택했을지도 모른다. 글을 읽는 대신 실체를 보고 조작하는 수학과 그래픽이 강점이라서 엔지니어링에 매력을 느꼈을 것이다. 어쩌면 자신을 몰입하게 하는 일이라 느꼈을 수도 있다. ADHD인 탓에 즐거운 활동에서 빠져나오기 어렵다면, 그 즐거운 활동 중 하나를 직업으로 선택하는 것도 나쁘지 않은 방법이다.

안타깝게도 이 엔지니어는 성공하지 못했다. 직장에서 잘 지내려면 단순히 업무만 잘하면 되는 게 아니기 때문이다. 상사와 동료들과 잘 지내는 것, ADHD 때문에 산만해지더라도 집중에 도움이 되는 물리적인 환경을 갖추는 것을 포함한다. 자신에게 가장 어려운 유형의 작업과 상황이 무엇인지 알고, 이에 적응하여 대처하는 능력에 따라서도 달라질 수 있다. 또한 하루 중 집중이 가장 잘 되는 시간과 업무 시간이 일치하는지에 달려 있을 수 있다. 이는 자신의 요구를 어느 정도 수용해줄 공감적이고 지지적인 회사를 찾는 것을 의미할 수도 있다. 하지만 회사가 제공하는 것 말고도 스스로 외부 자원을 활용하는 데 책임을 지고, 자신의 ADHD와 함께 일하려는 노력이 가장 중요하다.

이 엔지니어는 대화에 집중할 수 없어서 지속적이고 건강한 관계를 형성할 수 없었다고 말했다. 이러한 점 때문에 동료들과 협력을 유지하거나, 상사에게 도움을 받아 그가 늘 저지르는 '바보 같은 실수'를 파악하고 예방하기 어려웠을 게 분명하다. 사무실이 바쁘고 시끄러워 주의 집중을 기울이기 어려웠을 수도 있다. 물건을 잊어버리지 않도록 자료를 정리할 공간이 부족했을지도 모른다.

이 엔지니어는 ADHD 진단을 받지 않았기 때문에 공식적으로 편의를 요청할 수 없었고 약물치료의 도움도 받지 못하였다. 하지만 그는 소규모 회사에서 엔지니어링 업무을 하거나 보다 차분한 환경을 찾을 수 있었으며, 상대적으로 방음이 잘 되는 사무실을 찾을 수도 있었다. 대면 접촉 업무를 대신 수행할 수 있는 조수나 파트너와 짝을 지어주는 회사라면 의사소통의 실수 때문에 당황스러운 상황을 덜 겪었을지 모른다.

현실적으로, 특히 일자리 시장이 불안정한 경우 수많은 일자리의 기회 중 원하는 직장을 골라 선택할 수 없다. 그러므로 성공으로 가는 다양한 경로를 최대한 많이 탐색하라. 자신이 관심을 가지고 매일 할 수 있는 일의 유형을 알아두라. 어떤 유형의 환경에서 성장할 수 있는지 파악하라. 계속 집중할 수 있는 유형의 업무 절차와 혼란스러워지는 유형의 업무 절차를 구분하라. 자신에게 영감을 주고 성공하게 도와주는 사람들 유형을 파악하라. 그런 다음, 당신이 고려한 직장에서 자신에게 유리한 요소를 최대한 많이 찾기 위해 최선을 다하라. 성인 ADHD에 적합한 일을 찾으려면, 절차를 포함한 업무와 사람들을 포함한 근무 환경의 적절한 조합을 찾는 게 관건이다. 어떤 문제점은 다른 유리한 점으로 상쇄될 수 있다.

안타깝게도 많은 사람들이 시행착오를 통해 이러한 조합을 찾아낸다. 적절한 선택을 빨리 이끌어내지 못하면 시행착오 과정이 고통스러울 수 있다. 그러므로 성인 ADHD와 함께 일하는 전문적인 라이프 코치나 직업 상담사를 찾는 방법을 고려하라. *** 라이프 코치를 찾는 방법에 대한 정보는 참고자료 참조.** 적어도 자신에게 필요한 점을 정확하게 정의하도록 도움을 받을 수 있다. 코치는 또한 적합한 직종을 파악하도록 도와줄 수 있으며, 면접 연습을 도와줄 수 있다. 연구에 따르면 성인 ADHD는 다른 성인들처럼 면접을 잘 치르지 못한다.

어떤 직업은 본질적으로 다른 직업보다 ADHD에 더 친화적이다. 예를 들어 다음 직종은 저자의 환자 중 몇몇 사람들에게 더 나은 직종으로 입증되었으며, 다른 직업보다 ADHD에 더 친화적으로 보인다.

군인

군대는 다른 분야보다 더 체계적이고 규율이 엄격하며, 피드백이 즉각적이고, 의료 및 치과 치료 같은 혜택이 더 크다.

방문 판매 혹은 기업(B-to-B) 영업직

직접 소비자를 대하거나 기업 대 기업 영업을 하는 방문 판매는 성인 ADHD에게 잘 맞을 수 있다. 자유로운 이동, 환경 변화, 이동성, 유연한 일정, 새로운 사람과의 잦은 만남, 사회적 상호작용의 기회, 제품에 대한 열정, 수다스러움이 중요하기 때문이다. 성인 ADHD는 보고서 작성과 서류 작업 완료에 종종 본사의 도움이 필요하지만, '현장'에서는 잘 수행하는 것으로 보인다.

약품 영업직

생물학, 간호, 의학, 약학 또는 관련 분야의 학사 학위 이상을 가진 사람이라면 방문 판매에 언급한 동일한 이유로 약품 영업직이 완벽한 선택이 될 수 있다.

목수, 배관공, 전기기사, 조경사, 타일설비공, 지붕공, 건설업자

이와 같은 분야는 정신적 작업보다는 신체적 작업이 중요하기 때문에 ADHD에 친화직일 수 있다. 또한 야외 직업이 잦고, 작업 현장이 자주 바뀌며 다양한 사람들과 교류한다. 시급을 받기 때문에 긴 주기로 급여를 받는 월급제보다 즉각적인 결과를 얻을 수 있다.

응급구조사, 응급실 의사, 경찰관, 소방관

위에 언급한 직업과 마찬가지로 사무실에 갇혀 있지 않고, 정신적 노력이나 집중을 수 시간 동안 필요로 하지 않는다. 약간의 흥분과 스릴을 제공하는 직업으로, 생명을 위협하는 상황에서 아드레날린이 분비되어 위기 상황에서 정신을 집중하는 데 도움이 된다고 주장하는 성인 ADHD 환자도 있다. 다시 언급하지만, 이동의 자유, 작업 환경의 변화, 여러 사람들과의 상호작용이 감각을 자극하는 직업 특성과 결합하여 성인 ADHD에게 더욱 친화적인 직업이 된다. ADHD가 있는 사람이 위기를 더 잘 다루는 것은 아니지만 위기 상황, 즉 예상치 못한 심각한 사건을 다룰 때는 준비가 거의 필요하지 않으므로 ADHD가 약점이 되지 않는다.

스포츠 선수

뛰어난 운동선수 중에서도 ADHD가 성공에 큰 방해가 되지 않음을 발견한 사람들이 있다. 올림픽 수영 선수 마이클 펠프스, 고인이 된 프로 골프 선수 페인 스튜어트, 올림픽 체조 선수 시몬 바일스를 생각해 보

라. 프로 운동선수가 되는 선택지가 모두에게 주어지지는 않지만, 체육 교사와 학교 스포츠 코치, 야외 공원이나 헬스클럽에서 일하는 직업, 개인 트레이너 등 스포츠를 가르치는 직업, 국립 공원 관리자 등 스포츠와 관련된 직업도 꽤 있다.

컴퓨터 기술자/컨설턴트

컴퓨터 지식과 기술은 다른 분야보다 ADHD 특성에서 오는 장애가 덜하다. IT '기술 지원팀' 직원은 회사 곳곳을 돌아다니며 다른 직원들의 컴퓨터 문제를 해결한다.

요식업자

성인 ADHD를 가진 많은 사람들이 요리업계로 진출하여 레스토랑, 리조트, 식당 등 여러 근무처에서 요리사가 되었다. 요리는 창의적인 일을 하면서도 ADHD 증상의 영향을 상대적으로 덜 받는다. 요리를 하려면 순간에 집중해야 하고 완성된 요리를 만들기 위해 즉각적인 단계에 초점을 맞춰야 하며, 풍부한 창의성을 발휘해야 한다. 장기 계획 수립, 작업 기억 활용, 보상 없는 활동을 오래 지속하는 인내심은 크게 필요하지 않다. 여유롭다가 식사 준비 시간대에는 정신없이 바빠지고, 다시 여유로워지는 산발적 리듬으로 근무 시간이 규칙적이지 않고 유연하다. 가장 바쁜 식사 시간에는 위기감과 흥분이 당신을 각성시키고 업무에 집중할 수 있게 해준다.

자영업자/창업가

장사를 시작하거나 자영업자가 되는 것은 ADHD에 친화적으로 보인다. 빵집을 열거나 조경, 컴퓨터 컨설팅, 개인 피트니스 코칭 사업을 운영할 수 있고, 위에 언급한 직종도 해당될 수 있다. 다른 사람들과 함께 일할 때보다 더 유연한 근무 시간을 가질 수 있으며 자기 자신이 곧 상사가 된다. 일하지 않으면 식비나 집세를 내지 못하는 것처럼 일하거나 일하지 않는 결과가 즉각 반영되며, 일하는 환경이 매일매일 크게 달라지므로 성인 ADHD 환자들 대다수가 그렇듯 차분하지 못한 증상에 잘 맞을 수 있다. 조경, 주택 건설, 청소업, 레스토랑 운영, 세차장 운영 같은 분야는 자영업에서 한 단계 더 나아가 창업가가 되는 것이다. 창업가entrepreneur라는 용어는 보통 혁신적인 방식으로 새로운 제품, 서비스 또는 전체 산업을 창조하는 사람들을 가리키는데, 창업은 대체로 다른 자영업보다 재정적 위험이 크지만 성과도 더 크다. 시러큐스대학교 경영 학부의 기업가 연구 부문 석좌교수인 요한 위클런드Johan Wiklund는 창업가들이 ADHD를 가지고 있을 가능성이 높으며, 특히 지적 수준이 높고 공존 정신질환이 없거나 경미한 경우 ADHD로 인해 성공할 가능성이 더 높다고 믿는다. 억제되지 않은 창의적 사고 과정, 위험을 감수하려는 의지, 좋아하는 일에 대한 과잉 집중, 매력적인 사회적 태도가 함께 결합되어 창업가로 성공할 수 있다.

사진작가/영상기사

저자가 ADHD 관련된 DVD를 제작할 때 도움을 준 사람, 미디어 프로젝트에서 함께 작업한 사람들 다수가 성인 ADHD였다. 이들은 매일 바뀌는 촬영 환경에서 다양한 이야기나 주제를 다뤄달라는 요청을 받고, 짧은 작업 시간과 휴식 시간을 번갈아 가지면서 다양한 사람들과 자주 교류하는 일을 상당히 잘 해낼 수 있었다. 집중력이 짧고 재미없는 환경에 지루함을 느끼며 몇 시간 혹은 며칠에 걸쳐 지속적인 노력을 요구하는 프로젝트나 작업을 수행하는 데 어려움이 있는 성향에 잘 맞았기 때문이다.

공연 예술가

배우, 코미디언, 음악가 등 공연 예술 분야에 종사하는 경우 감정 표현을 필요로 하고, 작업 환경과 업무 특성이 자주 바뀌며 자유로운 이동이 가능하다. 또한 장기적인 계획이나 체계화가 크게 요구되지 않고 즉각적인 즐거움을 느낄 수 있어 자발적인 동기 부여의 필요성이 비교적 적은 직업이다. 「아메리카 갓 탤런트America's Got Talent」의 하위 맨델Howie Mandel은 ADHD가 있지만 코미디와 쇼 비즈니스에서 큰 성공을 거두었으며, 「익스트림 메이크오버: 홈 에디션Extreme Makeover: Home Edition」의 타이 페닝턴Ty Pennington 역시 성인 ADHD지만 불우한 가정에 도움이 되는 프로그램의 주인공으로 활약하고 있다. 전 「폭스 뉴스Fox News」 해설자이자 현재 독립적인 라디오 쇼 진행자인 글렌 벡Glenn Beck도 마찬가지다. Maroon 5의 리드 싱어송라이터이자 TV 프로그램 「더 보이스The Voice」의 심사위원이었던 아담 리바인Adam Levine 역시 성공한 예이다.

위 직업들은 ADHD를 가진 사람에게 특히 친화적일 수 있는 몇 가지 사례에 불과하다. 이 설명을 참고하여 상상력을 발휘한다면 자신만의 고유한 적성과 비전통적인 업무 방식에서 보이는 재능에 적합한 새로운 진로를 분명히 찾을 수 있을 것이다. 하지만 거기에 더해 근무 환경도 고려해야 한다.

근무 환경

소음 등 방해 요소로 업무에 집중할 수 없는가?

그렇다면 책상으로 가득한 개방형 공간이 당신에게는 재앙이 될 수 있다. 책상 수가 적은 업무 공간도 동료들이 신경 쓰이기에 문제가 될 수 있다. 사람이 지나가도 알아차릴 수 없는 불투명한 칸막이가 낫다. 가능하다면 개인 사무실이 가장 좋을 것이다. 이상적인 작업 공간은 주요 통행로와 떨어져 있으면서 상사나 사수와 가까운 자리다. 사무실이 있다면 문을 닫아 두라. 소음이 거슬리면 블루투스 소음 차단 헤드폰을 사용하여 좋아하는 연주곡을 들으며 작업하라. 누군가 들르면 문 앞에서 만나고, 상대방이 들어와서 앉지 못하게 문틀에 기대어 서라. 커피나 음식을 제공하지 말고 공손하게 무엇을 도와줄지 바로 물어보라. 동료 때문에 산만해지고 '업무 외' 활동을 하게 되므로 가능한 한 방해를 막으라.

컴퓨터에서 이메일을 확인하면서 일할 예정인가?

이메일에 신속하게 응답하는 게 업무의 중요한 부분이 아니라면, 아침에 감독자나 동료로부터 긴급한 메시지가 있는지 확인한 후 이메일 프로그램을 종료하고 점심시간과 업무 종료 때만 다시 확인하라. 이렇게 하면 오전과 오후에 처리해야 할 프로젝트에 집중할 시간을 더 확보할 수 있으며, 직장에서 주의를 산만하게 하고 생산성을 저하시키는 주요한 방해 요소를 제거할 수 있다.

인터넷을 사용할 수 있는가?

업무에 집중해야 할 때 인터넷 브라우저를 닫아 팝업 광고, 알림, 주의를 끄는 여러 자극으로 주의가 분산되지 않게 하라. 근무 중 집중해야 할 업무나 프로젝트를 하는 시간에는 친구나 다른 사람에게 문자 메시지를 보내거나 트윗을 하지 않도록 휴대전화를 반드시 꺼 두라. 이메일과 마찬가지로 하루에 두세 번(시작, 중간, 끝) 휴대전화 메시지를 확인하여 긴급하고 중요한 사항만 처리하라. 이메일, 특히 문자 메시지는 대부분 현재 업무와 관련이 없으며, 업무에 집중하지 못하는 사람들이 시도하는 사교활동에 불과한 경우가 많다.

정리정돈하기 쉬운 자리에 배치되었는가?

파일과 기타 자료를 놓을 공간이 없다면 필요한 서류를 찾느라 업무 중 상당한 시간을 허비할 수 있다.

시간의 흐름을 인식할 수 있는가?

창문이 없고 벽시계나 시간을 알 수 있는 다른 방법이 없다면, 온전히 자신의 힘으로 시간을 파악하고 일정을 지켜야 한다. 이는 제시간에 맞춰 생체 시계를 작동하는 데 어려움을 겪는 성인 ADHD에게는 어려운 일이 될 수 있다. 컴퓨터를 사용하는 경우 대부분 시계 앱이 있어 시간의 흐름을 보여주므로 도움이 된다. 이메일 서비스와 캘린더와 같은 정리 앱은 처음에 목표, 회의, 출장 및 기타 프로젝트를 설정하면 프로그램에 입력한 알람을 울린다. 스마트폰 알람 기능으로 현재 작업에 집중하도록 수시로 알림을 보내 동일한 효과를 얻을 수 있다.

업무 절차

얼마나 유연성이 있는 업무인가?

때때로 면접에서 회사가 아주 특정한 방식으로 업무를 수행하기를 기대하고 그동안 해오던 방식을 바꿀 자원은 없다는 사실이 바로 드러나는 경우가 있다. 채용 담당자가 기대하는 업무 달성 방식에 대해 항상 질문하라.

- "…를 완료하는 데 기대하시는 기한이 있을까요?"
- "다음 프로젝트가 시작되기 얼마 전에 알려주시나요?"
- "진행 상황을 얼마나 자주 보고해야 할까요?"
- "어떤 형식으로 보고서를 드리면 될까요?"
- "혼자 일하게 될까요, 팀과 함께 일하게 될까요?"

'매우 자유로운' 회사라고 말하는 면접관을 조심하라. 그들은 감독이나 지도가 거의 없어도 모두 최선의 방법으로 업무를 수행할 수 있다고 말한다. 앞에서 언급한 질문을 해보면 실제로는 예상보다 훨씬 더 엄격한 요구 사항이 있음을 금방 알 수 있다. 구체적인 사항을 묻지 않는다면 취업한 후에 '자유롭다'라는 표현은 과장이고 완전히 자급자족하기를 기대한다는 것을 알게 될 것이다. 이렇게 되면 누군가 업무의 단계별 진행 사항을 확인해 주는 업무 방식을 도입하기 어려울 수 있다.

특정 절차에 정해진 '규정'이나 지침이 있는가?

성인 ADHD에게는 따라야 할 규칙 목록이 있으면 대개 도움이 되는데, 허용되는 것과 허용되지 않는 것을 파악하려고 애쓸 필요가 없기 때문이다. 회사에 이러한 규정이 없다면 신입사원으로 들어갔을 때 우선순위를 명확히 알려 줄 상사나 멘토가 있는가?

누가 가르쳐 주지 않고 스스로 시작해야 하는 업무인가?

이런 종류의 업무는 압도적이어서 도망가고 싶어질지 모른다. 설령 스스로 일을 시작하는 건 쉬워도, 일에 착수한 후 스스로 동기를 부여하는 것은 더 어려울 수 있다. 여기에 다음 질문이 이어진다.

이 직무에는 인센티브와 보상이 자주 따라오는가?

인센티브와 보상은 많을수록 좋다. 보람을 느끼는 것 자체가 보상이 되는 사람도 있지만, ADHD는 "돈을 보여줘"라고 말한다. 꼬박꼬박 들어오는 돈 말이다. 스스로 제공하는 동기 부여 말고는 동기 부여될 일이 없다면 다른 직장을 찾든지 가능한 모든 외부 동기external cue와 보상을 최대한 사용하기로 결심하라.

실제로든, 비유적으로든 출퇴근 도장을 찍어야 하는가?

저자의 연구에 따르면 ADHD 성인들은 업무 시간을 잘 지키지 못하고 시간을 효율적으로 관리하지 못하는 경향이 있다. 근무 시간 준수와 시간 엄수가 필수적이거나 시간이 생명인 직종이라면, 당신에게는 독이 될 수 있다. 하지만 다른 조건이 모두 좋다면, 시간을 지키기 위해 전념을 다하여 장점으로 바꾸는 선택을 할 수 있다.

사람들

당신의 상사는 누구인가?

- 매일 얼굴을 맞대고 함께 일해야 하는 사람인가?
- 하루 종일 이메일이나 전화 같은 원격 보고를 해야 하는 사람인가?
- 가끔 업무 목표 리스트만 보내주고 볼 일이 거의 없는 사람인가?

당신에게는 직접적인 감독과 상호작용이 충분히 필요할 것이다. 상사가 지도를 많이 해주거나 당신을 책임지고 맡아주지 않는다면, 멘토가 되어 그 역할을 대신해줄 사람이 있는가?

상사가 당신이 업무를 완수하기 위해 필요한 부분을 지원해 줄 수 있는가?

업무를 자신에게 적합하게 조정할 수 있는지는 주로 상사에게 달려있다. 만약 상사가 직원들에게 '아니면 말고' 식의 방관적 태도를 취하고 개인의 요구 사항에 전혀 신경 쓰지 않는다면, 다른 직장을 찾는 게 좋다.

동료들도 당신을 지지해주는가?
아니면 상어 떼 속에서 혼자 헤쳐나가야 하는 환경인가?

회사가 목표 달성과 성과 추구를 위해 직원들끼리 치열한 경쟁을 일으키는 방식을 취한다면 감당할 수 있는가? 성인 ADHD 중에는 다른 사람들의 반응에 매우 민감한 사람들이 있다. 동료들이 당신을 곤란하게 만들려 한다는 이유 있는 의심이 든다면, 당신은 동료들을 이기고자 하는 의욕이 생기는가, 아니면 일 처리가 불가능해지는가?

궁금증) 입사 면접에서 ADHD가 있다는 사실을 밝혀야 할까?

미국 장애인법[ADA]에 따라 직장 내 편의를 제공받을 권리를 주장하려는 경우에는 ADHD를 공개해야 한다. 필요한 편의를 제공받기 위해 그 법을 근거로 삼아야 할지도 모른다. 정기적인 교육, 시험 또는 자격증이 필요한 분야에서 일한다면 해당 법에 따라 시험 응시를 위한 특별 편의가 필요할 수 있다. 이 경우 진단서를 제출해야 할 수도 있다. 하지만 적합한 유형의 직장을 찾는 것만으로도 필요한 부분을 얻을 수 있을지 모른다. 그래서 위에 나열한 질문들이 중요하다. ADHD라는 질환을 알리지 않아도 회사와 상사가 유연하게 대처하고 지원할 거라 확신한다면 공개하지 않기도 한다. 성인 ADHD가 있음을 공개하지 않는 것을 선호하는 사람들이 많다. 증상을 최소화하기 위해 모든 노력을 기울인다면 질병을 굳이 언급할 필요가 없을 수도 있다. 약물치료를 하는 것도 도움이 될 수 있다. 약물치료로 증상이 정상화되거나 크게 줄어들면 ADHD 증상을 언급할 필요가 없을 것이다.

직장 생활에서 성공하기 위한 토대를 만들기

직장 생활을 잘하기 위한 도구와 준비 단계는 학교생활을 잘 하기 위한 방법과 유사하다. 직업적 성취를 이루기 위해 가장 적합한 토대를 만드는 방법을 간략히 정리했다.

미국 장애인법 조항과 직장에서 제공되는 편의 사항을 숙지하라[17)]

책 뒷부분의 참고자료에 언급된 책 중 하나를 참고하여 미국 장애인법[ADA] 조항과 직장에서 일반적으로 제공되는 편의 사항을 숙지하라. 지금 당장은 아니더라도 언젠가 이러한 편의를 활용할 일이 생길 것이다.

성공을 위한 8가지 일상 규칙을 반복적으로 연습하라

4단계에서 소개된 일상 속 성공을 위한 8가지 규칙을 반복적으로 연습하라. 특정 직업을 고려하고 있다면, 직장에서 8가지 일상 규칙이 어떻게 도움이 될지 생각해 보라. 4단계에서 권장하듯, 규칙들을 목록으로 정리한 후 사무실이나 컴퓨터 화면 옆에 붙여두고 하루 동안 자주 참고

17) 국내에는 아직 ADHD를 위한 장애인법이 제정되지 않은 상태이다(역자 주).

할 수 있도록 하라. *** 아직 24장을 읽지 않았다면, 현재 학교에 다니고 있지 않더라도 그 장을 훑어보는 것이 좋다. 앞서 언급된 도구와 요령들에 대한 보다 자세한 정보가 담겨 있다.**

약물치료를 고려해 보라

아직 약물치료를 받고 있지 않다면, 치료를 고려해 보라. 이는 청소년기에 부담이 적은 업무를 하다가 더 많은 시간, 노력, 성취, 책임, 기술이 필요한 성인의 업무로 전환할 때 특히 도움이 될 수 있다. 학교생활과 마찬가지로, 서방형 약제(체내에서 천천히 효과가 방출되는 약제)를 복용하면 업무 시간 동안 집중력을 유지하는 데 효과적일 수 있다(필요 시 즉각적인 효과가 나타날 수 있는 속방형 약제를 오후에 추가로 복용하는 경우도 있음).

직장에서 코치나 멘토를 찾아보라

동료, 친구, 지지적인 상사 등 매일 당신이 완수해야 하는 업무를 확인해 주는 사람이라면 누구든 가능하다. 학교와 마찬가지로 하루에 두 번, 5분씩 만나도 좋다. 따라서 코치나 멘토가 가까운 곳에 있으면 유용하다. 첫 번째 만남에서 목표를 설정하고, 두 번째 만남에서는 그날 성취한 일을 점검하라.

코치/멘토를 찾는 것은 중요하며, 관리해 주는 것을 넘어서 많은 혜택을 얻을 수 있다. 코치나 멘토에게 인정을 받는다면 다른 사람들도 그 이야기를 듣게 되고 적극적으로 유대를 형성하지 않아도 동료가 생길 수 있다. 따라서 코치나 멘토와 약속한 일을 우선순위로 삼으라. 작은 성의 표시로 감사의 마음을 전하라. 사적인 문제로 조언이나 도움을 구하고 싶은 충동을 자제하고 회사 업무에만 집중하라(사적인 문제에 도움이 필요하다면 라이프 코치를 찾아볼 수 있다).

회사 인사팀의 장애인 지원 담당자를 찾아보라

이 담당자는 ADHD 관련 서류를 제출하면 활용 가능한 직장 내 편의를 설명해 줄 수 있는 사람이다. 또한 상사와 협력하여 당신이 선택한 편의가 제공될 수 있도록 도와줄 수 있다. 치료나 약물이 필요한 경우에는 회사와 협약을 맺은 심리학자, 상담사, 의사(보통 정신건강의학과 전문의)를 소개해 줄 수도 있다.

시간 정보를 추적하는 데 필요한 도구를 준비하라

과제, 목표, 마감 기한, 약속, 예약 등 시간과 관련된 정보를 관리하는 데 필요한 도구를 준비한다.

- 일일 계획표
- 스마트폰
- 일지 * 일지 사용에 관하여 19장을 참조하라. 삶의 모든 영역을 성공적으로 수행하려면 일지가 얼마나 중요한지 아무리 강조해도 지나치지 않다.
- 이메일 시스템에 있는 달력 기능
- MotivAider(https://habitchange.com 참고) 같은 촉각 신호 장치 또는 스마트폰 타이머 기능(일정 간격이나 무작위로 진동을 울려 업무에 집중하도록 돕는 용도)

중요한 회의를 녹음하라

Smartpen 디지털 녹음기(livescribe.com 참고)와 같은 녹음 기기를 활용하여 중요한 회의를 녹음한다(단, 상사의 허락을 먼저 받는 것이 필요하다).

ADHD가 빼앗아간 경쟁력 되찾기

경쟁이 치열한 세상이다. 직장에서 성과를 내지 못하면 승진이나 연봉 인상은 할 수 없다. 심지어 직장에 계속 다니지 못할 수도 있다. 이 자리를 차지하기 위해 기다리는 사람이 항상 대기하고 있다. 또한 성과를 달성하고 탁월한 능력을 발휘해 동료들로부터 존경받고 싶은 것이 인간의 본성이다. 그러므로 ADHD가 있더라도 경쟁에서 승리하도록 최선을 다하라.

추가 학습을 위한 자료나 정보의 유무를 확인하라

직장에서 추가 학습을 위한 자료를 비치한 도서관이나 정보 센터가 있는지 확인해 본다. 있다면 이를 자주 활용하는 습관을 길러 앞선 정보력으로 ADHD를 무색하게 하라. 퇴근 이후 열리는 추가 정보 교육에 참석하고, 의무 사항이 아닌 세미나 또는 워크숍에도 자원하여 참석하라. 다소 지루하게 들리겠지만, 환경의 변화는 다른 사람보다 오히려 당신에게 더 큰 도움이 될 수 있다.

지루한 회의 시간에는 필기를 하라

필기는 학교 시절의 좋지 않은 기억을 떠올리게 할 수도 있지만, 노트북이나 태블릿을 사용하면 손쉽게 회의 내용을 기록할 수 있다. 특히 필기 인식 기능이 있는 기기가 있다면 더욱 쉽게 기록할 수 있다. 필기를 하는 단순한 신체 동작만으로도 집중력을 유지하는 데 도움이 된다. 무엇보다도 나중에 회의 내용을 다시 떠올리기 어려울 때 참고할 수 있는 훌륭한 자료가 된다. * 집중력을 유지하기 위한 건강 관리 요령은 24장 337~338페이지를 참조하라.

SQ4R 방법을 사용하라

회의나 기타 행사에 참석하기 전 읽어야 할 자료가 많을 경우에는 SQ4R 방법을 활용한다. * SQ4R은 24장 340페이지에 자세히 나온다.

짧게 걷는 활동을 활용하라

오랜 시간 자리에 앉아 집중해야 하는 회의나 조용히 해야 하는 시간을 앞두고 있을 때, 건물 주변이나 복도를 걷는 등 몸을 움직일 수 있는 핑계를 만들어 보라. 가까운 편의점이나 카페에 다녀오는 것도 좋다. 단 몇 분간의 빠른 산책만으로도 이후 약 1시간 동안 집중력을 향상시킬 수 있다.

직장에서 협력 관계를 구축하기

2단계에서 ADHD 성인이 다른 사람들과 좋은 관계를 맺기 어려운 이유를 설명했다. 자기 조절력 문제가 사회적 상호작용을 방해할 수 있다. 평생 많은 비판을 받아온 탓에 도움을 청하거나 친해지기 위해 사람들에게 다가갈 때 과민 반응하거나 지나치게 조심한다. 그런 이유로 당신은 협력 관계를 구축하거나 동료와 친해지기 어렵고, 상사와 부딪칠 수도 있다. 하지만 오늘날 직장을 비롯한 모든 곳에서 성공하려면 실용적인 기술, 지식, 지능, 추진력만큼이나 사회적 기술과 수완이 필요하다. 다음은 동료들에게 협력, 연민, 호의를 얻기 위한 구체적인 아이디어다. 근무 시간을 더 즐겁게 만들 뿐 아니라 업무에 필요한 사항을 충족시키기 데에도 유리할 것이다.

- 업무상 중요한 것을 배워야 할 때 동료와 협력하여 서로 가르쳐 주라. 새로운 소프트웨어, 달라진 규정, 새 법률, 새로 도입된 신기술 등 업무를 잘 수행하기 위해 숙달해야 하는 어떤 것이든 가능하다. 각자 매뉴얼을 한 챕터씩 읽고 서로 설명해주는 방식도 좋다.
- 부서에 아직 팀이 운영되고 있지 않다면 직접 팀을 구성해 보라. 자신에게 부족한 기술과 관심사를 가진 동료를 잘 찾아보라. 동료들에게 없는, 자신이 제공할 수 있는 강점을 파악하라. 혼자서 할 때보다 함께 일할 때 더 빠르게, 더 효과적으로 달성할 수 있는 부서별 목표를 설정하라.
- 내 편이 되어 줄 동료를 찾고, 동료에게도 똑같이 지원해 주라. 둘 중 한 사람이 사무실을 비웠을 때 자료, 정보 또는 다른 물품 챙기는 것을 잊어버리면 다른 한 사람이 사무실에서 보내줄 수 있다. 비서나 보조원이 없고 출장 중 컴퓨터로 확인할 수 없는 정보가 필요할 때 큰 도움이 된다.
- 상사, 장애전문가, 당신을 기꺼이 도와주려는 동료에게 공정하고 합리적인 태도로 지원과 편의를 요청하라. 어떤 사람은 인사 담당자가 회사에서 수용할 수 없는 요구와 수용할 수 있는 요구를 솔직하게 알려준 것이 유용했다고 한다. 한계가 명확하게 정해져 있으므로, 자신이 받는 혜택보다 더 큰

도움을 요청하고 싶은 유혹을 느낄 때마다 이러한 한계를 떠올렸다. 그 결과 상호 존중이 이루어졌다.

- 연간 또는 반기별 성과/급여 평가 회의보다 더 자주 검토 회의를 하도록 상사와 스케줄을 잡으라. 3~6주 간격이 적당하다. 직속 상사가 아니라도, 자신의 성과를 다른 관점으로 검토해줄 상급자도 괜찮다. 누가 될지는 회사 구조에 따라 다를 것이다. 요청한 사람에게 이러한 피드백을 얻지 못할 수도 있지만, 상급자는 성과를 모니터링하고 개선하고자 하는 당신의 열의를 높게 살 것이다.

26장

돈

"저는 신용카드 대금 납부나 교통 범칙금 납부, 정기적인 치과검진 같은 일상적인 일조차 도무지 해내기 어렵습니다. 그래도 말이죠, 임대료와 공과금은 제때 납부하고 있으니 그 정도면 나름 성공이라고 생각합니다. 체납으로 인해 수도나 전기가 끊겼던 건 이제 꽤 오래전 일이니까요."

ADHD가 있는 경우, 발길 닿는 곳마다 돈 쓸 일이 있다. 돈 쓸 데가 보이면 충동 구매로 이어진다. 성인 ADHD의 돈 문제는 과도한 소비부터 청구서 미납, 은퇴 계획을 세우지 못하는 것까지 매우 다양하다.

본 연구에서 ADHD 성인들은 다음과 같은 특징을 보였다.

- 충동 구매를 많이 한다.
- 신용카드 청구액이 높다.

- 다른 사람들보다 신용 한도를 더 자주 초과한다.
- 청구서, 대출금, 임대료를 늦게 내거나 아예 지불하지 않는다.
- 다른 사람들보다 자동차를 더 자주 압류당한다.
- 신용 등급이 더 낮다.
- 저축하지 않는 경우가 더 많다.
- 은퇴를 위해 저축할 가능성이 더 낮다.
- 다른 사람들보다 수표 부도가 더 자주 있다.
- 소득공제를 증빙하는 영수증이나 소득세 환급에 필요한 서류를 보관하지 않는다.
- 돈을 빌리고 갚지 않아 교우 관계가 끊긴다.

다른 ADHD 성인들처럼 당신도 이러한 문제를 많이 경험해 보았을 것이다. 위 인용에서 공과금이 밀리지 않는 것이 큰 성공이라 생각한 여성을 아마 이해할 수 있을 것이다. 삶에 침투하는 금전 문제는 심지어 삶을 지배할 수도 있으며, 들어가기보다 빠져나오기가 훨씬 더 어려운 함정이다. 돈은 다양한 방식으로 덫이 될 수 있으며, 하나의 재정 문제가 다른 여러 문제를 야기할 수 있다. 신용 한도 초과, 과도한 학자금 대출, 반복되는 청구서 연체로 신용 등급이 급락할 수 있다. 주택 대출이나 자동차 대출이 필요할 때 거절당할 수도 있다. 집세나 고물차 수리비가 계속 나오는 상황이라면 월급을 다 써버리고 저축할 돈이 남지 않는다. 그런 데다 갑자기 교통사고가 발생하여 건강보험과 자동차보험의 본인부담금을 지불해야 하는데 현금이 없으면 어떻게 할 것인가?

돈 문제는 대인관계 갈등을 일으키는 데에도 악명이 높다. 스스로 빚을 갚아보려 하다가 돈을 빌리게 되고, 당신의 금전적 문제에 부담을 느끼는 사람들이 떠나가기도 한다. 배우자와 흔히 돈 문제로 분쟁이 일어나며, ADHD로 돈 관리에 어려움을 겪는 경우 갈등이 더욱 커진다.

돈 문제가 어려운 이유… 그리고 당신이 할 수 있는 일

여러 ADHD 환자들처럼 당신이 경제적 어려움에 처했을 때, 해결하려는 의지가 없거나 해결 방법을 이해하지 못해서 그런 것만은 아니다. ADHD는 당신의 지식과 최선을 다하려는 노력을 허사로 만드는 재간이 있다. 하지만 다행히도 ADHD와 재정을 주도할 방법이 있다. ADHD 때문에 생기는 결함이 당신을 잘못된 방향으로 이끌 수 있지만, 자신을 올바른 방향으로 다시 이끌 수 있다.

돈과 마음의 눈

비언어적 작업 기억이 취약하면 충동 구매가 쇼핑 강박으로 이어질 수 있다. 과거에 필요하지 않은 비싼 물건을 산 결과를 떠올리기 어렵고, 미래를 선명하게 그려보지 못하는 탓에 돈이 모일 때까지 구매를 연기하지 못한다. 자기 인식이 발달하지 않아 골동품 가게에 들어서면 지옥문이 열린다는 것을 깨닫지 못한다. 필요하지 않거나 감당할 수 없는 물건을 사고 싶은 충동을 조절하는 데 마음의 눈이 특히 중요하다. **＊ 9장에서는 마음의 눈이 어떻게 작동하는지, 17장에서는 마음의 눈을 어떻게 최대한 활용할 수 있는지 자세히 다룬다.**

4단계의 전략을 사용하여 소비에 저항하는 의지를 외부화할 수 있다. 휴가지, 집, 자녀의 자전거 등 장기적인 목표를 담은 사진을 주머니에 넣어두고, 돈을 쓰고 싶은 충동이 일어날 때마다 꺼내 본다. 지갑을 꺼내기 전에 "음, 이게 정말 필요한가?"라고 큰 소리로 말하는 습관을 만든다. 신용카드에 간단히 "아니야"라고 적은 메모를 붙여 보라. 그리고 상상 속에서 와이드 스크린 TV를 켜서 과소비하고 나서 신용카드 청구서를 열어보던 지난날의 모습을 영상으로 떠올려 보라.

재정 관리와 마음의 목소리

마음의 눈이 근시안적일 때, 마음의 목소리도 당신의 지원군임을 기억하라. 신용카드를 꺼내고 싶은 충동을 느낄 때 지난번 과소비한 모습을 시각적으로 떠올릴 수 없다면, 스스로에게 질문을 해 보라. 가게 안에 있다면 가게를 나와 길가에서 이 작업을 해 보라. 4단계에서 언급했듯이, 망상에 빠졌다는 이유로 쫓겨날 일은 없다. 이 물건을 사는 게 현명한 선택인지 자신과 대화하고 있을 때 사람들은 휴대전화로 통화하는 중이라고 생각할 것이다. 친구에게 구매의 게이트키퍼가 되어달라고 부탁하라. 뭔가 사기 전에 문자 메시지나 전화로 연락하면 친구가 당신에게 이 물건이 정말 필요한지, 이 소비에 책임을 질 수 있는지 물어보는 역할이다. 서로 해주는 것도 좋다.

알람을 설정해 놓았는데도 청구서 납부를 미루는 경향이 있다면 청구서를 지금 당장 납부해야 하는 이유를 자신에게 이야기한다. 마음의 목소리는 규칙을 정하고 사용할 수 있게 하는 능력이다. 지출과 저축에 관한 일정한 규칙을 정하고, ADHD가 규칙을 깨라고 압박할 때 자신에게 조용한 목소리로 반복해서 규칙을 읊어준다. 또는 규칙을 적어둔 카드를 신용카드와 함께 묶어두고 규칙 카드 없이는 신용카드에 접근할 수 없게 해 보라.

자꾸 잊어버려서 청구서를 제때 납부하지 못한다면, 4단계에서 논의한 여러 알림 장치와 일지가 당신에게 필요한 단서를 제공해줄 수 있다. **＊ 마음의 목소리에 대한 더 자세한 내용은 9장을 참조하고, 마음의 목소리 훈련은 18장, 소비를 줄이고 저축을 떠올릴 수 있도록 도와주는 도구에 대한 내용은 19장을 참조하라.**

돈의 세계에서 마음의 심장 활용하기

감정에 따라 소비하는가? 기분이 좋을 때마다 친구들에게 술을 사주는 사람인가? 우울할 때 새 옷이 '필요한' 사람인가? 집주인에게 화가 나면 '잊어버린' 집세로 '화났음을' 보여주는가? 친구들과 만날 돈이 없다는 게 기분이 나빠서 신용카드를 쓰기로 결정하는가? 이때 감정에 휩쓸리고 있음을 인식하고 감정을 조절하기 위해 상상하기와 자기 대화 등 요령을 총동원해야 한다. 또한 건강한 생활습관을 유지하도록 노력하라. 수면 부족, 카페인이나 알코올 과다섭취, 약물 사용, 운동 부족, 잘못된 식습관 때문에 일상적 스트레스에 더 취약해지고 감정을 조절하기 어려워진다.

감정을 긍정적으로도 활용할 수 있다는 사실을 잊지 말라. **＊ 마음의 심장에 대한 내용은 9장, 감정을 활용하여 원하는 방식으로 재정을 관리하기 위해 동기를 부여하는 방법은 20장을 참조하라.** 청구서를 납부하기 싫은가? 미래를 그려 보라. 납부하고 나면 얼마나 마음이 후련할지 최선을 다해 느껴 보라. 월급이 줄줄 새고 있을 때 저축할 의욕이 생기지 않는다면? 자동 이체로 예금이 나가도록 하면 돈을 쳐다보지 않아도 된다. 멋진 휴양지로 휴가를 갈 때 이 돈을 꺼내서 결제하면 얼마나 환상적일지 느껴보라.

:: 재무 계획과 문제 해결은 마음의 놀이터에서 ::

ADHD 여부와 관계없이 재무 계획, 예산 편성, 투자 관리, 수입 및 지출 추적 방법을 모르는 사람이 태반이다. 당신도 해당한다면 4단계에서 강조한 대로 돈 문제를 물리적으로 해결해 보라. * 마음의 놀이터는 9장, 실질적인 돈 관리를 위한 아이디어는 22장을 참조하라.

가능하면 실질적인 물건과 그래픽 도구를 사용하여 숫자를 다루어라. 다음 페이지에서 여러 아이디어를 얻을 수 있을 것이다. 그러나 기본을 잊지 말라. 어려운 재무 작업을 끝까지 완수하기 위해 단계별 목록을 작성하라. 지출 습관을 일지에 기록하여 해가 되는 패턴과 도움이 되는 패턴을 되돌아볼 수 있다.

당신의 돈을 통제하라

다행히 현재와 미래의 재정을 통제하기 위해 여러 자원을 손쉽게 이용할 수 있다. 지출을 억제하는 다양한 전략이 있으며, 기한에 맞게 재정적 의무를 다하기 위해 도구와 힌트를 활용한다. 강제로 저축하는 시스템을 구축하면 번 돈을 다 써버리고 싶은 충동과 번번히 싸우지 않아도 된다. 어떤 지역에서는 특정 은행이나 정부 프로그램을 통해 무료 신용 상담도 받을 수 있다.

더 나은 방향으로 나아가기 위한 아이디어를 소개한다.

재정적으로 곤경에 빠진 상황이라면, 지역사회 자원을 활용하라

은행, 신용조합 등 자금 문제를 해결하도록 도와주는 지역사회 자원을 잘 알아두는 것이 가장 중요하다. 부채 재조정, 신용 상담, 예산 책정 조언, 파산 지원을 모두 이용할 수 있다. 막대한 빚을 지고 있는데 해결 방법이 없어 보이거나 파산 신청을 고려하고 있다면, 먼저 은행이나 신용조합에서 무료 신용 상담을 받아 보라. 이들은 재정 상황을 재조정하고, 부채를 통합하며, 지나치게 높은 이자율을 재협상하는 데 도움을 준다. 또한 매달 상담을 통해 예산을 점검해 주고, 재정을 함께 관리하는 데 자신 외의 누군가에게도 책임을 지도록 도와준다.

배우자, 파트너 또는 부모에게 돈을 관리하게 하라

ADHD가 없고 당신에게 가장 이익이 되도록 재정을 관리해 줄 신뢰할 수 있는 사람이어야 한다. 현재 금전 문제에 압도되어 소비나 다른 재정 습관을 통제할 수 없을 때 고려할 수 있는 방법이다. 미리 설정한 기간 동안, 혹은 부채를 상환하거나 일정 금액을 저축하는 등 특정 목표를 이룰 때까지 이 방법을 사용하기로 합의하기도 한다. 급여를 이 사람에게 넘기고 매일 필요한 만큼의 현금을 받아 쓰라. 달마다 지불하는 청구서, 대출금, 신용카드 납부를 꼬박꼬박 처리하도록 함께 노력한다. 가능하면 이 재정 관리자에게 은행 자동 납부 시스템을 설정해 달라고 부탁하여 월세, 주택 대출금, 자동차 대출금 같은 중요한 청구서가 매달 계좌에서 자동으로 빠져나가게 하라. 주기적으로 외식, 배달 음식, 기프티콘, 레스토랑 상품권, 수제 쿠키나 빵을 선물하여 보답하는 것을 잊지 말라.

예산을 수립하라

세금, 자동차 보험 등과 같이 연 단위로 지불하는 비용을 1/12로 나눈 금액을 포함하여 모든 월별 지출을 보여주는 월별 예산표를 작성해 보라. 모든 청구서가 나열된 월별 재무 계획을 세워야 납부해야 할 금액을 한눈에 확인할 수 있고, 월 지출 비용은 반드시 월수입보다 적어야 한다. 집에 있는 책상이나 옷장 위에 붙여두고 자주 확인하라. 매달 마음대로 돈을 쓰면 전기, 수도가 끊기거나 자동차가 압류되는 등 재앙을 초래할 수 있다.

> 예산을 수립하는 데 도움이 되는 소프트웨어 프로그램을 사용할 수도 있지만, 저자는 예전 방식인 연필과 종이를 선호한다. 간편하고 비용도 적게 든다.

오늘부터 소득 수준 안에서 생활하라

> 예기치 않은 의료비 때문에 계획에 없던 지출로 큰 빚을 지거나, 심지어 파산할 수 있다.

수입보다 많이 지출하지 말고, 신용카드, 대출 등 돈을 빌리는 수단으로 한 달을 넘기려고 하지 말라. 생활비를 월수입의 90% 이하로 줄이고 나머지 10%는 저축하라. 유능하고 신뢰가 가는 친척, 회계사, 은행 직원에게 도움을 받아 지출을 계산하고 저축에 가장 적합한 방법을 알아보라.

강제 저축을 위한 계좌 및 예금 시스템을 마련하라

> 수입의 최소 10%를 저축하지 않는다면 지금 휴가나 은퇴를 미리 누리고 있는 셈이며, 그 대가를 치르기 위해 남은 생애 동안 일하게 될 것이다.

퇴직연금, 과세이연이 가능한 IRA(Individual Retirement Account)같은 시스템에 세전 수입의 10%를 적립하도록 고용주에게 요청하라. 회사에서 일정 금액까지의 적립금을 맞춰주는 경우가 많다. 직장에서 제공하는 이러한 연금 상품을 활용하지 않으면 책상 위에 얹어놓고 써버리는 돈이 된다. 그런 다음 세금이 공제된 급여를 자신의 예금 계좌로 직접 입금하라. 일단 입금되면 매달 자동으로 10%를 저축 계좌로 자동이체를 설정하라. 현금이 눈에 보이지 않을수록 충동적인 소비도 줄어든다. 또한 자동차 수리비나 보험이 적용되지 않는 의료비 등 예기치 못한 지출에 대비한 비상 자금 계좌가 필요하다. 만약 이렇게 했는데도 매달 생활비가 충분하지 않다면 지출을 줄여야 한다. 예산 중 지출의 10%를 줄일 수 있는 부분을 찾아 저축할 수 있다. 예를 들어 커피숍이나 식당을 이용하는 대신 직접 커피를 내려 마시고 집에서 도시락을 싸면 매일 조금씩 절약하여 돈을 모을 수 있다.

고용주를 통해 건강보험과 장애보험에 가입하라

취업 시 이러한 혜택을 항상 염두에 두라. 공공기관 고용주는 거의 항상 이러한 혜택을 제공한다는 점을 명심하라.

매달 은행 잔고를 확인하라

대충 계산하거나 추측하지 말라. 계좌에 돈이 얼마나 있는지 항상 인지하고 있지 않으면 신용카드 남용, 마이너스 통장, 부채 증가의 주요 원인이 된다. 새로 만들어지고 있는 인터넷 은행들은 마이너스 통장 이자나 기타 은행 수수료가 높은 기존 은행에 대응하여 수수료가 없는 계좌를 제공하고 있으며, 은행 잔고를 실시간으로 확인할 수 있는 모바일 앱을 제공한다.

영수증은 받는 즉시 모두 보관하라

지갑에 넣어두었다가 매일 밤 지갑에서 모든 영수증을 꺼내 파일에 넣는 습관을 만들라. 이 파일을 사용하면 지출 내역을 확인할 수 있고, 보관한 영수증으로 세금 신고를 준비하여 소득 공제 혜택을 최대한 활용하기 좋다.

소비를 절제하기

충동 구매를 통제하기 위해 앞서 설명한 아이디어 외에도 다음과 같은 방법을 시도해 보라.

현금 중심으로 소비하라

꼭 필요할 때만 계좌에서 현금을 인출하고, 가능한 한 적은 금액만 소지하

라. 불필요한 물건을 충동적으로 구매하게 되는 유혹을 줄이기 위함이다.

가능하다면 매장 전용 신용카드나 체크카드를 가지고 다니지 말라

백화점이나 다른 매장 전용 카드는 모두 없애고, MasterCard나 Visa와 같은 일반 카드 한 장만 가지고 다닌다. 카드 앞면에 '긴급 상황에서만 사용'이라는 스티커를 붙이는 것도 좋은 방법이다. 매장 전용 카드의 미납액은 이 카드로 모두 옮겨놓고, 가능한 빨리 상환하도록 노력하라.

> 일부 결제금액 이월약정(유료 결제서비스, 페이플랜, 리볼빙 등)은 '10년' 상환 계획에 기초한다. 해당 신용카드에 추가 부채가 더해지지 않는다는 전제 하에 10년이다!

사야 할 물건이 없다면 쇼핑몰에 가지 말라

사고 싶은 게 아니라 '사야 할' 경우에만 간다. 그리고 친구와 만나 쇼핑몰을 돌아다니는 일도 피하라. ADHD로 인해 충동 조절이 어려운 경우, 상점을 둘러보다가 물건을 구매하게 되는 유혹을 견디기 어렵기 때문이다.

자녀를 제외한 누구에게도 돈을 빌려주지 말라

절대로 빌려주지 말라. 자녀에게조차 돈을 빌려주는 것은 신중해야 하며, 범위는 교육비나 생필품 관련 지출로 한정하라. 의류나 유흥비는 제외한다. 대부분의 경우, 빌려준 돈을 돌려받지 못할 가능성이 높다. 누군가에게 돈을 주었다면, 빌려준 것이 아니라 사실상 선물이라고 생각하는 것이 좋다.

카지노를 멀리하라

카지노는 항상 이기는 게임을 한다. 돈을 걸고 카드 게임을 하지 말라. 하더라도 한 판에 몇 푼 이상은 걸지 말라. 인터넷 도박 사이트 등 충동적인 도박이 벌어질 수 있는 장소는 반드시 피하라.

충동 구매가 조절되지 않는다면 인지행동치료를 활용하라

필요하지 않은 물건을 사는 일을 멈추기 어렵다면, 심리상담가나 재무상담사의 전문적인 도움을 받는 것이 좋다.

:: 신용을 관리하기 ::

매장 전용 신용카드 미납액을 상환하고, 카드를 소지하지 않는 것 외에도 다음 아이디어를 시도해 보라.

소비하거나, 입거나, 즐기는 용도로 사용하는 물건을 위해 돈을 빌리지 말라

소비하거나, 입거나, 즐기는 용도로 사용하는 물건(고화질 TV, 아이폰 등)을 위해 돈을 빌려서는 안 된다. 대출은 주택 구입, 자동차 구입(꼭 필요한 경우), 혹은 다른 합리적인 투자를 위한 경우에만 고려하라.

> 구입하자마자 가치가 떨어지는 물건을 사야 하는 유일한 경우는, 그것이 생필품일 때뿐이다.

약정을 계약하기 전, 반드시 상의하고 검토하라

신용 관련 계약이나 대출 또는 이와 유사한 약정에 서명하기 전에, 정말 이 계약이 필요한 것인지 자금 관리자인 가족이나 전문가와 사전에 검토하도록 하라. 검토하기 전에는 절대로 서명하지 말라.

'소액 단기대출'은 절대, 절대로 받지 말라

소액 단기대출을 제공하는 대부업체는 지나치게 높은 이자율을 부과하므로, 한번 빚을 지면 결코 벗어나기 어렵다. 이것은 합법화된 고리대금업이다. 절대로 가까이하지 말라.

27장

관계

"아내가 부부 상담에 가서 상담가에게 이렇게 말하더군요. 저와 결혼한 게 집에 아이를 하나 더 데려온 기분이라고요. 자기는 이미 세 명의 아이가 있고 넷째는 필요하지 않다고 말이에요. 상담가가 우리의 결혼 생활을 도와 저를 고칠 수 없다면 저를 떠나겠다 합니다! 아내는 제가 해낼 수 있는 게 없다고 말합니다. 집안 곳곳에 하다 말고 팽개친 일이 널려있고, 그 일이 끝나있어야 할 시간에 아무것도 되어 있지 않다고요. 지금 아내가 모든 청구서 납부를 도맡고 있습니다. 제가 맡았을 때는 청구서의 존재를 잊어버리거나 납부기한을 넘겨서 전화와 전기가 두 번이나 끊겼거든요."

"저는 연애를 해도 다른 여자들보다 훨씬 더 빨리 끝나버리는 것 같습니다. 저와 사귀는 남자친구들은 저를 '얼빠진 여자'라고 불렀습니다. 남자친구가 꽤 중요한 이야기를 하고 있는데 저는 그저 멍하게 보고만 있거나 공상에 잠겨 전혀 듣지 못하거나, 머릿속에 떠오른 생각을 이야기하느라 남자친구의 말을 끊는 일이 자주 있었기 때문인 것 같습니다. 한번은 정말 멋진 남자와 진지하게 사귀고 있을 때 일입니다. 어느 날 밤 친구들과 파티에 갔다가 술집에서 어떤 한 남자를 만났고 충동적으로 그 남자 집에서 잤습니다. 그날 밤 저와 함께 있던 친구 중 한 명이 제 남자친구에게 그 사실을 말했고 우리는 그날로 헤어지게 되었습니다. 제가 왜 충동적으로 그런 행동을 하는지 모르겠어요. 그리고 다른 사람이 하는 말에 오래 집중하지 못하고 좋은 관계를 지속적으로 유지하지 못해요. 제 인생 가장 큰 적은 저 자신인 것 같습니다."

심리학자가 설명해주지 않아도 당신은 ADHD와 ADHD에 수반되는 자기 통제 문제가 어떻게 대인관계 어려움을 일으키는지 아마 잘 알고 있을 것이다. ADHD는 다른 어떤 측면보다도 개인적, 사회적 생활에서 큰 상처를 남길 수 있다. 어린 시절에 ADHD가 있었다면, 주변으로부터 유별나거나 미덥지 않은 사람으로 취급받은 상처를 가지기 쉽다. 지금도 별다른 노력 없이 친구를 사귀는 것처럼 보이는 사람, 배우자나 연인과 관계를 오래 유지하는 사람, 부모와 형제자매, 동료에게 도움을 청하고 위로받을 수 있는 사람을 부러워하고 있을지도 모른다.

ADHD가 대인관계에 해를 끼치는 방식을 잘 알고 있어도 그 과정은 전혀 모를 수 있다. 자기 통제는 세 가지 측면에서 대인관계에 막대한 영향을 미칠 수 있다.

감정이 통제력을 잃게 만들 때

감정 조절이라는 실행 기능은 ADHD를 가진 성인에게 많은 어려움을 일으킨다. * ADHD에서 나타나는 감정 조절 문제에 대한 보다 자세한 내용은 9장을 참조하라. 안타깝게도, 이는 주의력결핍이나 과잉행동과 같은 널리 알려진 ADHD 증상과는 직접적으로 연결되어 보이지 않기 때문에, 감정적 격변을 ADHD와 바로 연관 짓지 않는 경우가 많다. 그러나 분노, 좌절, 적대감을 자극받았을 때 조절이 어려운 문제를 다른 증상만큼이나 자주 경험하며, 이러한 문제는 자주 사회적 갈등으로 이어지기 쉽다.

> 감정 조절 문제가 있으면 난폭하거나, 어리석게 굴거나 과장된 행동을 할 수 있는데, 통제되지 않은 분노를 표출할 때 관계에 가장 큰 해가 된다.

사회에서 '어른스럽다'라고 여기는 모습에는 화를 억제하고, 좌절을 조용히 감내하며, 사소한 모욕은 대수롭지 않게 넘기고, 인내심을 가지고 기다리고, 타인에게 감정을 드러내지 않는 것이 포함된다. 따라서 많은 사람들이 감정 폭발을 용납하지 않고, 그런 이유로 관계를 끊는 일이 많다는 사실은 그리 놀라운 일이 아니다.

ADHD가 자기 인식을 빼앗아갈 때

ADHD는 자신의 행동을 실시간 관찰하는 능력을 떨어뜨린다. 마음의 눈을 연습해왔다면, 후견을 사용하여 자신의 감정이 주변 사람을 압도하거나 불편하게 만드는지 알 수 있다. *** 17장의 규칙 2를 참고하면, 순간순간에 자신을 더 잘 인식할 수 있도록 '마음의 눈'을 단련하는 데 도움이 되는 몇 가지 전략이 있다. 분노 조절과 관련된 다른 방법에 대해서는 W. 로버트 네이(W. Robert Nay)의 『Taking Charge of Anger(2판, Guilford Press, 2012)』와 지나 페라(Gina Pera)의 『Is It You, Me, or Adult A.D.D.?(1201 Alarm Press, 2008)』를 참조하라.** 감정의 불길을 견디지 못해 떠나버린 사람들을 떠올리며 후회할 수 있다. 하지만 깨달았다고 해서 자극이 올 때 다른 행동을 하도록 저절로 바뀌지는 않는다. 후견에 능숙해질 필요가 있지만, 감정의 힘은 매우 강력하기 때문에 인지하는 것만으로는 공격을 멈추기에 충분치 않다. 신체 각성 시스템을 진정시키는 방법도 도움이 된다.

ADHD 성인들은 자신이 사회적 상황에서 다른 사람에게 얼마나 좋지 않은 인상을 남겼는지 그저 몰랐다고 한다. 물이 쏟아진 후에야 깨닫는다. 흔히 저지르는 사회적 실수는 다음과 같다.

- 혼자 끝없이 떠들거나 쓸데없는 이야기로 대화 시간을 독차지 한다.
- 오래 경청하지 못한다.
- 대화나 사회적 교류에서 상대와 주거니 받거니 하며 상호작용하지 못한다.
- 눈치 없는 말을 한다.
- 상황에 맞는 적절한 사회적 예절을 취하지 못한다.

ADHD가 인생의 시나리오를 망칠 때

> 무대에서 공연할 때처럼 입장과 퇴장 신호를 읽는 것도 중요하다.

타인과 교류할 때는 단순한 대화나 사교 행동을 주고받는 것 이상의 능력이 필요하다. 성인이라면 언제 상호작용을 시작하고, 화제를 전환하고, 대화를 종료하거나 지속할지 파악하는 고차원의 자기 모니터링이 필요하다. 자신이 다른 사람과 있을 때 어떻게 행동하는지 관찰자 입장에서 지켜보려면 사람들과 만날 때마다 다음 단계를 수행해야 한다.

1. 몸과 얼굴의 신호를 읽는다.
2. 목소리 톤에서 감정적 뉘앙스를 인식한다.
3. 그에 따라 자신의 행동을 조정한다.

실행 기능 결핍이 있을 때 이 단계를 따르기 얼마나 힘든지 이미 잘 알고 있을 것이다. 그 결과가 어떠한가? 누군가 만날 때마다 함정이 가득하다. 이 함정에 빠지면 학교 동기, 직장 동료 및 다른 지인들과 가지고 있었던 갈등이 더욱 악화될 수 있다. 이는 관계가 오래 지속되길 원하는 친한 친구나 애인 같은 각별한 관계에도 큰 함정이 될 수 있다. 여러 가지 관계 유형을 자세히 살펴보라.

친밀한 관계: 배우자 및 연인

이 장 서두에 인용한 두 사람의 사례는 ADHD가 친밀한 관계에 어떤 영향을 미치는지 가슴 아프게 보여준다. 부부 중 한 사람에게 ADHD가 있으면 집안일 분담이 불공평하게 이루어지고, 상대방에게 무관심하고 무신경한 태도 때문에 감정이 상할 수 있으며, 감정 조절의 실패로 유대감이 떨어지기도 한다.

흥미롭게도 ADHD를 가지고 자란 사람이 다른 사람보다 결혼, 별거, 이혼을 더 많이 하는지 혹은 덜 하는지는 근거를 찾을 수 없었는데, 55~67%의 연구가 미혼 상태인 2~30대까지만 추적 관찰했기 때문인 것 같다.

본 연구 및 다른 연구에 따르면 성인 ADHD에는 다음과 같은 특성이 있다.

- 연애 관계가 보통에서 나쁜 상태일 가능성이 4~5배 더 높다.
- 부부 관계가 깊지 않다(본 연구에서는 두 배 이상의 차이가 있었다).
- 외도하기 쉽다.

ADHD로부터 친밀한 관계를 지키는 방법

안타깝게도 ADHD가 연애와 결혼에 미치는 문제에 대한 해결책을 다룬 연구는 아직까지 없었다. 과학적 기반을 둔 조언을 제시하기는 어렵지만, 지금까지의 연구 결과를 바탕으로 한 상식적인 방법을 몇 가지 소개한다.

진단과 치료는 관계 개선의 출발점이다

아직 ADHD 진단을 받지 않았다면, 진단을 통해 치료를 받을 수 있도록 한다. 저자와 동료들이 성인 ADHD 환자들을 직접 치료하면서, 약물치료는 증상을 개선할 뿐 아니라 부부 관계에도 좋은 영향을 주었다.

관계에 도움이 되는 도서를 참고한다

지나 페라Gina Pera의 『문제는 당신일까, 나일까, 아니면 성인 ADHD일까?Is It You, Me, or Adult A.D.D.?』(1201 Alarm Press, 2008)를 읽어 보라. 이 책

은 ADHD 배우자를 가진 사람에게 현존하는 최고의 책이다. 연구에 기반한 검증은 충분하지 않지만, 성인 ADHD에 관해 밝혀진 과학적 사실에 바탕을 둔 조언은 신뢰할 만하다. 책 마지막에 나오는 참고자료에는 멜리사 올로브Melissa Orlov의 관련 도서 2권과, 성과 성인 ADHD에 관한 아리 터크먼Ari Tuckman의 책도 함께 소개되어 있으니 참고하라.

마음챙김 훈련은 유익하다

마음챙김 명상 수업을 수강해 보라. 불교에서 하는 종교적 수련보다 존 카밧진Jon Kabat-Zinn 등이 소개한 일반인을 위한 마음챙김을 권한다. 최근의 여러 연구에 따르면, 마음챙김 연습은 성인 ADHD의 증상과 실행 기능 결함, 특히 감정 조절 문제를 완화하는 데 도움이 될 수 있다. 자세한 정보는 책의 뒷부분 참고자료에 소개된 리디아 질로브스카Lidia Zylowska의 『The Mindfulness Prescription for Adult ADHD』[18]를 참고한다. 또한 마음챙김은 약물치료, 인지행동치료와 함께 성인 ADHD의 보조 치료법으로 큰 가능성을 보여준다. 참고자료에 소개된 메리 솔란토Mary Solanto의 『Cognitive-Behavioral Therapy for Adult ADHD』[19]에서도 이 부분을 강조한다.

4단계 전략을 활용한다

4단계에서 소개한 전략들을 일상에 적용한다. 여러 부부와 연인들은

18) 국내에서는 『ADHD를 위한 마음챙김 처방』이란 제목으로 번역 출간됨(역자 주).

19) 국내에서는 『ADHD 성인을 위한 인지행동치료』란 제목으로 번역 출간됨(역자 주).

사랑하는 사람과 함께 있을 때, 있는 그대로의 자신이 될 수 있다고 느낀다. 가능한 일이다. 하지만 그렇기 위해서 중요한 것은 최선을 다하는 자기 자신이 되는 것이다. 즉, 다음과 같은 모습을 위해 노력을 기울이는 사람이다.

- 행동하거나 말하기 전에 생각하라.
- 과거에 사랑하는 사람에게 상처를 준 경험이나, 도움을 준 경험을 기억하라.
- 병원 예약, 업무 마감 등 의무적인 일정을 기억할 때 사용하는 외부 기억 장치와 같은 방법으로, 생일과 기념일 등 중요한 날을 기억하라.
- 경청하라.
- 재치있고, 친절하며, 정중한 태도를 연습하라.
- 집안일을 공평하게 분담하라.
- 자녀에게 좋은 부모가 되어라.

양육

양육은 우리가 삶에서 수행하는 가장 어려운 역할이다. 거기에 ADHD는 다음과 같은 방식으로 스트레스를 가중시킨다.

- 이제는 자기 자신을 돌보는 일이 두 배로 중요해졌다. 어린 자녀에게는 부모가 항상 곁에 있어야 하기 때문이다.
- 이제는 자신보다 다른 누군가를 최우선 순위로 두어야 한다. 하

고 싶은 일을 지금 당장 행동으로 옮기려는 충동이 강한 사람에게는 굉장히 힘든 일이다.

> 성인 ADHD는 다른 부모보다 더 큰 양육 스트레스를 느낀다.

- 어린 자녀는 부모의 인내심을 시험할 수밖에 없다. 자녀 스스로 통제할 수 있는 실행 기능이 아직 발달하지 않았기 때문에, 부모의 감정 조절이 더욱 중요해진다.
- 아이는 항상 자신의 감정을 명확하게 표현하지 못하므로, 부모는 아이가 무엇을 필요로 하는지를 파악해야 한다. 무언가 말해야 할 때와 침묵을 지켜야 할 때, 단호해야 할 때와 양보해야 할 때를 판단해야 한다. 이 모든 과정에 앞서 제시한 '주고받기 기술'을 노련하게 펼쳐야 한다.

이제 자녀 역시 ADHD가 있을 수 있다는 점을 고려해 보라.

> 연구에 따르면, 성인 ADHD 환자의 자녀 중 30~54%가 ADHD를 가질 가능성이 있다고 한다.

ADHD가 있는 아이들은 부모의 규칙을 이해하고 따르기, 집안일과 숙제를 기억하기, 좌절하거나 피곤할 때 감정을 조절하기, 집이나 공공장소에서 적합한 행동하기를 어려워한다.

> 본 연구에 따르면, 성인 ADHD 환자의 자녀에게 ADHD가 없더라도 적대적이고 반항적인 행동을 보일 가능성이 더 높았다.

궁금증) ADHD가 유전된다면 아이를 갖지 말아야 하는가?

물론 그렇지 않다. ADHD는 자동 집행되는 사형선고가 아니며, 평생 식물인간으로 사는 치명적인 질환이나 심각한 발달장애도 아니다. 그런 질환이 가능하다고 예상된다면 부모는 자녀를 갖지 않는 결정을 내릴 수도 있다. ADHD를 가지고 살아가는 건 고통이나 실패의 종신형을 선고받는 일이 아니다. 잠시 가능성을 생각해 보라. ADHD 가족력이 없고 조산과 같은 산전 요인으로 발생한 경우는 유전으로 인한 ADHD가 아니며, 자녀가 ADHD일 가능성은 다른 사람들과 마찬가지로 5~7.5%다. 자녀를 가지지 못할 이유는 아니다. 이 사실이 자녀를 낳지 않을 이유가 된다고 하면 세상에 자녀를 가져도 되는 사람은 아무도 없다고 봐야 한다.

유전성이 있는 성인 ADHD라고 해서 자녀도 ADHD가 있을 거란 보장은 없다. 물론 확률은 높아진다. 자손에게 ADHD가 있을 가능성은 20~50%인데, 바꿔말하면 ADHD가 없는 자녀를 가질 가능성이 50~80%다. 그렇게 생각하면 ADHD가 없는 자녀를 가질 가능성이 꽤 높음을 알 수 있다.

자녀에게 ADHD가 있더라도 ADHD는 정신의학에서 가장 치료가 잘 되는 질환이므로, 조기에 발견하고 치료할수록 성공적으로 관리할 수 있다. ADHD가 있다고 해서 자녀가 풍요롭고 행복한 삶을 살 수 없다는 뜻은 아니다. ADHD를 적절히 잘 관리하는 많은 ADHD 아동 및 성인들은 만족스러운 삶을 살아가며, 사회에 기여하고 있고 때론 중요한 역할도 해낸다.

ADHD를 가진 부모의 바람직한 양육

ADHD 진단과 치료를 먼저 받는다

자신의 ADHD로 인해 행동을 통제하기 어려운 상태라면 자녀를 바람직하게 양육하는 데 한계가 있을 수 있다. 따라서 본인의 ADHD에 대한 정확한 진단과 치료를 받는 것이 필요하다.

자녀의 발달이 걱정된다면 전문가의 평가를 받게 한다

자녀에게서 ADHD 징후가 보이거나 심리발달에 대한 다른 우려가 있다면, 해당 분야의 자격을 갖춘 정신건강 전문가에게 평가 및 치료를 받는 것이 중요하다. ADHD를 진단받지 않고 치료받지 않은 부모가, 역시 진단과 치료를 받지 않은 자녀를 양육하는 경우 만성적인 갈등과 심각한 심리적 문제로 이어질 가능성이 높다.

> 죄책감, 공포, 더 많은 스트레스를 피하고 싶은 바람 때문에 자녀에게 보이는 ADHD 징후를 간과할 수 있다. 그런 경우라면, 같은 우려를 제기하는 ADHD가 없는 배우자나 가까운 가족의 말을 받아들이려고 노력하라.

자녀와 함께 하는 시간을 정하고, 적절히 보상한다

ADHD를 지닌 부모는 자녀에게 주의를 기울이거나 적절한 보상을 제공하는 데 소홀할 수 있다. 자녀와 함께하는 시간을 미리 정해두고, 외부적 단서를 통해 이러한 자녀와의 '약속'을 기억할 수 있도록 한다. 또한, 자녀의 성취나 바람직한 행동에 격려하고자 제공하려는 보상도 미리 계획해본다.

타이머를 설정하여 자녀의 상태를 확인한다

방과 후, 주말, 방학 등 자녀가 집이나 마당에 있는 동안 자녀를 지켜봐야 하는 어떤 순간이든, 15~30분 간격으로 알람을 설정하여 자신이 하고 있는 일을 잠시 멈추고 자녀가 무슨 일을 하고 있는지, 어디에 있는지 확인한다. 자녀에게 ADHD가 있는 경우 이러한 과정은 더욱 중요하다.

여러 연구에 따르면 ADHD가 있는 부모는 다른 부모보다 자녀의 활동을 잘 관찰하지 않는다고 한다. 자녀를 자세히 관찰하지 않는 부모의 태도는 자녀의 우발적 부상 위험을 높이는 요인이다. 다른 아동보다 ADHD 아동에게서 각종 부상이 잦은 까닭 중 하나는 부모가 ADHD를 갖고 있는 경우가 많기 때문이다.

일관성 있는 양육 태도를 유지한다

ADHD를 가진 부모의 경우, 비일관성은 큰 고민이다. 아이를 대할 때 하루는 엄격한 감독관이었다가 다음 날은 천사가 되기도 한다. 또는 자녀의 모든 (잘못된) 행동에 충동적으로 반응하여 즉흥적인 지시, 비판, 명령, 질책을 하기도 한다. 이러한 태도는 자녀에게 혼란을 야기할 수 있으므로, 배우자와 함께 가족 규칙을 정하고 기록해서 가정 내 자녀가 잘 볼 수 있는 곳에 붙인다. 자녀의 문제 행동에 직면했을 때 대립하는 마음이 느껴지면, 잠시 시간을 갖고 사전에 배우자와 정해둔 방법으로 반응한다. **＊ 행동을 멈추게 하는 전략은 16장, 외부 신호 사용은 19을 참조하라.**

문제 해결 능력을 기른다

ADHD를 지닌 부모는 자녀의 행동 문제에 직면했을 때, 이를 해결하는 데 능숙하지 않다. 다양한 방법을 동원하여 문제 해결 능력을 향상시키는 것이 필요하며, 이는 자녀에게 중요한 본보기가 되는 동시에 갈등을 줄이는 데에도 도움이 된다. **＊ 문제 해결 능력을 향상시키는 전략은 22장을 참조하라.**

행동 중심의 부모 교육 프로그램에 참여한다

정신건강의학과, 대학, 병원, 또는 정신건강센터 등에서 운영하는 행동 중심 부모 교육 프로그램에 참여한다. 대부분의 대도시에서는 이러한 프로그램을 어렵지 않게 찾을 수 있다. 만약 지역적으로 이용이 어려운 경우에는, 『Your Defiant Child』(길포드, 2013)를 읽어 보라. ADHD 자녀를 양육하는 데 매우 유용한 방법을 배울 수 있을 것이다. 십 대 자녀가 있다면 『Your Defiant Teen』(길포드, 2013)[20]을 참고하면 좋다. 단, 부모 자신이 ADHD를 치료받고 있지 않은 상태에서는 이러한 교육 프로그램을 듣기 어려울 수 있으므로, 수업을 듣기 전에 반드시 자신의 ADHD 치료가 선행되어야 한다.

---

20) 국내에서는 『10대 자녀와 소통하는 기술』(에르디아, 2013)이라는 제목으로 출간되었고, 현재는 절판됨(역자 주).

스스로 휴식을 취한다

자녀로 인해 스트레스를 받거나 감정에 압도된다면, 잠시 조용한 공간에서 혼자만의 시간을 가지는 것이 바람직하다.

자녀로부터 떨어져 재충전할 수 있는 시간을 확보한다

매주 육아 휴식 시간을 만든다. 정서적으로 활력을 주고 스트레스를 완화시키는 취미, 동호회, 모임, 프로젝트, 여가 활동 등을 찾아 주기적으로 참여함으로써 부모로서 배터리를 충전시킨다. 모든 부모는 매주 재충전을 위한 시간이 필요한데, ADHD가 있는 부모에게는 더욱 필요하다.

현명한 이원화 양육(dual parenting)

다음은 AHDH가 없는 부모가 맡는 게 좋은 양육 과제들이다.

- 학교 숙제 지도: 부모가 ADHD를 치료하지 않은 경우 더욱 어려운 과제다. 대부분의 부모는 자녀에게 좋은 교사가 되지 못하며, ADHD가 있는 부모라면 더욱 그렇다.
- 자녀 전담 시간을 격일로 번갈아 하기: 한 사람이 아이들을 돌보고 감독하는 책임을 하루 종일 또는 방과 후 내내 짊어지지 않게 한다. 특히 ADHD 아동이 있는 경우 이런 방식으로 교대로 돌보는 게 중요하다.
- 시간에 민감한 일 챙기기: ADHD가 있는 부모는 자녀의 진료 예약, 학교 일정, 과제 마감 기한을 챙기는 것 대신에 세탁, 집 청소, 집과 자동차 유지보수, 마당 관리, 목욕시키기, 잠자리에서 책 읽어주기처럼 시간에 민감하

지 않은 작업을 맡는다.

- 자녀를 차로 데려다주기(배우자가 ADHD 약물을 복용하지 않고 있다면).
- ADHD인 부모가 주요 훈육 방침을 시행하기 전에(!) 확인해 주기: ADHD인 부모에게 발언권이 없는 건 아니지만, 생각 없이 이뤄지는 훈육, 과도한 처벌을 예방하기 위해 배우자와 상의한다.

친구 관계

친구가 많은가? 오래된 친구가 있는가? 광범위한 연구 결과, 성인 ADHD는 사회적 관계를 시작하고 유지하는 데 상당한 어려움이 있다. 성인 ADHD는 친구가 몇몇 있지만 다른 사람보다 친한 친구가 적다고 대답하곤 한다. ADHD가 없는 사람에 비해 친구 관계가 오래 지속되지 못할 때가 많다. 성인 ADHD는 사소한 갈등을 해결하는 방법을 모르거나 분노 같은 감정을 조절하지 못하기 때문에 친구로 여겼던 사람과 틀어지기 쉽다. 때로는 이런 패턴이 고립이나 은둔 생활로 이어진다.

연구에 따르면 ADHD 아동 중 최소 50%, 최대 70%가 초등학교 2, 3학년이 될 때까지 친한 친구가 없었다. 다른 아이들이 ADHD 아동을 거부하기 시작하는 데는 몇 주나 몇 년이 걸리는 것이 아니었다. 여름 캠프 같은 곳에서 ADHD 아동이 새로운 또래 집단에 들어간 지 불과 몇 분 또는 몇 시간 만에 거부가 시작되었다.

이 아이들의 경험이 낯설지 않은 이유가 뭘까? ADHD에 대한 치료를 받지 않았고, 4단계에서 다루는 전략들을 사용하는 데 노력을 기울이지 않았으며, ADHD로 인해 제대로 발달하지 못한 사회적 기술을 익히지 않았다면, 사회적 관계의 어려움이 ADHD와 마찬가지로 성인기까지 이어졌을 가능성이 높기 때문이다.

그러면 어떻게 해야 할까? 이 장에 소개한 모든 조언을 따르라. 그리고 4단계의 가장 중요한 규칙 8을 잊지 말라. 자신의 증상을 자조적인 유머로 승화시키고, ADHD가 초래한 사회성 문제를 극복하기 위해 노력하고 있음을 보여주라. 친구 관계는 정직과 (자조 섞인) 유머, 겸손이라는 토대 위에서 만들어지고 유지된다.

28장
운전, 건강, 생활습관 문제

"운전을 시작한 이래로 과속과 주차위반 딱지를 무수히 받아서 여러 번 면허 정지 처분을 받았는데, 문제는 그게 다가 아닙니다. 건망증이 심하고 시간 감각이 없는 것도 한몫했습니다. 예를 들면 '자동차 점검 미수검' 통지서를 받고도 깜박 잊고 과태료를 납부하지 못한 거죠. 과태료를 내지 않으면 면허가 정지된다고 경찰로부터 통보받았지만, 또 잊어버리고 면허 정지 상태로 운전하다가 체포되었어요. 그러면 교통안전 교육[21]을 들으러 가야 하는데 이번에는 날짜를 잊어버려요. 문제는 자동차 점검을 받지 않은 실수 한 번으로 이런 일이 세 번씩 일어난다는 겁니다. 그러고 나서 다시 교육을 배정받았는데, 첫 교육 날짜를 착각해서 교육을 놓쳐버리고 말았습니다. 판사는 다음 교육을 듣고 사회봉사도 하라고 지시했지만 저는 법원에서 지시한 사회봉사를 따르지 않았고, 다시 운전을 하다가 면허 정지 상태로 운전한 혐의로 기소되었습니다. 경찰이 제 차를 세운 이

21) 교통 위반을 저지른 운전자가 벌금이나 벌점을 감면하거나 운전면허 정지를 피하기 위해 받는 교통 법규 교육(역자 주).

유는 황당하게도, 자동차 점검 스티커의 유효기간이 지난 것을 보고 의심했기 때문입니다. 그렇게 해서 저는 미검사 차량 과태료 미납으로 인해 면허가 정지된 게 네 번째가 된겁니다!"

"제가 과속을 한다고요? 맞습니다. 과속을 안 하면 라디오를 만지작거리며 채널을 바꾸거나 친구한테 문자 메시지를 보내는 식으로 동시에 여러 가지 딴짓을 하느라 운전에 집중하지 못할 겁니다. 어쨌거나 속도를 높여 운전하면 재미도 있고 운전 자체에 더 집중할 수 있어요."

위험한 행동인지 아닌지를 구분하는 방법은 뭘까? 결과를 보면 된다. 즉, 그 행동의 결과로 미래에 어떤 일이 일어날지 살펴본다는 뜻이다.

이 책을 순서대로 읽었다면 잘 알 것이다. * 이 책을 순서대로 읽고 있지 않다면, 2단계를 보고 오는 게 좋다. 자제력과 시간관념이 부족하다면 위험 여부를 현명하게 판단할 수 있을까?

쉽지 않을 것이다.

주변 사람들은 수년 동안 당신이 위험한 행동에 '탐닉'한다고 비난했을 것이다. 탐닉은 부당한 표현이다. 탐닉이라는 단어는 위험을 이해하고 감수한다는 뜻을 담고 있기 때문에 당신에게 적합하지 않다.

당신에게는 위험을 평가하는 실행 기능에 결함이 있다는 표현이 어울린다. 쉽게 말하면 위험을 고려해야 할 때 위험이 있음을 잘 인지하지 못한다.

> ADHD 증상은 지금 하려는 행동이 어떤 결과를 가져올지 신중하고 이성적으로 예측해 보는 능력이 떨어지는 '확률맹(probability blind)' 상태를 가져온다.

예측하는 능력이 부족하고 위험도를 평가하지 못하는 데다 다른 ADHD 증상까지 더해진 성인 ADHD의 삶에는 다음 문제들이 동반된다.

- 운전 문제
- 우발적 부상
- 건강 관련 행동에 관심을 두지 않아 운동 부족, 비만, 영양 결핍, 수면장애 및 음주, 흡연, 마리화나 사용 증가 등 건강 문제 발생
- 조기 임신, 이른 나이에 부모가 됨early parenthood, 성병 감염

연구에 따르면 건강, 안전, 복지와 관련한 모든 위협이 증가한다. 교통사고와 범칙금, 골절과 화상, 계획 없던 임신, 후회스러운 잠자리를 겪으며 살아온 사람이라면 더 건강해지고 싶거나, 더 건강해 보이는 삶을 살고 싶을 것이다. ADHD 아동은 다른 아동에 비해 10세 이전에 사망할 확률이 2배 높고 성인 ADHD는 45세 전 사망할 확률이 4배 이상 높다. 위험을 무릅쓰는 경향, 우발적 부상이 잦은 탓이다. 저자의 최근 연구 역시, ADHD가 건강에 미치는 여러 악영향이 더해져 ADHD가 있는 사람의 기대수명이 같은 연령대의 다른 사람들보다 평균 11~13세 난축됨을 보여주었다. 흡연, 비만, 음주, 영양 결핍, 운동 부족 등 공중 보건 기관이 우려하는 성인의 주요 건강 위험 요인보다 2~6배나 더 나쁜 수치다. 성인 ADHD는 단순한 정신건강 문제가 아니다. 치료하지 않고 방치하면 공중 보건 문제가 된다. 그렇다면 이제 위험인자를 피하기 위해 노력하여 주변 사람들로부터 '탐닉'한다는 잔소리를 듣는 데서 벗어나는 게 어떨까?

안전 운전

성인 ADHD가 있는 사람이 운전대를 잡을 때 발생하는 문제는 매우 흔

하게 일어나며, 때로는 치명적인 결과로 이어질 수 있으므로 운전의 위험성을 논의하려 한다.

저자의 연구와 다른 연구들, 심지어 차량관리국[22] 기록에서도 성인 ADHD는 다른 사람보다 다음 현상을 보일 가능성이 높았다.

- 면허 정지 또는 면허 취소
- 무면허 운전 적발
- 운전 중 충돌 사고
- 충돌 사고에서 과실이 있는 경우
- 충돌 사고 시 손상과 부상의 중증도가 2~4배 높음
- 속도위반과 난폭 운전으로 적발

이 자료만 봐도 값비싼 대가를 치른다는 게 분명하지만, 당신의 운전 문제를 해결하기에는 설득력이 부족할 수 있다. 흔히 '통계는 눈물을 닦아 낸 사람들의 이야기'라고 말한다. 그래서 성인 ADHD의 운전 문제가 얼마나 혹독한 대가를 치르게 하는지 개인적인 이야기를 들려주려 한다. 기사에는 생략된 부분이 많지만, 저자의 이란성 쌍둥이 형제인 론의 이야기임을 밝히지 않을 수 없다. 아마도 그의 이야기를 전함으로써, 그와 우리 가족이 겪은 비극적 상실이 ADHD를 가진 당신이나 다른 이들에게 생각해 볼 수 있는 계기를 마련하는 데 도움이 되길 바란다.

22) 우리나라의 경우 한국도로교통공단(역자 주).

킨(Keen)에서 일어난 자동차 사망 사고

앤드리아 밴볼크너버그
뉴욕 플래츠버그 Press Republican 신문 기자
2006년 7월 26일

킨 엘리자베스 타운의 한 남성이 월요일 밤 차량이 제방에 부딪혀 전복되면서 사망했다. 로널드 바클리(56세)는 오후 10시 6분경 킨의 바틀렛 도로에서 남쪽으로 이동하던 중 좁은 커브를 돌지 못하고 오른쪽 차선 갓길로 급히 방향을 틀었다. 레이브룩의 주립경찰에 따르면, 바클리는 사고 당시 GMC 사파리 미니밴에서 튕겨 나왔고 차량이 전복되면서 밑에 깔렸다고 한다. 사고 발생 직후 행인이 사고를 발견하여 신고했고 수분 이내로 경찰과 킨 소방서 자원봉사자들이 출동했지만, 바클리는 사망 상태였다. 경찰에 따르면 사고 당시 바클리는 속도를 위반하여 주행하였고 수사당국은 그가 안전벨트를 착용하지 않았을 거라 보고 있다. 화요일 애디론닥 의료센터에서 부검한 결과 바클리는 두부 외상으로 사망했다고 밝혀졌다. 그 이상의 정보를 수집하는 것은 불가능했다.

동생 론은 초기 아동기에 ADHD를 진단받았으며, 중등도에서 고도의 증상을 일생 동안 가지고 있었다. 그리고 2006년 여름 어느 월요일 밤, 갑작스러운 비극으로 생을 마감했다. 이 치명적인 차 사고에 기여한 간접적인 원인이 ADHD라면, 보다 직접적인 원인은 과속, 위험을 감수하는 행동(무모한 행동), 운전 중 주의 산만, 음주 운전, 안전벨트 미사용 등의 운전 습관이었다. 이 직간접적 요소들이 음모처럼 론을 이른 나이에 죽음으로 몰아간 비운의 밤이었다.

론의 교통사고 과정에 주목할 필요가 있다. 론은 평소 즐기던 대로 애디론닥 산맥의 아름다운 경치를 즐기며 화창한 여름 저녁에 시골 비

포장도로를 따라 드라이브를 했을 뿐이다. 요리사인 론은 10시간 교대 근무를 마치고, 92세 노모와 술을 한 잔 마신 후 저녁을 먹고 기분 좋게 드라이브에 나섰다. 얼마 전 구입한 중고차를 고쳐놓고 뿌듯한 상태였다. 론이 출발 전 저녁식사를 하며 술을 몇 잔 더 마셨을 거라고 추측한다. 사망진단서는 음주가 사고와 사망의 원인이라 기록하고 있다. 사고가 있기 며칠 전, 론과 통화를 했는데 론은 새 직장에 들어갔으며 최근 들어 가장 행복해 보였다. 수년간 기타를 치거나 록 밴드에서 노래를 부르는 등 각종 변변찮은 직업을 전전하다 마침내 정직원으로 고용된 참이었다.

론은 중학교 2학년을 두 번이나 유급하고 열여섯 살에 고등학교를 그만두는 등 실패를 거듭했었다. 이후 기타 연주를 시작하여 마침내 록과 블루스 음악에 출중한 실력을 갖췄고, 40년 동안 동부 해안과 남부 캘리포니아의 여러 밴드에서 활동했다. 분명 론은 음악가로서 소질을 타고났고 많은 이들이 경외심을 가지고 그의 연주를 들었다. 론은 수다스럽고 대화에 끼어들어 농담하기를 좋아했으며, 엉뚱하고 재미난 파티 같은 인생을 살았다. 하지만 사업 수완이 없었고 분수에 넘치도록 돈을 썼으며 시간을 관리할 줄 몰랐다. 화를 잘 내고 매우 충동적이어서 어떤 직업을 갖든 지루해했다. 그래서 이 밴드 저 밴드를 옮겨 다녔고, 음악 활동을 하지 않을 때는 레스토랑에서 요리사로 일하며 생계를 이어나가곤 했다. 결혼에 두 번 실패했고 여러 여성들과 짧은 동거를 거쳤다. 오랫동안 술, 담배, 특히 코카인을 남용하는 병력을 가지고 있었으며, 마약 소지 및 판매 혐의로 몇 차례 복역했다. 론은 어느 직장에서도 길게 머물지 못하는 것처럼 보였다. 자녀를 세 명 낳았지만 꾸준한 돌봄과 지원을 제공하지 못했고, 결국 양육비만 지급하고 양육권은 거의 갖지 못하는 상황에 처했다.

더 중요한 점은, 론의 운전 이력이 정말 끔찍했다는 사실이다. 론은 운전하면서 저자나 다른 이들의 연구에서 밝혀진 거의 모든 위험 요소를 가지고 있었고, 비극적 사고로 갑작스럽게 죽음을 맞이한 것도 마찬가지 이유였다. ADHD와 ADHD의 운전 문제 두 분야의 전문가인 저자에게 엄청난 아이러니라고 할 수 있다. 최신 연구들은 비교적 일상 활동이라 할 수 있는 운전이 ADHD를 가진 당사자에게, 심지어 타인에게도 돌이킬 수 없는 피해를 입힐 수 있다고 보고한다. 마찬가지로 운전 문제가 약물치료에 반응한다는 사실 또한 명백한데, 론은 항상 치료받기를 꺼렸고 치료를 하더라도 오래 유지할 만큼 치료에 집중하지 못했다.

청소년과 성인 모두를 대상으로 한 다양한 연구에서 ADHD 청소년 및 성인에게 운전 문제가 더 많음이 발견되었지만, 특히 임상에서 ADHD 진단을 받은 성인에게서 더욱 많았다. 여러 연구 결과들은 론과 같은 성인 ADHD가 다음과 같은 특징이 있다고 보고한다.

- 반응속도가 느리고 편차가 크다.
- 충동적인 실수가 더 많다.
- 운전대 조작이 불안정하다.
- 일반 성인보다 운전 중 더 부주의하고 산만하다.
- 안전벨트를 하지 않거나, 도로에 주의를 기울이지 않고 라디오 채널을 돌리거나 문자 메시지를 보내고 통화를 하거나 동승자와 지나치게 떠드는 경향이 있다.
- 운전 중 보복 운전이나 난폭 운전을 하는 경향이 있고, 화가 났을 때 공격적으로 운전한다.

위 사항은 론에게 모두 해당되었다.

가장 흔한 차 사고의 원인은 운전자의 부주의다. 따라서 ADHD가 있는 사람은 다음 현상을 보이기 쉽다.

- 경제적 손실과 부상 수준이 더 심각한 교통사고가 일어난다.
- 음주 후 운전을 하는 경우가 많다.
- 같은 양을 마셔도 술로 인해 발생하는 문제가 더 심각하다.

ADHD를 가진 성인은 과속 딱지를 받을 확률이 일반 성인보다 3~5배 높을 뿐 아니라, 주차 위반 딱지도 더 많이 받는다. 이는 합법적인 주차 공간을 찾는 인내심이 부족해, 충동적으로 눈앞에 보이는 곳에 주차해 버리기 때문이다.

이 모든 사항은 전부 론의 사망 사고와 관련된 일이다.

그뿐만 아니다. 성인 ADHD에게 일어나는 차 사고는 다음과 같은 특성이 훨씬 더 두드러진다.

성인 ADHD는 차 사고와 같은 사고사로 조기 사망하는 확률이 2.5배 더 높다.

- 면허 정지와 취소가 평균 수치보다 3배 더 많다.
- 충돌 사고는 50% 더 많다.
- 속도위반 딱지를 거의 3배 더 많이 받는다.
- 자신의 과실로 일어난 차 사고가 2배 이상 많다.
- 속도위반 딱지를 받고 운전면허 기록에 기입되는 수가 2배 이상 많다.

다행스럽게도 최신 연구는 ADHD 약물치료로 운전 수행 능력이 향상될 수 있음을 보여준다. 약물치료에는 자극제와 아토목세틴이 있으며, 운전 수행 능력 개선에는 자극제가 더 효과적으로 보인다. 항상 신경 써야 하는 지침은 다음과 같다.

운전 시 ADHD 약물 복용은 필수다

ADHD가 중등도 이상일 경우, 운전 시에는 반드시 ADHD 약물을 복용해야 한다.

운전이나 기계 조작 직업군이라면 약물치료는 필수다

운전뿐만 아니라 차량이나 중장비 조작이 업무의 일부인 경우에도 마찬가지로 약물을 복용해야 한다.

약효가 필요한 시간대에 맞춰 복용 일정을 조절하라

운전이 예상되는 출퇴근 시간이나 야간 운전에 약물이 혈중에서 충분히 효과를 발휘할 수 있도록 복용 일정을 조절하는 것이 중요하다. 서방형(지속형) 약물이라 하더라도 하루 중 너무 이른 시간에 복용할 경우, 효과가 필요한 시간대 이전에 약효가 떨어질 수 있다. 이 때문에 많은 성인들은 하루 중 후반에 일반(속방형) 제제를 추가로 복용('부스터')하여 효과를 유지한다. 운전 중인 당신의 생명은 물론, 도로 위 다른 사람들의 생명 또한 적절한 복용 여부에 달려 있다.

약효가 없을 땐 운전을 다른 사람에게 맡겨라

약물을 복용하지 않았거나, 이미 약효가 떨어졌을 가능성이 있는 경우에는 다른 사람에게 운전대를 맡긴다. 자존심은 내려놓고 배우자, 친구 또는 다른 운전면허 소지자에게 운전대를 맡기고 조수석에서 풍경을 감상하거나 음악을 듣는 것이 낫다.

안전벨트는 반드시 착용하라

운전하기 전 안전벨트를 잊지 않도록 잘 보이는 곳에 메모지를 붙이거나, 보다 확실하게 시동 버튼 위에 붙이는 것도 좋다. 당신이 내 동생처럼 되기를 원치 않는다. 그는 저속으로 주행하고 있었기 때문에 당시 사고는 가벼운 사고로 그칠 수도 있었지만, 벨트를 매지 않아 차체에서 튕겨나가는 바람에 자신의 차에 깔려 숨지게 되었다.

음주 후 운전은 절대 금물이다

운전할 계획이 있다면, 어떤 상황에서도 술을 마셔서는 안 된다. 구구절절 설명할 필요가 없는 사실이다.

운전 중 휴대전화 사용은 사고 위험을 높인다

휴대전화 사용은 주의를 분산시켜 사고로 이어지기 쉬운 가장 흔한 이유 중 하나이다. ADHD를 가진 성인은 본래 집중력에 어려움이 있으므로 불필요하게 산만함을 더하는 요소는 반드시 피해야 한다. 전화나 문자, 이메일에 응답해야 할 상황이라면, 반드시 도로에서 벗어난 후 멈춰서 처리하라. 운전 중에는 절대로, 절대로 휴대전화를 만지지 마라. 만약 참을 수 없다면, 차량 시동이 켜지거나 움직이는 동안 휴대전화의 기능을 차단해 주는 앱을 설치하는 것도 한 방법이다. 당신뿐 아니라 가족 중 다른 운전자들의 운전 중 휴대전화를 사용하는 문제를 해결하는 데에도 도움이 될 수 있다.

연구에 따르면 ADHD를 가진 성인은

- 술을 마시지 않아도 이미 법적 기준으로 만취한 사람처럼 운전하는 경향이 있다.
- ADHD가 없는 운전자보다 술을 적게 마셔도 운전에 더 부정적인 영향을 미친다.

부상 방지

ADHD는 생명을 위협하는 장애가 될 수 있다.

교통사고뿐 아니라 모든 종류의 우발적 부상 위험에 노출될 수 있다.

한 연구는 ADHD(와 다른 적대적 행동 문제)를 가진 아동은 질환이 없는 아동보다 46세 이전에 사망할 가능성이 3배 높다고 밝혔다(3% vs 1%).

여러 연구에 따르면 ADHD 아동은 다른 아이들보다 화상 병동에 입원하는 기간이 더 길고 보행자-자동차 또는 자전거-자동차 사고를 더 많이 겪으며, 중독, 골절, 두부외상, 치아 손상을 경험할 가능성이 더 높다. ADHD 자녀를 양육한다면 응급실이 또 하나의 집처럼 느껴질 수 있다. 사실 ADHD 아동에서 일어나는 사고는 다른 아이들의 사고보다 중증도가 심한 편이며, 사고 횟수도 더 많다. 어머니가 이 아이들을 '사고뭉치'라고 부르는 게 놀라운 일이 아니다.

그렇다면 현재는 어떠한가? 잘 알다시피 성인이 되어서도 위험은 계속된다.

저자의 최신 연구에 따르면 성인 ADHD를 가진 사람들은 다른 이들보다

- 살면서 심각한 부상을 입을 가능성이 거의 50% 더 높다.
- 우발적으로 심각한 중독을 경험할 가능성이 4배 높다.
- 산재보상 청구가 더 많다.

여기에 어떻게 대처할 수 있을까?

충동에 저항하라

충동 조절 능력이 부족하면 부상의 위험성을 고려하지 않은 채 몸을 던져 행동으로 옮긴다. 한 환자는 어릴 때 친구들과 함께 언덕을 타고 내려가 복잡한 시내 도로를 가로지를 수 있는 눈썰매 경사로를 만들기로 했으나, 막상 경사로가 완성되자 눈썰매를 타고 내려간 사람은 자신뿐

이었다고 회상했다. 그는 도로가 비어있는지 보지도 않고 썰매를 타고 내려가 자동차 위로 떨어져 내렸고 크게 다쳤다. 안타깝게도 성인 ADHD의 인생사에는 이런 이야기가 허다하다. 16장에 나오는 행동 중지 전략을 연습하라.

산만함과 부주의를 완화시키기 위해 약을 복용하라

교통이 혼잡한 도로에서 자전거를 타거나 횡단보도를 건널 때, 다른 사람보다 교통 상황을 살펴 사고를 예방하지 못할 가능성이 매우 크기 때문이다. 또한 17장과 18장에 있는 자기 대화 기법과 정신 이미지를 연습하여 위험할지 모르는 활동을 시작할 때와 수행하고 있을 때 주의를 집중하도록 한다.

반항적 습관으로 안전 수칙을 무시하는 경향이 있을 수 있다

자기 대화를 연습하는 동안, 자신이 일반적인 안전 수칙에 유치하게 반항하거나 오만하게 거부하고 있는 것은 아닌지 스스로에게 물어보라. ADHD 아동의 65% 이상은 반항적 성향도 함께 지니고 있으며, 어린 시절에 그 중 하나였던 사람이라면 타인의 규칙을 무시하는 습관이 뿌리 깊이 자리 잡았을 수 있다. 이로 인해 위험을 무시해도 괜찮을 것이라 생각하는 경향이 남아 있을 수 있다.

자신의 신체적 한계를 파악하라

ADHD 아동은 다른 아이들보다 운동 능력과 발달이 서툴고 협응력이 떨어진다. 때로는 성인이 되어도 완전히 따라잡지 못한다. 자신의 협응력이 좋지 않다면 겸손하게 23장의 8번 규칙을 따르라. 자신에게 자조 섞인 웃음을 지어준 후 자전거 헬멧을 쓰고, 안전벨트를 하고, 차도가 아닌 인도에서 실컷 뛰어라.

성생활을 위험하지 않게 만들기

청소년 및 성인 ADHD의 성생활을 연구한 자료는 많지 않으며, 그중 두 가지는 저자의 연구팀에서 수행한 연구다. * advocatesforyouth.org 같은 웹사이트는 청소년과 청년들의 성에 관한 정보를 제공한다. 연구 결과 ADHD 아동은 다른 아동보다 평균 1년 더 일찍 성관계를 시작하고 파트너 수가 더 많으며 피임을 적게 한다. 결국 10대 임신(아버지 또는 어머니로서) 확률은 거의 10배, 성병은 4배 더 많았다. 6년 후 27세가 되었을 때 피임 사용률과 성병 발생률이 일반 그룹과 동일해졌지만, 여전히 자녀 출산은 더 이른 편이었다.

성인 ADHD에게 어떤 조언을 줄 수 있을까? 성 문제에 효과가 있는 중재를 한 연구는 거의 수행되지 않았지만, 시도해볼 만한 제안이 몇 가지 있다.

성과 피임에 대한 지식을 갖추는 것은 건강한 성생활을 위한 필수 조건이다

성교육 과정을 마치기 전에 학교를 그만두었다면, 반드시 성에 대해 다시 배워야 한다. 대형 서점에는 성과 건강에 관한 책들이 따로 진열되어 있으며, 신체를 어떻게 돌볼지 알려 주는 '사용 설명서' 같은 책들에서도 성 관련 내용을 다룬 장을 쉽게 찾을 수 있다. 또한 인터넷을 활용하는 것도 좋은 방법이다. 중요한 것은 성과 피임 그 외 관련 주제에 대해 스스로 정보를 갖추고, 이를 통해 보다 건강하고 책임감 있게 성생활을 영위할 수 있도록 준비하는 것이다.

저자의 친구이자 동료인 캐나다 캘거리 대학의 에릭 J. 매쉬 박사 팀은 여러 연구를 통해 ADHD 임산부가 ADHD가 아닌 임산부에 비하여 미혼 상태거나 계획에 없던 임신을 할 가능성이 높다고 밝혔다. 또한 ADHD 산모는 자녀가 태어나기 전과 후에 불안하거나 우울할 가능성이 더 높았다. 출산 전 어머니가 되는 경험에 대한 긍정적인 기대가 적었고 출산 후 육아에 더 많은 어려움을 겪었다.

임신을 원하지 않는 경우, 적절한 피임 방법을 선택한다

아이를 가질 계획이 없다면, 반드시 항상(!) 피임을 실천해야 한다. 여성의 경우 매일 복용할 수 있는 경구피임제 덕분에 상대적으로 관리가 용이하지만, 경구피임제는 성병을 예방하지 못하기 때문에 남녀 모두 콘돔을 지참하고 사용하는 것이 중요하다. 그러나 성관계 중에는 이러한 피임 수단을 쉽게 잊는 경우가 많다. 충동적으로 성행위를 한 뒤에 후회한 경험이 있다면, 사후피임제를 의사에게 처방받는 것이 좋다. 임신 가능성을 낮출 수 있다. 또한 피하이식형 피임제를 고려할 수 있다. 이 방법은 일반적으로 팔 안쪽 피부 아래에 작은 피임기구를 삽입하여 장기간에 걸쳐 피임 약물을 분비하는 방식이다. 나이가 많고, 이미 자녀를 원하는 만큼 낳았고, 더 이상 출산 계획이 없다면 남성은 정관수

술, 여성은 나팔관결찰술을 시행하여 매번 피임을 해야 하는 수고를 덜 수 있다. 다만 이 경우에도 여전히 성병을 예방하기 위한 적절한 조치는 필요하다.

남녀 모두 HPA 백신을 접종하는 것이 중요하다

사람유두종바이러스[HPA] 백신 접종을 고려해 보는 것이 바람직하다. 최근에는 아동에게도 접종이 가능하다. ADHD를 가진 사람은 그렇지 않은 사람보다 일생 동안 성관계 파트너 수가 더 많은 경향이 있다. 가족력에 더하여 성관계 파트너 수는 HPV 감염이 유발할 수 있는 자궁경부암, 인후암, 항문암의 가장 강력한 예측 요인 중 하나다. HPV 백신은 이러한 암의 발병 위험을 높이는 바이러스 감염을 예방할 수 있으며, 현재는 남성과 여성 모두에게 접종이 가능하다.

건강 및 생활습관 위험 줄이기

ADHD 성인은 일반적인 건강과 생활습관에 다른 사람보다 더욱 신경을 쓸 필요가 있다. ADHD의 다음과 같은 특성 때문이다.

- 물질 사용 및 의존에 취약하다(30장 참조). 법적으로 허용되는 물질인 카페인, 담배, 알코올도 마찬가지다.
- 일반 사람보다 운동량이 적고 TV 시청이나 비디오 게임하기처럼 몸을 움직이지 않는 활동이 많으며 식습관이 건강하지 않아 과체중이 되기 쉽다.

- 건강검진 및 치아검진을 받지 않아 문제를 키우기 쉽다. 충치가 패혈증이나 심장 감염으로 이어지거나, 비만으로 제2형 당뇨에 걸리는 식이다.

이렇게 ADHD와 관련된 건강 및 생활습관은 관상동맥질환과 암, 기타 의학적 문제 및 치아 문제를 일으킬 위험이 높다.

다시 한번 강조하지만 ADHD는 말 그대로 생명을 위협하는 질병이 될 수 있다. 특히 억제력과 자기 조절력 장애가 동반되는 ADHD 증상의 특성으로 수명이 단축될 위험에 놓인다. 자신의 행동이 미래에 어떤 결과를 가져올지 진지하게 생각할 수 없는 사람은 운동을 하고 올바른 식습관을 지키거나 카페인, 담배, 음주를 절제하는 등 건강을 지키기 위한 노력을 하지 않을 것이다.

연구에 따르면 미국에서 발생하는 전체 사망 중 절반은 다음과 같은 생활습관에서 온 결과라고 한다.

1. 흡연(19%)
2. 식습관과 신체 활동(14%)
3. 음주(5%)
4. 총기 사용(2%)
5. 성행위(1%)
6. 운전(1%)
7. 불법 약물 사용(1%)

또한 캐나다 연구는 유사한 영역에서 생활습관을 바꾸면 모든 조기 사망 중 50%를 예방할 수 있다고 밝혔다.

다섯 가지 주요 성격적 측면 중 '성실성'이 있다. 충동을 조절하고 행동의 결과를 생각하며 목표를 향해 끈기 있게 나아가는 성실성은 ADHD 증상과 반대 선상에 있어 보인다. 이제 우리는 이 성실성 문제가 여러 건강 문제와 심지어 기대수명 단축을 불러온다는 점을 파악했다.

타고난 성실성 대신 ADHD 증상을 가진 사람은 전문적인 의료인과 건강 전문가의 도움을 받아 금연 프로그램, 식단 관리, 운동 요법 등으로 건강의 위험 요소와 생활습관 문제를 관리할 필요가 있다.

ADHD와 관련된 위험 요소로 기대수명이 단축되도록 내버려 두지 말라! 지금 당장 (1) ADHD를 조절하고 (2) 건강한 생활습관을 만들기 위해 할 수 있는 모든 조치를 취하라. ADHD는 시간이 지날수록 피해가 커지는 듯하다. 건강하게 오래 살기 위해 오늘 당장 무엇을 시작할 수 있을까?

성인기에 ADHD 진단을 받은 사람은 일반인만큼 활발한 신체 활동을 했지만, 아동기부터 ADHD 진단을 받아 성인(27세 이상)이 된 사람은 규칙적으로 운동할 가능성이 유의미하게 낮았다(44% vs 69%). 이런 패턴이 이어지면 어릴 때 ADHD를 진단받은 성인들은 나중에 운동 부족으로 인한 건강 문제를 더 많이 겪게 될 것이다.

정기 건강검진은 건강 관리의 시작점이다

성인이 된 이후 건강검진을 받은 적이 없거나, 마지막 검진 이후 시간이 많이 지났다면 건강검진 예약을 잡으라. 이는 현재 어떤 문제가 발생하고 있는지를 점검하고, 보다 효과적으로 질병을 예방하는 상태 점검이다. 건강 상태가 괜찮다고 느껴지거나 뚜렷한 증상이 없다고 해서 검진을 피하는 것은 결국 자신에게 장기적인 위험을 안기는 일이다. 기본적인 건강검진을 받고, 의사가 제시하는 조언을 충실히 따르도록 하라.

흡연자는 금연 프로그램 참여를 고려한다

흡연 중이라면 금연을 위한 프로그램을 의사에게 추천받아 참여하라.

과도한 음주는 전문가의 도움을 받아야 한다

술을 많이 마시고 있는가? 스스로 자신의 음주 행동을 객관적으로 평가하기란 어려우며, 특히 이를 인정하지 않으려는 경향이 있다면 더욱 그러하다. 만약 누군가 당신에게 음주량이 과도하다고 말한다면, 그 이야기에 귀를 기울여야 한다. 술을 마실 때마다 작은 종이에 표시를 해두고, 일주일 단위로 자신의 음주 패턴을 점검해 보라. 예전보다 양이 늘었는가? 가족이나 친구들보다 더 자주 마시는가? 음주 다음 날 숙취가 심하거나 몸이 무겁고 느리게 느껴지는가? 이러한 경우라면 당신을 비난하지 않고 도움을 줄 수 있는 의사와 상의하라. 문제가 있다고 판단되면 가까운 알코올 재활 프로그램이나 익명의 알코올중독자 모임[AA], 또는 회복 지원 프로그램에 참여할 수 있도록 도움을 요청하라.

의료보험이 없거나 병원 진료비를 감당하기 어렵다면 가족의 지원을 받을 수 있는지, 소득이 기준 이하라면 지역 병원의 공공 지원 프로그램을 이용할 수 있는지, 지역사회복지부를 통한 무료 진료소 확인 등을 통해 대안을 찾아보아야 한다.

약물 사용 문제도 전문가의 도움을 받아야 한다

약물 사용 문제가 있다면 마찬가지로 전문가의 도움을 받아 해독 치료를 시작해야 한다. 주치의는 약물 해독 클리닉이나 기타 지역 프로그램에 등록하도록 도와줄 수 있다.

치과에 정기적으로 내원해야 한다

치과 질환을 방치할 경우 치아의 일부 또는 전체를 잃게 되거나, 부분 또는 전체 틀니가 필요할 수 있으며 더 심한 경우에는 치주 수술이 필요할 수도 있다. 또한 치아 농양이 발생할 경우, 그 감염이 혈류를 통해 심장으로 퍼지면 생명을 위협할 수 있으므로 예방적 관리가 중요하다.

규칙적인 신체 활동은 ADHD 증상 완화에 효과적이다

매주 규칙적인 신체 활동 계획을 세워 실천하라. 누구에게나 규칙적으로 운동하는 것이 쉽지는 않겠지만, 그렇다고 해서 시도조차 하지 않을 이유는 없다. 게다가 규칙적인 운동은 ADHD 증상을 조절하는 데 도움이 되며, 과도한 에너지나 과잉행동을 건강하게 해소할 수 있는 좋은 방법이 된다. 저자의 환자들과 다른 ADHD 성인들은 달리기, 자전거 타기, 수영, 기타 유산소 운동, 무술 활동 등이 자신의 에너지를 건강한 방식으로 발산하여 증상 완화에 확실히 도움이 되었다고 말한다.

ADHD 치료를 위한 약물 복용도 고려한다

저자의 연구에서 밝혀진 성인 ADHD의 의학적, 치과적 위험은 ADHD가 제대로 관리되지 않은 무질서한 삶에서 비롯되는 경우가 많다. 약물치료를 통해 ADHD를 적절히 관리하면, 모든 성인에게 필요한 예방적 의료 및 치과 진료를 더 잘 실천할 수 있게 된다.

과체중인 경우, ADHD 약물은 체중 감량 효과가 있는 경우가 많아 두 배의 이점을 제공할 수 있다.

29장

기타 정신적, 정서적 문제들

무엇이 문제인지도 모른 채 ADHD 증상으로 수년간 고생한 사람이라면 진단을 받는 것만으로도 깊은 안도감을 느낄 수 있다. 마침내 자신의 문제가 뭔지 설명할 수 있게 되며, 증상을 누그러뜨리고 성공에 다가설 수 있는 입증된 치료법도 접할 수 있다.

하지만 이 책에 소개된 약물치료와 자조 전략으로 충분하지 않다면 어떻게 해야 할까? 여전히 일상을 헤쳐나가는 게 끔찍하게 괴롭다면? 여전히 승진이나 졸업을 하지 못하거나, 가정이나 사회생활에서 일상이 즐겁지 않다면? 여전히 매 순간 비참하고 좌절스럽게 느껴진다면 대체 무슨 일이 일어나고 있는 걸까?

ADHD에 동반 장애까지 있다고 해서 특이하거나 난치성인 것은 아니다. ADHD 단독 질환을 가진 사람은 성인 ADHD 환자 5명 중 1명뿐이다.

ADHD 외에 다른 정신적 또는 정서적 문제를 함께 가지고 있을 가능성을 고려해

보아야 한다. 1장에서 언급했듯이 ADHD를 가진 성인의 80% 이상은 최소 하나 이상의 다른 정신과적 문제를 함께 가지고 있으며, 50% 이상은 두 가지 이상의 질환을 함께 앓고 있다. 다음은 그중에서도 흔히 동반되는 질환들로, 가장 흔한 질환부터 가장 드문 질환까지 대략적인 순서대로 나열한 목록이다.

- 적대적 반항장애[ODD]
- 품행장애[CD]/반사회성 성격장애[ASPD]
- 물질사용장애
- 불안
- 우울
- 성격장애(반사회성 성격장애, 경계성 성격장애)
- 폭식장애(여성의 경우)
- 학습장애

성인 ADHD의 동반 질환 발생률은 연구마다 다르므로 이 순서가 고정된 것은 아니다. 하지만 원하는 삶을 사는 데 방해가 되는 장애물들을 ADHD로 다 설명할 수 없을 때, 자신을 괴롭히는 게 무언지 실마리를 잡을 수 있다.

다음 페이지에서는 이 중 일부 동반질환이 어떤 모습으로 나타나고, 어떤 경험을 하게 되는지 설명하고 정신건강 전문가가 각 동반질환을 보통 어떻게 치료하는지 기초 정보를 제공할 것이다. 물론 철저한 평가와 진단만이 동반질환을 확진하는 유일한 방법이다.

만약 ADHD 진단을 받은 상태라면, 평가자는 왜 ADHD 외에 다른 부분에도 문제가 있음을 눈치채지 못했을까? 이상적인 환경에서 AD

HD를 평가받았다면 다른 동반 질환도 발견되었을 것이다. 그러나 이 불완전한 세상에서는 동반 질환이 드러나지 않게 하는 여러 가지 요인이 존재한다. 평가자와 평가받는 당사자 모두 ADHD라는 관점에 사로잡혀서 과거의 배경에 숨어있는 다른 증상을 간과할 수 있다. 평가 당시에는 동반된 문제가 아주 경미해서 진단을 내리기 적합하지 않을 수도 있다. 진단하는 의사가 임상 경험이 적은 경우 또는 ADHD 외 다른 정신장애를 식별하는 경험이 부족한 경우도 있다. 한편, 의사가 다른 문제의 징후를 보았지만 동반 질환을 인정하고 관리하도록 개입하기 전에 ADHD부터 먼저 조절하는 게 최선이라고 생각할 수도 있다.

자신을 ADHD로 진단한 의사에게 자문을 구하라. 현재 겪고 있는 증상, ADHD 치료 후에도 여전히 남아 있는 문제, 그리고 삶에서 힘들게 느껴지는 영역들을 설명할 준비를 하라. 이후 본문 중간에 나오는 질문 양식은 문제의 핵심을 파악하는 데 도움이 되어, 치료자가 보다 효과적으로 당신을 도울 수 있도록 해줄 것이다.

적대적 반항장애

툭하면 세상에 화가 나는가? ______________________________
거의 매일, 일상적으로 화가 나서 이성을 잃는가? ______________________________
주변 사람들에게 이단아, 규칙 파괴자, 반항아로 비춰지는가? ______________________________
잘못을 지적받으면 집요하게 방어하는 경향이 있는가? ______________________________
해고당하여 퇴사한 적이 자주 있었는가? ______________________________

"예"로 답한 항목이 많을수록 적대적 반항장애가 있을 가능성이 높다. 약물치료로 ADHD 증상이 호전되었음에도 항상 부적응자 또는 '악동'으로 오해와 미움, 차별을 받아 주눅이 든 비참한 신세라면 적대적 반항장애가 원인일 지도 모른다. 어릴 때 기억을 떠올렸을 때 고집 세고 공격적이거나, 어른들이 반항으로 여기는 행동이나 스스로 곤경에 빠질만한 행동을 하곤 했다면 진단은 받지 못했지만 적대적 반항장애가 있었을 수 있다. 적대적 반항장애 증상을 가진 아이들의 반 정도는 성인기까지 같은 문제를 보인다. 원인은 알 수 없다. ADHD가 보이는 감정의 자제력 문제일 수도 있고, 실행 능력에 문제가 있는 아동이 할 수 없는 행동을 강요하는 어른들과 끊임없이 충돌한 탓일 수도 있다. 2~3년 동안 ADHD 증상이 지속된 아동의 45~84%가 적대적 반항장애를 함께 겪는다. 한편 ADHD에서 나타나는 감정 조절 문제가 분노, 좌절

감 조절 문제의 주요 원인일 수도 있다. ADHD에서 보이는 충동적인 감정은 분노, 성급함, 낮은 좌절내성으로 빠르게 이어지며 적대적 반항장애의 초기 불씨가 될 수 있다. 울분을 터뜨리거나 버릇없이 굴어 다른 사람, 특히 권위적인 인물과 갈등을 자주 일으킨다. 저조한 업무성과는 ADHD와 관련될 때가 많은 반면, 해고를 자주 당하는 이유는 적대적 반항장애 때문일 가능성이 높다.

치료: ADHD 치료제로 적대적 반항장애도 개선되는 경우가 많다. 당신이 이미 복용하고 있는 치료제가 감정 조절 능력과 자제력을 강화하여 사회에 수월히 적응하도록 돕기 때문에, 시간이 지나면서 적대적 반항장애 증상이 완화될 수 있다. ADHD 치료제로 충동적인 감정이 완전히 조절되지 않는다면, 가까운 정신건강의학과 클리닉 또는 대학병원을 찾아 정신건강 전문가가 진행하는 분노 조절 프로그램 참여를 고려해 보라. 또는 로버트 네이의 『Taking Charge of Anger』[23]에 있는 자조 기술을 사용해 보라. ADHD에 사용하는 기본적인 치료제뿐만 아니라 적대적 반항장애로 인한 문제를 조절할 이차 치료제가 필요한 경우도 있다. 담당 의사에게 문의해 보라.

23) 국내에선 『쿨하게 화내기』(시그마프레스, 2015)라는 제목으로 출간 됨(역자 주).

품행장애/반사회성 성격장애

아동기 혹은 청소년기에 법적 문제를 일으켰는가? ______
가출한 적이 있는가? ______
무단결석을 하거나 통금 시간을 어기는 문제가 있었는가? ______
현재는 어떠한가? 범죄 기록이 있는가? ______
법, 지역사회조례, 규칙 및 규정을 어기는가? ______
집에서 쫓겨난 적이 있는가? ______
알코올이나 약물을 남용한 적이 있는가? ______
술집에서 싸움에 휘말리는가? ______
성추행이나 성폭행으로 기소된 적이 있는가? ______

위의 질문에 "예"라는 답을 많이 한 사람들은 이 책을 읽지도 않을 것이다. 하지만 그 사람들을 위한 조언이다. 범죄 혹은 준범죄 행위 이력이 있는 경우, 사회에서 다소 소외되어 ADHD 치료를 받았음에도 여전히 힘든 시간을 보내고 있을지 모른다. 사회로 복귀하려면 시간과 전문 상담이 필요하다.

품행장애는 적대적 반항장애보다 한 단계 더 나아간 (혹은 퇴보한) 질환으로 보일 수 있다. 품행장애가 있는 아동과 청소년은 단지 반항적이기만 하지 않다. 거짓말, 도둑질, 싸움, 무기 소지, 방화, 성폭행 등 타인의 권리를 침해하거나 사회 규범 및 법률을 위반하는 행동을 한다. 성인 ADHD 중 대다수는 품행장애 진단에 해당하지 않지만, 성인 ADHD의 17~35%가 어릴 때 품행장애 진단 기준에 가까운 모습이었음을 기억한다. 성인이 되어서도 비슷한 모습을 보이는 사람들은 성인

ADHD 중 7~21%로(저자의 추적 연구에 따르면 더 높은 수치로 밝혀짐), 반사회성 성격장애 진단을 받는다. 따라서 반사회성 성격장애는 본질적으로 성인이 된 품행장애이다. 어떻게 이렇게 심각한 행동문제가 발생하는 걸까?

ADHD에 동반되는 억제 및 자기 조절 문제가 일부 원인이다. 그러나 이 증상으로 전부 설명할 수는 없다. 왜냐하면 ADHD가 있는 사람들 다수가 품행장애나 반사회성 성격장애로 이어지지 않기 때문이다. 품행장애와 관련된 유전적 위험, 부모의 약물 남용 관련 장애, 혼란스러운 가정생활, 사회적 불이익, 편부모 양육, 청소년 행동을 감독하는 부모의 역할 부족, 비행이나 약물을 사용하는 청소년기 또래 관계 등 다른 요인이 ADHD와 동반된 결과일 가능성이 더 높다. 30장에 언급하듯이, 약물 남용과 반사회적 행동은 밀접한 관련이 있어 보인다. *

약물사용장애는 성인 ADHD 환자 중 다수에게 영향을 미친다. 약물사용장애는 30장에서 별도로 다룬다.

치료: 적대적 반항장애 치료 목록을 참조하라. 또한 물질 사용 문제가 있다면 도움을 받으라. 그리고 반사회적 문제가 있는 친구는 진정한 친구가 아니라는 점을 항상 기억하라. 범죄나 기타 반사회적 행동을 조장하는 모임을 벗어나기 위해 할 수 있는 일을 하라. 필요하다면 취미생활로 바쁘게 지내도록 하라. 긍정적이고 생산적인 활동을 장려하는 좀 더 나은 대인관계를 찾는 것이 가장 좋다. 반사회적 성향이 있는 또래가 적은 지역으로 이사하여 이웃과 자주 교류하라.

불안

하고 싶지 않은 일을 떠올리면 극도로 긴장하는가? ________
항상 발생 가능한 사건의 목록을 자세히 세우고 걱정하는가? ________
(거미 공포증, 고소 공포증 같은) 공포증이 있는가? ________
사교모임을 두려워하고, 약속을 직전에 취소하는 일이 잦은가? ________
여러 사람 앞에서 말하기를 싫어하는가? ________

불안은 알아차리기 쉽지 않다. 불안은 대개 비정상적으로 두려워하거나 걱정하는 패턴이라고 정의할 수 있으며, 비현실적이거나 결코 일어나지 않을 법한 일을 두려워하고 걱정한다. 하지만 수십 번 창피를 당한 적이 있는 사회적 상황을 피하는 게 지극히 합리적으로 보일 수도 있다. 직장에서 회의 중 자리를 못 찾거나, 자료를 잊어버리거나, 질의응답 시간에 얼어붙었던 적이 있다면 발표하기 전 두려움에 떠는 게 전적으로 당연한 일이다. 실제로 발생했던 재앙이 다시 오지 않도록 자신을 보호하는 게 합리적이지 않을까? 그럴 수도 있겠지만, 그렇다면 불안을 계속 느껴야 한다. 이 불안은 치료가 가능하며 치료하면 훨씬 더 편하게 살 수 있는 증상이다. ADHD 아동의 약 1/4이 불안장애를 가지고 있는데, 성인 ADHD의 불안장애 동반률의 경우에는 17~52%까지 올라간다. 저자의 동료인 마리엘렌 피셔는 위스콘신주에서 실행한 ADHD 아동을 대상으로 한 추적 연구에서, 성인이 되어서도 ADHD를 가진 기간이 길수록 불안장애가 발생할 가능성이 높아진다는 점을 발견하였다. 주요한 일상 활동의 여러 영역에서 오랫동안 실패를 경험한 이력이 쌓였기 때문이라는 가정이 타당해 보인다. 하지만 ADHD와 불

안 사이에 공통된 유전적 위험이 있을 수도 있다. 연구에서 새로운 소식이 나오는지 지켜보도록 하라.

치료: 불안에 도움이 된다고 입증된 약물치료뿐 아니라 인지행동치료 등 불안을 치료하는 심리치료가 많이 있다. 비자극제 ADHD 치료제인 아토목세틴이 불안을 악화시키지 않고 어느 정도 불안을 치료해주는 장점이 있음을 기억하라. 담당 의사와 최선의 선택지를 상의해 보라.

우울

잠을 충분히 자도 침대에서 일어나기 힘들고 피곤할 때가 잦은가? ________
우울한 날이 괜찮은 날보다 많은가? ________
쉽게 짜증이 나고 다른 사람들에게 화를 내는가? ________
식욕이 없거나, 아니면 지나치게 왕성한가? ________
평소 즐기던 활동에 지루함을 느끼고 흥미를 잃었는가? ________

"예"라는 답이 많다면 우울증을 앓고 있을지도 모른다는 단서가 된다. 그러나 성인 ADHD의 우울증 위험에 관한 연구 결과는 다소 엇갈린다. 따라서 언젠가 우울증이 생길 가능성이 높으니 주의해야 한다고 말할 수는 없다. 대체로 ADHD를 가진 사람은 대조군인 일반 인구보다 우울증에 걸릴 위험도가 3배 이상 높다. 저자의 위스콘신 추적 연구에 따르면 불안과 달리 우울증은 아동기에 28%에서 27세가 되면 18%로 감소하는 흥미로운 결과를 보이며, 우울증과 ADHD 두 질환 사이에

공통된 유전적 위험이 있을 수 있다. 즉 가족 중에 하나의 장애가 있는 경우 생물학적 친척에서 다른 장애를 가질 확률이 높아지는 것으로 보인다. 하지만 환경도 원인이 될 수 있다. 우울증과 ADHD는 모두 사회적 혼란, 스트레스, 불이익, 학대 경험과 관련이 있다.

치료: 불안 치료와 마찬가지로 우울증 치료에도 입증된 인지행동적 접근뿐 아니라 효과적인 약물치료제(항우울제)가 여럿 있다.

일부 연구에서는 성인 ADHD가 양극성 장애(조울증)에 걸릴 위험이 더 높을 수 있다고 했지만, 저자의 연구를 포함한 대다수 연구는 이 점을 확인하지 못했다. 그러나 양극성 장애가 있는 성인은 ADHD가 있을 위험이 더 높다. 성인기 발병 양극성 장애의 20~25%, 청소년기 발병 양극성 장애의 35~45%, 소아기 발병 양극성 장애의 80~97%에서 ADHD가 동반된다.

30장
약물과 범죄

"저는 십 대 시절, 아니 이십 대가 되어서도 주말 밤마다 재미난 일을 찾아 헤매는 무리와 어울렸습니다. 술집에서 술을 진탕 마시고, 누군가 우리에게 한마디 하거나 멍청한 소리를 하기를 기다렸다가 싸움을 시작했습니다. 하도 많이 싸워서 셀 수 없을 정도였어요. 술집에서 쫓겨나고 다치는 일이 허다했지만, 다음 주말에도 이 짓을 멈추지 않았습니다. 그저 심심했거나 술집에 있는 여자들에게 과시하려고 그랬겠지만, 어떤 이유에서든 술을 마시면 더 충동적이고 용감해졌고 그 결과 바보짓을 하고 다닌 것입니다."

"한번은 맥주를 잔뜩 마신 후 술집을 나서다가 주차장에서 열쇠가 꽂혀 있는 차를 발견했습니다. 친구 중 한 명이 '야, 우리 달려볼까?'라고 했고, 우리는 그러기로 했습니다. 다들 술에 취해 서로 차를 더 빨리 몰도록 부추기고, 들판이나 골프 코스로 몰고 가 도넛 링 기술을 뽐내며 돌고, 차가 부서지도록 야단법석을 떨며 동네를 돌아다니다 결국 자동차 절도로 체포되었어요. 그때, 우리는 어리고 판단력이 없었습니다. 술에 취한 머저리들이었죠. 게다가 술을 마시면 충동이 심해졌습니다. 제가 지금까지 살아남아서 이 이야기를 하고 있다는 게 놀랍습니다."

"그러던 어느 날 저는 고등학교 동창을 만났는데, 항상 올바른 행동을 하고 옳은 길로 나아가는 것처럼 보이는 친구였습니다. 친구는 저를 설득해서 자신이 위기상담사로 봉사하고 있는 알코올 해독 클리닉에 데려갔습니다. 저는 알코올 중독치료를 받고 나서 소방공무원 시험에 합격했고, 초기 훈련을 받아 지역 의용소방관이 되었습니다. 그 덕분에 마을의 소방관으로 정식 채용되었어요. 그리고 지금의 아내 카렌을 만났습니다. 카렌 덕분에 제 삶을 정리할 수 있었어요. 술을 끊고 ADHD 진단과 치료를 받으며 올바르게 살아야 하는 이유를 찾았습니다. 같이 어울려 술집을 돌아다니던 친구들은 지금 감옥에 있고 인생에서 무언가를 이룬 사람은 저뿐입니다."

ADHD를 가진 성인은 다른 성인보다 여러 가지 물질을 사용할 가능성이 높다는 데는 이견이 없다. 알코올은 가장 빈번하게 남용되는 물질로, ADHD를 가진 성인 중 1/3이 음주 문제를 겪고 있거나 경험한 적이 있다고 한다. 알코올보다는 적은 비율이지만 마리화나, 코카인 또는 기타 자극제, 처방약, 아편제(헤로인, 모르핀, 아편)도 남용된다.

> 코카인 및 마약류 사용과 처방약 남용은 ADHD보다 품행장애 또는 반사회적 행동과 관련이 더 깊다(29장 참조).

문제는 물질사용장애의 특성과 ADHD의 특성과 결합되어 자신에게 '실제로' 문제가 있다고 인식하기가 매우 어렵다는 점이다. 일반 사람들도 도움이 필요하다는 것을 인식하고 도움을 구하는 데 오랜 시간이 걸리는 경우가 많다. ADHD는 실행 기능 결함으로 자기 인식 능력에 제한이 있으므로, 자신에게 물질사용장애가 있다는 사실을 인정하고 해결하기 더 어렵다.

ADHD를 치료하고 있는데도 마음이 찜찜한 게 약물 의존 또는 남용을 진단받을 가능성 때문인지 궁금해졌다면, 이 장에서 어떻게 해야 할지 결정하는 데 도움을 받을 수 있다.

물질 사용에서 무엇을 얻고 있는가?

즐겨왔던 물질, 특히 스스로 필요하다고 생각한 물질을 끊는 일이 유쾌할 리 없다. 여러 전문가들은 사람들이 조금이라도 긍정적인 효과를 얻기 위해 애쓴 결과로 물질을 과다사용 혹은 남용하는 경우가 많다는 데 동의한다. 술을 마시면 마음이 편안해지고 억제 수준이 낮아지면서, 수줍어하지 않고 사람들과 어울릴 수 있다. 그러나 이미 ADHD가 있어 억제 수준이 낮은 사람에게는 사회적 재앙이 될 수 있다. 니코틴과 카페인은 피곤하고 집중이 필요할 때 각성을 돕는다. 하지만 성인 ADHD가 일반 사람보다 건강과 안녕을 해치는 물질을 더 자주 사용하는 이유는 그런 일반적인 효과로 다 설명되지 않는다. 문제가 될 조짐이 있는 물질 사용을 통해 자신이 어떤 이득을 얻고 있는지 알면 건강을 보존하고 심지어 생명을 구하는 계기가 될지 모른다. 먼저 알코올에 대해 알아보라.

알코올

알코올은 ADHD 증상을 치료하지 않는다. 오히려 증상을 악화시킬 수 있다. 술 한두 잔만 마셔도 억제력이 낮아지기 때문에, 기존에 가지고 있던 충동성보다 더 많은 문제를 일으킬 수 있다.

술을 마신 후 최악의 충동적 결정을 하는가? 예를 들어보라.

그렇다면 술을 계속 마시는 원인은 뭘까? 충동성 그 자체가 원인이 될 수 있다. 술집이나 음주가 가능한 다른 장소에서 대부분의 사회생활을 하고 있다면 술을 마시지 않기란 어려운 일이다.

친구들과의 모임이 주로 술자리 위주인가?

이 책 서두에서, ADHD를 관리하고 당신의 삶을 주도하는 환경을 조성하여 ADHD가 당신을 좌지우지하지 않게 할 수 있는 여러 방법이 있다고 언급했다. 친구들은 분명 당신의 환경에서 큰 비중을 차지한다. 그들은 당신에게 좋은 친구들인가?

생각하고 싶지 않은 일들이 술을 마시면 잊혀지는가?

술을 몇 잔 마시기 시작하면 알코올은 과거 사건을 기억하지 못하게 제한하고 현재를 주로 인식하도록 초점을 맞추는 일종의 터널시야를 만든다고 알려져 있다. 따라서 과거의 문제를 무시할 수 있다. 성인 ADHD를 가진 많은 사람들이 술에 매력을 느끼는 이유다. 술은 고민을 잊게 해주고, 최근에 봉착한 문제나 미래에 다가올 위험을 신경 쓰지 않고 그 순간에만 머물도록 도와주기 때문이다.

알코올로 불안이 줄어드는 경험을 하는 사람들도 있다. 생각하고 싶지 않은 일로 불안할 때, 알코올이 두려움을 덜어줄 수 있다. 그 순간만큼은 그렇다.

마리화나

알코올과 마찬가지로 성인 ADHD는 일생 동안 마리화나를 일반 성인보다 훨씬 더 많이 사용한다. 이유는 분명하지 않다. 한 가지 가능성은 마리화나로 알코올과 비슷한 효과를 얻을 수 있다는 점이다. ADHD를 가진 사람들이 자신의 불행을 잊고, 마음을 바로 그 순간에만 집중시켜 과도한 불안을 완화시킬 수 있기 때문이다. 흡연 경험이 있는 사람은 마리화나를 사용할 가능성도 높다. 성인 ADHD가 다른 사람보다 담배를 피울 가능성이 높다는 사실도 알려져 있으며, 이는 ADHD와 물질 사용에 관련된 매우 흥미로운 연구 결과다.

담배/니코틴

2019년 듀크대학교의 스콧 콜린스 박사와 동료들은 ADHD와 흡연 위험

사이의 직접적인 연관성을 보여주는 연구를 발표했다. 청소년 15,197명을 청년이 될 때까지 추적 관찰한 결과, ADHD 증상 정도와 규칙적인 흡연 사이에 선형적인 관계가 있음을 발견했다. 특히 ADHD 증상이 한 가지 추가될 때마다 규칙적인 흡연 위험이 크게 증가했다. 그뿐만 아니라 ADHD 증상이 더 많은 청소년일수록 더 일찍 흡연을 시작했다.

사람들은 대부분 흡연을 물질사용장애로 여기지 않겠지만, 흡연을 물질사용장애로 볼 수 있는 몇 가지 이유가 있다. 첫째로 니코틴은 지구상에서 가장 중독성이 강한 물질이기 때문이다. 다른 이유는 흡연이 인간이 만들어낸 습관 중 건강에 가장 치명적인 결과(폐암 및 기타 암, 심장질환 등)를 초래하기 때문이다. 니코틴 의존이나 남용은 성인 AHHD에 아주 흔하게 동반되며, 니코틴을 사용하고 있을 가능성이 일반 인구의 거의 두 배에 달한다. 어떤 매력에 그렇게 사로잡히는 걸까?

과학자들은 흡연이 자가치료의 한 형태임을 시사한다. 니코틴은 뇌 선조체에 있는 도파민 수송체에서 자극제와 같은 작용을 하는데, 이는 해당 부위에 작용하는 메틸페니데이트(3단계 참조)의 효과와 매우 유사하다. 흡연은 실제로 ADHD 증상을 어느 정도 치료할 수 있다. 하지만 동일한 긍정적 효과를 제공하는 안전하고 합법적인 처방 자극제가 있음을 고려하면, 흡연하는 이득보다 암, 심장질환 같은 위험을 감수하는 손해가 훨씬 더 크다.

카페인은 각성제로도 여겨진다. 예상할 수 있듯이, 특히 젊은 성인 ADHD는 ADHD가 없는 청년보다 일주일간 카페인 음료 소비량이 더 많았다.

궁금증) 나는 어릴 때부터 오랫동안 리탈린을 복용했다. 그 때문에 코카인을 사용하는 습관이 생겼을 거라는 사람도 있는데, 사실인가?

어릴 때 자극제 처방으로 ADHD를 치료한 경험이 성인기에 불법 자극제나 처방 자극제의 불법 사용 등 더 심각한 약물 사용이나 남용으로 이어지지 않는지 걱정하는 사람도 있다. 처방 자극제 치료가 니코틴, 코카인, 크랙[24], 필로폰methamphetamine 등 각성제 남용으로 이어지는지 문헌을 검토해 보았다. 16건이 넘는 연구 결과를 검토했으나, 아동기 자극제 치료와 성인기 약물 사용 및 남용 사이에 연관성을 발견하지 못했다. 연관성을 보고한 한 연구 결과는 아동기 자극제 사용과 성인기 약물 사용 간 상관관계 분석이 제대로 이루어지지 않아 위양성 관계를 도출했을 가능성이 있으며, 압도적인 대다수 증거가 반대되는 결과를 보여주었다. 저자의 연구를 포함한 몇몇 연구에 따르면, 어린 시절 ADHD로 자극제 치료를 받은 아이들이 청소년기까지 치료를 지속하면 청년기에 특정 약물 사용에 빠질 위험이 줄어들 수 있다. 그러나 매우 미약한 효과였으며, 여러 연구에서 일관되게 보고되지는 않았다. 따라서 ADHD 조기치료가 약물 남용 위험을 줄일 수 있는지는 명확하지 않다. 그러나 ADHD 약물로 조기치료를 한다고 해서 나중에 약물 남용의 위험을 증가시키지 않는 것은 확실하다.

코카인을 사용하는 이유를 자세히 알아보려면 계속 읽어 보라.

24) 흡입 코카인(역자 주).

:: 코카인 및 기타 마약 ::

코카인이나 '메쓰'[25] 같은 불법 약물을 사용하거나 합법적인 처방약의 남용이 니코틴과 마찬가지로 ADHD를 자가치료하려는 시도일 수 있다. 이는 일부 불법 약물이 각성제에 속하기 때문이다. 이와 같은 잘못된 결정에 대해서 이야기해 보라! 이러한 약물과 약물 중독에서 오는 부정적 결과는 말 그대로 살인적이다.

안전한 합법 약물 대신 위험한 불법 물질을 선택하는 이유가 뭘까? 앞서 언급했듯이 코카인 및 기타 마약 사용은 ADHD보다는 품행장애, 범죄, 반사회성 성격장애(29장 참조)와 더 관련이 있다. 연구 결과, 약물을 과다 사용하거나 불법 약물을 사용 또는 남용하기 쉬운 청소년 및 젊은 성인 ADHD는 다양한 반사회적 행동 또는 범죄 행위에 가담할 가능성 또한 높다는 점을 명확하게 보여준다. 게다가 약물 남용과 범죄 행위는 상승 효과를 일으킨다. 범죄를 자주 일으킬수록 마약을 더 많이 사용하고, 마약을 더 많이 사용할수록 범죄를 더 자주 일으킨다.

> 반사회적 행동은 약물 사용의 원인이 되고, 약물 사용은 반사회적 행동의 원인이 된다.

크랙을 습관적으로 사용한다고 가정해 보라. 이 비싼 마약을 어떻게 살 것인가? 약물을 구입할 수단으로 돈이나 재산을 훔칠 수도 있다. 술에 잔뜩 취하면 싸움에 휘말릴 가능성이 높아진다. 두 경우 모두 크랙을 하거나 술에 취하지 않은 사람보다 무기를 소지하고 심지어 사용하려는 행동을 보이기 쉽다. 마찬가지로 도둑질이나 싸움 같은 특정 범죄 행위에 연루될 때는 반사회적인 행동을 하기 쉬운 사람들과 어울리게

25) 필로폰(역자 주).

된다. 그 사람들은 마약을 사용할 가능성이 더 높고 당신이 마약을 하도록 영향을 줄 수 있다.

마약 사용과 반사회적 행동, 범죄 행위 사이의 또 다른 연결고리는 충동성이다. 연구에 따르면 충동성이 강할수록 부추김에 넘어가거나, 심지어 단순한 제안에 끌려 불법 약물을 시도할 가능성이 높아진다. 불법 행위(범죄)에 가담할 가능성도 마찬가지다. 충동적일수록, 즉 행동의 결과를 고려하지 않을수록 기분에 휩쓸리거나 무모한 도전으로 가택침입 같은 범죄적 모험을 감행할 가능성이 높아진다.

우리는 보통 여가 시간에 함께 어울리는 사교모임을 갖는다. 음주와 마찬가지로, 불법 행위에 연루될 가능성이 있는 사람들과 어울리면 함께 불법 행위에 가담하게 될 수 있다. 갱단은 이런 부정적인 사회 작용의 가장 극단적인 예이지만, ADHD인 당신을 부추겨서 영향을 미치는 데는 이러한 조직적인 집단까지 필요하지 않다. 반사회적이고 마약을 사용하는 친구들 두어 명만 있어도 이런 방향으로 떠밀려 갈 수 있다.

저자의 연구 결과에서 범죄 행위에 가담할 위험을 높이는 또 다른 요인으로는 개인의 교육 수준이 있었다. 교육 수준이 낮은 ADHD 환자, 특히 고등학교를 졸업하지 않은 사람들은 고등학교를 졸업하거나 그 이상의 교육을 받기 위해 진학한 ADHD 환자들보다 반사회적 행동을 할 가능성이 훨씬 더 높았다.

마지막으로 ADHD 중증도와 아동기부터 청소년기까지의 증상 지속성도 요인이 된다. 이러한 요인은 영향력은 덜하지만, 성인기의 특정 유형의 범죄 행동을 예측하는 중요한 변수였다.

저자의 연구 결과, ADHD와 가장 연관성이 높은 범죄 유형은 불법 마약 사

용, 소지, 판매, 마약 구입을 위한 절도였다. ADHD를 가진 사람들 중 적어도 4명 중 1명은 성인이 되었을 때 약물 사용 및 남용 문제가 있을 가능성이 있다.

당신이 그 4명 중 1명이 되어도 괜찮은가?

약물 사용의 덫을 피하거나 벗어나려면

약물 사용 문제 해결이 우선시 되어야 한다

ADHD 성인 중 20~30%는 약물 사용 문제를 가지고 있으며, 약물 해독 및 재활 프로그램이 필요할 가능성이 높다. ADHD 증상을 악화시키거나 또 다른 정신적 문제를 유발할 수 있는 약물을 남용하는 상태에서는 ADHD 치료가 효과를 보기 어렵다. 만약 ADHD 치료를 시도해도 별다른 효과를 보지 못하고 있다면, 먼저 또는 동시에 약물 사용 문제를 해결해야 할 필요가 있는지 고려해 보아야 한다.

시기와 상관없이 반드시 집중적으로 진행해야 한다

ADHD 치료는 언제 시작하든 반드시 적극적으로 진행되어야 한다.

유해한 환경은 과감히 바꿔야 한다

자신의 삶을 악화시키는 활동으로 이끄는 환경이라면 과감히 바꾸어야 한다. 새로운 인간관계를 모색하라. 익명의 알코올중독자 모임[AA]과 같은 12단계 프로그램이 매력적인 이유는, 금주를 실천하며 새로운 삶의 단계를 시작하려는 사람들을 위한 새로운 사교의 장을 제공하기 때문이다. 여가 활동 역시 술 중심의 활동이 아닌 방향으로 전환해야 한다.

교육을 통해 더 나은 삶의 기회를 만들어야 한다

ADHD로 인해 학업이 중단되었다면 지금이라도 다시 시작하라. 더 나은 교육은 더 나은 취업 기회를 의미하며, 이는 합법적인 생계 수단을 확보하는 동시에 사회에서 소외된 삶에서 벗어날 수 있는 기회이기도 하다.

비록 경미하더라도 약물 사용과 범죄 행위는 ADHD 성인에게 커다란 함정이 될 수 있다. 지금이라도 그런 삶에서 벗어나, 자신이 누려야 할 삶을 시작하라.

부록

ADHD 증상 자세히 살펴보기

ADHD의 공식 진단 기준

정신건강 전문가가 ADHD 진단에 사용하는 공식 진단 기준은 『정신질환의 진단 및 통계 편람 제5판(DSM-5)』에 나와 있다. 임상가는 환자(아동을 위해 만들어진 진단 기준이지만 성인에게도 사용 가능)에게 아래에 나열된 18가지 증상이 있는지 질문한다. 이 중 9개는 부주의 문제, 9개는 과잉행동 또는 충동성 문제와 관련이 있다.

Attention-Deficit/Hyperactivity Disorder [ADHD]의 DSM-5 진단 기준

A. 기능 또는 발달을 저해하는 지속적인 부주의 및 과잉행동-충동성이 (1) 그리고/또는 (2)의 특징을 갖는다.

1. **부주의:** 다음 증상 중 6가지 이상이 적어도 6개월 동안 발달 수준에 적합하지 않고, 사회적, 학업적/직업적 활동에 직접적으로 부정적인 영향을 미칠 정도로 지속된다.

   주의점: 이러한 증상은 단지 반항적 행동, 적대감 또는 과제나 지시 이해의 실패로 인한 양상이 아니어야 한다. 후기 청소년과 성인(17세 이상)의 경우, 적어도 5가지 증상을 만족해야 한다.

   a. 종종 세부적인 면에 대해 면밀한 주의를 기울이지 못하거나, 학업, 작업, 또는 다른 활동에서 부주의한 실수를 저지른다. (예: 세부 사항을 못 보고 넘어가거나 놓침. 작업이 부정확함.)

   b. 종종 과제를 하거나 놀이를 할 때 지속적인 주의집중에 어려움이 있다. (예: 수업, 대화, 또는 긴 글을 읽을 때 집중을 유지하기 어려움.)

   c. 종종 다른 사람이 직접 말을 할 때 경청하지 않는 것처럼 보인다. (예: 명백하게 주의집중을 방해하는 것이 없는 데도 마음이 다른 데 있는 것처럼 보임.)

   d. 종종 지시를 따르지 못하고, 숙제, 잡일, 작업장에서의 임무를 끝내지 못한다. (예: 업무를 시작하지만 바로 주의를 잃고 쉽게 곁길로 샘.)

e. 종종 과업 및 활동을 체계화하는 데 어려움이 있다. (예: 순차적인 과제 처리의 어려움, 물건이나 소지품 정리의 어려움, 지저분하고 체계적이지 못한 작업, 시간 관리를 못함, 마감 시간을 지키지 못함.)

f. 종종 지속적인 정신적 노력을 요하는 과제에 참여하기를 기피하고, 싫어하거나 저항한다. (예: 학업이나 숙제, 후기 청소년이나 성인의 경우 자료 준비, 서류 작성, 긴 서류 검토를 기피함.)

g. 과제나 활동에 필요한 물건을 종종 분실한다. (예: 학습 교재, 연필, 책, 도구, 지갑, 열쇠, 서류, 안경, 휴대전화를 분실함.)

h. 종종 외부 자극(후기 청소년과 성인의 경우 관련 없는 생각이 포함될 수 있음)에 의해 쉽게 산만해진다.

i. 종종 일상적인 활동에서 잊어버린다. (예: 잡일 하기, 심부름하기, 후기 청소년과 성인의 경우에는 전화 답신하기, 청구서 지불하기, 약속 지키기.)

2. **과잉행동-충동성:** 다음 증상 중 6개 이상이 적어도 6개월 동안 발달 수준에 적합하지 않고 사회적, 학업적/직업적 활동에 직접적으로 부정적인 영향을 미칠 정도로 지속된다.

주의점: 이러한 증상은 단지 반항적 행동, 적대감 또는 과제나 지시 이해의 실패로 인한 양상이 아니어야 한다. 후기 청소년이나 성인(17세 이상)의 경우, 적어도 5가지의 증상을 만족해야 한다.

a. 종종 손발을 만지작거리며 가만두지 못하거나 의자에 앉아서도 몸을 꿈틀거린다.

b. 종종 앉아 있도록 요구되는 교실이나 다른 상황에서 자리를 떠난다. (예: 교실이나 사무실 또는 다른 업무현장, 또는 자리를 지키

는 게 요구되는 상황에서 자리를 이탈함.)

c. 종종 부적절하게 지나치게 뛰어다니거나 기어오른다. (주의점: 청소년 또는 성인에게서는 주관적으로 좌불안석을 경험하는 것에 국한될 수 있다.)

d. 종종 조용히 여가 활동에 참여하거나 놀지 못한다.

e. 종종 “끊임없이 움직이거나” 마치 “모터가 달린 것처럼” 행동한다. (예: 음식점이나 회의실에 장시간 동안 가만히 있을 수 없거나 불편해함. 다른 사람에게 가만히 있지 못하는 것처럼 보이거나 가만히 있기가 어려워 보일 수 있음.)

f. 종종 지나치게 수다스럽게 말한다.

g. 종종 질문이 끝나기 전에 성급하게 대답한다. (예: 다른 사람의 말을 가로챔, 대화 시 자신의 차례를 기다리지 못함.)

h. 종종 자신의 차례를 기다리지 못한다. (예: 줄을 서 있는 동안 기다리지 못함.)

i. 종종 다른 사람의 활동을 방해하거나 침해한다. (예: 대화나 게임, 활동에 참견함. 다른 사람에게 묻거나 허락을 받지 않고 다른 사람의 물건을 사용하기도 함. 청소년이나 성인의 경우 다른 사람이 하는 일을 침해하거나 꿰찰 수 있음.)

B. 몇 가지의 부주의 또는 과잉행동-충동성 증상이 12세 이전에 나타난다.

C. 몇 가지의 부주의 또는 과잉행동-충동성 증상이 2가지 또는 그 이상의 환경에서 존재한다. (예: 가정, 학교나 직장, 친구들 또는 친척들과의 관계, 다른 활동에서.)

D. 증상이 사회적, 학업적 또는 직업적 기능의 질을 방해하거나 감소시킨다는 명확한 증거가 있다.

E. 증상이 조현병 또는 기타 정신병적 장애의 경과 중에만 발생되지는 않으며, 다른 정신질환(예: 기분장애, 불안장애, 해리장애, 성격장애, 물질 중독 또는 금단)으로 더 잘 설명되지 않는다.

세부 아형

314.01 (F90.2) 복합형: 지난 6개월 동안 진단기준 A1(부주의)과 A2(과잉행동-충동성)를 모두 충족시킬 경우.

314.00 (F90.0) 부주의 우세형: 지난 6개월 동안 진단기준 A1(부주의)은 충족시키지만, A2(과잉행동-충동성)는 충족시키지 못할 경우.

314.01 (F90.1) 과잉행동-충동성 우세형: 지난 6개월 동안 진단기준 A2(과잉행동-충동성)는 충족시키지만, A1(부주의)은 충족시키지 못할 경우.

세부

부분 관해 상태In partial remission: 전체 진단기준을 충족시켰던 경우, 지난 6개월 동안 전체 진단기준보다 적은 수의 증상이 충족되나 여전히 사회적, 학업적 또는 직업적 기능에 장애를 초래하는 경우.

세부 현재 중증도

경도: 현재 진단을 충족하는 수준을 초과하는 증상이 거의 없으며, 증상이 사회적, 학업적 또는 직업적 기능에 경미한 장애에 지나지 않는다.

중등도: 증상 또는 기능 장애가 '경도'와 '고도' 사이에 있다.

고도: 진단을 충족하는 수준을 초과하는 다양한 증상 또는 심각한 몇 가지 증상이 있어 사회적 또는 직업적 기능에 뚜렷한 손상을 야기한다.

이 용어는 각 증상이 시작될 때 등장할 때가 많다. 여러 증상이 대부분의 기간 동안 나타나고 같은 연령대의 다른 사람들보다 더 자주 나타나는지 확인하기 위함이다. 그저 일시적인 문제가 아니라 최근 생활의 일부로 꾸준히 이어지는지 확인하려면 이러한 증상이 최소 6개월 이상 지속되는 지도 중요하다.

성인 ADHD와 관련된 추가 증상

아래에 열거된 91가지 증상 중 자신의 경험과 부합하는 증상이 얼마나 되는지 확인하여 성인 ADHD 여부를 더 잘 파악할 수 있다.

증상	성인 ADHD (%)	일반 성인 (%)
1. 기다리는 것을 견디기 어렵고 조급함	75	5
2. 충동적인 의사 결정	79	3
3. 사건이나 다른 사람으로 유발된 자신의 반응을 억제할 수 없음	61	2
4. 활동이나 행동을 멈추어야 할 때 어려움이 있음	72	2
5. 실수를 해서 피드백을 받았을 때 행동을 바꾸는 데 어려움이 있음	68	4

증상	성인 ADHD (%)	일반 성인 (%)
6. 무언가에 집중해야 할 때 상관없는 생각에 쉽게 산만해짐	96	3
7. 무언가에 집중해야 할 때 공상에 빠져 쉽게 산만해짐	89	8
8. 마지막 순간까지 일을 미루거나 연기함	94	27
9. 다른 사람에게 충동적으로 말함	56	3
10. 업무에 요령을 피우고 해야 할 일을 끝내지 않을 가능성이 높음	65	6
11. 지루하거나 힘들면 일을 포기해버림	58	5
12. 장기 목표를 위해 즉각적인 보상을 미루거나 만족감을 지연시키기 어려움	69	2
13. 행동의 결과를 고려하지 않고 일을 처리할 가능성이 높음	60	1
14. 변덕이나 충동으로 갑자기 계획을 변경	72	9
15. 지시를 주의 깊게 읽거나 듣지 않고 프로젝트나 작업을 시작	89	11
16. 시간 감각 부족	63	3
17. 시간 낭비 또는 시간 관리의 어려움	86	5
18. 상황에 반응하기 전에 과거 관련된 사건이나 과거 자신의 경험을 고려하지 않음	44	1
19. 또래의 다른 사람들처럼 미래에 대해 생각하지 않음	47	8
20. 업무나 할당된 작업을 위한 준비가 되어있지 않음	58	1
21. 과제 마감일을 지키지 못함	65	1
22. 다가오는 행사를 미리 계획하거나 준비하는 데 어려움이 있음	81	6
23. 해야 할 일을 잊어버림	82	5
24. 암산에 어려움이 있음	55	14

증상	성인 ADHD (%)	일반 성인 (%)
25. 이해할만한 내용을 읽어도 이해하지 못하고, 의미를 파악하기 위해 다시 읽어야 함	81	12
26. 이전에 듣거나 읽은 내용이 기억나지 않음	77	12
27. 스스로 세운 목표를 달성하지 못함	84	7
28. 출근이나 약속 시간에 늦음	55	5
29. 생각을 정리하거나 명확하게 사고하는 데 어려움이 있음	75	2
30. 자신의 말이나 행동을 인식하지 못함	39	1
31. 기억해야 할 일을 떠올리지 못함	83	7
32. 자신에게 영향을 미치는 일을 객관적으로 판단하기 어려움	64	5
33. 문제나 상황에 대한 다른 사람의 관점을 수용하기 어려움	48	6
34. 활동의 목적이나 목표를 기억하는 데 어려움이 있음	51	1
35. 다른 사람과 대화할 때 말하려는 요점을 잊어버림	75	2
36. 복잡한 수행을 보고 내용을 기억하여 모방하거나 올바르게 수행할 수 없음	53	1
37. 작업의 세부 사항에 주의를 기울이지 않음	60	1
38. 한 번에 여러 가지 활동을 지속하기 어려움	68	8
39. 즉각적인 마감 기한이 없으면 작업을 완료하지 못함	89	6
40. 평소보다 더 많은 생각을 해야 하는 직장이나 학교 활동을 싫어함	60	2
41. 수행을 하거나 이동할 때 걸리는 시간을 판단하는 데 어려움이 있음	72	6
42. 업무 시작을 위해 동기를 부여하는 데 어려움이 있음	80	6
43. 쉽게 화가 나거나 속상해함	63	7

증상	성인 ADHD (%)	일반 성인 (%)
44. 쉽게 좌절함	86	8
45. 감정적으로 과잉 반응함	68	6
46. 업무를 지속하고 완수하도록 동기를 부여하는 데 어려움이 있음	84	4
47. 흥미롭지 않은 일을 계속할 수 없음	96	13
48. 작업에 필요한 만큼 또는 다른 사람이 할 수 있는 만큼 많은 노력을 기울이지 않음	60	4
49. 지루한 상황에서 주의를 기울이거나 깨어 있는 데 어려움이 있음	86	11
50. 주변에서 일어나는 일에 쉽게 흥분함	70	15
51. 할 일을 미리 준비해야 할 때 의욕이 없음	80	4
52. 독서, 서류 작업, 강의, 업무에 지속해서 집중하기 어려움	91	7
53. 쉽게 지루해짐	81	9
54. 게으르다, 의욕이 없다는 소리를 들음	57	2
55. 업무를 완수하려면 다른 사람에게 의존해야 함	44	2
56. 즉각적인 보상이 있지 않으면 일을 완수하지 못함	70	2
57. 새로운 활동을 시작하기 전에 하고 있던 활동을 완료하는 데 어려움이 있음	87	7
58. 일을 해야 할 때 재미있거나 더 흥미로운 일을 하고 싶은 충동을 참기 어려움	87	5
59. 다른 사람들처럼 우정이나 친밀한 관계를 오래 유지하지 못함	46	5
60. 업무 성과의 질이나 양이 일관되지 않음	70	2
61. 다른 사람들만큼 미래의 일을 걱정하지 않음	46	10

증상	성인 ADHD (%)	일반 성인 (%)
62. 행동하기 전에 생각해 보거나 숙고하지 않음	48	4
63. 감독이나 빈번한 지시 없이는 다른 사람처럼 일할 수 없음	40	2
64. 스스로 의도한 일을 수행하는 데 어려움이 있음	81	5
65. 다른 사람과의 약속이나 책임을 잘 이행하지 않음	68	3
66. 자기 훈련 부족	81	5
67. 문제 상황이나 스트레스를 받을 때 올바른 판단을 내리는 데 어려움이 있음	51	1
68. 주어진 상황에서 규칙을 따르는 데 문제가 있음	61	4
69. 상황에 대처하는 행동이나 접근 방식이 유연하지 않고, 선호하는 처리 방식이 지나치게 경직되어 있음	53	16
70. 생각을 정리하는 데 어려움이 있음	80	4
71. 하고 싶은 말을 하는 데 어려움이 있음	70	6
72. 다른 사람처럼 문제 해결책을 많이 떠올리거나 고안할 수 없음	37	5
73. 다른 사람에게 설명하고 싶을 때 종종 말문이 막힘	58	5
74. 다른 사람들처럼 신속하게 생각을 글로 적기 어려움	58	6
75. 비슷한 수준의 지능을 가진 다른 사람들만큼 창의적이거나 독창적이지 않다고 느낌	27	13
76. 목표나 과제를 달성하려고 할 때, 다른 사람들만큼 방법을 많이 떠올리지 못함	41	5
77. 다른 사람들만큼 새로운 일이나 복잡한 활동을 배우는 데 어려움이 있음	56	4
78. 올바른 순서나 서열로 설명하는 데 어려움이 있음	67	1
79. 다른 사람처럼 빨리 자신이 무슨 설명을 하고 있는지 요점을 파악하지 못함	75	9

증상	성인 ADHD (%)	일반 성인 (%)
80. 올바른 순서나 서열로 수행하는 데 어려움이 있음	76	3
81. 예상하지 못한 일에 다른 사람들만큼 '발 빠른 대응'이나 효과적 대응이 어려움	37	3
82. 다른 사람처럼 움직임이 조화롭지 않고 동작이 서투름	30	6
83. 삐뚤빼뚤하거나 엉성한 글씨체	63	21
84. 우선순위나 중요도에 따라 업무를 정리하거나 수행하는 데 어려움이 있음. '우선순위'를 잘 정하지 못함	84	4
85. 예상치 못한 사건에 대처가 느림	37	5
86. 진지한 태도가 필요할 때 철없이 굴거나 익살 부리거나 어리석게 행동함	58	4
87. 자신이 한 일이나 가본 장소를 다른 사람만큼 기억하지 못함	62	14
88. 사고가 자주 발생	35	3
89. 다른 사람보다 훨씬 빠른 속도로 운전할 가능성이 높음(과속)	67	13
90. 돈이나 신용카드 관리에 어려움이 있음	73	8
91. 다른 사람들에 비해 어린 시절 사건을 잘 기억하지 못함	54	25

참조: 표에서의 결괏값은 『ADHD in Adults: What the Science Says』(Guilford Press, 2008)로부터 나옴.

감사의 말

이 책에서 소개한 연구 결과에 도움을 준 많은 분들에게 감사를 표합니다. 먼저, 마리엘렌 피셔Mariellen Fischer 박사와 케빈 머피Kevin Murphy 박사에게 감사의 말씀을 드립니다. 매사추세츠대학교 의과대학에 재직 중일 때 국립정신건강연구소와 국립아동건강발달연구소로부터 지원받았던 연구들을 포함하여, 많은 연구에서 완전한 협력자가 되어 주신 것에 감사드립니다. 연구를 순조롭게 마치도록 도움을 준 트레이시 부시Tracie Bush, 로라 몬트빌Laura Montville, 로리 바우어Lorri Bauer, 키이스 더빌Keith Douville, 쉐리 호란Cherie Horan, 호프 슈레이더Hope Schrader, 켄트 쉬퍼트Kent Shiffert, 피터 레오Peter Leo에게도 감사드립니다. 무엇보다도 이 연구들에 참여해 자신의 삶을 기꺼이 보여 주며 ADHD의 특성과 진행 양상, 손상, 그리고 성인 ADHD의 관리 방법에 대한 지식을 넓히는 데 도움을 준 수많은 ADHD 성인 참가자들과 대조군에게 이루 말할 수 없이 깊은 감사를 드립니다. 다시 한번, 이 책에 대한 격려와 도움을 주신 길포드 출판사의 키티 무어Kitty Moore와 시모어 와인가튼Seymour Weingarten, 편집에 대한 건설적인 피드백을 주신 크리스틴 벤튼Christine Benton에게 깊이 감사드립니다. 마지막으로 이들 모두와 함께해 온 40년이 넘는 든든한 출판 관계에도 깊은 감사를 드립니다.

참고자료

과학적 데이터의 출처

이 책에 담긴 사실과 수치, 권고 사항은 지난 100년간 수행된 수천 건의 연구에 기반하고 있다. 하지만 이 책에 기술된 기존 연구 결과 중 상당수는 저자와 동료들이 국립정신건강연구소의 연구비를 지원받아 수행한 두 가지 연구에서 나온 결과이다.

- ADHD 아동이 성인이 될 때까지 추적 관찰한 연구는, ADHD가 아동기 이후에도 지속되는 빈도와 ADHD가 있는 아동이 성장할 때의 변화(또는 유지 상태)와 관련된 상당한 자료를 제공하였다.
- 또 다른 연구는 저자의 클리닉에 방문하여 ADHD 진단을 받은 성인을 대상으로 하였으며, 우리는 이들을 다른 두 집단, 즉 ADHD가 아닌 다른 질환으로 치료를 받고 있는 환자 집단과 정신건강의학과 질환을 진단받은 적이 없는 일반 성인 집단과 비교하였다. 이 연구를 통해 ADHD를 구

성하는 증상과 성인 ADHD에게 보이는 특징적인 문제를 자세히 이해할 수 있었다.

이 두 가지 연구는 물론, 그 외 다양한 연구들에 대한 자세한 내용은 다음 책에서 확인할 수 있다.

Barkley, R. A., Murphy, K. R., & Fischer, M. (2008). *ADHD in adults: What the science says.* New York: Guilford Press.

· 이 책에는 연구를 통해 얻은 데이터를 보여주는 다양한 도표와 그래프가 수록되어 있다. 아동기를 지나 성인기까지 추적한 연구(종단 연구)는 이 책에서 '밀워키 연구(Milwaukee study)'로 언급되며, 세 개의 성인 집단을 비교한 연구는 '유매스 연구(UMASS study)'로 소개된다. 성인 ADHD의 특정 측면에 대해 관심이 있다면, 이 책에서 훨씬 더 많은 세부 정보를 확인할 수 있다. 책 말미의 참고문헌 목록을 통해 관련 자료를 더 깊이 있게 찾아볼 수도 있다. 이 책은 Guilford Press 웹사이트(www.guilford.com)에서 주문하거나, 지역 서점 또는 도서관에서 찾아볼 수 있다.25)

참고도서

다음 도서들은 성인 ADHD와 함께 살아가는 데 있어 필요한 통찰과 조언을 제공해 줄 수 있다. 이들 책에 담긴 내용 대부분은 연구보다는 임상 경험에 기반하고 있다는 점을 참고하길 바란다. 각각의 책이 나름의 가치 있는 내용을 담고 있다.

Adler, L., & Florence, M. (2007). *Scattered minds: Hope and help for adults with attention deficit hyperactivity disorder.* New York: G. P. Putnam's Sons.

· 뉴욕대학교 의과대학 성인 ADHD 프로그램 책임자가 집필한 성인 ADHD에 대한 간결하고 명확한 입문서이다.

American Psychiatric Association. (2013). *Diagnostic and statistical manual of mental disorders* (5th ed.). Arlington, VA: Author.

· ADHD나 기타 질환의 진단 기준에 대해 알고 싶다면 대부분의 도서관에서 DSM을 찾아볼 수 있다.

Barkley, R. A. (1994). *ADHD in adults* [videotape]. New York: Guilford Press.

· 글을 읽는 것이 어렵다면, 영상 자료를 활용하는 것이 이상적일 수 있다.

Barkley, R. A. (2012). *Executive functions: What they are, how they work, and why they evolved.* New York: Guilford Press.

· 이 책은 저자가 제시하는 실행 기능 이론의 최신 버전을 담고 있다.

Barkley, R. A. (2015). *Attention-deficit hyperactivity disorder: A handbook for diagnosis and treatment* (4th ed.). New York: Guilford Press.

· 전문가를 위한 책이지만, ADHD에 대해 포괄적인 참고서를 원한다면 이 책이 적합하다.

Barkley, R. A. (2017). *When an adult you love has ADHD: Professional advice for parents, partners, and siblings.* Washington, DC: APA LifeTools.

· ADHD 성인을 둔 부모, 배우자, 형제자매를 위한 첫 번째이자 유일한 책이다. ADHD를 이해하고 사랑하는 사람을 도울 수 있는 가이드를 제공한다.

Boissiere, P. (2018). *Thriving with adult ADHD: Skills to strengthen executive functioning.* San Antonio, TX: Althea Press.

· 성인 ADHD의 실행 기능 결함에 대처하기 위한 비교적 간단한 생활 요령들을 다양하게 소개한다.

Bramer, J. S. (1996). *Succeeding in college with attention deficit hyperactivity disorders: Issues and strategies for students, counselors, and educators.* Plantation, FL: Specialty Press.

· 대학 재학 중이거나 복학을 고려하는 사람에게 유용한 자료이다.

Brown, T. E. (2006). *Attention deficit disorder: The unfocused mind in children and adults.* New Haven, CT: Yale University Press.

· ADHD와 관련된 실행 기능 결함과 기타 인지적 문제에 대한 훌륭한 요약서이다.

CHADD. (2000). *The CHADD information and resource guide to AD/HD.* Landover, MD: Author.

· ADHD 아동 및 성인을 지원하는 이 단체는 최신 자료를 꾸준히 업데이트하고 있다.

Evans, N. J., Brodo, E. M., Brown, K. R., & Wilke, A. K. (2017). *Disability in higher education: A social justice approach. Hoboken,* NJ: Jossey-Bass.

Gordon, M., & Keiser, S. (Eds.). (2000). *Accommodations in higher education under the Americans with Disabilities Act: A no-nonsense guide for clinicians, educators, administrators, and lawyers.* New York: GSI and Guilford Press.

Hallowell, E. M., & Ratey, J. J. (2005). *Delivered from distraction: Getting the most out of life with attention deficit disorder.* New York: Ballantine Books.

Hallowell, E. M., & Ratey, J. J. (2011). *Driven to distraction* (2nd ed.). New York: Pantheon.

· ADHD를 가진 저자들이 집필한 매우 읽기 쉬운 책들로, 문제를 강점 중심으로 접근하는 긍정적인 태도를 강조한다.

Kelly, K., & Ramundo, P. (2006). *You mean I'm not lazy, stupid, or crazy? The classic self-help book for adults with attention deficit disorder.* New York: Scribner Books.

· 성인 ADHD와 그 증상에 대한 초기의 대표적인 자기계발서로, 다소 오래되었지만 여전히 유용한 통찰과 대처법을 담고 있다.

Kohlberg, J., & Nadeau, K. (2016). *ADD-friendly ways to organize your life.* New York: Routledge.

· ADHD(구 ADD)에서 흔히 나타나는 일상 속 조직화 문제 및 실행 기능 결함을 개선하는 훌륭한 제안을 담고 있다.

Levrini, A., & Prevatt, F. (2012). *Succeeding with adult ADHD: Daily strategies to help you achieve your goals and manage your life.* Washington, DC: APA LifeTools.

· 성인 ADHD와 관련된 조직, 동기, 시간 관리 문제에 대처하는 방법을 제시한다.

Nadeau, K. G. (2007). *Survival guide for college students with ADD or LD* (2nd ed.). Washington, DC: Magination Press. Call the ADD WareHouse at 800-233-9273 to order.
· 대학생이거나 대학에 복학하려는 성인에게 실질적인 도움을 줄 수 있다.

Nadeau, K. G. (2015). *The ADHD guide to career success* (2nd ed.). New York: Routledge.
· 직장 내에서 요청할 수 있는 지원과 ADHD 증상 및 강점에 맞는 직업 환경을 선택하는 방법에 대한 유익한 조언을 제공한다.

Nadeau, K. G., & Quinn, P. (2002). *Understanding women with AD/HD*. Silver Spring, MD: Advantage.
· ADHD를 가진 여성을 위한 좋은 자료이다.

Orlov, M. (2010). *The ADHD effect on marriage: Understand and rebuild your relationship in six steps*. Plantation, FL: Specialty Press.
· 성인 ADHD가 결혼 생활에 미치는 영향을 다루는 몇 안 되는 책 중 하나이며, 관계 개선을 위한 실질적인 조언을 제공한다.

Orlov, M., & Kohlenberg, N. (2014). *The couples guide to thriving with ADHD*. Plantation, FL: Specialty Press.
· 한쪽 혹은 양쪽 모두가 ADHD를 가진 커플을 위한 실질적인 전략 가이드를 제공한다.

Pera, G. (2008). *Is it you, me, or adult A.D.D.?* San Francisco: 1201 Alarm Press.
· ADHD 성인의 배우자나 연인을 위한 책으로, 친근한 문체로 구성되어 있으며 유용한 사례와 조언이 풍부하다.

Ramsay, J. R. (2012). *Nonmedication treatments for adult ADHD: Evaluating impact on daily functioning and well-being*. Washington, DC: American Psychological Association.

· 전문가를 대상으로 하지만, 다양한 심리 치료법에 대한 최신 연구 결과를 알고자 하는 ADHD 성인에게도 유익하다.

Ramsay, J. R., & Rostain, A. L. (2014). *The adult ADHD tool kit.* New York: Routledge.
· 시간 관리, 계획 수립, 동기 조절 등 ADHD 성인이 겪는 실행 기능 결함을 다루는 데 유용한 도구서이다.

Ramsay, J. R., & Rostain, A. L. (2014). *Cognitive behavioral therapy for adult ADHD: An integrative psychosocial and medical approach.* New York: Routledge.
· 성인 ADHD의 실행 기능 결함과 관련된 문제를 중심으로 한 인지행동치료(CBT)의 임상적 적용을 다룬 전문 서적이다.

Sarkis, S. M. (2006). *10 simple solutions to adult ADD: How to overcome distraction and accomplish your goals.* Oakland, CA: New Harbinger.
· 다소 오래된 책이지만, ADHD로 인한 일상적 문제 해결에 여전히 도움이 되는 제안들이 포함되어 있다.

Sarkis, S. M., & Klein, K. (2009). *ADD and your money: A guide to personal finance for adults with attention-deficit disorder.* Oakland, CA: New Harbinger.
· 성인 ADHD를 위한 개인 재정 관리에 관한 유일한 책으로, 실용적인 조언이 풍부하게 담겨 있다.

Sarkis, S., & Tuckman, A. (2015). *Natural relief for adult ADHD: Complementary strategies for increasing focus, attention, and motivation with or without medication.* Oakland, CA: New Harbinger.
· 약물의 유무와 관계없이 ADHD에 사용되는 다양한 대체 치료법을 폭넓게 소개하며, 그 효과에 대한 과학적 근거는 부족하지만 유용한 개요를 제공한다.

Solanto, M. V. (2013). *Cognitive-behavioral therapy for adult ADHD: Targeting executive dysfunction.* New York: Guilford Press.
· 성인 ADHD의 실행 기능 결함에 특화된 인지행동치료(CBT)를 단계별로 적용할 수

있도록 임상 지침과 자료를 제공하는 전문 임상 매뉴얼이다.

Solden, S. (2012). *Women with attention deficit disorder* (2nd ed.). Nevada City, CA: Underwood Books.

· ADHD 여성에 특화된 최초의 책 중 하나이며, 오디오북도 제공된다.

Solden, S., & Frank, M. (2019). *A radical guide for women with ADHD: Embrace neurodiversity, live boldly, and break through barriers.* Oakland, CA: New Harbinger.

· ADHD를 가진 여성이 당당하게 삶을 살아가고 내면의 잠재력을 실현하는 데 도움을 주는 고무적인 책이다.

Surman, C., & Bilkey, T. (2014). *Fast minds: How to thrive if you have ADHD (or think you might).* New York: Berkley Publishing/Penguin Random House.

· 성인 ADHD에 대한 훌륭한 입문서로, 효과적인 관리 전략을 간결하고 명확하게 소개한다.

Tuckman, A. (2009). *More attention, less deficit: Success strategies for adults with ADHD.* Plantation, FL: Specialty Press.

· ADHD란 무엇인지, 그리고 이로 인한 다양한 문제를 성인이 어떻게 극복할 수 있을지를 폭넓게 설명한 책이다.

Tuckman, A. (2012). *Understand your brain, get more done: The ADHD executive functions workbook.* Plantation, FL: Specialty Press.

· ADHD 성인에게 흔한 실행 기능 결함 문제를 다루기 위한 실용적인 방법들을 소개한다.

Tuckman, A. (2019). *ADHD after dark: Better sex life, better relationship.* New York: Routledge.

· 성인 ADHD와 친밀한 관계 속 성생활이라는 주제를 다룬 최초의 책이다.

Young, J. (2007). *ADHD grown up: A guide to adolescent and adult ADHD.* New York: Norton.

· 전문가와 ADHD 성인 모두에게 유용한 자료로, 다소 오래되었지만 여전히 유익한 내용을 담고 있다.

Wilder, J. (2017). *Help for women with ADHD: My simple strategies for conquering chaos.* New York: CreateSpace Independent Publishing.

· 시간 관리와 정리 정돈에 도움이 되는 실천 가능한 다양한 전략을 제시한다.

Zylowska, L., & Mitchell, J. T. (2021). *Mindfulness for adult ADHD: A clinician's guide.* New York: Guilford Press.

· ADHD 성인에게 적용하는 마음챙김 치료법에 대한 연구 개요와 함께, 치료를 실제로 적용하는 단계별 임상 지침을 제공하는 탁월한 임상 매뉴얼이다.

Zylowska, L., & Siegel, D. (2012). *The mindfulness prescription for adult ADHD.* Durban, South Africa: Trumpeter Publishing.

· ADHD 성인을 위한 세속적 마음챙김 명상을 최초로 제시한 책이다. 출간 당시 효과를 뒷받침할 근거는 부족했지만, 이후의 연구에서는 ADHD 관련 문제에 긍정적인 가능성을 보여주고 있다.

평가척도

다음 척도는 임상의를 위한 도구이다. 각각의 척도는 제한적 복사 허가 라이선스가 포함되어 있어, 구매자가 검사지와 점수계산표를 일부 복사해서 사용할 수 있으며, 이는 다른 유사 척도에 비해 상당한 비용 절감을 가능하게 한다. 또한, 대형 판형과 견고한 와이어 제본 방식은 복사 시 용이하다.

Barkley, R. A. (2011). Barkley Adult ADHD Rating Scale–IV (BAARS-IV). New York: Guilford Press.

· Barkley Adult ADHD Rating Scale–IV (BAARS-IV): ADHD의 현재 증상과 기능 손상 영역뿐만 아니라 아동기의 증상 회상을 평가하는 데 필수적인 도구이다.

Barkley, R. A. (2011). Barkley Deficits in Executive Functioning Scale (BDEFS for Adults). New York: Guilford Press.

· Barkley Deficits in Executive Functioning Scale (BDEFS): 성인의 일상생활에서 나타나는 실행 기능의 다양한 측면을 평가할 수 있는 경험적 기반의 도구이다.

Barkley, R. A. (2011). Barkley Functional Impairment Scale (BFIS for Adults). New York: Guilford Press.

· Barkley Functional Impairment Scale (BFIS): 성인의 15개 주요 심리사회적 기능 영역에서의 손상 가능성을 평가하기 위해 고안된 최초의 경험적 기반 및 규준화된 평가 도구이다. 임상가는 정신 질환 진단이나 장애 인정 평가에 앞서 반드시 기능 손상 여부를 평가해야 한다.

웹사이트

종합 정보 사이트

ADDitude Magazine
www.additudemag.com
성인을 위한 다양한 도움 자료 제공: 직장 내 지원, 법적 권리, 가사 팁, 여행 조언, 건강 정보 등.

Attention Deficit Disorder Association (ADDA)
www.add.org
성인 ADHD에 전념하는 국제 비영리 단체. 다양한 자료, 링크, 지원 그룹, 제품 정보 제공.

Russell A. Barkley 박사 공식 웹사이트
www.russellbarkley.org

Canadian ADHD Resource Alliance (CADDRA)
www.caddra.ca
회원은 주로 의사이지만, ADHD 아동 · 청소년 · 성인을 위한 유익한 정보도 풍부하다.

Centre for ADHD Awareness, Canada (CADDAC)
www.caddac.ca
ADHD 당사자를 위한 교육과 권익 보호에 힘쓰는 캐나다의 비영리 단체.

Children and Adults with Attention-Deficit Hyperactivity Disorder (CHADD)
www.chadd.org
미국 내 ADHD 지원을 위한 가장 크고 오래된 비영리 단체. 성인과 청소년, 아동을 위한 다양한 자료와 지원 그룹 운영.

Learning Disabilities Association of America (LDA)
www.ldaamerica.org
학습장애가 있는 성인을 위한 지원 제공: 진단, 평가, GED(고졸 자격시험) 대비 등.

National Attention Deficit Disorder Information and Support Service (ADDISS)
www.addiss.co.uk
영국의 비영리 단체로, 다양한 ADHD 정보와 성인 ADHD 지원 네트워크 링크 제공.

National Institute of Mental Health (NIMH)
www.nimh.nih.gov
최신 정신 건강 연구 결과에 대한 업데이트 제공.

도서 및 제품 구입처

ADD WareHouse
www.addwarehouse.com
ADHD 관련 도서, 뉴스레터, DVD, 타이머 같은 제품을 구입할 수 있는 전문 온라인 상점.

특정 대상군을 위한 정보

ADHD and Marriage
www.adhdmarriage.com
『산만함에 쫓기다Driven to Distraction』, 『산만함에서 벗어나기Delivered from Distraction』의 저자 Hallowell과 Melissa Orlov가 운영하는 블로그 및 포럼. ADHD가 결혼 관계에 미치는 영향과 해결 방안에 대한 정보 제공.

ADHD Roller Coaster with Gina Pera
www.adhdrollercoaster.org
성인 ADHD와 특히 관계 문제에 초점을 맞춘 Gina Pera의 블로그. 최신 연구 링크 및 파트너로서의 정보 제공.

ADHD 코칭 관련 사이트

ADD Coach Academy: www.addca.com
ADHD Coaches Organization: www.adhdcoaches.org
International Coaching Federation: www.coachfederation.org

성인 ADHD 전문가 및 클리닉을 찾는 방법

언제든지 온라인에서 거주하는 도시를 기준으로 ADHD 전문가나 전문 클리닉을 검색할 수 있다. www.chadd.org 또는 www.additudemag.com에서 지역 내 ADHD 전문가를 직접 찾아볼 수도 있다. 또는 www.chadd.org 웹사이트에서 자신이 거주하는 지역에 지부가 있는지도 확인해 보라. 지부가 있다면, 해당 지부 담당자에게 직접 연락하여 전문가 추천을 요청할 수 있다. 이들은 본인이나 가족의 ADHD 치료를 위해 해당 지역에서 이용해 본 서비스에 대해 잘 알고 있을 것이다.

찾아보기

한글

(ㄱ)

(ㄴ)

(ㄷ)

(ㄹ)

(ㅁ)

(ㅂ)

(ㅅ)

(ㅇ)

(ㅈ)

(ㅊ)

(ㅋ)

(ㅌ)

(ㅍ)

(ㅎ)

영문

지은이

러셀 A. 바클리(Russell A. Barkley)

버지니아 커먼웰스대학교 의과대학 정신과 임상 교수로, 미국소아과학회와 미국심리학회 등에서 여러 차례 상을 수상한 바 있다. ADHD 연구의 세계적 권위자로, 전문가 교육과 대중 인식 개선을 위한 지속적인 노력으로 국제적 명성을 얻고 있다. 현재 ADHD 및 관련 장애에 관한 저술과 강연을 활발히 이어가고 있으며, 웹사이트 www.russellbarkley.org를 운영하고 있다.

크리스틴 M. 벤턴(Christine M. Benton)

시카고에서 활동하는 작가이자 편집자이다.

옮긴이

한국성인ADHD 임상연구회

권순모 마음숲길정신건강의학과의원 | https://mindforestroad.creatorlink.net/

김소희 위례연세정신건강의학과 | https://blog.naver.com/wiraeyonsei

김정호 유일정신건강의학과의원 | http://yuilclinic.co.kr/

박미희 도담정신건강의학과의원 | https://www.dodam-mind.com/

박민숙 삼육서울병원 정신건강의학과 | https://www.symcs.co.kr/

박임순 송파서울신경정신과의원

박철우 마음더하기의원 | https://blog.naver.com/maum-plus

안경진 온맘정신건강의학과의원 | http://onmomiclinic.com/

안현웅 마음나래의원 | https://maumnarae.com/

이선혜 아린정신건강의학과의원 | https://ahrinclinic.com/

이승민 이승민정신건강의학과의원 | https://minclinic.tistory.com/

임미정 도담정신건강의학과의원 | https://www.dodam-mind.com/

최번숙 최신경정신과의원 | https://choimindclinic-mo2.imweb.me/

허윤석 분당지상정신건강의학과의원 | https://blog.naver.com/stableminding

주의가 산만한 게 아니라, 세상이 너무 느린 거야

초판 1쇄 인쇄 2025년 11월 28일
초판 1쇄 발행 2025년 12월 5일

지은이 | 러셀 A. 바클리
옮긴이 | 한국성인ADHD 임상연구회
펴낸이 | 소정영

펴낸곳 | 도서출판 하나의학사
출판신고 | 1988년 4월 1일 제2022-000082호

주소 | 서울특별시 송파구 동남로 159, 302호(한흥빌딩)
전화 | 02-730-2555, 2556 **팩스** | 02-730-2557
이메일 | hanampc1@naver.com
홈페이지 | www.hanampc.co.kr

ISBN 979-11-91658-68-2 03180